高等院校市场营销系列教材

Services Marketing

# 服务营销学

## 第3版

主　编　李克芳　聂元昆

副主编　鲁平俊

参　编　费鸿萍　王志良　纪春礼　崔海浪　李正雄

机械工业出版社
CHINA MACHINE PRESS

本书结合北美学派和北欧学派的优秀研究成果，紧扣服务的特性，围绕如何提高服务质量这一核心问题，以国际公认的服务质量差距模型作为本书的基本框架，从了解顾客期望、选择合适的服务设计与标准、有效地传递服务、履行服务承诺来展开论述，系统地介绍了服务中的顾客行为、发展顾客关系、服务补救、服务产品与服务标准、服务流程、有形展示、服务营销中的人员、服务供需管理、服务分销、服务定价和服务促销等内容，另外，还增加了直播营销、人工智能、虚拟现实、增强现实、区块链、元宇宙、虚拟化身、Chat GPT 等服务营销领域中的前沿知识。本书力图以完整的知识体系、经典的理论、精练的内容和大量生动的案例来展现服务营销的原理与实务。

本书可以作为高等院校市场营销、工商管理、旅游管理、酒店管理等专业的本科生和研究生的教材，也可以作为企业界人士的参考读物。

**图书在版编目（CIP）数据**

服务营销学 / 李克芳，聂元昆主编. -- 3 版.
北京：机械工业出版社，2024. 12. --（高等院校市场
营销系列教材）. -- ISBN 978-7-111-77313-9

Ⅰ. F713.50

中国国家版本馆 CIP 数据核字第 2025F0E949 号

机械工业出版社（北京市百万庄大街 22 号　邮政编码 100037）
策划编辑：张有利　　　　　　　　责任编辑：张有利　章承林
责任校对：张勤思　马荣华　景　飞　责任印制：李　昂
河北宝昌佳彩印刷有限公司印刷
2025 年 3 月第 3 版第 1 次印刷
185mm × 260mm · 21.5 印张 · 542 千字
标准书号：ISBN 978-7-111-77313-9
定价：59.00 元

电话服务　　　　　　　　网络服务
客服电话：010-88361066　机　工　官　网：www.cmpbook.com
　　　　　010-88379833　机　工　官　博：weibo.com/cmp1952
　　　　　010-68326294　金　书　网：www.golden-book.com
**封底无防伪标均为盗版**　机工教育服务网：www.cmpedu.com

# 前　言

本书自 2012 年 8 月出版以来，累计印刷 25 次，得到了广大师生和服务行业管理者的认可与支持。根据服务营销理论的发展与国内外企业最新的营销实践活动，我们在原有版本的基础上，对《服务营销学》进行了修订。

本书以服务质量为主线，将经典的服务质量差距模型作为本书的基本框架，分为 6 篇 12 章。第 1 篇是服务营销导论，包括第 1 章和第 2 章，对服务营销的基本概念与理论进行了概述，并提出了本书的整体理论框架。第 2 篇包括第 3 章、第 4 章和第 5 章，主要阐述如何了解顾客期望。这一部分介绍了服务中的顾客行为、发展顾客关系和服务补救。有效的服务营销需要以顾客为中心，通过了解顾客的购买行为、强化顾客关系以及对服务失误进行补救，企业可以更好地了解顾客需求及其期望。第 3 篇包括第 6 章、第 7 章和第 8 章，主要介绍如何选择合适的服务设计与标准。这一部分阐述了服务产品与服务标准、服务流程和有形展示等内容。通过开发新服务、设计服务流程和有形展示，企业可以按照顾客期望来采取行动。第 4 篇包括第 9 章和第 10 章，主要阐述如何有效地传递服务。这一部分介绍了服务人员管理策略、顾客行为管理以及服务供需管理。企业通过这些管理可以确保按照服务设计与标准来提供服务。第 5 篇包括第 11 章，主要阐述如何履行服务承诺。这一部分介绍了服务分销、服务定价与服务促销。企业需要通过分销来传递服务价值，通过定价来实现服务价值的交换，通过促销来宣传服务价值，以兑现其服务承诺。第 6 篇包括第 12 章，对直播营销、人工智能、虚拟现实、增强现实、区块链、元宇宙、虚拟化身、ChatGPT 等服务营销发展的新趋势进行了介绍。

本书融合了北美学派、北欧学派的经典理论与国内外最新研究成果，以应用为导向，从篇章节的框架结构与内容上突出服务营销的独特性。本书具有以下特点。

（1）以经典的服务质量差距模型作为理论框架。大部分教材以市场营销的框架体系来组织内容，主要介绍服务营销 7P 策略。而本书以经典的服务质量差距模型为框架，引入欧美服务营销领域研究的新成果，系统地介绍了服务营销理论和前沿知识，涵盖服务营销导论、了解顾客期望、选择合适的服务设计与标准、有效地传递服务、履行服务承诺、服务营销新趋势等内容。从框架结构与内容上强调服务营销的特色，以避免造成学生再次学习市场营销基础理论的情况。

（2）采用大量本土新案例。本版以近几年的本土案例为主，采用全新的导入案例，更新了12章的章末案例分析，增加了许多小案例，使案例更加新颖和典型。每章开篇的导入案例和文中大量的小案例介绍了我国很多服务机构成功的营销实践活动及其经验，使学生更好地了解服务营销理论在实践中的应用，加深对服务营销知识的理解，树立正确的商业伦理观。书中各章末的案例分析可作为案例教学使用，以培养学生分析问题、解决问题的能力。

（3）强调新技术在服务中的使用。本书除了在第12章专门介绍直播营销、人工智能、虚拟现实、增强现实、区块链、元宇宙、虚拟化身、ChatGPT等前沿知识外，还将一些新观点和新内容融入全书各章节之中，以及时反映服务营销领域研究的新成果与我国服务机构营销实践活动的新发展。本书通过大量的导入案例、专栏和知识链接等不同的栏目，展现了新技术所带来的挑战与机会，介绍了人工智能营销、大数据营销、新媒体营销、移动社交媒体应用程序、游戏化营销、机器人、二维码营销、SoLoMo（社交化、本地化、移动化）模式对服务的影响及其在服务营销领域的应用。

（4）强化理论知识的应用。本书每章均设计了一个实践活动，这些实践活动包含实训、实验、角色扮演和情景模拟等多种形式，实践内容明确具体，操作性较强。除了设置了12个实践活动外，本书还设置了30多个应用练习，有助于学生将服务营销理论运用于实践，增强学生的实战能力。

（5）提供全面而丰富的教学资源。与本书相配套的服务营销慕课已上线学堂在线，本书也是学堂在线MOOC教材，配备知识点、图形、表格、图片、案例讨论和应用练习的教学课件。此外，本书还提供教学大纲、教案、12章的习题和4套试卷及其答案。

本书对上一版书中的12章内容都进行了修订，增加了服务营销的前沿知识，引入了许多近几年的中国本土案例。内容变化较大的主要有以下章节。

第2章：增加了电子服务质量的前沿知识，对电子服务质量的概念、维度和衡量进行了介绍，还以知识链接的形式呈现了目前不少服务机构所采用的由线下渠道和线上渠道共同提供服务的混合服务质量的相关研究。

第6章：根据经典理论对6.2节服务产品创新的内容全部进行了修改，以突出服务产品创新与实体商品创新的不同之处。在6.3节服务品牌中增加了6.3.2服务品牌策略和6.3.3建立服务品牌资产等内容，并在6.3.4服务品牌的塑造中引入了新的研究成果。

第9章：在9.3节服务人员管理策略中专门增加了强化员工对职业伦理与道德的认知这一思政内容，本章中还深入探讨了人工智能机器人对服务人员的影响，增加了9.5.2人工智能时代对服务业人员的能力要求的内容，并以专栏的形式介绍了ChatGPT对劳动力与就业的影响。

第 12 章：本章无论是章节结构还是内容都是全新的，对直播营销、人工智能、虚拟现实、增强现实、区块链、元宇宙、虚拟化身、ChatGPT 等前沿知识进行了介绍。

本书由一些长期从事营销教学与研究工作的教师共同编写而成。其中，由云南财经大学的李克芳、聂元昆担任主编，鲁平俊担任副主编。本书具体编写的分工如下：云南财经大学的李克芳教授编写第 1、4、5、7 章；云南财经大学的聂元昆教授编写第 2、3 章；华东理工大学的费鸿萍副教授编写第 6 章；上海大学的王志良博士编写第 8 章；澳门理工大学的纪春礼副教授编写第 9 章；云南财经大学的崔海浪副教授编写第 10 章；云南财经大学的鲁平俊教授编写第 11 章；云南财经大学的李正雄副教授编写第 12 章。张龙铭和张艺霖参与了课件的制作。云南财经大学的研究生李耀辉、刘可悦、何冰庆、张馨尧、桂晨、陈维、王楠和云南大学的研究生胡岚盛参与了部分资料的收集与整理工作，全书由聂元昆教授审稿，李克芳教授负责全书的校对、修订和统稿工作。

本书的出版得到了机械工业出版社的大力支持，在此表示衷心的感谢！本书作为国家自然科学基金项目 (72062031，72162004，72262031，71802175) 的研究成果之一，在编写中得到了核心团队成员的大力支持，特此感谢！本书的编写与修订参考了国内外营销学者的最新研究成果，限于篇幅未能一一列出，在此，向这些作者表示感谢。

由于编者水平有限，书中难免存在不足之处，在此恳请各位专家和读者不吝赐教，以便今后再版时修订。

李克芳　聂元昆

# 第 2 篇　了解顾客期望

# 第3篇　选择合适的服务设计与标准

## 第 4 篇　有效地传递服务

# 第5篇 履行服务承诺

# 第6篇 服务营销新趋势

# 服务营销导论

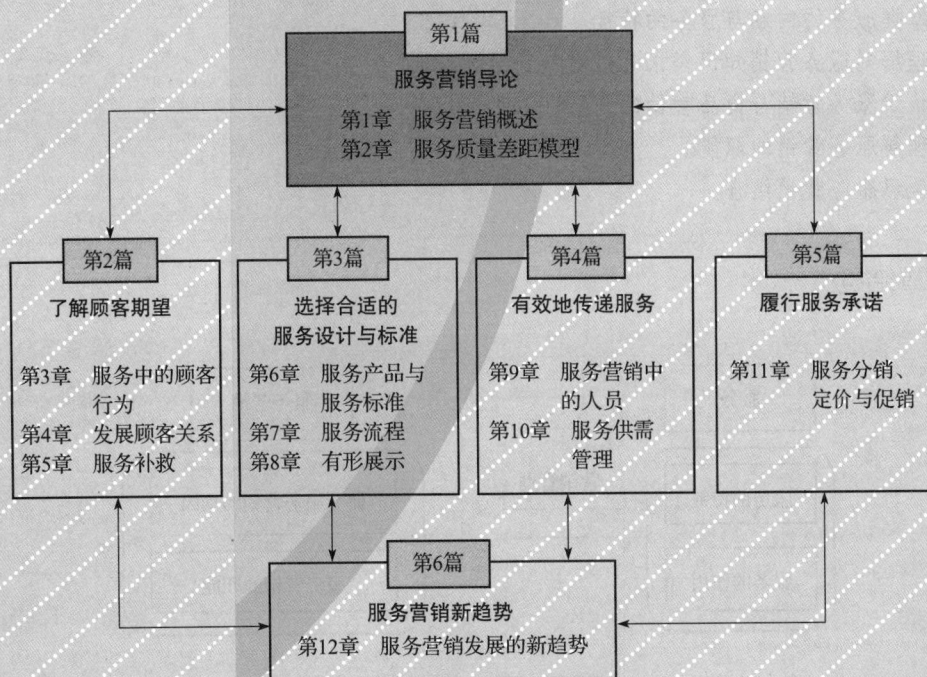

| 第1篇 |
|---|
| **服务营销导论** |
| 第1章　服务营销概述 |
| 第2章　服务质量差距模型 |

| 第2篇 | 第3篇 | 第4篇 | 第5篇 |
|---|---|---|---|
| **了解顾客期望** | **选择合适的服务设计与标准** | **有效地传递服务** | **履行服务承诺** |
| 第3章　服务中的顾客行为 | 第6章　服务产品与服务标准 | 第9章　服务营销中的人员 | 第11章　服务分销、定价与促销 |
| 第4章　发展顾客关系 | 第7章　服务流程 | 第10章　服务供需管理 | |
| 第5章　服务补救 | 第8章　有形展示 | | |

| 第6篇 |
|---|
| **服务营销新趋势** |
| 第12章　服务营销发展的新趋势 |

图 I　服务营销学的理论框架

# 第 1 章
# 服务营销概述

## 学习目标

本章对服务营销进行概述，主要介绍服务、服务营销和服务营销组合等内容。通过本章的学习应该能够：

1. 掌握服务的内涵与服务的特征。

2. 理解对服务营销知识需求日益增加背后的动因。

3. 认识服务营销与商品营销的差异。

4. 理解服务营销的职能。

5. 认识服务营销组合。

## 本章结构

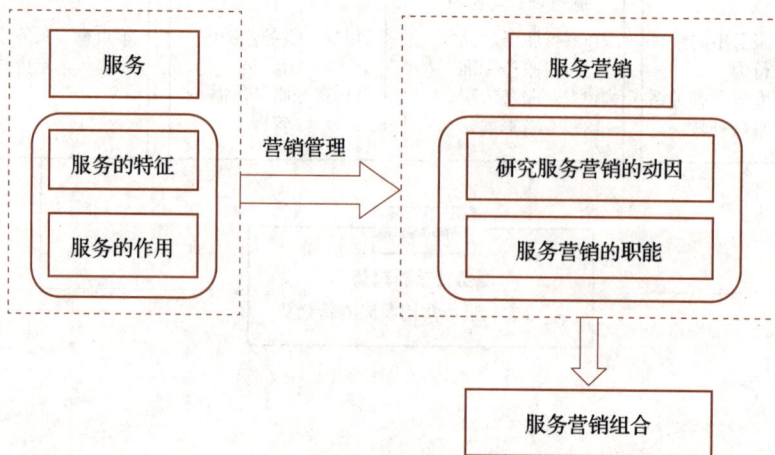

🔵 **导入案例**

## 出海四小龙凭什么与亚马逊竞争

在尼尔森发布的《2023年中国跨境电商平台出海白皮书》（以下简称《白皮书》）中，深度阐释了基于B2C（企业对消费者）模式的SHEIN、速卖通、Temu、TikTok Shop的各自优势。这四家平台如今常被业内称为中国电商"出海四小龙"。这些平台仍在加速布局，逐渐形成对亚马逊的合围。它们不仅高效地满足了不同国家市场消费者的需求，而且提高了中国国货品牌的知名度和国内经济的增长。

中华人民共和国海关总署（以下简称海关总署）的数据显示，2022年中国跨境电商进出口2.11万亿元，增长9.8%，其中，进口0.56万亿元，增长4.9%，出口1.55万亿元，增长11.7%。中国跨境电商过去5年增长了近10倍，2023年第一季度中国跨境电商仍为高增长；据世界贸易组织的报告，到2026年之前，全球B2C跨境电商将保持27%的增速。

### 面对洋巨头，各出撒手锏

在尼尔森看来，以出海四小龙为代表的中国跨境电商平台近年来在全球市场快速增长，已经与亚马逊、eBay等展开竞争。

根据尼尔森的分析，深耕服饰鞋帽类、主打快时尚风格的SHEIN，通过自己研发的订单管理系统，融通商家与消费者，实现了精准运营，目前业务覆盖全球150多个国家和地区，月均访问次数2.14亿；基于对女性消费群体的深度剖析，SHEIN品类已拓展至美妆护肤、精致家居等领域。

速卖通则在全球物流建设上投入较多，市场分布广泛而稳定，商品种类丰富。目前速卖通月均访问次数5.3亿，业务已覆盖全球200多个国家和地区，主要消费者市场包括俄罗斯、西班牙、法国、美国、巴西、韩国、中东地区等。《白皮书》提到，速卖通用户体量大，各年龄段、不同性别的用户都有着较大规模。

拼多多旗下跨境电商平台Temu于2022年9月上线。Temu的玩法是以社交裂变方式快速发展用户和以超高性价比的日用品激励用户下单，平台另有高额补贴。《白皮书》提到，目前Temu模式单一，主要覆盖北美市场，处于发展初期，但成长速度快，其2023年运营策略重点是产品品类优化和推荐算法精进。

字节跳动旗下短视频平台TikTok于2021年2月上线的TikTok Shop，背靠TikTok全球海量高黏性年轻用户，通过短视频、直播、商城详情页等不断扩充品类。《白皮书》提到，目前66%的TikTok Shop用户年龄在30岁以下，潜在用户规模颇为可观，GMV（商品交易总额）增速看好。

### 四小龙的海外同业竞争

面对中国APP的竞争，亚马逊十分焦虑。受2022年业绩重压影响，亚马逊开启了大规模裁员，而它最近一次在中国跨境电商圈被热议的消息，是官方以邮件形式通知商家必须下调商品价格。

亚马逊所受冲击显然不会止步于此，而接下来的海外同业竞争也不会只是后进入者单向地瞄向亚马逊。能够看到，路线有所不同的SHEIN、速卖通、Temu、TikTok Shop时下正在分别朝着更为广阔的目标市场快速铺展渗透开来。

得益于早前资源积淀和最近一年多的战略加码，全品类覆盖的速卖通在国家市场数量、用户规模、日均包裹量等方面做到了在四小龙中的大幅领先，这为组织变革中的阿里海外业务平添了丰富的想象力。

以低价时尚女装为核心抓手的SHEIN，在海外年轻女性群体中间初步建立起了时尚风向标的品牌形象，其品类已在横向拓展，形成了相对完整的供应链闭环。

近期以重金投入亮相全球瞩目体育赛事"超级碗"而且在北美市场火爆刷出存在感的Temu，不仅在品牌营销上精准而生猛，而且在用户注册和订单量玩法上简单直接但又颇为有效。

TikTok Shop则以全球月活超10亿的TikTok的内容生态和用户兴趣为根基，已在海外探索涵盖直播带货和货架售卖等多种类型的电商模式。

国内电商市场已被杀成红海，海外电商市场的增量空间仍然很大，并且国货品牌可选择的高质量出海通道还远远不够，这正是四小龙近年来押注于此的核心原因之所在。

资料来源：https://finance.sina.com.cn/tech/csj/2023-05-09/doc-imyteiet4006833.shtml，内容有删减。

# 引言

服务业迅猛发展，在全球经济中所占的比重日益增加，服务给企业带来了更多的利润，然而，顾客对服务的满意度并不高，企业面临的挑战是如何对服务进行营销和管理。掌握服务营销的基本理论、工具和方法，对于服务营销者来说极其重要，它使营销者知道应该如何营销服务，从而在顾客对服务满意的基础上来提高企业的收益。

## 1.1　服务的特征与作用

服务的概念和独有的特征，是服务营销学中的基础知识，也是服务营销学得以独立、发展和完善的关键所在。正是基于服务的特征及所引发的营销挑战，发展出了很多相关概念、理论和工具，从而形成了一个完整的服务营销体系。本节将对服务的内涵、特征和作用进行介绍。

### 1.1.1　服务的内涵

从20世纪60年代以来，服务的界定备受关注，很多营销学者都从不同角度给出了服务的定义。但要给服务下一个准确的定义是很困难的，因为服务是一种比较复杂的现象，在不同行业中服务的表现形式各异。到目前为止，服务还没有一个能被所有人接受的定义。尽管如此，了解一些有代表性的服务定义，对我们掌握服务的内涵仍是很有帮助的。

菲利普·科特勒（Philip Kotler）在《市场营销教程》一书中认为："服务是一方向另一方提供的任何行为或利益，它基本上是无形的并且不会产生所有权。"

霍夫曼（Hoffman）和彼得森（Bateson）在《服务营销精要》中，从理解商品和服务之间差异的角度，指出："商品可以定义为一个物品、设备或事物，而服务可以定义为一种行为、努力或表现。"他们认为服务与商品之间的基本不同之处在于服务缺乏物质实体。

沃茨（Wirtz）和洛夫洛克（Lovelock）在《服务营销》中，对于如何定义服务提出了自己的看法，给出了一个比较全面的服务定义："服务是一方向另一方提供的经济活动。在特定时间内，服务能够为服务接受者（人、物或资产）带来预期效果或价值。顾客付出金钱、时间和精力，期望通过服务组织所提供的货物、劳动力、专业技能、网络和系统等获得价值。但对于服务过程中出现的任何有形要素，顾客通常都无法获得其所有权。"

泽丝曼尔（Zeithaml）和比特纳（Bitner）等学者在《服务营销》中指出："服务是行动、过程和表现，由一方向另一方提供或联合创造的绩效。"这个定义简单明白，易于理解。此外，在该书中还给出了与这个定义相一致但更为明确的服务定义："服务是一种经济活动，它并不产出有形的产品，通常在产生的同时也被消费了，服务可以提供便利、愉悦、省时、舒适或健康等各种形式的附加价值，这些正是购买者所关注的。"

### 👤 人物小传                 克里斯廷·格罗鲁斯

克里斯廷·格罗鲁斯（Christian GrÖnroos）教授，芬兰市场学家，执教于芬兰赫尔辛基瑞典经济与工商管理学院，曾任该校学监、市场营销学系主任、管理教育中心主任。该校始建于 1909 年，是北欧地区成立最早的商学院，其中，最强的是市场营销学系，在世界上享有盛誉。

格罗鲁斯教授才思敏捷，治学严谨，著作等身，通晓芬兰语、瑞典语、英语、德语 4 种语言。在过去，他用英文撰写的论文达几十篇，分别刊登在《欧洲市场营销学学报》《工业营销管理》《国际经营与生产管理学报》《商业研究学报》《管理决策》《国际服务管理学报》和《营销管理学报》等世界一流的学术刊物上。他先后出版了《服务营销学》《工业服务营销学》《战略管理与服务业的营销》《如何销售服务产品》《服务营销：诺丁学派的观点》《公共部门的服务管理》《全面沟通》和《服务管理与营销》等数十部著作。其中，《服务管理与营销》一书问世不久，即被翻译成西班牙文、瑞典文和俄文，成为国际各大一流商学院服务营销课程的首选教材。

由于在营销学方面的突出贡献，格罗鲁斯教授荣获欧洲最有影响力的阿塞尔（Ahlsell）营销学研究奖，获聘为美国斯坦福大学、亚利桑那州立大学的客座教授和美国第一州际服务营销中心特邀研究员，并数次前往澳大利亚、加拿大、美国、西欧地区及中国的高等学院访问讲学。格罗鲁斯教授作为全球权威管理学家被国际学术界和实务界誉为"服务营销理论之父"、世界 CRM 大师。

资料来源：根据百度百科资料整理，http://baike.baidu.com/view/2192772.htm.

芬兰学者克里斯廷·格罗鲁斯是服务营销学创始人之一，也是北欧服务营销学派的代表人物，他在《服务营销与管理》一书中，将服务定义为："服务是由一系列或多或少具有无形特征的活动所构成的过程，这种过程是在顾客与服务提供者、有形资源的互动关系中进行的，这些有形资源（如有形产品、有形系统）是作为顾客问题的解决方案而提供给顾客的。"⊖这个定义比较全面地揭示了服务的内涵，在营销学界得到了普遍认同。本书也采用这一定义作为服务的定义。

根据这一定义，我们可以从以下几个方面来理解服务的内涵。

### 1. 服务是一种过程

服务是由一系列活动构成的过程。例如，一位游客在餐馆就餐的过程中，包括将车停到餐

---

⊖ 格罗鲁斯. 服务管理与营销：服务竞争中的顾客管理  第 3 版 [M]. 韦福祥，等译. 北京：电子工业出版社，2008.

馆外的停车场、进入餐馆就座、向服务人员点菜、服务人员上菜、用餐、结账、离开餐馆等活动。在服务过程中，顾客是服务的接受者，也是服务的合作生产者，顾客消费的不仅仅是服务结果，更是整个服务过程。顾客不但会从服务结果来评判服务质量，还会从服务过程中的每个细节来感知服务质量。即使顾客得到了预期的服务结果，但在服务过程中，如果企业员工服务态度恶劣、行为粗鲁，仍会影响到顾客的服务体验和服务评价。因此，顾客更主要是从所进行的活动来感知服务质量的。服务本身具有过程性，这使服务营销有其独特性。

### 2. 服务是在互动关系中产生的

服务通常是在互动关系中产生的。在服务行业中，互动现象十分常见。这里的互动不仅仅是指顾客与服务人员的互动，还包括顾客与顾客之间的互动，以及顾客与服务系统、服务环境的互动。顾曼森（Gummesson）认为，把所有这些互动组合在一起，就构成了顾客的整个服务经历。在任何服务过程中，顾客与企业都存在着互动关系。通过与顾客的合作和互动，服务提供者与顾客共同创造价值。例如，在理发过程中，顾客与理发师之间会进行沟通交流，顾客需要告诉理发师自己喜欢的发型及要求，理发师则要根据顾客要求及顾客的脸型特征来设计发型，双方可能需要多次交流才能设计出一个令顾客满意的发型。顾客与服务提供者只有通力合作和相互配合，才能使服务生产过程顺利进行，从而使顾客从服务过程中获得所需要的利益。企业与顾客有效互动的基础是双方互利互惠和相互信任。在互动中，服务人员与顾客会建立关系。服务的本质特性是互动关系特性，服务营销就是要与顾客建立互动关系。

### 3. 有形资源是用来帮助顾客解决问题的

有形资源的运用是为了向顾客提供解决方案。这些有形资源就是服务的生产资源，包括企业的人力、物品、设备、网络、系统和基础设施等资源。借助于租借或付费，顾客获得了实物的使用权、服务人员的雇佣权、机构或网络的进入权。顾客享有这些有形资源的使用权，他们通过使用这些有形资源来获得价值，但他们通常并未拥有所涉及的这些实体因素的所有权。当顾客因得到想要的解决方法而获益时，价值就创造出来了。服务一般是以方便快捷、省时省力、愉悦、舒适或健康的形式向顾客提供附加价值，它能给人带来某种利益或满足感。企业应当为价值创造提供强有力的有形资源支持，帮助顾客生成他们需要的价值，从而提高顾客满意度和顾客忠诚度。

## 1.1.2　服务的特征

从服务营销研究的早期开始，许多学者就对服务与商品之间的差异进行了深入的探讨，他们对服务特征的描述大同小异。归纳起来，服务主要有无形性、异质性、同步性和易逝性等 4 个基本特征，如图 1-1 所示。

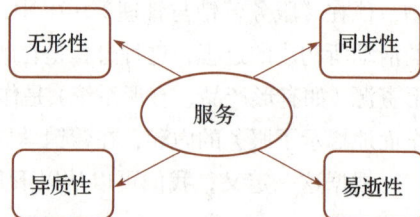

图 1-1　服务的特征

### 1. 无形性

无形性是指服务不能像实体商品那样被看到或被触摸到。购买前，顾客是无法看到或触摸到服务的，通常凭借自己的主观感受对服务质量进行评价。购买之后，服务的最终输出也是无形的。例如，到电影院去看电影时，看电影的感受是无形的，看完电影，我们获得的是对电影的感受与记忆。又如，要外出旅游时，我们会向旅行社购买旅游服务，我们付了很多钱，但我们无法看到、听到或触摸到旅游服务，也不知道会经历什么，当旅游结束后，我们得到的只是一种体验和记忆。而购买实体商品则不然，如服装，我们可以摸一下衣服的布料，可以看到衣服的款式、颜色，我们购买衣服后还可以带回家或直接穿在身上继续逛街，顾客最终得到的是服装这个有形的商品。

服务由很多无形元素构成。服务包含了许多重要的无形元素，如员工的态度与技能、基于互联网技术的交易、服务流程等，这些无形的元素在服务过程中创造了大量的价值，而顾客是无法品尝到、嗅到或触摸到这些无形元素的。无形性是服务的基本特性，但并不是说服务是绝对无形的，服务的无形性是相对的，服务也包含有形的实体元素，只不过是说，使用无形性作为服务的基本特征，是强调服务比商品包含更多的无形元素。

### 2. 异质性

异质性是指服务质量存在着一定的差异性。也就是说，服务的质量水平会不断变化。世上没有两种服务会完全一样，同一个服务供应商一次提供的服务与另一次提供的服务可能是不同的。服务的异质性主要是由员工与顾客之间的相互作用及与之相关的其他因素造成的。不同的服务人员有不同的性格和服务经验，提供的服务会存在差异。顾客的个性和需求偏好也各不相同，对同样的服务感受也会不一样。人们在不同时间段可能会出现不一样的行为，服务人员在不同时间段提供的服务也会不同。在服务过程中，服务人员与顾客的心情会出现波动，精力与体力也在不断变化，这些因素都会影响到服务的质量。由于服务是由人来创造并提供的，很难实现服务质量的一致性，因此，异质性是服务生产过程中固有的特性。

### 3. 同步性

同步性是指服务的生产与消费通常是同时进行的。一般来说，大部分商品是先由制造商在工厂生产出来的，然后销售给消费者，消费者再进行消费。而大多数服务通常是先出售，再同时进行服务的生产与消费。也就是说，服务的消费是在创造服务的过程中同时进行的，服务的生产与消费具有不可分离性。例如，一位在昆明的顾客要乘飞机到上海，首先就需要向航空公司购买机票，然后才能登机，这位乘客乘坐飞机接受服务的过程也就是航空公司向顾客提供运输服务的过程，两者是同时进行的。同步性给营销者带来了一系列的独特挑战：首先，在很多场合，服务提供者需要实际在场为顾客提供服务，服务提供者会影响到服务传递的过程与结果；其次，顾客参与了服务的创造过程，顾客会影响到服务效率和服务质量；再次，其他顾客出现在服务过程中，顾客之间会相互影响；最后，服务难以进行大规模生产。

### 4. 易逝性

易逝性是指服务难以被储存、转售或者退回。这意味着企业很难储存与运输服务，顾客也很难保留与退换服务。实体商品卖不掉可以先存放起来，以后还可以再销售出去。而服务不能被储存起来，当天没有出售的服务以后可能就不再存在了，没有使用的服务能力也无法留到以后再使用。例如，餐馆中的座位、飞机上的座位、旅馆中的床位，如果在当时没有售出，那么是不可能储存起来，并且不可能在今后使用或者重新再卖出去的。再如，做完美容后，即使顾客认为服务太差劲，也无法退货或转卖给其他人。又如，预约的客人没有按时到达，发型设计师浪费掉的一个小时也无法收回再次使用。服务的易逝性造成了需求与供给匹配的复杂化，给企业的服务营销带来了挑战。服务的特征及带来的营销挑战见表1-1。

表 1-1　服务的特征及带来的营销挑战

| 服务的特征 | 带来的营销挑战 |
| --- | --- |
| 无形性 | • 服务不易进行展示，难以沟通<br>• 服务不能受到专利保护<br>• 难以定价 |
| 异质性 | • 存在服务质量控制的难题 |
| 同步性 | • 员工参与服务过程<br>• 顾客参与服务过程<br>• 顾客之间相互影响<br>• 难以进行大规模生产 |
| 易逝性 | • 缺乏存储能力<br>• 服务不能退货或转售<br>• 服务的供应和需求难以同步进行 |

### 知识链接　　　　　　　　　人工智能服务改变了服务特征

人工智能服务是在算法与技术驱动下的智能设备（可能具有拟人的外观、语言和个性）通过发挥其所拥有的与顾客沟通、互动的能力，为顾客提供服务价值的过程。随着人工智能技术的进步与成熟，未来的人工智能服务将呈现出智能化、个性化、情感化的趋势。在传统的服务营销理论中，无形性、异质性、同步性和易逝性等服务特征一直广受认可。然而，随着人工智能服务的引入，四大服务特征均出现了改变。

首先，针对无形性特征，与传统服务的无形性相比，无论是人工智能机器人还是人工智能设备均呈现出更多的有形特征，如各种形状的机器人以及自助设备等。因此，在服务产品提交的过程中，消费者对服务有形性属性关注的比重和兴趣正在提高，从而使服务的无形属性相对弱化。

其次，针对异质性特征，传统服务的异质性主要表现在两个方面：一是基于服务提供商视角，指不同的一线服务人员提供的服务是不尽相同的，如不同的理发师会设计出不同的发型；二是基于顾客视角，指不同的顾客对服务的需求也会不同，如不同顾客对发型的需求也不相同。但人工智能服务改变了服务提供商视角的异质性。由于内容植入算法的一致性，不同的服务机器人无法表现出服务的异质性，只会表现出更多的程序化和标准化。消费者认为机器只能以标准化和机械化的方式运行，以同样的方式对待每一种情况。但是顾客视角的异质性却依然存在。因此，人工智能服务下，向有异质性服务需求的顾客提供同质性的服务，将给服务企业带来更多的挑战。

再次，针对同步性特征，传统服务的生产过程与消费过程是不可分离的，企业的服务人员与顾客必须同时处在服务场所，服务过程才能完成，如服务提供商提供旅游服务的过程就是顾客接受旅游服务的过程。在智能服务下，由于作为服务提供者的机器人和智能设备本身就是一类特殊的产品，其生产过程是独立于服务过程之外的。在真实的服务中，顾客只需与机器或计算机界面互动即可完成服务，因而不可分离性变成了顾客自助性。如传统银行中顾客取款和银行提供取款服务是不可分离的，但通过自助取款机，银行可以提前把纸币存入机器，顾客随时取款，这样在智能设备下，不可分离的服务就变为可分离的服务。

最后，针对易逝性特征，由于传统服务是不可存储的，因而对服务企业应对供需变化提出了较大挑战。虽然在智能服务下也不能完全解决这一问题，但针对咨询、教育等智力服务，由于人工智能服务的低成本和可重复工作，企业既不用担心因顾客失约而浪费时间，也可以通过延长工作时间的方法满足瞬时提升的服务需求，从而使供需矛盾的挑战大大缓解。

资料来源：杜建刚，赵欢，苏九如，等. 服务智能化下的顾客行为：研究述评与展望［J］. 外国经济与管理，2022，44（3）：19-35.

## 1.1.3　服务的作用

不少企业的管理人员都将服务和服务质量视为一种成本，不愿意改善和创新服务，而是采取各种措施来降低成本。其实，服务不但可以为企业带来利润，还能帮助企业保留住老顾客、吸引到新顾客。

### 1. 服务具有防御性营销作用：留住老顾客

企业防御性营销的目的是留住老顾客。在服务业，顾客流失的现象很常见。在顾客成批流失后，企业往往需要寻找新顾客来代替那些失去的老顾客，而这种替换的成本是非常高昂的。为了获得新顾客，企业需要开展大量的促销活动，就必须为此支付许多促销费用，同时，企业想要争取竞争者的顾客，可能还需要改进企业原有的服务。而在激烈的市场竞争中，这些做法并不一定就能保证企业得到新顾客。即使能获得新顾客，在最初的一段时间内，由于还要弥补销售成本，企业也不能从这些新顾客身上获得利润。因此，顾客大量流失对企业而言往往得不偿失。

优质服务有利于企业留住老顾客。卓越的服务质量是使顾客满意的重要方法，而顾客满意是顾客忠诚的必要条件。顾客留在企业的时间越长，他们给企业带来的利润就会越多。企业通过保留顾客得到的利润来自四个方面。第一，保留老顾客的成本更低。研究显示，吸引一个新顾客的成本是维系一个老顾客成本的 5 倍。如果增加一定数量的老顾客，则可以大幅度地提高企业的利润。研究表明，不同行业的企业只要多保持 5% 的老顾客，就可以增加 25% ~ 85% 的利润。第二，购买量增加。优质的服务使顾客愿意增加支出，从这家企业购买更多的服务产品。第三，溢价。研究证明，如果顾客看重企业的服务，就愿意为得到优质服务付高价。第四，口碑传播。这种传播可以为企业节省促销成本。服务的防御性营销对利润的影响如图 1-2 所示。

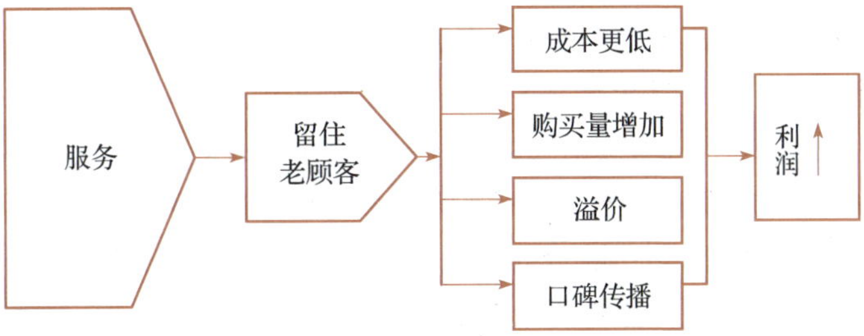

**图 1-2　服务的防御性营销对利润的影响**

### 2. 服务具有进取性营销作用：吸引新顾客

进取性营销主要是为了吸引新顾客。优质服务有助于企业吸引到更多和更好的顾客。如果能向顾客提供他们所需要的优质服务，企业通常会赢得较高的声誉。良好的企业声誉是一笔宝贵的无形资产，能帮助企业吸引更多的新顾客，使企业的市场份额增加，还能使企业制定比竞争对手更高的服务价格。对市场营销战略的利润影响（PIMS）的研究证明，那些向顾客提供优质服务的企业，可以获得超常的市场份额增长，同时，高质量水平的服务还能支撑较高的价格。服务的进取性营销对利润的影响如图 1-3 所示。

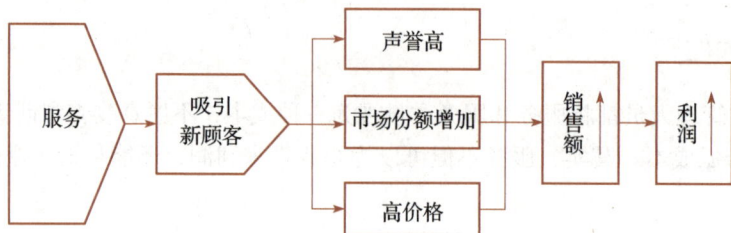

图 1-3　服务的进取性营销对利润的影响

### 3. 服务与盈利性密切相关

高品质的服务对企业的盈利具有积极的作用。从企业实践来看，服务与企业的盈利性有着直接的关系。从国外来看，迪士尼和联邦快递等一批优秀的服务公司将服务作为竞争战略，率先投入各种资源，不断创新服务产品，提高服务质量，获得了丰厚的回报。从国内来看，海底捞和胖东来等服务机构通过为顾客提供高质量的服务，得到了可观的利润。从理论研究来看，很多营销学者对服务与盈利性的关系进行了研究。早期的研究结果很难显示两者之间存在直接的关系，并不令人振奋。而近年来的研究更为深入，营销科学学会赞助的一项研究表明，公司战略聚集于服务质量和顾客满意度上比关注成本节约能使公司获得更多利润。很多学者的研究也表明，实施有效的服务营销策略可以为企业带来大量的利润。

### ⬤ 专栏　　　　抖音 APP 的旅游视频营销传播的内容特征

视频营销是"将视频元素整合到市场营销活动当中，服务于构建顾客关系和提升品牌、产品、服务的形象等营销目标。一般而言，成功的视频营销往往与吸引和维持消费者对数字视频的注意力是密不可分的"。

抖音作为短视频平台的代表，其可视性和趣味性符合当下年轻人追求的潮流文化，用户覆盖率极高。数据显示，抖音日活用户超过 6 亿，视频每日的搜索量超过 4 亿，抖音已成为新的流量和信息聚焦地。基于抖音强大的用户基础和传播能力，重庆、西安和成都等城市借势出圈，成为互联网上的网红城市和游客向往的打卡地。像重庆的洪崖洞、李子坝站"穿楼"轻轨、长江索道，西安的"摔碗酒"、大唐不夜城等网红景点极大地激发了城市的旅游活力，也吸引更多的旅游目的地加入"打造网红地"的行列。抖音旅游短视频营销传播的内容特征包括：

文化＋趣味＋体验。此类短视频以特色民俗"摔碗酒"为代表。摔碗酒原本是当地接待尊贵客人的一种特色民俗，喝酒的人将装满米酒的碗举过头顶许愿，喝完酒之后将瓷碗摔碎，保佑自己和家人岁岁平安。因抖音 APP 短视频的传播，吸引无数观众前来打卡，西安从文化古城摇身一变成了"网红城市"。"喝酒 + 摔碗"是构成一种行为艺术最基本的两个元素，不管从流量的角度或是从产品塑造上，都离不开西安文化底蕴的加持。可以说，"摔碗酒"是基于传统文化开发出的现代旅游产品，从旅游营销的角度来说，"摔碗酒"主要包括地点、产品、价格三大要素。"摔碗酒"所在的永兴坊街区是在原魏征故居的旧址上复建的，集中向游客展示了古长安城的街坊形态，并集合了陕西的特色美食。酒和碗都可作为产品，酒是当地酿的米酒，度数不高，碗也是当地烧制的瓷碗，成本仅 5 元，可谓低廉，摔之清脆，更能给游客带来精神上的满足感。而多次购买给足了游客表演的空间，平时不敢表达的人在此刻也可以放飞自我，促进消费。更重要的是，它改变了传统的旅游模式，不再是单调的观光，而是身处其中，能够亲身体验旅游的乐趣。

内容营销 + 全民拍客 + 立体曝光。此类短视频以"网红城市"重庆为代表。在社交媒体营销语境中，创作出吸引用户的内容是内容营销的核心。重庆旅游内容营销的基础就是山水交错的城市格局和璀璨的巴渝文化，借助抖音 APP 等新媒体平台，诞生了诸多的"网红景点"：洪崖洞、长江索道、鹅岭二厂、穿楼而过的轻轨等。重庆本来就很独特，在新媒体的作用下，城市的这种独特性被激活了。重庆独特的地理环境，赋予其建筑层次感，为突然火爆的社交平台提供了素材。以洪崖洞为例，抖音上第一条引爆洪崖洞的短视频，是以洪崖洞建筑群为背景，配以原创音乐的。这首原创音乐被无数网友认可，仅一个多月的时间，16 000 多人用了这首原创配乐对洪崖洞进行了二次创作和裂变传播，后续更是有数以万计的用户进行了拍摄和创作，粗略估计应该有百万级别的转发和数亿次的曝光。同时，众多影视作品将重庆作为取景地，也给这座城市带来了更多的曝光度。

网红代言 + 精准营销。互联网社交时代，新生代网红不断产生，网红市场早已成为一个热门风口，同时也是营销的端口。明星或网红的庞大粉丝量及用户背后的黏性具有潜在的巨大商业价值。旅游企业或目的地通过匹配这些网红、明星，找寻与品牌价值吻合的"明星"，形成合作关系。通过定制化的短视频制作，实现旅游企业或目的地粉丝数量的短时间集中爆发。

资料来源：王伯启. 旅游短视频传播及营销模式分析：以抖音 App 为例［J］. 江苏商论，2023，463（5）：70-73. 有改动。

**问题：**谈谈你对抖音短视频营销的看法。

## 1.2　服务营销及其职能

洛夫洛克认为服务是买卖双方之间的经济活动，这就意味着市场上的买卖双方之间存在着价值交换，企业提供给顾客的服务被称为满足顾客需求的解决方案，而顾客通过金钱、时间、精力和体力来交换所需的服务。因此，服务营销是创造和交换服务以获得所需所欲的一种管理过程。服务营销的目的是建立、保持并加强顾客关系，服务营销的基石是服务质量。

### 1.2.1　研究服务营销的动因

经过上百年的研究，市场营销学已经构建了一个完整的理论体系，并在制造业中得到了广泛的应用。然而，在使用市场营销理论来指导服务业的营销和管理时，却遇到了一系列新的问题与挑战，这引发了人们对服务营销理论的需求，当然，还有许多因素共同促进了服务营销的快速发展。

### 1. 服务在经济中的主导性日益增强

随着服务业的快速发展，服务业的规模不断扩大，服务业对本国经济和全球经济变得越来越重要，从而引起了人们对服务和服务营销的更多关注。

目前，许多国家正在或已经步入服务经济。从全球经济的发展趋势来看，一个国家首先是从农业经济向工业经济转变，然后由工业经济转变为服务经济。当服务部门所创造的价值在国民生产总值（Gross National Product，GNP）中所占的比重大于50%时，就进入了服务经济时代。在现代世界中，英国率先完成转变，美国、日本、德国和法国等相继完成了转型。现在，许多国家都在以更快的速度进行这种转变，走向服务经济。

服务业在很多国家的经济中变得越来越重要，这体现在两个方面。一是服务业对国内生产总值（Gross Domestic Product，GDP）的贡献不断增大，2000年，欧盟服务业增加值占到GDP的62%，美国服务业增加值占到GDP的72.8%，2020年，这一比例分别上升到65.6%与77.2%。在大多数发达国家，服务业产值占GDP的比重为66.7%～75%，而且这一比例还在不断增大。二是服务业提供了很多就业岗位。以美国为例，1900年，美国服务业雇用的人数只占总就业人数的30%，而到2020年，服务业中就业人数所占比例为79%。<sup>⊖</sup>

---

🌐 **知识链接**　　　　　　　　**新型服务业分类**

新型服务业是依托互联网信息技术等快速发展起来的行业，它具有高技术含量、高附加值、高信息化程度的特点，信息技术的发展与运用极大地提高了新型服务业的工作效率，降低了运营和管理的成本。新型服务业主要包括以下7大领域：

（1）互联网信息技术领域，包括软件开发、信息系统集成、物联网服务、互联网信息安全、广告服务等。

（2）商业金融领域，包括融资租赁公司、网络接待服务、金融信息服务、贸易理财咨询和各种会展服务等。

（3）科技推广应用领域，包含3D打印技术、创新型材料、节能技术的推广服务以及科技中介服务、创业空间服务等。

（4）城市交通领域，主要包括高速铁路、快速铁路、共享单车、网约车等。

（5）娱乐领域，包括各种室内娱乐活动如大型游乐园、游乐场以及农家乐、智慧旅游等新型旅游观光活动。

（6）教育出版领域，教育方面包括创业指导服务、教育培训、文化艺术类培训等；出版方面包括电子、数字出版物出版等。

（7）居民生活领域，包括摄影服务、婚庆服务、美容美发服务、宠物服务、设备维修服务、洗浴和养生服务等。

资料来源：徐琼梅，王帅捷，文斌. 新型服务业界定及统计测度分类研究［J］. 农村经济与科技，2018，29（24）：97-98；100.

---

⊖　世界银行集团. https://data.worldbank.org/indicator/NV.SRV.TOTL.ZS?locations=US-EU.

### 2. 服务成为制造企业获取竞争优势的重要手段

随着经济的发展，顾客的期望更高了，顾客不但希望买到好的商品，还希望企业能提供系统的解决问题的服务方案，以及在整个购买过程中都能获得优质的服务。同时，技术的快速发展和市场竞争的白热化，使制造企业在市场竞争中很难只通过实体商品来保持长期的竞争优势。

一些优秀的制造企业意识到优质服务对顾客和企业的重要性，进而不断提高服务水平，甚至进军服务领域。例如，通用电气公司从制造业向服务业转移，将业务扩展到金融服务、管理咨询、广播、医疗保健和公用事业服务等领域，并通过向顾客提供各种专业服务，提高了公司的竞争力，也为公司创造了更多的利润。现在，越来越多的传统制造商，如汽车、计算机、复印机、手机等制造商，正在将它们的业务拓展到服务，通过服务获得了新的收入来源；同时，它们也把服务作为企业实现差异化战略的手段，通过服务来获得长期的竞争优势。

### 3. 非管制行业与服务企业对营销的需求增加

在以前，有些国家的政府对某些服务行业进行管制，如美国对航空、证券、保险、银行、电信等的管制。政府掌控了许多大型服务企业的营销决策。例如，美国政府全权决定了航空公司的航空路线、航空服务的价格以及其他方面，在这种情况下，航空公司是不需要考虑如何开展营销活动的。随着经济的发展，人们认识到，市场才是有效决定资源合理配置的主角。因此，一些国家纷纷放松或取消了对许多服务业的管制。如美国从 20 世纪 70 年代末开始对大型服务业放松管制。结果，服务企业可以全部或部分地控制服务的营销决策。例如，美国政府对航空业的管制取消后，各大航空公司可以自由地确定飞行路线、决定向乘客提供什么服务产品以及不同服务产品的价格。在转向市场化运作之后，这些非管制服务业的经营方式也发生了急剧的变化，迫切需要服务营销理论的指导。

随着传统服务业的发展，许多服务企业希望能不断提高自身的竞争力，要求开展有效的服务营销活动，从而产生了对服务营销的需求。服务营销早期的研究成果主要来源于人们对银行和医疗等服务业的分析。新型服务企业也在不断出现。例如，肯德基、麦当劳、7-ELEVEN 便利店等利用特许经营进入了全球许多国家和地区，它们通过不断发展加盟店来迅速扩张，并树立良好的企业形象和品牌形象。新型服务业的兴起和迅猛发展，加速了服务营销的发展。

### 📠 小案例 1-1　　北京故宫博物院的新媒体营销

北京故宫博物院（以下简称故宫）位于北京故宫紫禁城内，建立于 1925 年，是我国最大的古代文化艺术博物馆。虽然是非营利机构，但是博物馆也需要有较高的知名度从而吸引更多观众了解历史、了解博物馆；博物馆还需要有良好的形象获得社会各界的支持和信任，以确保拥有更多的途径获取文物和资金支持。因此，博物馆同样需要先进的理念和方法去宣传与营销自己。然而，长期以来，由于经验缺乏、观念陈旧、平台创新难等问题，故宫的营销一度陷入尴尬境地，营销内容单调晦涩，与新时代文化传播严重脱节，极大地影响了故宫在民众中的认知。

近年来，故宫抓住机遇积极开展新媒体营销，将传统文化丰富、有趣、生动地传递给公众，拉近了故宫与公众的距离，在公众中获得了极好的口碑，不仅其文创产品销量节节攀升，更促使越来越多的年轻人愿意主动走进博物院，感受中华文化的博大精深，其成功的营销经验值得其他博物馆学习和借鉴。北京故宫博物院的新媒体营销策略主要包括：

### 网站营销

门户网站是实体组织在虚拟网络上的门面，是网络用户直接了解一个组织最便捷的渠道，因此国内外许多博物馆都很重视网站建设，以达到树立自身良好形象和与公众良好互动的目的。故宫的营销网站主要有官方网站和淘宝网站。

官方网站是故宫品牌传播的窗口，通过这个窗口，故宫发布权威信息，介绍故宫的历史、文物收藏、古建筑等相关内容。为提升官方网站知名度和增加客流量，故宫采用进入渠道多元化的方式，通过百度、360搜索等搜索引擎，用户都可以搜索链接。此外，为了方便观众在馆际之间了解参观并加强与其他博物馆的合作交流，故宫还增添了与本官方微博、"淘宝"及国内外其他著名博物馆网站的链接。

故宫于2010年开设的淘宝网站迎合了市场的需求，不仅通过B2C平台在线销售故宫文创产品，同时也达到了传播故宫文化的目的，拥有大批"粉丝"，让更多人爱上了中国传统文化。几年来，故宫通过网站建设，打破了知识封锁，促进了资源实时共享，达到了提升故宫知名度、方便公众了解故宫文化、拓宽经济来源等多重效果。

### 微博营销

故宫的微博营销主要有"故宫博物院"和"故宫淘宝"两个账号，两个微博以完全差异化的风格向公众传递信息，与之互动。其中，"故宫博物院"作为官方微博，主要发布故宫博物院内的展出、风景、文物和文化知识，其风格以正统稳重为主。"故宫淘宝"主要服务于故宫在淘宝上的"故宫淘宝"网店，以诙谐调侃的风格进行传播。两个微博每日都会发信息，以姐弟相称并经常互动。截至2024年7月，共有"粉丝"1 126.5万人，强大的"粉丝"力量为故宫文化的宣传起到了重要的推广作用。例如，故宫官方微博曾经发布了一组"紫禁城的雪"图片，被"粉丝"纷纷点赞并转发。紫禁城雪景的魅力让大众有漫步于故宫雪景的期待，也为故宫赢得了"故宫出品，必是精品"的好口碑。

### 微信营销

目前，故宫的微信营销既有通过建立自己的微信平台的方式，也有与知名微信号合作的方式。

自建微信平台。故宫建立了很多官方微信号，其中"故宫淘宝""故宫博物院"两个微信公众号依然以一个诙谐一个正统的风格进行内容传播。"故宫博物院"是其"粉丝"量最大、运营最好的微信公众号，运营人员创作了大量原创的内容，并通过表情包的形式将故宫最新文创产品，以新奇有趣且富有创意的标题进行推送，其推送基本上都有"10万+"的阅读量，对微信用户产生了良好的营销效果。此外，故宫还有故宫书店、故宫文化珠宝、故宫食品等微信公众号，各个平台之间的分工不同，来定位不同的客户群体。

与知名微信号合作。与微信"大V"联合营销，将自身的文化和生产优势与对方的新媒体渠道优势结合，达到强强联合的效果，是故宫的另一种微信营销方式。例如，2016年、2017年，故宫与知名自媒体"黎贝卡"两次合作，"黎贝卡"负责设计和在公众号推广，故宫负责生产制造和提供销售平台，两者共同推出"故宫·异想"系列，其产品一经推出就被抢购，两品牌联合也一度成为自媒体界高转化率的美谈。

## APP 营销

APP 是人们可以在手机、平板计算机等移动设备上使用的，满足其社交、购物、娱乐、游戏、运动等需求的应用程序。随着智能手机和平板计算机等移动终端设备的普及，人们逐渐习惯了使用 APP 客户端上网的方式，这不仅为企业增加了流量，同时也因为手机移动终端的便捷使企业用户的忠诚度和活跃度都得到大幅度提升，为企业的创收和发展起到了关键的作用，APP 也就成为越来越多企业营销的重要渠道。

故宫自成立新媒体公司以来，共开发了 9 款 APP，如游戏类"皇帝的一天 APP"、向导类"故宫 APP"、文化类"胤禛美人图 APP"等。通过 APP，故宫将传统文化和藏品多角度诠释，达到了极好的宣传效果。例如，故宫出品的第一款应用"胤禛美人图 APP"，从书画、陶瓷、工艺、美术、宫廷生活等方面进行 360° 还原，用户通过滑动手指就可以全方位欣赏 APP 上展示的藏品，并查看相关背景知识。该 APP 使用户在体验清朝华丽宫廷的同时，还进一步了解清代历史，所以一上架就受到了"粉丝"的喜爱和疯狂下载。

故宫 APP 以其良好的触感和交互体验带给人们直观感受，拉近了与观众的距离，全方位传播了故宫文化。例如，曾推出的游戏类 APP 如"绘真·妙笔千山"，是故宫和网易联合出品的剧情类手游，画面超美，还能长知识，更使故宫的消费者年轻化。向导类 APP 如"故宫电子导游讲解"则因其专业的语音导览和逼真的虚拟场景吸引了顾客游览的兴致，并进一步提升了故宫的知名度。

## 视频营销

视频营销表现形式有纪录片、宣传片、直播、微电影、短视频等，其中纪录片和直播是故宫主要采用的营销形式。

纪录片。2016 年出品的《我在故宫修文物》作为故宫 90 周年的献礼，重点记录了故宫里许多稀世珍奇文物的修复过程，详细展示了故宫修复者的匠心精神。该片一经播出便迅速走红网络，引发了爱国青年在新媒体上的热烈讨论，并被各大媒体争相报道，成为一次绝佳的视频营销。

直播。随着互联网的发展，故宫将其持续多年面向公众的讲座《故宫讲坛》延伸到线上，通过网上分享满足了线上人群对故宫文化知识的需求，同时又因为线上直播观众可以点赞、打赏、评论，与观众进行了良好的互动沟通，拉近了与公众的距离。视频营销是"视频"与"互联网"的结合，既有电视短片感染力强、内容形式多样、创意新颖的优点，又有互联网营销的互动性强、传播速度快、成本低廉的优势。故宫通过视频营销，很好地达到了与公众沟通、宣传故宫传统文化形象的目的。

资料来源：赵伟晶．北京故宫博物院新媒体营销策略 [J]．经营与管理，2019（7）：90-92.

**问题：** 1. 北京故宫博物院采用了哪些新媒体营销策略？

2. 你认为还可以使用哪些营销手段来提高北京故宫博物院的美誉度？

### 4. 服务营销具有独特性

在对服务进行管理和营销的过程中，出现了许多人们在商品营销中不曾遇到过的问题。例如，以快餐店为例，快餐服务的创造与传递是在员工与顾客互动的过程中进行的，员工和顾客都很重要，那么，应该如何对员工进行有效的管理，使这些员工热情地、高效率地向顾客提供服务呢？企业又应该如何引导顾客，使他们能参与到服务过程中，主动配合员工，以提高工作效率呢？如果出现服务失误，如何处理顾客抱怨？在需求的高峰期或低谷期，应该如何使企业的生产能力与顾客的需求相匹配？还有，当快餐店采取特许经营向全世界扩张时，如何保证各个加盟店向顾客提供稳定的服务质量？服务业中的营销者逐步认识到，制造业中的市场营销策略难以解决服务业中的这些问题。

随着服务业的快速发展，有些服务企业开始从宝洁公司、卡夫公司这些优秀的制造商中招聘营销人员，当这些人从制造业转到服务业中，在对服务进行营销时，他们发现自己以前丰富的商品营销经验变得没用了，服务营销中出现了许多新的问题。企业逐渐意识到服务营销与商品营销是不同的，需要专业的服务营销人员来帮助企业开展服务营销实践活动。企业对掌握服务营销专业知识人员的需求不断增加，促进了人们对服务营销的研究和对服务营销人员的培养。

现在，服务营销已经成为一门独立的学科，服务营销学有着自己的理论框架、相关概念、基本理论与操作方法。作为一门新兴的学科，服务营销学还在随着实践的发展而不断完善。其中，服务营销中不同于市场营销的概念与理论主要有：服务的定义、服务的特征、关系营销、服务质量、服务人员和内部营销、顾客参与的管理、服务流程、有形展示、供需平衡管理、服务补救等，从而使服务营销独具特色。

### 5. 顾客对优质服务的需要

随着社会和经济的发展，人们的生活方式发生了变化，消费者收入不断增加，许多人越来越愿意付钱来获得相应的服务，人们对服务需求的增加，导致了服务业的快速发展。但收入增加并不只是意味着人们需要更多的服务，而是需要多样化和个性化的服务，同时，人们对服务的要求提高了，期望得到优质的服务。

但是，人们认为很多服务企业提供的服务很糟糕。无论是个人还是组织，购买服务后都可能会有很多不满，抱怨服务提供商不了解顾客需求，收取很多的钱，却提供劣质的服务；服务人员态度恶劣、行为粗暴；服务中差错频出，投诉时手续烦琐；自助服务设备故障频发；服务地点太远，等候服务的时间太长；服务场所脏乱，接受服务时拥挤不堪，以及其他一系列的问题。

服务能给企业带来更多利润，顾客需要更多更好的服务，但是，顾客感知到的服务质量在下降，顾客的满意度也在不断降低。服务企业需要服务营销工具和策略的指导，以帮助它们改变糟糕的服务状况，使顾客满意并使企业获利。

## 1.2.2　服务营销与商品营销的差异

服务有着不同于商品的特征，因此服务营销也有别于传统的商品营销。服务营销与商品营销的差异具体表现在下列几个方面。

### 1. 产品的性质不同

商品是一种物品、工具和东西，是消费者可以摸到或者看见的实物，是有形的，而服务本身是一种行为、表现或努力，是无形的。然而，很多服务也包含实体元素，那么，我们应该如何区分商品与服务呢？肖思塔克（Shostack）曾率先提出了一种方法来区分商品与服务，他将各种产品由有形元素占主导到无形元素占主导依次排列成一种连续谱系，如图 1-4 所示。

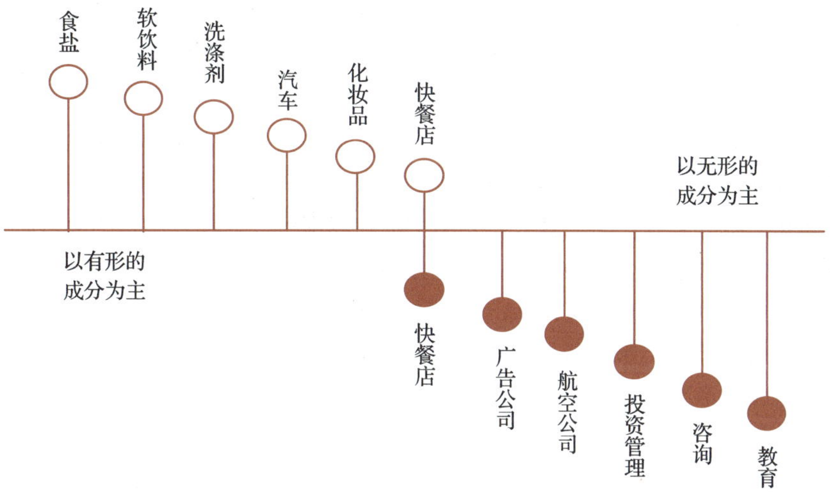

图 1-4  市场实体排列图

资料来源：SHOSTACK G L. Breaking free from product marketing［J］. The journal of marketing, 1977, 41(2): 77.

该图反映了从有形商品过渡到无形服务的变动趋势。通常，企业向市场提供的东西可以分为五大类：①以有形产品为主。如食盐、软饮料等商品，企业向市场销售的主要是实体物品，不涉及明显的服务。②附带服务的有形产品。如汽车、计算机等商品，企业主要提供的是实体物品，并附带有一定的服务。③混合产品。这类产品包括有形产品与无形服务，两者相互配合，缺一不可。如裁衣店既要为顾客提供裁剪服务，又要提供服装。④附有商品的服务。例如，在乘坐飞机时，大多数航空公司向乘客提供服务的过程中，都附带有饮料、食物等商品，但航空公司主要出售的是无形的东西。⑤以服务为主。如咨询和教育等，主要向顾客提供的是服务，顾客获得的是非实体的东西。

这种分类为我们提供了划分商品与服务的一种新的思路，但是，在图 1-4 的中间部分，存在着一些界限模糊的产品，如快餐店，向顾客提供的到底是商品还是服务呢？有些学者提出区分商品与服务的方法，可以使用是否有超过半数的价值来源于无形的服务元素这一经济测量法来判断。如果无形元素创造了大部分的价值，那么这种产品就属于服务产品。例如，对于一家餐馆而言，假如食物的成本只占到餐费的 25% ～ 35%，而服务人员的专业技能和态度、食物的准备与烹饪、就餐服务等主导了价值的创造，很明显，这家餐馆提供的是服务而非商品。在现实中，很少有产品是完全无形或纯粹有形的，服务并非只是指纯粹的服务，我们在本书中讨论的是图中右边的那些服务。

由于服务缺乏有形的特性，顾客通常依靠服务场景来判断服务的特色和质量。因此，企业往往会运用实物来展示服务的特征，告诉顾客服务所提供的利益，使用有形展示与塑造良好的企业形象都会使服务变得更加有形。在服务营销中，如何设计有形展示成为一个重要的营销问题。而商品营销则不存在类似的问题，也不需要进行有形展示。

### 2. 顾客参与服务的生产过程

商品通常是在工厂里被生产出来的，顾客一般不参与生产过程，企业在生产中管理的对象是员工。而对于大多数服务产品，核心价值是在服务提供者与顾客互动的过程中产生的，顾客加入服务的创造过程之中并可以观察到服务的创造过程，他们会对服务提交结果产生积极或消极的影响，所以，如何有效地管理好顾客成为服务营销管理的重要内容之一。

对于不同的服务，顾客参与服务的生产过程的程度是不同的，具有下列几种情况：①在接受服务时需要本人亲自在场。如理发、美容、拔牙和外科手术等服务，顾客与服务提供者直接接触，顾客需要配合服务提供者才能得到服务。②在服务开始和完成时顾客才需要在场。如汽车修理、快递和干洗等服务。③顾客只需要精神上在场即可。如远程课程的学习。

顾客参与服务生产过程会对服务营销者提出一系列独特的挑战。随着顾客参与生产过程的程度增加，生产进度的不确定性会增大，对服务效率的影响也会更大。所以，服务营销者就需要对顾客进行有效的管理。服务营销者应该设计出方便顾客使用的服务提交系统，选择合适的目标市场，并对顾客进行培训与激励，提高顾客的能力，使他们获得良好的服务体验和结果。

### 3. 人是服务的一部分

服务过程是服务提供者与顾客互动的过程，服务人员与顾客都会影响到服务质量和服务体验，因此，人成为服务的重要组成部分。这里的人不仅是指服务人员，还包括顾客与出现在服务场景中的其他顾客。

对于许多专业服务与个人化服务，服务人员本身就是服务。例如，在法律服务、咨询服务、资产评估服务、教育服务、维修服务、清洁服务、照看老人与小孩等服务中，服务的提供者就是企业的员工，服务人员的素质决定了服务质量与顾客的服务体验。因此，要提高服务质量就需要加大对人力资源的投资。顾客也是服务中必不可少的一部分。在许多情况下，顾客参与了服务的创造与传递，其他顾客也可能出现在服务场所，这些都会影响到服务质量与顾客本身对服务的满意度。

服务人员与顾客共同构成了服务的重要部分，这给我们带来的营销启示是很清晰的：服务企业应该对人进行有效的管理。服务企业不仅要对服务人员进行管理，让员工愿意并能够为顾客提供优质的服务；还要对顾客进行管理和引导，使其他顾客在共享的服务场所中出现得当的行为，从而提升顾客的服务体验。

### 4. 服务质量控制的难度更大

对于商品而言，制造企业在生产商品时，生产条件是可以控制的，可以用统一的质量标准来衡量商品，通常是在质量检验合格后销售给消费者。然而，服务产品的生产与消费往往是同时发生的，无法在销售给顾客之前进行检验。由于人是服务的一部分，难以用统一的质量标准来测量服务，服务中的不足之处也就不容易被发现和改进。不同的员工、同一员工和不同的消费者、一天不同的时段都会使得所提供的服务存在着差异，员工的工作质量、态度和提供服务的速度都会产生很大的变化。在服务过程中，顾客已经出现在服务场所里，一旦出现什么差错就会影响到顾客的感受，要使顾客免于承受服务失误的结果是很困难的。在这些不可控因素的影响之下，服务企业很难控制服务质量。

　　尽管如此，不少服务企业还是采取了各种方法努力加强服务质量控制，并取得了一定的成效。一种方法是利用服务中的变异，向每一位顾客提供定制服务。与生产商品相比，由于顾客参与了生产过程，服务提供者可以更加容易地按照顾客的特定要求，为顾客提供个性化的服务。另一种方法是向全部顾客提供标准化的服务。服务企业采取了标准化的服务流程，制定服务标准，积极培训员工，或者使用机器代替人工，其目的就是向顾客提供一致性的服务产品，使消费者获得相同内容和水准的服务。

### 5. 顾客评价服务更困难

　　服务更多是靠消费者去感受的，消费者对服务的评价是很困难的。以消费者购买帽子与购买旅游服务为例，两者购买评价的难易程度是有很大差距的。当购买帽子时，由于帽子是实体商品，消费者在购买前就可以很容易地对帽子做出相对客观的评价。消费者可以拿着帽子仔细地看，看到帽子的颜色、款式，了解到制作帽子的材料和帽子质量，还能戴在头上看看是否合适和好看。而购买旅游服务则复杂得多了。在购买之前，消费者很难把握旅游服务，不知道旅行社会提供什么样的服务，这些服务能否满足其需求。在购买旅游服务后，各个人对旅游的感受也是不同的，有人觉得糟糕透顶，有人觉得还行，也有人认为很不错。也就是说，人们对服务的评价更为主观。尤其对于一些专业性较强的服务，即使接受服务后，我们也难以评价服务，不知道服务供应商所提供的服务效果如何。例如，由医院向患者提供医疗服务，即使手术已经做完，患者出院了，但是患者及其家属不一定能理解医院已经提供的服务，在当时也很难评价手术的效果。

　　由于服务缺乏有形的特性，顾客在购买服务之前难以了解服务特色和评价服务，由此也难以分辨各个服务供应商的优劣，也很难预见他们将获得什么，因此，在购买服务的过程中，顾客感受到的风险更大。

### 6. 大多数服务产品不可储存

　　商品可以大规模地生产，生产出来之后可以进行储存，在消费者需要的时候再销售出去。而服务具有无形性和同步性的特征，服务往往是转瞬即逝的，大部分服务不能像商品一样被储存起来。服务产品无法储存会给供需平衡带来严峻的挑战。消费者在特定时刻的需求是难以预见的，又没有库存的服务产品，当消费者在特定时刻需要企业提供服务时，就会出现服务的供需矛盾。如果消费者的需求超过企业的供应能力，消费者必须等待很长时间，这往往会造成顾客不满意。一旦等待时间超过消费者所能忍耐的限度，消费者就会失望地离开企业，转向企业的竞争者。而当消费者的需求低于企业的供应能力时，企业的人员、设施等生产资源不能得到有效的利用，会造成成本上升，利润减少。因此，服务营销要解决的一个关键问题，就是如何使服务产品的供应与需求相一致，服务的供需管理也就成为服务营销学中的重要内容之一。

### 7. 服务过程中时间因素的重要性

　　由于大多数服务是服务提供者在现场向顾客实时提供的，时间因素对于顾客而言就显得特别重要。我们到大医院去看病，需要排队挂号，挂号后又需要在诊室外长时间等候，还需要拿着医生开的化验单到处检查，待医生开完处方后还要再排队交费和取药。就医过程中的到处排队等候，浪费了我们的大量时间，我们为获得大医院的医疗服务支付了较高的时间成本。这种等待现象在服务业中比比皆是。在服务行业中，时间成本已经成为顾客总成本中的一个重要组成部分。

随着生活、工作节奏的加快，许多顾客对时间越来越敏感，要求尽量降低时间成本，甚至为了节省时间而愿意多付些钱。有些顾客宁愿多花钱以立即获得照片，有些消费者选择乘坐飞机而不是火车以快速到达目的地。繁忙的消费者希望服务企业能满足他们在时间方面的需求。成功的服务企业关注到了顾客时间方面的要求与限制，想方设法地降低消费者的时间成本。许多企业延长了服务时间，甚至全天营业，使顾客在工作以外的时间可以购物和享受其他服务。有些服务企业意识到等待会造成顾客不满意或业务机会丧失，进而采取一系列策略，努力缩减消费者等待的时间，或者使其等待变得更轻松一些。

### 8. 分销渠道不同

生产企业一般是采用实体渠道来分销商品，往往通过批发商、零售商等中间商把商品从工厂送达顾客手中。而服务企业则可以使用电子渠道来传递服务。例如，银行采用多渠道来提供服务，除了通过实体银行进行交易外，还可以利用电话银行、手机银行、网上银行及自动取款机来传送服务。借助于电子渠道，服务企业可以通过互联网将基于信息的服务在瞬间传递到全球各地，顾客也可以方便、快捷地获得服务。

在使用电子渠道时，基于信息的服务产品的分销与提供增值服务以促进商品购买及使用是不同的。基于信息的服务产品利用电子渠道可以完成全部的渠道职能。以在线歌曲为例，唱片公司制作的歌曲是基于信息的服务产品，利用网络这一电子渠道，顾客可以在网站上试听，下订单购买喜欢的歌曲，在线支付货款后，就可以下载选定歌曲，得到想要的服务。然而，对于利用电子渠道来提供增值服务以促进商品购买及使用的情况，企业需要综合使用电子渠道和实体渠道来分销服务产品。例如，对于网上零售店来说，电子渠道主要用于信息沟通和在线支付，商品的传递则必须通过实体渠道来进行。由于电子渠道在信息沟通方面具有绝对的优势，越来越多的企业使用电子渠道来促销、获取订单和货款、提供咨询服务和售后服务，通过实体渠道向顾客传递商品。

> **应用练习 1-1**
> 以医院和制药厂为例，说明医疗服务的营销与药品的营销有哪些不同之处。

## 1.2.3　服务营销的职能

商品消费是结果消费，顾客购买和消费的是作为生产过程结果的商品，而服务消费更多的是过程消费，尽管服务结果是必要的，但顾客参与服务过程，会把服务过程视为服务消费的重要组成部分，而且顾客对服务过程的感知对于总体服务质量的评价更为重要。由于商品是结果消费而服务是过程消费，使传统营销的职能与服务营销的职能存在一定的差异。

在商品营销中，从时间和空间来看，商品的生产过程与消费过程客观上是分离的，因此，就需要一座桥梁将生产与消费联系起来，这座桥梁就是市场营销。传统的营销理论正是基于此而建立的，营销关注的是销售。传统营销职能包括市场研究、定价、广告、销售促进等，通过执行这些职能，可以使生产者和消费者之间顺利进行交换，以满足双方的需求。图 1-5 所示内容表明了传统营销职能。在图 1-5 中，向下的箭头表示营销专业人员通过研究消费者获得市场信息，向上的箭头表示营销活动的计划与执行。传统营销职能由营销部门中的专业营销人员来执行，其他人员对营销或顾客不负有任何责任。

对于服务营销而言，生产与消费是同步进行的，顾客与生产资源发生交互作用，这既会影响到顾客对服务质量的感知，也会影响到顾客的长期消费行为，服务营销职能如图 1-6 所示。因此，服务营销的核心是将生产过程与消费过程有机地整合在一起，创造良好的互动关系，从而使顾客能感知到优质的服务质量，与企业建立长期的良好关系。在大多数情况下，服务企业既需要传统的外部营销，也需要互动营销。当买卖双方发生互动时，就出现了互动营销。传统营销对互动营销起支持作用，尤其是在企业开拓新市场或推出新服务时，可以发挥很大的积极作用。但是，互动营销是营销活动的核心。不论传统营销做得多好，只要互动营销失败了，服务营销也就失败了，而互动营销越有效，传统营销也就显得越不重要了。

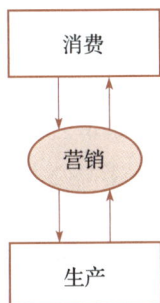

图 1-5　传统营销职能

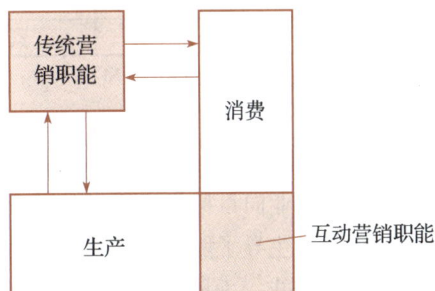

图 1-6　服务营销职能

在服务业中，服务营销不仅可以联结生产过程与消费过程，更为重要的是，还可以整合生产过程与消费过程。因此，服务营销职能包括两种：一是传统营销职能，这种职能也就是传统的外部营销职能，由专职的营销人员来负责市场研究及制定营销组合；二是互动营销职能，这种职能与买卖双方的互动相关，由兼职营销者来执行。互动营销职能是帮助企业识别各种有形资源，如员工、顾客、服务场景等，将这些有形资源与顾客结合起来，引导企业从顾客的角度考虑服务过程，实现服务的传递，并创造重复销售、交叉销售，以及建立持久的顾客关系。

## 1.3　服务营销组合

由于服务的特性，给服务企业的营销带来了一系列问题，服务营销人员在面对这些问题时，采用了不同于商品营销的一套营销工具。在这些工具中，有些是由传统的营销手段发展而来的，有些则是服务业中独有的营销手段。

### 1.3.1　传统的营销组合

营销组合是市场营销的重要概念之一。营销组合（Marketing Mix）是指企业为了影响目标市场对其产品的需求而综合使用的一组可控制的营销手段。对于生产商品的制造商而言，经常使用的营销手段是产品（Product）、价格（Price）、分销（Place）与促销（Promotion）。这四大手段作为一个有机的整体，通常被称为4P。对于这四个要素，企业是可以控制的，各要素之间相互依赖、相互影响，是制造商核心的决策变量。产品、价格、分销和促销对于服务企业也非常重要，但在服务业中使用时，需要对4P进行调整，服务与有形产品的4P组合比较见表1-2。下面对服务营销中的产品、价格、分销与促销进行介绍。

**表1-2　服务与有形产品的4P组合比较**

| 营销组合 | 产品 | 价格 | 分销 | 促销 |
|---|---|---|---|---|
| 服务 | 服务范围 | 灵活性 | 渠道设计 | 媒体类型 |
| | 服务质量 | 区别定价 | 店面位置 | 广告 |
| | 服务水准 | 折扣 | 可用网络 | 宣传 |
| | 服务品牌 | 认知定价 | 仓储 | 公共关系 |
| | 包装 | 付款条件 | 运输 | 个性服务 |
| 有形产品 | 产品线 | 折扣 | 渠道选择 | 广告 |
| | 产品组合 | 付款条件 | 渠道设计 | 人员推销 |
| | 包装、品牌 | 价格变动 | 运输、仓储 | 公共关系 |
| | 售后服务 | 贸易折扣 | 递送服务 | 营业推广 |

资料来源：王永贵. 服务营销与管理［M］. 天津：南开大学出版社，2009. 有改动。

### 1. 产品

服务产品是指企业向目标市场提供的有形与无形的要素的结合体。尽管服务产品也包括有形要素，但无形要素主导了服务产品的价值创造。服务产品包括核心服务与附加服务。核心服务满足顾客的基本需求，而附加服务则能帮助顾客使用核心服务或者能增加核心服务的价值。例如，旅馆的核心服务是食宿服务，附加服务包括房间预订、客房服务、用餐服务和健身服务等。在服务产品策略中，要考虑提供服务范围、服务品牌、服务质量和服务水准等因素。

服务产品是营销组合的基础。一般来说，企业首先要考虑向顾客提供何种服务产品，然后，再考虑制定什么样的价格，通过什么促销手段影响消费者，在什么地点向消费者提供服务产品。服务产品也是营销组合的核心，如果服务产品本身存在问题，不能满足消费者的需求，即使其他要素设计得再好，也是枉然。

### 2. 价格

价格是企业向消费者提供服务所获得的报酬，也可以说是消费者购买服务产品而支付的货币数量。价格要素对服务企业和消费者都很重要。通过合理定价，企业可以与顾客实现价值交换。企业利用价格策略可以获得收入，弥补成本，从而实现盈利。对于顾客来说，货币价格只是他们支付的一部分，非货币成本有时比货币价格更重要。在购买服务时，消费者除了考虑到货币成本之外，还会考虑到时间成本、精力与体力成本等非货币成本。非货币成本通常会影响到顾客的购买决策。价格也是顾客判断服务质量的依据。由于消费者难以评价服务质量，使购买服务充满了风险，顾客将价格作为判断服务质量的依据，服务价格也就成为消费者衡量服务质量的重要指标。因此，企业不仅要对服务进行合理的定价和有效地使用价格策略，使价格能够成为传递服务质量的信号，从而增加企业的收入，还要尽量减少顾客看重的那些非货币成本。

### 3. 分销

分销是指企业为了将服务提交给顾客而进行的各种活动。根据服务的性质，服务产品的分销可以通过传统的实体渠道，也可以通过新兴的电子渠道，还可以通过实体渠道与电子渠道相结合来完成。

电子渠道主要是应用互联网向目标市场提供可利用的服务产品，包括通过智能手机、计算机、网络电视和互动媒体等所有服务提供形式。基于信息的服务都可以通过电子渠道进行传递，顾客也可以在任何时间和地点进行查询，如音乐、文字等数码类产品的分销。从目前来看，电子渠道逐渐成为传统实体渠道的有力补充或替代性选择，越来越多的企业综合使用实体渠道与电子渠道来分销服务产品。

与商品的分销渠道相比，服务的分销渠道较短，企业可以直接将服务传递给顾客，也可以通过中间商向顾客提交服务。在使用中间商分销服务产品时，可以为企业带来不少利益，但也会出现一些问题，如各个商店的质量与一致性难以控制，授权方与控制方之间的关系紧张，容易产生渠道冲突等。要实现有效的分销，企业就需要对中间商加强管理。

### 4. 促销

促销是指企业传递服务的优点并教育顾客的各种信息沟通活动。如果企业与顾客之间缺乏沟通，顾客可能不了解该服务企业，更不可能知道该服务企业能提供什么服务产品，服务产品有何特色以及如何使用服务。通过广告、人员推销等促销方式，服务企业可以向顾客传递企业和服务产品的信息，吸引新顾客购买服务产品，并使顾客对企业品牌产生偏好。对服务业而言，促销尤为重要，通过沟通可以树立起良好的企业形象，并增加顾客对服务产品的安全感和信任感。

在对服务开展促销活动时，服务营销人员需要考虑到服务的特性，注意以下方面：利用有形的要素来向顾客传达无形服务的特征与利益；教育和培训顾客使之能参与到服务的生产过程之中；在宣传中突出企业的服务人员，以及通过促销调节需求使服务的供需达到平衡。

### 📄 小案例 1-2　　　　　　　　经典的二维码营销案例

二维码又称 **QR Code**，是近几年发展较为迅速的一种编码方式，它比传统的条形码（Bar Code）能够表示更多的数据类型，同时它也能够存储更多信息。它用几种特定的几何图形，按照一定的规律，在平面分布的黑白相间的图形中记录数据信息，并通过图像输入设备或光电扫描设备自动识读以实现信息自动处理。

近几年，二维码营销正以一种不可逆转的商业趋势向前发展，并给整个社会的支付方式带来巨大的改变。相比于条形码，二维码具备数据容量大、超越了字母数字的限制、空间利用率高、损坏部分内容后可继续阅读等优势，在未来各行业的市场发展中呈现出取代条形码之势。移动互联网正在从贴身变得贴心，移动广告也从"反感扰人"变得"亲切宜人"。下面简单分享几个用二维码进行营销的具有创造性的、好玩有趣的例子。

#### 1. 易买得超市隐形二维码

超市在中午的时候，人流量和销售量很低，于是韩国易买得（E-Mart）超市别出心裁，在户外设置了一个非常有创意的二维码装置，正常情况下，扫描不出这个二维码链接，只有在正午时分，当阳光照射到它上面产生相应投影后，这个二维码才会正常显现。而此时用智能手机扫描这个二维码，可获得超市的优惠券，如果在线购买了商品，只需要等待超市物流人员送到用户方便的地址即可。

### 2. 彭尼百货商店个性化送礼二维码

在假日季里，彭尼百货（J.C.Penney）商店让顾客在礼物上添加个性化的元素。从任意一家彭尼百货商店购买礼物后，都会获得一个"圣诞标签（Santa Tag）"以及相应的二维码。扫描该二维码后，赠予人可以为接收人录制一段个性化的语音信息，然后赠予人把该标签像礼品卡一样塞在包装上。

### 3. 星巴克简化与顾客互动的方式

星巴克等商店利用二维码简化与顾客互动的方式。顾客不用再"大排长龙"等待付款，而只需要把预付费卡和手机应用绑定，就可以更快捷地完成支付，还能更多地了解产品和商店的信息。

### 4. 给顾客一些他们想要的东西

营销4I原则中的I之一是Interests（利益），给顾客想要的利益！激浪（Mountain Dew）和塔可贝尔（Taco Bell）公司联合开展了一个促销活动：顾客扫描了饮料杯上的二维码后，就可以免费下载音乐。它们了解它们的顾客：年轻人对流行文化感兴趣。该活动为公司获得了超过20万次的下载量。

### 5. 乐购公司重新创造购物体验

在韩国，零售巨人乐购（Tesco）公司在熙熙攘攘的地铁站里推出了"移动超级市场"，消费者能够迅速地扫描并选购需要的商品。晚上，当他们回到家中时，这些货物早已送达，凭借这一举措，乐购迅速成为韩国在线零售业务的领跑者。而这种营销方式目前也为国内的综合性购物网站"一号店"所学习，并在北京和上海的地铁与公交站点进行了小范围的推广。

### 6. 威瑞森发起值得分享的比赛

威瑞森（Verizon）发起了一个成功的促销活动，推动销量增加了200%。店内顾客扫描二维码后，会在Facebook上分享他们的比赛信息。假如有朋友通过该链接购买了一台Verizon手机，原顾客就有机会赢得一台智能手机。Verizon投入了1 000美元，而获得了35 000美元的回报。此外，Verizon还在25 000名Facebook用户中增加了品牌认知度。

### 7. 分享最潮的音乐

假如想对那个"分外的你"音乐传情，你可以通过声田（Spotify）创建一个最当代、最潮的音乐集锦。声田是一个正版流媒体音乐服务平台，在声田上完成创建音乐播放列表后，会生成相应的二维码，接着你可以向那个"分外的你"发送带有二维码的问候卡，对方扫描后就可以直接浏览音乐集锦了。

二维码旨在解决移动互联网的"最后一公里"问题：移动互联网应用落地。我们看到如今二维码的应用已经有很多，包括二维码购物、二维码查询、二维码传情（笔墨、图片、视频、声音)、二维码寻宝、二维码看电影、二维码签到等。

在将来,二维码可以应用于更多领域,比如匆忙上班的路上拿出手机拍个二维码,到达办公室前美味的早餐已放在桌上;下班回家,链接手机二维码,便能在家中试穿最新上市的时尚服饰;出外旅行不再需要导游,拍下二维码便能穿越时空,感受动态现场讲解……

资料来源: 1. 刘东明. 码到成功,十大经典二维码营销案例 [J]. 中国品牌与防伪,2013 (4): 86-87.
2. 刘呈隆,马闻远,张朔. 影响二维码营销效果的因素分析 [J]. 山东师范大学学报(自然科学版),
2019,34 (1): 70-75.

**问题:** 结合案例,分析二维码在营销中可以应用于哪些方面。

## 1.3.2　服务业中需要拓展的营销组合

服务具有其独特性,由于服务的生产与消费常常是同时进行的,顾客会接触到企业的服务人员,并参与到提供服务的过程中,成为服务质量的评定者。由于服务的无形性,消费者经常依赖有形的线索来理解服务和判断服务质量。人员、流程、有形展示和质量这些要素都会影响顾客对服务的感知和体验,正是基于对这些要素重要性的认识,在服务领域中需要扩展营销组合。在服务业,除了 4P 外,还需要增加四个与服务传递有关的因素,即:人员(People)、有形展示(Physical Evidence)、流程(Process)、生产效率与质量(Productivity and Quality)。这些要素构成的整体称为服务营销组合,即 8P。

### 1. 人员

人员是指参与服务过程并因此而对购买者产生影响的所有人员。人员包括了企业的服务人员、顾客,以及处于服务场景中的其他顾客。这些人员都会对服务提供和服务质量产生影响,需要对他们进行有效的管理。

服务人员经常与顾客直接接触,员工说的每一句话、做的每一件事都可能影响到消费者对服务企业的感知,员工的言行、态度与技能在一定程度上决定了消费者对服务企业的印象。如果服务人员是具有专业知识的、热情的、友善的、关注顾客需求的,那么与其接触的大多数消费者将会把这家企业视为一个优秀的服务提供商。成功的服务公司都比较重视员工,它们把服务人员视为公司内部的顾客,像对待顾客那样来对待员工,激发服务人员的顾客导向和服务意识,使员工具备专业的工作技能,愿意为顾客提供优质的服务。

由于服务的同步性,顾客参与了服务的生产过程,成为服务的合作生产者。在很多情况下,顾客对于企业能否成功地提供服务发挥着重要的作用。例如,如果患者不能清楚地向医生说明症状,就会给医生诊断病情带来不少麻烦,医生开处方后,若患者不遵照执行,也会影响到医疗的效果。优秀的服务营销者意识到顾客的重要性,想方设法引导顾客扮演好自己的角色并对顾客行为进行管理。

除了接受服务的顾客之外,服务环境中的其他顾客也会影响到接受服务的顾客的满意度。例如,你在图书馆正认真读书,邻桌的人拿出手机高声说个不停,你是否感到很烦呢? 由于通常是向一群顾客提供服务的,即大家共享相同的服务,其他顾客可能会对接受服务的顾客产生正面或负面的影响。例如,演唱会上观众的尖叫声和掌声往往会激发人们的兴致与热情。而坐火车时小孩长时间的哭闹声会打扰到邻座的乘客。

### 2. 有形展示

有形展示也称为物证。服务的全部有形表现形式都属于有形展示。有形展示包括周围风景、停车场、建筑风格、标志、内外部设计、内部装潢、设备等内外部设施，以及账单、办公用品等其他有形物。

由于服务的无形性，顾客难以理解服务和评价服务质量，因此，顾客往往依靠服务周围的有形展示来判断。尤其是在顾客第一次与企业打交道时，如果顾客对企业并不了解，无法判断其服务质量，他们通常会把服务周围可以看到的有形要素当成线索，利用这些线索来认识服务和评估服务质量。例如，一个客户要请一名法律顾问，已经与一位律师有了联系，但这个客户并不了解这名律师的专业素质与能力，不清楚这名律师提供的服务怎么样，这个客户对是否请这名律师感到犹豫不决。但是，当这个客户来到市中心的这家律师事务所以后，看到停在楼下的豪华汽车，一座独立的五层小楼全是这家事务所的办公场所，走入宽敞的办公室，接过精致的名片，坐在舒服的真皮沙发上，喝着地道的龙井茶，翻看着对方曾提供过法律服务的客户名册，这时，都不需要这位律师多费口舌，市中心的位置、豪华汽车、独立小楼、宽敞的办公室、精致的名片、真皮沙发、地道的龙井茶和客户名册这些有形要素都成为传递高水平服务质量的重要信号，这个客户从中可以判断出对方是否能提供高质量的法律服务，从而做出是否聘请的决定。有形展示可以影响到顾客的行为和满意度，因此，服务企业应该对有形展示进行有效的设计与管理。

### 3. 流程

服务流程是指服务运作和提供的流程，即服务企业中服务运作的顺序与方法、提供服务的步骤。服务产品回答了做什么，而服务流程涉及怎么做的问题，企业要创造和提供服务产品，就必须要具有相应的服务流程。

服务流程的设计很重要。糟糕的服务流程会使企业前台的服务人员很难顺利地完成工作，从而导致生产效率下降，服务失误的风险增大。从消费者的角度来看，在高接触性服务中，消费者会参与到服务过程中，服务的过程就是消费者的经历。粗劣的服务流程会导致服务提供不畅、耗费时间、服务质量不高，容易为消费者带来不愉快的经历与令人失望的服务体验。因此，服务企业要重视服务流程的设计。

企业在设计服务时，不能只考虑企业的人力资源状况。由于服务的特性，顾客参与到服务的生产与传递过程中，因此，企业还要了解顾客的期望，关注顾客的看法，设计出既能满足顾客需求又能高效运作的服务流程，使自身能提供更多的服务产品，并提升顾客的服务体验。总之，企业不但要设计出有效的服务流程，还要管理好服务流程。随着时间的变化，当原有的服务流程变得不再有效时，企业还需要重新设计服务流程。

### 4. 生产效率与质量

生产效率与质量看起来是两个不同的概念，好像很难将两者联系在一起，但其实生产效率与质量就像是一个硬币的两面，企业不能将这两者对立起来。从历史上看，自20世纪70年代以来，提高生产效率成为企业的重点。在20世纪80—90年代，企业的重心是提高质量。进入21世纪，企业力求将提高生产效率和质量结合起来，争取在为顾客提供更多价值的同时，也为企业创造更高的价值。

提高生产效率对企业很重要。生产效率的提高可以使企业在同行业中保持低成本，这就意味着企业一方面能获得更高的利润，可以投资于新服务产品的研发以不断创新，另一方面能降低服务产品的价格，成为本行业中的最低价格者，取得竞争优势。但是，如果只是将提高生产效率当作服务企业中运营部门的事，在未考虑顾客需求的情况下，对某些服务进行不恰当的削减，很可能会让顾客不满意。要知道，顾客是服务过程的参与者，也是服务的消费者。简化服务流程能为企业节省成本，但不一定能使顾客得到更好的服务体验，也不一定能使顾客得到更多价值。同样，提高服务人员的效率可能会使顾客觉得自己根本不受重视。例如，一家医院原来规定坐诊的医生上午要看完 20 个患者，现在改为一上午要看完 40 个患者，很明显，医院效率倒是大大地提高了，但是，对于患者来说，自己等候了很长时间，好不容易进入诊室，但被接待的时间与介绍病情的时间相对减少了，与原来提供的服务相比，患者会觉得服务质量下降了。

顾客需要优质的服务。高水平的服务质量能提高顾客的满意度，是维护顾客忠诚的重要保证。劣质的服务会使顾客不满意，一旦顾客不满意服务的质量，他们通常不愿意为之支付高价格，这时如果竞争者的服务质量更好，顾客通常不会向企业购买服务，而是会转向竞争对手，这样不但会造成顾客流失，企业利润减少，还会使企业在市场竞争中处于不利的地位。因此，越来越多的服务企业在不断努力地提高服务质量。然而，如果只考虑营销方面的问题，忽视企业的运营能力和员工素质，又可能会导致营销方案实施的成本上升而利润减少。更糟糕的是，如果这些服务质量不是顾客所需要的，或者顾客并不愿意为获得更高质量的服务支付高价，那么企业将徒劳无功，甚至出现亏损。

不管是生产效率，还是服务质量，都会影响到企业的盈利能力和竞争能力，因而成为企业关注的重点。然而，如果企业单纯地提高生产效率或服务质量，都很容易出现问题。所以，那些优秀的服务企业试图同时提高生产效率与服务质量，以对企业有效的成本方式为顾客提供高品质的服务。不过，既要提高生产效率又要向顾客提供高品质的服务，是当前许多服务企业面临的重要挑战。广义而言，提高生产效率要求降低企业的成本，改善服务质量则要实施相关项目，需要更多的投入。

要确保生产效率与服务质量不发生冲突并能相互促进，那么，在提高生产效率与服务质量时，就需要注意以下事项。第一，从顾客的角度来考虑。提高生产效率时，不能只考虑企业是否能降低成本，还要考虑顾客的需求能否得到满足。生产效率的提高不能以降低顾客满意度作为代价，而是要有助于提升顾客满意度。在改进服务质量时，由于顾客是服务质量的最重要的裁判，企业应该对消费者进行调查，了解顾客对服务质量不同方面的看法和要求，根据顾客的要求来提高服务质量。同时，还要确保为提供更高质量所带来的收益超过因此而增加的成本。第二，要做好不同部门之间的协调工作。提高生产效率不只是运营部门的事，为提高顾客满意度而改进服务质量也并不只是营销部门的事。提高生产效率与服务质量需要各个部门的合作与支持。营销、运营与人力资源是服务企业的三大部门，这些部门必须协作才能提高服务质量与生产效率。

总之，生产效率与服务质量相当于一个方程式的两边。生产效率关注方程式一边的企业在服务过程中产生的经济成本，而服务质量则关注方程式另一边的为消费者创造的价值。生产效率与服务质量为企业和顾客提供了创造价值的双途径，将两者结合起来考虑，在不断改进服务质量的同时提高能增进顾客满意度的生产效率，将会增强企业长期的盈利能力和竞争力。

## 本章小结

　　服务是由一系列或多或少具有无形特征的活动所构成的过程，这种过程是在顾客与服务提供者、有形资源的互动关系中进行的，这些有形资源（如有形产品、有形系统）是作为顾客问题的解决方案而提供给顾客的。服务具有无形性、异质性、同步性和易逝性四个基本特征，这些特征给服务营销者带来了一系列独特的挑战。优质的服务不但可以为企业带来利润，还能帮助企业保留住老顾客、吸引到新顾客。

　　许多因素共同促进了服务营销的快速发展。服务营销与商品营销的差异体现在：产品的性质不同、顾客参与服务的生产过程、人是服务的一部分、服务质量控制的难度更大、顾客评价服务更困难、大多数服务产品不可储存、服务过程中时间因素的重要性和分销渠道不同等方面。服务营销职能包括传统营销职能和互动营销职能。服务营销组合由产品、价格、分销、促销、人员、有形展示、流程、生产效率与质量等要素构成。

## 思考题

1. 什么是服务？
2. 服务具有哪些特征？
3. 服务有什么作用？
4. 为什么要研究服务营销？
5. 服务营销与商品营销存在哪些差异？
6. 服务营销的职能有哪些？
7. 有人认为，服务企业的营销者在制定营销组合时只需要考虑传统的 4P 就足够了，你是否赞成这一观点，请举例说明。

## 案例分析

### 烧烤带火了一个城市

　　淄博，是中国的一个三线工业城市，在 2023 年的春天，从默默无闻到迅猛冲上各大平台热点头条，成为舆论焦点，"淄博烧烤"也成为家喻户晓的超级 IP。尤其在"五一"期间，淄博吸引来自全国各地的游客逾 12 万人次，创下近 10 年来的客流量最高纪录，知名"打卡地"八大局便民市场登顶全国景区"排队榜单"。

#### 大学生与淄博市政府的一场"双向奔赴"

　　烧烤哪里都有，为何流量会涌向淄博？对于"淄博烧烤"爆火的起因，还要追溯到2022 年 5 月。山东大学一万多名学生曾经在淄博待过一段时间。淄博市政府为大学生们准备了生活用品、洗漱用品、各种物资，为了方便他们上网课，甚至还为大学生办理了流量月卡，在饮食方面更是每天变着花样"投喂"。随后，临淄区政府安排的食宿环境引起了网友的广泛称赞。在这些大学生离开淄博前的最后一餐，淄博市政府为他们准备了一顿烧烤，这顿烧烤以及淄博人的热情给大学生们留下了深刻的印象。淄博市政府在"写给学生的信"中与这些大学生们约定"来年春暖花开，欢迎大家带上朋友再来做客"。

2023年3月初，几十名大学生如约而至，前往淄博打卡撸串，与淄博市政府完成了一场浪漫的"双向奔赴"，一时间"大学生组团坐高铁去淄博撸串"冲上热搜。大学生们在各种社交媒体上传在淄博吃烧烤的视频，凭借"小饼烧烤加大葱""小饼烤炉加蘸料"的特色以及淳朴的民风，吸引了各地网红前来打卡，引爆第一波赴淄博吃烧烤的热潮。

淄博市商务局公布的数据显示，自2023年3月以来，全市1 288家烧烤经营业户日均接待人数13.58万人，主城区张店重点烧烤店营业额同比增长35%左右；主城区周边区县周村、临淄重点烧烤店营业额同比增长20%以上。

### "赴淄吃烧烤"也是地方治理的一次"大考"

淄博市政府从这场浪漫的"双向奔赴"中敏锐地发现了机遇，第一时间设立淄博烧烤名店"金炉奖"、成立烧烤协会、发布"烧烤地图"、推出"烧烤专列"、开通"烧烤公交"、宣布"五一"举办淄博烧烤节，还直接发放25万元烧烤消费券，让所有游客"吃得放心、玩得开心、走得舒心"。与此同时，淄博市政府还加大执法力度、稳定物价、保障食品安全，完成了地方治理的一次"大考"。

淄博市以及各区文化旅游部门领导更是各显神通，为了方便旅客们下了高铁后能够直达夜市烧烤店，淄博市开通济南往返淄博的高铁专线，新增21条通往各大夜市烧烤店的公交路线；淄博市文旅局长担任夜市"烧烤代言人"，直播示范"淄博烧烤"的正确吃法；临淄区文旅局长登上烧烤专列担任解说导游。

淄博烧烤爆火后，一名网络知名打假博主在网友的怂恿下自带电子秤前去淄博"打假"，到访的是当地最热闹的八大局的十家店铺，测评结果为：全都没有缺斤少两的情况，有的还多送了一些，让博主收获了惊喜。该博主直言自己在淄博要"失业"。

### 至诚至性的人间烟火气比烧烤更吸引人

淄博烧烤爆火后，不仅仅是相关部门，当地居民也在用自己的方式做淄博城市面貌的守护者。为了给外地游客留下好印象，不少淄博市民自发为外地游客提供各种服务。

有市民自发到高铁站免费接送游客；有上班族为了市容干净下班回家沿路捡垃圾；有本地车辆自觉礼让外地车辆；有商家店主自发提供免费场所……甚至当有网友在社交平台发布视频分享在淄博旅游"被宰"的经历时，淄博当地网友纷纷在评论区向他道歉。

这波流量热潮中，从地方政府到淄博群众，每个淄博人都想游客所想、尽自己所能，通过一个个微镜头串联出这座城市的温度。有网友表示："这种至诚至性的人间烟火气，比烧烤更吸引人。"

有网友发视频分享在淄博烧烤摊用餐经历，点完餐后，想增加订单但无奈排队人太多，就直接问旁边桌上的陌生人，能不能给一串白菜。结果一开口，就得到邻桌陌生游客的热情"投喂"。在这样至诚至性的人间烟火气中，来自全国各地的游客在小小的烧烤摊前卸下戒备。

### 需要转型的淄博

事实上，淄博确实需要"火"。这座三线并非旅游城市的淄博，以工业起家，凭借着工业优势，曾是山东经济的前三甲。近年来，陷入资源枯竭困境的淄博加快转型，淘汰落后产能，关停了大量的污染企业，大力发展第三产业。现在的三个产业结构比为4.3∶49.8∶45.9。作为老工业基地转型的城市代表，淄博的痛苦，冷暖自知。

在淄博"火"之前，两个代表数据可以说明问题：其一，2018年，淄博从人口净流入变成了净流出；其二，2019年，山东各城市的GDP普遍调减，尤其是淄博，2019年GDP为3642亿元，比修订前的2018年GDP数据减少了足足1426亿元，成为GDP"缩水"严重的山东城市。这是淄博转型的动因。

风光的烧烤经济背后，借力烧烤营销，则是它加速转型的缩影。烧烤经济的火爆，对淄博的发展具有了两层意义。第一层是直接的消费本身，特别是商家。天眼查显示，目前淄博已经拥有超过3000家烧烤相关企业。烧烤无疑会带动消费，拉动就业，提升城市人气。第二层是更深层次的产业结构。从三个产业占比看，淄博的工业城市特征依旧很明显，而烧烤带动的旅游业的兴起，对食、住、行等领域的提振，均有助于现代服务业的进一步发展。

公开数据显示，2023年"五一"假期，仅有470万人口的淄博接待上百万的游客。2023年3月1日至5月4日，通过高速公路、铁路、客运站进入淄博的人数约438万人，与去年同期相比增长362%。据相关旅游平台数据统计，近年"五一"假期首日铁路热门到达地中首次出现淄博的身影，淄博旅游订单同比增长超2000%。淄博的旅游业有望创下历史新高，这对它的进一步转型，将是一个有利的契机。

资料来源：1. "五一"假期后，淄博烧烤热度还能维持多久？中国网. 2023-05-06.
2. https://cj.sina.com.cn/articles/view/7732457677/1cce3f0cd001018fjv.

**案例思考**

1. 在淄博旅游的游客可以获得哪些服务？
2. 淄博为游客提供的优质服务具有哪些作用？
3. 当地政府为何要花大力气进行地方治理？
4. 从该案例中你得到了什么启示？
5. 为了维持淄博的旅游热度，你认为还可以采取哪些措施？

## 实践活动

### 一、实训目的

了解企业的服务营销活动情况，认识服务营销组合的构成要素，知晓企业如何开展服务营销活动。

### 二、实训内容

访问一家你熟悉的服务企业的网站，或者通过其他途径，搜集这些企业所开展的服务营销活动资料，分析该企业的服务营销组合，完成下列任务：

1. 介绍该服务企业的基本情况。
2. 按照服务营销组合要素对该服务企业的营销实践活动进行分析。

3.对该服务企业的服务营销活动进行评价。

## 三、实训组织

1.教师提前 1 周布置实训题，说明实训要求及注意事项。

2.对同学进行分组，每组 4～6 人。

3.采用组长负责制，由组长对成员进行分工协作，共同完成实训任务。

4.教师组织部分小组在课堂上进行交流。

## 四、实训步骤

1.各小组按照实训目的与内容进行准备。

2.各小组收集和整理相关资料，讨论并制作报告和演示文稿。

3.教师安排 1～2 个课时，由部分小组的代表向全班同学交流其成果。

4.在各小组陈述完毕后，其他同学可以发表意见与建议。

5.教师进行点评。

6.各小组根据教师和同学的意见进一步修改报告与课件并提交，教师记录实训成绩。

# 第2章
# 服务质量差距模型

## 学习目标

本章介绍顾客的服务期望、顾客的服务感知以及服务质量差距模型三个方面的内容，这些内容是服务营销理论中的基本概念和基础理论，服务质量差距模型则构成了本书的理论框架。通过本章的学习应该能够：

1. 理解顾客服务期望的内涵及其类型。
2. 明确顾客服务期望的影响因素。
3. 掌握服务质量的构成要素和维度。
4. 掌握服务质量差距模型。
5. 理解产生服务质量差距的原因。

## 本章结构

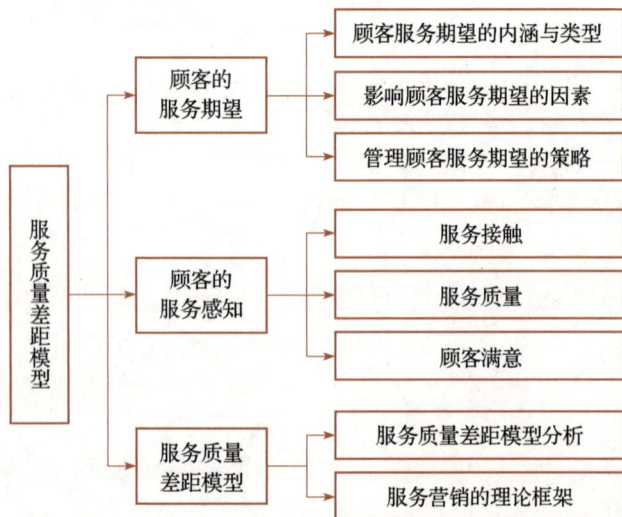

## 导入案例

### 良品铺子的大数据营销

D2C（Direct to Consumer，直接面向消费者）近年来俨然成为零售圈的热门词。D2C 这个概念对零售业从业者而言并不新鲜，难的是 D2C 的普及。电商兴起，品牌商可以用更低成本、更高效率的零售方式来实现市场覆盖，D2C 在零售业开始受到热捧。

过去，以品牌营销为导向的销售方式，随着消费者主权意识的觉醒变得不再有用。面向消费者需求为导向的零售成为 D2C 的新标签，精准洞察消费并为之推出相应的商品和服务，这是 D2C 的精髓所在。

零食品牌良品铺子，运用大数据洞察消费者需求，对商品、营销、运营等方面进行改进，这值得零售企业学习。

良品铺子设立了顾客体验小组并建立数据银行。顾客体验小组通过采取收集天猫、京东等渠道的网购评论，对线下门店顾客进行调研等方式，获取大量顾客反馈数据，再将数据应用于产品改善、内部运营、销售增长等多个方面。

披露数据显示，良品铺子 2023 年全域会员超过 1.5 亿人。全域会员来自微信、抖音、快手、微博、天猫、京东、美团、小红书等数十个渠道，良品铺子统一了这些渠道的会员数据和权益管理，通过良品铺子 APP 已经实现了全渠道的会员通、订单通、商品通。数据银行为每个会员 ID 建立了超过 90 个标签。导购可以查询到会员的忠诚度、入会年限、生日、年龄、星座、商品偏好、购买力水平、消费习惯等内容，根据数据进行商品优化和精准营销。

改进商品。有顾客反映什锦酸奶果粒块太甜，良品铺子与供应商对产品进行改进后，顾客投诉率降低了 43%；有顾客觉得蜂蜜甘栗仁太甜，良品铺子花了 45 天进行改进；有顾客认为杧果干酸甜度不够，良品铺子对产品进行改进和召回，一个月后才重新上市。通过顾客评价和在线咨询数据，良品铺子还发现海苔存在口感不好的问题，在追溯问题产品批次以及与顾客定向联系后，发现问题来自包装设计，在一天内完成所有产品下架召回，一个月内完成产品改善和上市。

推出新商品。良品铺子第四代门店推出新鲜烘焙面包和水果沙拉，就是良品铺子通过对全渠道数据分析，聚焦顾客需求后做出的决策。良品铺子新推出的爆款商品口红辣条，灵感源于不少女性顾客的吐槽："要么买完化妆品买零食，要么买完零食买化妆品。"爆款商品藤椒牛肉的灵感，同样源于顾客的反馈："你们能开发藤椒味儿的零食吗？"在浏览良品铺子全渠道顾客满意中心提交的每月用户体验报告分析数据时，良品铺子商品部品类负责人发现了这条留言，后经过实地调研、市场分析，新品很快立项。

精准营销。良品铺子曾经联合天猫，利用智能导购系统挖掘目标群体，进行了一次精准营销试水。其运用数据银行锁定 100 万用户，信息触达 30 万人，优惠券的领取率达到 26.1%，比无差别投放领取率提升数十倍；2 天内优惠券在线下门店的核销率达到 12%，是无差别投放的 12 倍；客单价则达到了平时的 2 倍。

资料来源：马岗. 五大应用场景，看数字经济落地 [J]. 销售与市场（管理版），2022，725（3）：31-36. 内容有删减。

## 引言

企业在提供服务的过程中，只有基于以顾客为中心的理念来满足甚至超出顾客的服务期望，才有可能提高顾客满意度，并形成核心竞争优势，实现企业的持续性发展。在服务营销理论研究与实践中，服务质量差距模型作为基本的营销框架，体现着服务的本质及其价值传递，也是评价服务质量的基础方法之一。

## 2.1 顾客的服务期望

服务企业在向顾客提供优质服务时，了解顾客的期望是首要的也是关键的一步。服务企业应该深入了解顾客对服务的期望，并通过一定的营销手段对顾客期望进行有效的管理，去设定、去满足并超越顾客期望。

### 2.1.1 顾客服务期望的内涵

顾客服务期望是评估服务绩效的标准和参考点，它通常由顾客认为应该发生或将要发生的事情组成。在消费服务的过程中，顾客会将服务感知与这些标准相比较以评价服务质量的好坏，所以，对服务营销人员来说，了解和掌握顾客的服务期望是非常重要的。如果企业所设计的服务标准高于顾客期望，企业可能因服务标准过高而导致服务成本上升，这意味着资源的浪费。如果企业的服务标准低于顾客期望，那么，即使企业的服务效果达到了所设计的服务标准，顾客也不会满意，这意味着企业会失去顾客。

顾客期望具有两面性。⊖一方面，它可以吸引顾客消费服务。顾客服务期望是顾客对企业应当提供的服务的一种预期，它反映了顾客的希望和愿望，没有这些可能被满足的期望和愿望，顾客就不会对某项服务产生购买行为。相反，正是因为有了某种期望，顾客才会购买服务以满足其期望。另一方面，顾客期望给企业绩效设定了一个最低标准。如果企业的服务绩效低于这个标准，顾客就会不满意，甚至会转向其他的服务供应商。因此，顾客期望管理要在两者之间寻求一个平衡，即企业建立的顾客期望，既要对顾客有充分的吸引力，又要保证企业能达到标准，从而使企业能获得长期利益。

### 2.1.2 顾客服务期望的类型

根据贝里（Berry）、帕拉苏拉曼（Parasuraman）和泽丝曼尔的研究，按顾客对服务期望的水平高低，可分为理想服务、合格服务和宽容服务（即容忍域），如图 2-1 所示。其中，顾客对理想服务的期望水平最高，对合格服务的期望水平最低，而对宽容服务的期望水平介于两者之间。

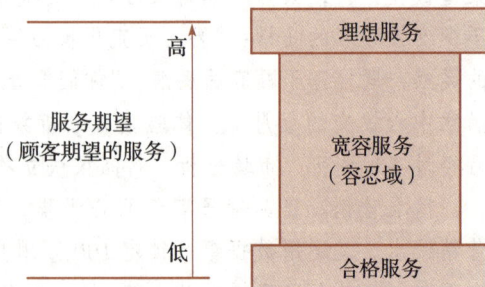

图 2-1 服务期望的类型

#### 1. 理想服务

理想服务是指顾客心目中向往和渴望得到的最高水平的服务。例如，顾客去餐馆就餐时，希望有优雅的用餐环境、可口的食物和热情周到的服务。理想服务反映了顾客的希望与愿望，是顾客希望服务能达到满足自身需求的最佳水平，但最佳水平会随不同的顾客预期而变化，因

---

⊖ 李欣，程志超. 服务业顾客期望管理初探［J］. 北京交通大学学报（社会科学版），2004，3（3）：44-47.

而理想服务实际上是一个理想水平区域。如果顾客感受到的服务水平落在理想服务区域，顾客的满意度就会很高。服务水平越接近理想服务区域上方，顾客越会感到惊喜。

🎙 **人物小传**　　　　　　　　　　**瓦拉瑞尔·A. 泽丝曼尔**

　　瓦拉瑞尔·A. 泽丝曼尔是北卡罗来纳大学凯南 - 弗拉格勒（Kenan-Flagler）商学院教授和市场营销学系主任。1980 年，她于马里兰大学史密斯商学院获得工商管理硕士和博士学位，从此她致力于服务质量和服务管理领域的研究与教学。她是《传递优质服务：平衡顾客感知与期望》（Free Press，1990）的作者之一，该书已经推出第 20 版，还与别人合著了《驾驭顾客资产：顾客终身价值如何重塑企业战略》（Free Press，2000）。2002 年，《驾驭顾客资产：顾客终身价值如何重塑企业战略》一书赢得了首届贝里 – 美国营销协会图书奖，被评为当时过去三年最佳营销类书籍。2009 年，泽丝曼尔教授获得了由美国营销协会授予的"杰出营销教育家奖"；2014 年她被列入汤森路透"2014 年全球最具影响力的科学头脑"名单，这说明基于过于 11 年的引文数据，她的成果被用于这么多学者发表的具有最高影响力的研究中。泽丝曼尔教授荣获五项教育奖，包括北卡罗来纳大学的杰拉尔德·巴雷特教师奖（Gerald Barrett Faculty Award）、杜克大学的福库商学院（Fuqua School）的杰出 MBA 教育奖。她还荣获多项研究奖，包括《消费者研究杂志》的罗伯特·费伯（Robert Ferber）消费者研究奖、《市场营销》杂志的哈罗德·H. 梅纳德奖（Harold H. Maynard Award）和 MSI 保罗·鲁特奖（MSI Paul Root Award）、《营销科学学会学报》的杰格迪什·西斯奖（Jagdish Sheth Award）以及《市场营销研究》杂志的威廉姆·F. 奥德尔奖（William F. O'Dell Award）。她曾为 60 多家服务类和产品生产类公司做过咨询工作。2000—2003 年泽丝曼尔教授担任美国营销协会董事会成员，并于 2000—2006 年担任营销科学学院的学术委托人，现在她担任营销协会董事会主席。

### 2. 合格服务

　　合格服务是指顾客可接受的较低水平的服务。它是顾客在服务消费中对服务体验的容忍底线，表明了顾客对服务的最低要求。合格服务水平在一个波动的区域，如果顾客感受到的服务水平落在合格服务区域，顾客还能容忍，可以勉强接受这种低水平的服务。企业了解顾客心目中的合格服务很重要，一是有助于确定服务质量的基本标准。合格服务是最低限度的服务水平，了解合格服务可以为企业确定顾客所能接受的服务质量的最低标准。二是有助于服务定价。了解合格服务便于企业确定最低成本，进而确定服务的最低价格。三是有助于服务设计。合格服务一般包含着顾客对服务的最低要求，这些要求所提供的信息是服务设计的基础，据此可以设计出满足顾客最低需求的服务。

### 3. 宽容服务

　　宽容服务是指顾客承认并愿意接受的，处于理想服务与合格服务之间的服务水平。宽容服务也称为容忍域（Tolerant Zone）。宽容意味着不挑剔和可以接受，如果顾客实际体验的服务落在容忍域内，那么顾客会认为这是正常的服务，在该范围内的服务水平顾客都可以接受。

　　研究表明，理想服务水平是相对稳定的，容忍域的波动主要来自合格服务水平的变化。在容忍域内，顾客服务期望的变化并不会带来顾客满意度的显著变化。尽管如此，企业仍然需要注意顾客容忍域的变化，因为不同顾客的容忍域是不同的，即使对同一顾客，容忍域也可以扩大或缩小。导致顾客容忍域不同的因素主要有以下几个方面：

1）不同的服务维度导致不同的容忍域。顾客的容忍域会因服务维度或特征的不同而变化。每种服务都有多个服务维度或特征，顾客认为服务维度或特征越重要，容忍域就越窄。一般情况下，顾客对其所认为的最重要的服务维度和特征会有较高期望，与不太重要的因素相比，顾客更有可能强化对重要服务维度的期望，使最重要服务维度的容忍域缩小，使理想服务和合格服务的水平相应提高。例如，餐饮服务包括就餐环境、口味、等候时间等维度，如果顾客认为就餐环境比口味更重要，那么，顾客对就餐环境的容忍域就会变窄，对口味的容忍域就会变宽，在选择餐馆时，就会更多地注意餐馆的就餐环境。图 2-2 显示了最重要的和最不重要的服务维度的容忍域差异。

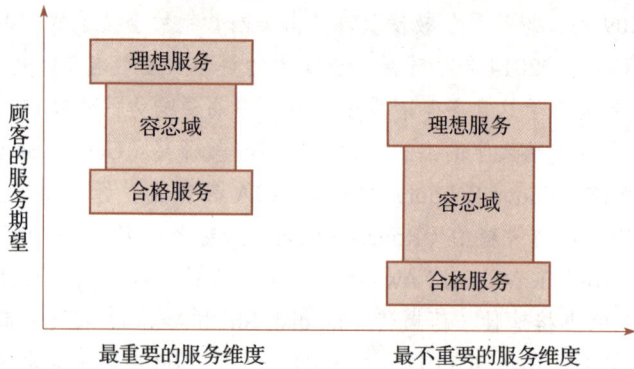

图 2-2　最重要的和最不重要的服务维度的容忍域差异

资料来源：泽丝曼尔，比特纳，格兰姆勒. 服务营销：原书第 7 版 [M]. 张金成，白长虹，杜建刚，等译. 北京：机械工业出版社，2018.

2）不同的顾客具有不同的容忍域。有些顾客的容忍域较窄，使得企业提供服务的范围也较窄。繁忙的顾客往往时间紧迫，因此，这些顾客购买服务时想尽量缩短等待时间，并且对可接受的等候时长有一个较窄的范围。而有些顾客的容忍域较宽，允许企业提供范围宽松的服务。例如，对于一些已经退休的老年人来说，他们对等车的时间要求比忙着上班的年轻人低，其在这方面的容忍域比年轻人的要宽。

3）初次服务和补救服务的容忍域不同。如图 2-3 所示，可以明显看到初次服务的容忍域与补救服务的容忍域不同。与服务结果的容忍域相比，不管是初次服务还是补救服务，顾客对服务流程的容忍度更大。因此，企业若想达到或超出顾客期望的目标，就可以在服务流程方面多做些文章。顾客在接受初次服务的时候，不管是服务流程还是服务结果，其容忍域都大于补救服务的容忍域。所以，假如企业第一次提供的服务

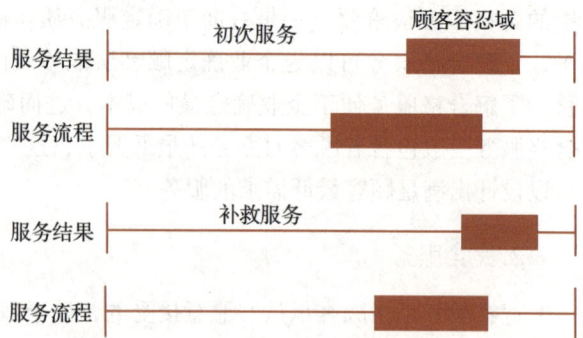

图 2-3　初次服务与补救服务顾客容忍域的不同

资料来源：PARASURAMAN A, BERRY L L, ZEITHAML V A. Understanding customer expectations of service [J]. MIT Sloan management review, 1991(3): 45.

不是很好，企业还有机会补救，但在补救服务时，如果企业仍表现得很糟糕，那么顾客的容忍域会变窄，顾客会感到不满，容易造成顾客的流失。

总之，理解顾客期望的内涵与类型至关重要，但成功的服务营销者还必须理解顾客期望的水平并深入剖析影响顾客期望的关键因素。

### 🔘 小案例 2-1　　　　　　　　　　　　一次滑雪旅行

阿米达·鲍耶尔是一家大型保险公司的会计师，她的丈夫查德是一个全日制的研究生，他们决定周末到沃尔蒙特的金灵顿滑雪场滑雪。阿米达意识到金灵顿是个很受欢迎的度假胜地，因此早早地在这一地区预订了酒店。无论是阿米达还是她的丈夫都没有时间也没有打算对金灵顿的小型客栈做实践体验，于是他们选择了一家质量上乘的克里蒂山庄，这是一家著名的全国连锁店，刚刚在这一地区开设了一个汽车旅馆。他们俩都曾经在这家连锁店其他地区的分店住过，对其服务非常满意。这一次他们为能够在这一地区成功地预订到这个酒店而高兴，心想他们的服务一定会令人满意。星期五的下午，他们驾车离开辛辛那提市，期待着一个轻松愉快的周末。

他们开车行驶了 12 个小时，最后一段路程还是在大雪中穿过的，到达克里蒂山庄时已经接近午夜，这对夫妇已精疲力竭，非常渴望能美美地睡上一觉！克里蒂山庄占地面积很大，由许多两层楼的建筑组成，每座楼内有几个房间。前台登记处设在一个独立的建筑内，没同任何客房相连。这对夫妇一到，就去前台办理入住登记。等待的时候他们同服务员闲聊着，询问周末的情况。从闲聊中得知，由于有寒流，气温有可能要下降很多，但服务员让他们放心，说这个新酒店的隔温效果非常好，而且暖气非常足。阿米达和查德于是开车向他们入住房间的方向驶去，盼望着赶紧走进温暖舒适的房间。但是没想到的是，等待他们的却是冷冰冰的客厅和比客厅更冷的卧室。室内的暖气根本没有启动，房间依然很冷。他们打开暖气和空调，调到最高档，但是听着它们叮叮当当地响了五分钟之后，发现只有一点点暖意，于是他们给前台打电话说明了这一情况。接电话的还是刚才那位服务员，她立即对给他们造成的不便表示歉意，说可以给他们调换到另外一个房间。阿米达怀疑酒店的房间已经全满了，但服务员肯定地说等他们开车来到前台，就可以有空房间腾出来了。他们只好再次驱车来到前台，可是到了那里，服务员却再次道歉说："噢，我搞错了，本周末我们的房间都满了，所以你们只好还住在原来的房间。"接着，她又继续灿烂地微笑着说："不过，我们这里有一个大马力的暖气可以供你们使用，打开以后房间马上就会温暖起来。"前台服务员指着一个笨重的足足有 40 磅（约合 18 千克）重的电暖气说。这时已经是凌晨 1 点差一刻了，阿米达明白如果当晚他们想睡上一会儿，或者想取暖的话，他们是别无选择的，只能毫不耽搁地自己把暖气搬回去，说再多也没用。于是他们一起把暖气塞进已经满满当当的车后座，然后搬回房间。

尽管他们没有当着前台服务员的面表示出明显的不满，但是他们对自己受到的这种对待感到气愤和震惊。他们觉得自己是被骗到前台去取暖气的，那位服务员完全应该自己想办法把问题解决好，至少她可以让负责这方面事情的后勤工作人员把暖气送来。他们得出的结论是克里蒂山庄根本就不为顾客着想，因为那位服务员更担心的是会打扰后勤负责这方面事情的工作人员，而不是从顾客角度考虑立即解决顾客的问题。尽管现在电暖气已经插上了，但是房间里唯一有点热气的就是阿米达和查德夫妇。刚来到酒店就碰到这么糟糕的开始，他们未了的怒火影响了他们接下来在酒店要度过的整个周末，以后他们遇到的每一点点不周之处，都让他们感觉非常不愉快，而且很快得出结论——这个连锁店原来就是这个样子的!

资料来源：辛金. 酒店管理案例：典型案例研究［M］. 陈晓东，吴卫，译. 大连：大连理工大学出版社，2003.

**问题**：在该案例中，影响顾客期望的因素有哪些?

### 2.1.3　影响顾客服务期望的因素

顾客期望是评判服务质量的重要因素，企业要把握顾客对服务的期望才能有效地提供高质量的服务，而服务期望的形成受到许多因素的影响，服务营销者需要研究和把握这些影响因素，以便充分利用其中的可控因素来管理顾客期望，从而提升顾客对服务质量的评价。服务期望的影响因素如图 2-4 所示。

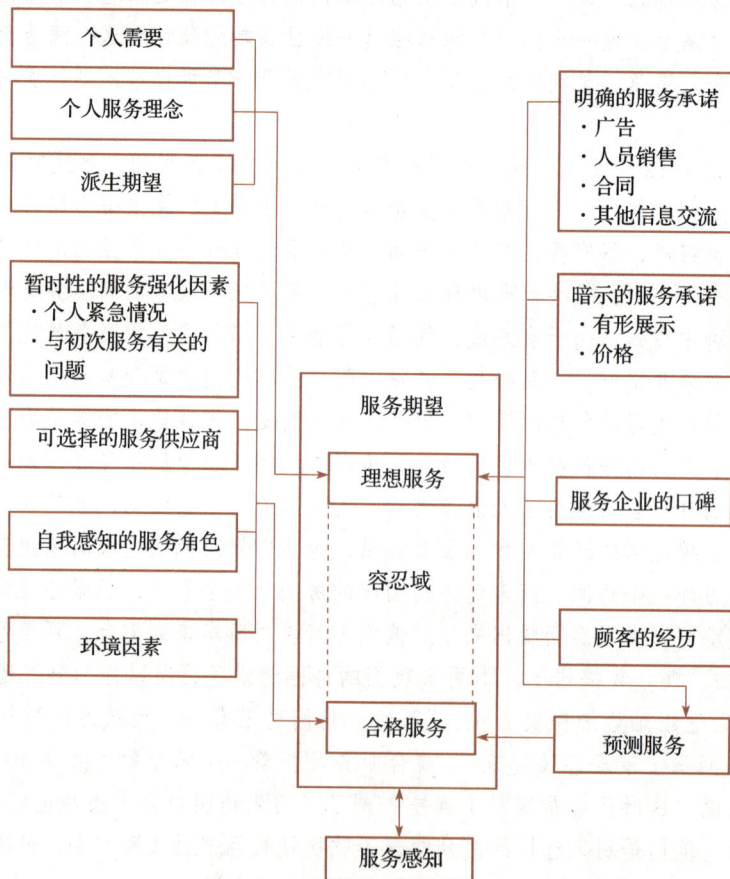

图 2-4　服务期望的影响因素

资料来源：ZEITHAML V A, BERRY L L, PARASURAMAN A. The nature and determinants of customer expectations of service ［J］. Journal of academy of science, 1993, 21(1): 1-12.

#### 1. 影响理想服务期望的因素

对理想服务期望影响较大的因素是个人需要、个人服务理念和派生期望。

（1）个人需要　个人需要是指那些对顾客的生理或心理健康十分必要的状态或条件，它是形成理想服务的关键因素。顾客的个人需要有很明显的个人差异性，因而对理想服务的期望也各不相同。个人需要按照重要性进行分类，可分为主需要和辅需要，主需要对顾客是重要的，而辅需要则相对不重要。一般而言，顾客对满足主需要的理想服务期望相对较高，而对满足辅需要的理想服务期望相对较低。例如，观众看电影时，他们对电影的精彩程度这一主需要的要求很高，对小吃是否好吃这一辅需要则不会太关注。

（2）个人服务理念　个人服务理念是指顾客对于服务的意义和企业恰当行为的一般态度。有强烈服务理念的顾客往往对企业的服务期望要求会很高。顾客服务经历和是否从事过服务工作等因素都会影响到个人服务理念。例如，经常网购的消费者从其服务经历中形成了关于快递服务的时间标准，认为购物后三天就应该收到快递公司运送来的商品，难以容忍长时间的等待。通常，在服务业工作过的顾客有着更为强烈的服务理念。

（3）派生期望　派生期望也是影响理想服务期望的因素之一。当顾客的期望受另一群人驱动时，派生期望就产生了。例如，安排全家度假活动的母亲，她对度假地点的挑选在很大程度上会受到其他家庭成员的影响；代表本公司选择一家广告商的管理者，他的期望会受到本公司其他管理者和监督者期望的影响。

### 2. 影响合格服务期望的因素

合格服务期望会受到暂时性的服务强化因素、可选择的服务供应商、自我感知的服务角色、环境因素和预测服务等因素的影响。这些影响都是短暂的和不稳定的，因此，合格服务期望的稳定性比理想服务期望的稳定性差。

（1）暂时性的服务强化因素　暂时性的服务强化因素通常是短期的、个人的因素，这些因素使顾客更加意识到自己对服务的需要。一般来说，个人紧急情况会提高顾客的合格服务期望水平。例如，在工作繁忙时计算机出现了故障，因急需使用计算机，顾客认为对方应该在很短时间内将计算机修好，这时顾客的合格服务期望水平将会提高。此外，与初次服务有关的问题也会导致更高的顾客服务期望。如果顾客在接受了第一次不好的服务后，在经历第二次服务时，顾客对合格服务期望的水平就会提高，同时容忍域将会变窄。例如，顾客将有问题的汽车送到 4 S 店进行初次维修后，发现汽车出现了更多的问题，那么在第二次修理汽车时，他们对合格服务的期望就会更高。

（2）可选择的服务供应商　如果可供顾客挑选的服务供应商越多，顾客的合格服务期望水平就会越高，容忍域就会缩小。例如，消费者很难忍受在超市长时间排队等待付款，或在饭店排长队等待座位，因为顾客知道超市和饭店都有许多可替代的供应商。相反，若可供顾客选择的服务供应商很少，在没有多少选择余地的情况下，顾客对服务的要求就很低，容忍度也很大。

（3）自我感知的服务角色　自我感知的服务角色是指顾客对所接受的服务水平施加影响的感知程度，即顾客对合格服务的期望，部分地通过他们认为自己在服务接触中对服务角色表现的好坏而形成。[⊖]当顾客自己没有履行自己的角色时，顾客的合格服务期望就会降低，容忍域会扩大。例如，在餐厅点牛排时，顾客希望餐厅所提供的牛排尽可能的鲜嫩，如果没有清楚地向服务员表达出这一要求，那么顾客可能将端上餐桌的全熟牛排这一服务失误归咎于自己，反

---

⊖　PRICE L L, ARNOULD E J, DEIBLER S L. Consumers' emotional responses to service encounters: the influence of the service provider［J］. International journal of service industry management, 1995, 6(3): 34-63.

之，顾客就会表现出不满和抱怨。此外，顾客参与服务的程度越高，他们对合格服务的期望也会越高。

（4）环境因素　环境因素对于企业而言是难以控制的。如果企业在提供服务的过程中遇到了不可控制的因素，顾客对合格服务的期望会降低，同时容忍域会变宽。例如，乘客一般不会因交通堵塞而埋怨出租车司机，因为出租车司机无法控制交通堵塞问题，乘客对出租车合格服务的要求会降低。

（5）预测服务　预测服务是指顾客相信自己在即将进行的交易中预测出有可能得到的服务水平。预测服务是顾客对一次单独交易中即将接受的服务的估计，而不像理想服务与合格服务那样是对多次服务交易的总体估计。预测服务表明了顾客对服务活动可能性的一些客观考虑或对预期的服务水平的客观估计。如果顾客对服务效果的预期较高，那么顾客对合格服务的期望也会较高。例如，顾客乘坐空调公交车会比乘坐普通公交车有更高的要求，期望在炎热的夏季能获得凉爽的感觉。

### 3. 影响理想服务和预测服务的因素

除了上述分别影响理想服务和合格服务的因素之外，还有一些因素会同时影响理想服务和预测服务，这些因素包括明确的服务承诺、暗示的服务承诺、企业的口碑和顾客过去的经历。

（1）明确的服务承诺　明确的服务承诺是企业传递给顾客的关于服务的信息。企业通过广告、人员销售、合同和其他信息交流等沟通方式公开提出的服务承诺，会直接影响到顾客的理想服务水平和预测服务水平。明确的服务承诺大体上既可以确定顾客理想服务的水平，又可以明确在下次服务接触中顾客估计将会得到的服务水平。明确的服务承诺完全能够由企业控制，企业应该准确地承诺最终能实现的服务内容，以免顾客形成过高期望。

（2）暗示的服务承诺　企业可以利用服务产品的价格和服务环境等向顾客暗示对服务质量的某种承诺。顾客会将服务产品的价格和服务场所等视为服务质量的线索，这种含蓄的承诺会影响到顾客心目中理想的服务水平或预测服务水平。如果价格越高且对有形展示印象越深刻，那么顾客的期望会越高。例如，高级饭店高昂的价格、豪华的装饰和先进的服务设备都会向顾客暗示其服务的高质量，顾客自然会形成较高的期望。

（3）服务企业的口碑　服务企业的口碑影响着顾客心目中理想服务期望和预测服务的形成。因为顾客认为口碑是没有偏见的，是值得信赖的，从而将它当作一种重要的信息来源。对于口碑好的企业，顾客会对其所提供的服务形成较高的期望，反之，负面的口碑会对企业形象产生消极的影响，会降低顾客的期望。

（4）顾客的经历　消费者过去的服务经历是影响理想服务水平和预测服务水平的另一因素。顾客对某一服务的经验越多，对服务行业的服务水平就越了解，会不断把较高的服务水平转变成自己理想的服务期望，从而形成较高的顾客期望。而经验少的顾客对理想服务和预测服务的期望水平通常较低。

---

**应用练习 2-1**

假设你将要外出用餐或者度假，在影响顾客期望的因素中，你认为哪些因素很重要？哪些因素不重要？

## 2.1.4　管理顾客服务期望的策略

在服务营销中，顾客期望决定了服务质量的好坏，营销者可以基于影响顾客期望的因素来对顾客期望进行管理，以便提高顾客的满意度和忠诚度。

### 1. 做出能够兑现的服务承诺

明确的服务承诺会直接影响顾客对服务的期望水平，企业做出的服务承诺应该与企业的服务能力相符。不切实际的承诺会导致顾客对服务期望太高，当承诺无法兑现时，顾客的心理落差会很大，会对企业失望。从服务营销实践来看，成功的企业只会承诺自己办得到的事，致力于实现自身在顾客心中已经形成的期望，并在此基础上尽力超越顾客期望，从而提高顾客的满意度和忠诚度。不少企业采用的是一种低承诺、高超越的策略，它从低起点开始承诺，努力提供高标准的服务。例如，某大医院通常向患者说明看病排队等候耗时比较长，把患者的期望控制在了一个比较低的水平，实际上该医院通过各种措施提供高质量的服务，患者往往可以提早结束排队，这就提高了患者的满意度。

### 2. 对顾客期望进行差异化管理

不同顾客的期望各不相同，但企业不可能满足全部顾客的所有期望，这就需要企业进行市场细分和目标市场选择，以识别出具有不同期望的顾客群，并采取差异化营销策略来满足顾客期望，如某旅行社为不同顾客群提供各具特色的旅游产品。对于那些自身期望过高的顾客，如果企业没有能力满足他们，可以委婉地拒绝与他们进行交易，避免他们产生不满并散布企业的负面信息。

### 3. 努力超越顾客的期望

在管理顾客期望时，企业应该首先确保满足顾客的合格期望，努力实现顾客的理想期望，并在具备一定条件的情况下超越顾客期望。超越顾客期望，会给服务企业带来积极的效果，如好的口碑、顾客忠诚等，并能够提高企业的服务绩效和市场份额。然而，经常超越顾客期望，会使顾客对未来的服务期望不断提高，最终可能导致企业因无法达到顾客期望而陷入困境。因此，企业要把握好度，既做到使顾客感到满意，又不至于使顾客期望过高，超出企业的服务能力。

**知识链接**　　　　　　　　**服务营销人员怎样影响顾客的期望**

服务行业经理人如何利用我们讨论的这些知识来创造、提升和推广服务？

顾客的期望在顾客对企业服务质量的判断中起到关键性作用，顾客会将他们所得到的与所期望的服务进行比较，以此对服务质量进行评估。期望与感知之间的一致性是顾客进行服务质量评估的决定性因素。期望包含上下两个限制：一是预期或预测，即顾客预测在服务过程中会得到什么；二是愿望或渴望，即顾客希望在服务过程中得到什么。渴望的水平反映了顾客希望得到的服务，即他们认为在现有的付费水平和服务设施条件下服务如何，传递顾客价值最大化，它反映了顾客为了享受服务带来的满足或效用，在付出一定成本后内心期待的最大回报的服务水平。

管理者需要了解顾客期望的来源，以及它们对一个消费者群体、一个消费者细分市场，甚至一个单独的消费者的相对重要性。比如说我们需要知道在形成顾客理想服务或预期服务时，口碑传播、明确的服务承诺、含蓄的服务承诺及顾客的消费经验这些因素都相对起了多大的作用。有些因素比较稳定且影响更长久（如个人消费理念和个人需要），有些因素会随时间有所波动（如可感知的服务替代和环境因素、服务中角色的自我意识和偶然因素）。这里列举了一些可能影响顾客期望的策略，见表2-1。

表2-1　可能影响顾客期望的策略

| 因素 | 可能影响顾客期望的策略 |
| --- | --- |
| 个人需要 | • 向顾客传递有关服务是如何满足其需求的信息的 |
| 个人服务理念 | • 通过市场调研来建立关于顾客消费理念的档案，并将该档案信息运用于服务的设计与传递中 |
| 派生期望 | • 通过市场调研来确认派生期望的来源及其需要，使用更聚焦的宣传和营销策略来满足目标顾客及代表的顾客的需求 |
| 可感知的服务替代 | • 充分了解竞争性产品，并尽可能地使自己可与其相匹敌 |
| 环境因素 | • 增强在高峰期和紧急状况时的服务能力<br>• 采用服务保证的方式来确保任何环境因素下，顾客都能获得可靠的补救服务 |
| 预测服务 | • 告诉顾客在何时服务水平会比通常的期望高，从而避免顾客对未来服务产生过高的期望 |
| 明确的服务承诺 | • 为顾客做实际而又准确的承诺，它应能真实地反映服务现状而不应是服务的理想化版本<br>• 请第三方去征询对于广告和个人销售中做出的承诺的准确性反馈<br>• 避免陷入与竞争对手的价格战或者广告战，因为这样的战争将重心从顾客身上转移开来，并不断提高承诺，使其超过了所能达到的服务水平<br>• 使公司的员工重视做出的承诺并就承诺未被履行的次数提供反馈，以此作为服务保障来实现承诺的规范化 |
| 暗示的服务承诺 | • 确保与服务相关的有形事物能与提供的服务类型和水平相匹配<br>• 在服务的重要属性上，高价格必须与服务商所提供的高水平的服务绩效相匹配 |
| 口碑传播 | • 通过用户及舆论领袖的推荐来促进口碑传播<br>• 锚定对服务有影响力的顾客和意见领袖，集中市场营销资源来影响他们<br>• 采用激励手段来鼓励现有顾客通过口头或社交媒体传播对服务积极有利的言论 |
| 消费经验 | • 对于相似的服务，采用市场调研的方法建立顾客相关消费经验的档案 |

资料来源：1. 泽丝曼尔，比特纳，格兰姆勒. 服务营销：原书第7版［M］. 张金成，白长虹，杜建刚，等译. 北京：机械工业出版社，2018.
2. 孟捷. 服务质量五个维度的顾客容忍区分析［J］. 经济管理，2004，344（8）：73-78.

## 2.2　顾客的服务感知

顾客感知是顾客对真实服务体验的主观评价。顾客是在服务接触的过程中根据服务质量及满意度来感知服务的，其中，服务接触是顾客感知的基础，服务质量是顾客感知的关键。优秀的服务企业意识到服务质量和顾客满意的重要性，通过提高服务质量和顾客满意使本企业在市场竞争中胜出。

### 2.2.1　服务接触

由于服务生产与服务消费的同步性，服务人员在为顾客提供服务时，顾客或多或少地参与到服务中，会与服务人员发生接触。服务接触是企业向顾客展示服务的时机，也是顾客感知服务的基础。

**⭕ 小案例 2-2**　　　　　　　　　　**强化服务接触　赢得顾客认可**

　　杨惠大学时期的专业是酒店管理，毕业后在一家五星级酒店工作。小杨的服务受到很多顾客的赞许，不久她就从一名普通实习生晋升为客房部经理。在对新入职的员工进行培训时，小杨也毫不保留地跟大家分享了她的成功经验。

　　小杨说："我的服务之所以能够得到很多顾客的认可，全在于我善于营造服务接触点。"对于一家酒店而言，一年当中的每一天都会产生很多对客户的服务接触点，这是酒店员工与客人之间的一个互动点，在这个点上，酒店通过员工的服务把企业的形象传递给了顾客。不妨做这样一个设想，如果客人在酒店里问路，服务员不是简单指明方向，而是亲自陪同到达，如此一来所创造的接触点无疑是令顾客满意的。正确营造服务接触点，让客人对你和你的酒店难忘，是促成生意和维系客户关系的关键。

　　杨惠还说："刚来的时候，我只懂得如何按照原有的卫生标准做服务，与顾客几乎没有过多的接触。通过不断观察，我发现如果在服务的过程当中，与顾客哪怕多一个眼神方面的交流，顾客对你的服务乃至整间酒店的印象都会大为不同。"杨惠的这一感受源于一位顾客在总台登记时，小杨不仅迅速地为顾客办理好了入住登记，还大胆地与顾客进行眼神接触。令她没有想到的是，3 个月之后，该名客户再次入住这家酒店，居然第一时间认出了她。这件事给她留下了深刻的印象，之后，在一些老员工的带领下，她渐渐明白，如何增加与顾客之间的服务接触点，让顾客记住你的服务，并在服务过程当中感到身心愉悦，这种服务上的技巧比埋头服务、双方缺乏沟通来得有效多了。

　　资料来源：营销学堂. 什么是服务接触：服务接触的例子案例［EB/OL］.（2020-09-19）［2024-03-03］. http://www.iqinshuo.com/1431.html.

**问题：**　1. 结合案例谈谈服务接触的重要性。
　　　　　2. 该案例中的服务接触属于哪种类型？

### 1. 服务接触的含义

　　服务接触是指在服务过程中服务企业或员工与顾客发生的接触。顾客正是在与服务企业或员工的接触中感受到服务的内容、特色和质量。服务接触也被称为服务"真实的瞬间"，该词来源于西班牙斗牛中的术语，用来形容斗牛士在使出撒手铜结束斗争之前面对公牛的瞬间。在将该词引入服务文献后，它主要用来形象地描述服务企业与顾客相互作用的重要性。在首次接受服务的瞬间，服务人员的一个微笑、一种关怀的语气都会给顾客留下好的印象，顾客正是在这些接触的过程中形成了对企业及其服务质量的第一印象，一些关键的服务接触还会影响到顾客满意度和顾客忠诚度。

### 2. 服务接触的分类

　　服务接触一般可以分为面对面接触、电话接触和远程接触三种类型。在服务过程中，顾客可能经历其中任何一种服务接触，也可能经历多种接触并产生服务体验。

　　（1）面对面接触　面对面接触即服务人员与顾客直接当面接触。由于面对面接触给顾客带来的感觉更为强烈，因此，在面对面接触中，明确和理解服务质量问题是最为复杂的。顾客对服务的感知取决于语言因素和非语言因素，其中，非语言因素包括员工的仪表、服装、态度、以及手册、设备等其他服务标志。另外，在互动过程中，顾客也扮演着重要的角色，他们通过一系列参与行为来为自身创造高质量的服务。

（2）电话接触　电话接触是指顾客与企业之间以电话为媒介进行接触。在很多服务企业中，如银行、保险公司、公共事业单位、电信公司等，顾客往往通过电话与服务人员接触。顾客通过接听电话人员的语气、专业知识、沟通能力、处理顾客问题的效率等方面的工作表现来判断所感知的服务质量。

（3）远程接触　远程接触是顾客与服务设备、设施或服务系统接触。例如，与自动取款机、自动售货机、智能包裹箱、网络订购系统的接触都属于远程接触。虽然没有直接的人与人之间的接触，但对于企业来说，这类接触也是增强顾客对企业服务质量的认同、树立良好企业形象的机会。在远程接触中，服务设备或设施的质量以及维护与管理都很重要。

### 2.2.2　服务质量

服务质量从本质上而言是一种感知，在服务行业中，服务质量是顾客感知的主观质量。服务质量是一个主观范畴的概念，它是顾客通过对服务的感知而决定的，其最终评价者是顾客而不是企业，因此，企业必须从顾客的角度来理解服务质量。如果企业知道了顾客如何判断服务质量，企业就可以采取措施来影响顾客对服务质量的评价。

#### 1. 服务质量的构成要素

现有的服务质量文献都一致认为服务质量是一个多维度的结构。以格罗鲁斯为代表的北欧学派的学者认为，服务质量主要由技术质量（接受什么样的服务）、功能质量（怎样接受服务）和有形环境质量（在怎样的环境中接受服务）三个部分共同构成。

（1）技术质量　技术质量又称为结果质量，是指服务过程的产出质量。它既是顾客从服务过程中所得到的东西，也是企业为顾客提供的服务结果的质量。例如，咨询公司为客户提供的解决方案，宾馆为旅客提供的房间和床位，航空公司为旅客提供的飞机舱位等。与服务产出结果有关的技术质量，是顾客在服务过程结束后的"所得"。由于技术质量常常涉及技术方面的有形要素，顾客对于技术质量的衡量是比较客观的。

（2）功能质量　功能质量又称为过程质量，是指服务过程的质量。它是顾客在服务过程中所产生的感受。由于顾客和服务提供者之间存在着一系列的互动关系，因而功能质量是服务质量的一个重要构成部分。在服务消费过程中，顾客除获得服务结果外，服务结果传递给顾客的方式对顾客感知服务质量的形成起到更重要的作用。例如，网站是否容易进入，自动取款机是否易于使用，以及服务人员的行为、外貌、言谈举止等都会对顾客感知服务质量的形成产生影响。此外，对于一个特定顾客而言，其他顾客接受类似服务后做出的评价也会影响该顾客对服务质量的评价。总之，顾客接受服务的方式及其在服务消费过程中的体验都会对顾客服务质量的感知产生影响，企业在使其技术质量处于顾客能接受的水平的情况下，应该充分利用功能质量进行竞争。由于不同员工提供服务的方式不同，不同顾客对如何得到服务的要求也不相同，因而功能质量主要取决于顾客对服务过程的主观感受。

（3）有形环境质量　有形环境质量是指顾客在怎样的环境中接受服务。拉斯特（Rust）和奥利弗（Oliver）认为，服务质量除了包括技术质量和功能质量外，还应该增加有形环境质量这样一个要素，即应当将在何处（Where）接受服务纳入服务质量之中。[⊖]企业在提供服务的过程中，服务场景也会影响顾客对整体服务质量的感知。例如，旅馆中凌乱的大堂和破旧的木床容易使旅客对该旅馆的总体服务质量评价较差。布雷迪（Brady）和克罗宁（Cronin）利用来自银行业和医疗服务业的数据对拉斯特和奥利弗的服务质量三要素模型进行了实证检验，构建了一个基于三要素模型的服务质量阶层结构模型，如图 2-5 所示。

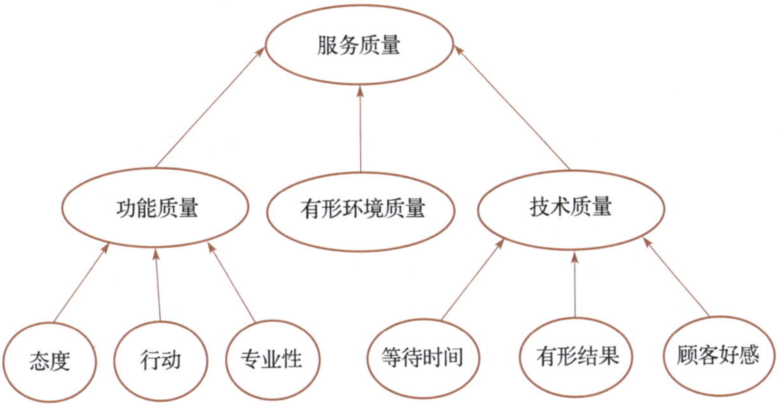

图 2-5 服务质量阶层结构模型

资料来源：BRADY M K, CRONIN J J. Customer orientation: effects on customer service perceptions and outcome behaviors [J]. Journal of service research, 2001, 3(3): 241-251.

## 🔲 小案例 2-3　　　　　　　　　　　两只红鞋

有位女士逛到一家宽敞明亮的百货商场，在进口处有一堆鞋子，旁边的牌子上写道：超级特价，只付原价一折即可带走。她拿起鞋子一看，原价 400 元的漂亮红鞋只要 40 元，这简直让人不敢相信。

她试了试觉得皮软质轻，实在是完美无瑕。她把这双鞋子捧在胸前，赶紧招呼服务员，服务员笑眯眯地走过来说："您好，您喜欢这双鞋吗？它正好可以配您的红外套。"接着，服务员伸出手说："能不能让我看一下鞋子？"女士把鞋子交给服务员，不禁担心地问："有问题吗？价格对吗？"那位服务员赶紧安慰道："不是，不是！别担心，我只是确认一下是不是两只鞋，嗯，确实是。"她疑惑不解地问："什么叫两只鞋，明明是一双啊。"

那位服务员说："既然您这么中意，而且打算买了，我一定要跟您沟通一下，把真实情况告诉您，非常抱歉！我必须让您明白，它真的不是一双鞋，而是相同皮质、尺寸一样、款式也相同的两只鞋。您仔细比较一下这两只鞋，虽然颜色几乎一样，但是，还是有一些色差的。我们也不知道是否以前卖鞋时，销售员或顾客弄错了，各拿一只，所以，剩下的左右两只正好又可凑成一双。我们不能欺骗顾客，免得您回去发现真相以后，后悔而怪我们，如果您现在知道了而放弃，您可以再选别的鞋子。"

这真挚的一席话，哪有不让人心软的！何况，穿"两只鞋"又不是立正齐步走，或是让人蹲下仔细对比两边的色泽。这位女士心里越想越得意，除了决定买那"两只"鞋外，不知不觉

⊖　RUST R T, OLIVER R L. Service quality: new directions in theory and practice [M]. Thousand Oaks: Sage publications, 1993.

又买了"两双"鞋。

事过几年，那双鞋仍是她的最爱。每当朋友夸赞那双鞋颜色漂亮时，她总是不厌其烦地诉说那个动人的故事。唯一的后遗症是：每次她想去买鞋子时，总要抽空"回到"那家百货公司捧回几双鞋。

资料来源：http://www.docin.com/p-49189350.html.  有改动。

**问题：**请运用服务质量的构成要素理论来分析该百货商场的服务质量。

### 2. 服务质量维度

以帕拉苏拉曼、贝里和泽丝曼尔为代表的北美学派将服务质量视作顾客感知与服务期望之间差距的程度。该学派认为，服务质量包括可靠性、响应性、安全性、移情性、有形性5个维度，并将测量服务质量的工具称为 SERVQUAL。<sup>⊖</sup>

（1）可靠性　可靠性是指企业在服务过程中准确可靠地履行所承诺服务的能力。例如，对于乘客来说，如果飞机能够准点起飞或者按时抵达，他们就会认为航空公司的服务是具有可靠性的。从顾客的角度看，可靠性是服务质量维度中最关键的因素。可靠的服务是顾客所希望的，它意味着企业能兑现服务承诺，无差错地准时完成服务任务。许多以优质服务著称的企业都是通过"可靠"的核心服务来树立企业形象和提高企业声誉的。

（2）响应性　响应性是指企业愿意主动帮助顾客，及时为顾客提供服务。响应性强调在处理顾客要求、询问、投诉和问题时的专注与快捷，它可以从顾客获得帮助、得到解决方案以及等待时间等方面体现出来。例如，如果某网店过了几天才回复顾客的问题或者发货速度过慢，那么这种回应速度就比较缓慢，会对顾客感知服务质量产生影响。为了达到快速反应的要求，企业必须站在顾客的角度而不是自身的角度来审视服务的传递和处理顾客要求的流程。例如，简化语音系统、减少顾客在电话系统的等待时间、提高网站的登录速度或易用性都可以增强顾客对响应性的感知。

（3）安全性　安全性是指员工的知识和谦恭态度及其能使顾客信任的能力。在顾客感知的服务风险较高或者自身缺乏评价服务产出的能力等情况下，安全性就变得特别重要。例如，在医疗、法律、证券交易等行业中，医生、律师和经纪人等专业人士的知识与能力就显得很重要。服务人员态度诚恳并且具备解决顾客问题所必需的知识和技能，往往能够增强顾客对企业的信任。例如，顾客向一位享有盛名的法律专家进行咨询的时候，就容易获得信心和安全感。因此，企业要尽量提高员工的素质，使关键的一线员工与顾客建立信任，从而激发顾客对企业的信任和忠诚。

**📷 小案例 2-4**　　　　　　　　**顾客深夜苦苦等候延误航班**

4月26日凌晨2点30分左右，××机场候机区，一位怀抱婴儿的年轻母亲向工作人员"扑通"一声跪了下来："求求你们给我一杯热水吧，我的小孩才七个月大，怎么能喝凉水、吃饼干呢？"

---

<sup>⊖</sup> PARASURAMAN A, BERRY L L, ZEITHAML V A. Understanding customer expectations of service [J]. MIT Sloan management review, 1991(3): 41.

这位年轻母亲，是 ×× 航空公司 MF8322 航班的乘客。这一航班出于各种原因延误了 7 个小时，95 名乘客在等待的长夜中只吃到些饼干、八宝粥，没有住宿，没有热水。愤怒的乘客因此拒绝登机。经工作人员苦劝，部分乘客于凌晨 3 点 45 分飞离，但仍有 47 位旅客滞留机场近 20 个小时，26 日下午 3 点半才离开。

### 起飞时间一推再推

26 日早上 9 点，留在 ×× 机场综合服务中心的 47 名旅客一见到记者，就愤怒地投诉："原本晚上 8 点 50 分起飞的飞机一直延误到第二天凌晨 3 点 45 分才起飞，我们 95 名旅客就在候机区内等了整整 7 个小时，这个过程中没有任何人主动向我们说明原因。"

国内某知名品牌推广总监程先生说，当晚，预定起飞的时间过了很久，直到一个小时后机场广播通知该航班乘客凭登机牌领取候机食物时，大家才知道航班延误了。程先生说："当时，登机电子屏显示他们的航班预计起飞时间为次日凌晨 1 点；但航空公司不断地推迟起飞时间，先说可能凌晨 1 点 45 分才能起飞，到凌晨零时又通知我们 2 点 15 分起飞，最后，到凌晨 3 点 45 分才真正飞走——我们有一种被欺骗的感觉。"

程先生此行本来是要去晋江和客户签合同的，现在合同泡汤了，公司的信誉也受到损害，损失无法估计。据了解，该航班近七成的旅客均是去晋江洽谈生意的。

从事陶瓷生意的张先生也一肚子气："因为当天暴雨，我出发前就多次打电话询问航空公司航班是否能准点起飞，得到肯定答复后才冒着大雨打车到机场，甚至把晋江接机的车都安排好了，谁知道竟延迟了 7 个小时。"

### 延误解释迟了两小时

程先生告诉记者，航班延误两个小时后，×× 航空公司广州办事处一位张姓负责人终于出现了，就有关延误原因作了正式说明："航班太少，调配不过来。"这一解释反而让乘客们更生气了，有乘客说："一会儿说天气原因，一会儿又说航班调配不过来，而且过了近两个小时才通知我们，我们连换乘其他交通工具去晋江的机会都没有了。"

为得到确切的原因和新的出行安排，乘客派出 2 名代表向 ×× 机场工作人员咨询。机场让他们找 ×× 航空的人。"但 ×× 航空的张某一直没有再露面，仅在乘客代表多次致电询问后才说了句'飞机已在飞过来了'，没有任何道歉和解释，一点都不理睬我们。"程先生对 ×× 航空公司的服务十分不满地说道。

### 年轻母亲机场下跪为婴儿讨要热水

航班延误和缺乏解释还不是最让乘客们愤怒的事情，最令人愤怒的是，在漫漫长夜的等待中，工作人员只向苦候的乘客分发了饼干和罐装八宝粥。

程先生告诉记者，当时大家都很狼狈："有婴儿啼哭，有老人胃痛，有人要热水吃药，有人手机没电……但没有任何人给予我们任何服务，更不用说安排吃住！"

熬到凌晨 2 点 30 分，一位带着婴儿的年轻母亲向工作人员要热水冲奶粉给孩子吃，但要了两次都得到"没有"的回答，她只好绝望地朝工作人员"扑通"跪下："求求你们给我一杯热水吧，我的小孩才七个月大，怎么能喝凉水、吃饼干呢？"

"这位可敬的母亲跪了足足有 20 秒，"程先生义愤填膺，"但几名工作人员依然无动于衷！"

这一幕把周围的乘客都激怒了，大家纷纷上前指责那些工作人员，有人还拿出手机和 DV

将这个场景录了下来……

"对于这样的服务质量，我们认为航空公司一定要给予一个说法。"程先生说，鉴于此，乘客均拒绝登上凌晨 3 点 45 分起飞的飞机。后经航空公司、机场有关工作人员和机场公安人员的苦苦劝说，部分乘客登机离去，但仍有 47 名乘客拒绝登机。

资料来源：https://news.sohu.com/20050428/n225380539.shtml.

**问题：** 请运用服务质量维度分析为何乘客认为该航空公司的服务质量差。

（4）移情性　移情性是指企业给予顾客的关心和个性化的服务，设身处地为顾客着想，对顾客给予特别的关注。移情性的本质是在对顾客深入了解的基础上，为顾客提供个性化的服务，使顾客感到自己是与众不同的，自己的服务需求得到了企业的理解，自己受到了企业的重视。一些优秀的企业与顾客建立了良好的关系，对顾客的需要和偏好较为了解，服务人员能够根据顾客的喜好为其提供个性化的服务。

（5）有形性　有形性是指各种有形的要素，如服务场所、设施设备、人员的形象和沟通材料的外观等。由于服务具有无形性，顾客往往要依靠一些有形要素来判断服务质量。例如，餐馆中整洁的桌椅、洁白的台布和统一的员工着装等有形展示，会让顾客联想到高质量的服务。

### 🔴 知识链接　　　　　　　　　　SERVQUAL 量表

要识别服务绩效需要改进的方面、分析在每个方面都需要多大改进以及评价改进努力的影响，必须有一个测量服务质量的有效指标。服务质量很抽象，最好通过顾客对服务评价的调查来表示。SERVQUAL 量表是最早专为衡量服务质量开发的指标之一。

SERVQUAL 量表包含 21 个服务属性，共分为 5 个服务质量维度：可靠性、响应性、安全性、移情性和有形性。该量表要求在每个属性上提供两个不同的等级，其中，一个反映他们从一个行业最优秀的公司期望获得的服务水平，另一个反映他们对该行业某一特定公司所传递服务的感知。期望等级与感知等级的差距就是服务质量的量化测度。SERVQUAL 量表的理论依据是服务质量差距模型，顾客感知与顾客期望之差就是服务质量水平。表 2-2 列举了基本 SERVQUAL 量表的所有项目。通过 SERVQUAL 搜集的数据有多种用途。

- 确定各服务属性（在顾客感知和顾客期望之间）的平均差距分。
- 在 SERVQUAL 的 5 个维度上分别评估公司的服务质量。
- 在一段时间内追踪（在单个服务属性和 / 或 SERVQUAL 维度上）顾客期望和顾客感知的变化。
- 比较公司与竞争对手的 SERVQUAL 得分。
- 识别并考察在评价公司服务绩效时存在巨大差异的顾客细分市场。
- 评估内部服务质量（即同一公司内一个部门或分部传递给其他部门或分部的服务质量）。

该量表引发了许多以服务质量为焦点的研究，同时也被全世界的各服务行业广泛使用。在不同的行业背景下，已出版的研究直接使用了 SERVQUAL 量表或对它进行了调整，如房地产经纪商、私人诊所、公共娱乐项目、牙医、商学院的就业中心、轮胎商店、传送机公司、会计公司、折扣百货商店、汽油和电器公司、医院、银行、宠物寄养店、干洗店、快餐店以及高等教育行业等。

表 2-2　SERVQUAL 量表

| 维度 | 测量题项 | 强烈反对 | | | | 强烈赞同 | | |
|---|---|---|---|---|---|---|---|---|
| 可靠性 | 公司对顾客所承诺的事情都能按时完成 | 1 | 2 | 3 | 4 | 5 | 6 | 7 |
| | 当顾客遇到困难时，公司能为顾客解决问题 | 1 | 2 | 3 | 4 | 5 | 6 | 7 |
| | 公司能一次就把工作做好 | 1 | 2 | 3 | 4 | 5 | 6 | 7 |
| | 公司能在承诺的时间内提供服务 | 1 | 2 | 3 | 4 | 5 | 6 | 7 |
| | 正确记录相关的服务 | 1 | 2 | 3 | 4 | 5 | 6 | 7 |
| 响应性 | 公司能够告诉顾客提供服务的准确时间 | 1 | 2 | 3 | 4 | 5 | 6 | 7 |
| | 员工能够及时提供服务 | 1 | 2 | 3 | 4 | 5 | 6 | 7 |
| | 员工总是愿意帮助顾客 | 1 | 2 | 3 | 4 | 5 | 6 | 7 |
| | 员工不会因为太忙而疏忽回应顾客 | 1 | 2 | 3 | 4 | 5 | 6 | 7 |
| 安全性 | 员工的行为让顾客满怀信心 | 1 | 2 | 3 | 4 | 5 | 6 | 7 |
| | 提供服务时顾客会感到放心 | 1 | 2 | 3 | 4 | 5 | 6 | 7 |
| | 员工是有礼貌的 | 1 | 2 | 3 | 4 | 5 | 6 | 7 |
| | 员工有足够的知识 | 1 | 2 | 3 | 4 | 5 | 6 | 7 |
| 移情性 | 公司会针对不同顾客提供个别服务 | 1 | 2 | 3 | 4 | 5 | 6 | 7 |
| | 员工会给予顾客个别关照 | 1 | 2 | 3 | 4 | 5 | 6 | 7 |
| | 员工了解顾客的需求 | 1 | 2 | 3 | 4 | 5 | 6 | 7 |
| | 公司会优先考虑顾客的利益 | 1 | 2 | 3 | 4 | 5 | 6 | 7 |
| 有形性 | 公司有现代化的服务设施 | 1 | 2 | 3 | 4 | 5 | 6 | 7 |
| | 公司的服务设施有吸引力 | 1 | 2 | 3 | 4 | 5 | 6 | 7 |
| | 员工有整洁的着装和外表 | 1 | 2 | 3 | 4 | 5 | 6 | 7 |
| | 公司的设施与他们所提供的服务相匹配 | 1 | 2 | 3 | 4 | 5 | 6 | 7 |

注：问卷采用 7 分制，7 表示强烈赞同，1 表示强烈反对，中间分数表示不同的程度。

资料来源：1. 泽丝曼尔，比特纳，格兰姆勒. 服务营销：原书第 6 版 [M]. 张金成，白长虹，等译. 北京：机械工业出版社，2015.

2. PARASURMAN A, ZEITHAMAL V A, BERRY, L L. SERVQUAL: a multiple-item scale for measuring consumer perceptions of service quality [J]. Journal of retailing, 1988, 64(1): 12-40.

### 3. 电子服务质量

随着电子商务的迅速发展和消费者行为的变化，越来越多的企业通过网络营销渠道来传递服务。针对传统线下环境提出的服务质量不一定适合线上环境，使用传统的服务质量维度也很难对网站服务质量进行全面的评估，因此，一些学者对电子服务质量展开研究，提出了电子服务质量的概念与测量量表。泽丝曼尔等人（2000）的研究表明，消费者对网站质量的评价既包括他们与网站互动期间的体验，又包括互动后的服务方面（如退换货）的体验。因此，电子服务质量（e-SQ）被广泛地定义为包含顾客与网站交互的全部阶段：网站促进高效与有效的购物、购买和交付的程度。电子服务质量是指用户对满足自身需求的网站进行的整体性评价。

泽丝曼尔等人（2005）开发出两个多项目量表 E-S-QUAL 和 E-RecS-QUAL，作为对购物网站服务质量的测量工具。电子核心服务质量 E-S-QUAL 量表（见表 2-3）包含效率、系统可用性、履行和隐私四个维度。⊖

- 效率是指用户登录和使用网站的方便程度与速度。易于使用且速度快的网站特征能带给用户相对较高的电子服务质量感知。
- 系统可用性是指网站处于正常使用状态。它与网站的技术水平相关。

⊖ PARASURAMAN A, ZEITHAML V A, MALHOTRA A. ES-QUAL: a multiple-item scale for assessing electronic service quality [J]. Journal of service research, 2005, 7(3): 213-233.

- 履行是指网站对订单交付和物品供应的承诺得到履行的程度。
- 隐私是指网站的安全程度和保护用户信息的程度。一旦出现用户数据信息泄露，用户将不再使用该网站乃至劝阻他人使用。

表 2-3    E-S-QUAL 量表

| 维度 | 测量题项 | 非常不同意 | | | | 非常同意 |
| --- | --- | --- | --- | --- | --- | --- |
| 效率 | EFF1 该网站让我很容易找到我需要的东西 | 1 | 2 | 3 | 4 | 5 |
| | EFF2 该网站使我很容易到达网站上的任何地方 | 1 | 2 | 3 | 4 | 5 |
| | EFF3 该网站能使我迅速完成一项交易 | 1 | 2 | 3 | 4 | 5 |
| | EFF4 该网站提供的信息很充分 | 1 | 2 | 3 | 4 | 5 |
| | EFF5 该网站加载页面速度很快 | 1 | 2 | 3 | 4 | 5 |
| | EFF6 这个网站很容易使用 | 1 | 2 | 3 | 4 | 5 |
| | EFF7 该网站使我能迅速上手 | 1 | 2 | 3 | 4 | 5 |
| | EFF8 该网站的布局结构合理 | 1 | 2 | 3 | 4 | 5 |
| 系统可用性 | SYS1 该网站随时可供使用 | 1 | 2 | 3 | 4 | 5 |
| | SYS2 该网站会立即启动并运行 | 1 | 2 | 3 | 4 | 5 |
| | SYS3 该网站不会崩溃 | 1 | 2 | 3 | 4 | 5 |
| | SYS4 在我输入订单信息后，该网站的页面不会卡住 | 1 | 2 | 3 | 4 | 5 |
| 履行 | FUL1 该网站按承诺交付订单 | 1 | 2 | 3 | 4 | 5 |
| | FUL2 该网站可在适当时间内送达商品 | 1 | 2 | 3 | 4 | 5 |
| | FUL3 该网站送货速度很快 | 1 | 2 | 3 | 4 | 5 |
| | FUL4 该网站会发送所订购的商品 | 1 | 2 | 3 | 4 | 5 |
| | FUL5 这个网站拥有该公司所宣称的商品库存 | 1 | 2 | 3 | 4 | 5 |
| | FUL6 该网站提供的产品与网站描述一致 | 1 | 2 | 3 | 4 | 5 |
| | FUL7 该网站对商品的交付做出准确的承诺 | 1 | 2 | 3 | 4 | 5 |
| 隐私 | PRI1 该网站会保护我的网购行为信息 | 1 | 2 | 3 | 4 | 5 |
| | PRI2 该网站不会与其他网站分享我的个人信息 | 1 | 2 | 3 | 4 | 5 |
| | PRI3 该网站会保护我的信用卡信息 | 1 | 2 | 3 | 4 | 5 |

为了衡量网站提供的补救服务质量，创建了一个电子补救服务质量量表 E-RecS-QUAL（见表 2-4）。E-RecS-QUAL 量表包含响应性、补偿和联系三个维度。

- 响应性是指网站有效地处理用户问题和退换货的程度。
- 补偿是指网站对用户问题的补偿程度。当用户在使用网站的过程中出现问题时，网站给予用户补偿的程度。
- 联系是指通过电话或在线客服向用户提供帮助。

表 2-4    E-RecS-QUAL 量表

| 维度 | 测量题项 | 非常不同意 | | | | 非常同意 |
| --- | --- | --- | --- | --- | --- | --- |
| 响应性 | RES1 该网站为我提供了方便的退换货选项 | 1 | 2 | 3 | 4 | 5 |
| | RES2 该网站能妥善地处理产品退换货问题 | 1 | 2 | 3 | 4 | 5 |
| | RES3 该网站提供有意义的保证 | 1 | 2 | 3 | 4 | 5 |
| | RES4 该网站会告知如果我的交易未被处理的解决方法 | 1 | 2 | 3 | 4 | 5 |
| | RES5 该网站能及时处理问题 | 1 | 2 | 3 | 4 | 5 |
| 补偿 | COM1 该网站会对由其产生的问题对我进行补偿 | 1 | 2 | 3 | 4 | 5 |
| | COM2 如果我订购的东西未按时送达，该网站会给我补偿 | 1 | 2 | 3 | 4 | 5 |
| | COM3 该网站可以来家里或公司取走我要退回的商品 | 1 | 2 | 3 | 4 | 5 |
| 联系 | CON1 该网站提供了公司的电话号码 | 1 | 2 | 3 | 4 | 5 |
| | CON2 该网站有在线客服 | 1 | 2 | 3 | 4 | 5 |
| | CON3 出现问题时，在该网站可以与客服交谈 | 1 | 2 | 3 | 4 | 5 |

　　E-S-QUAL 量表和 E-RecS-QUAL 量表在测量电子服务质量方面得到了广泛应用。使用这两个量表的目的是获得对购物网站服务质量的全面评估。购物网站可以将这两个量表联合起来使用，以获得用户对本网站电子服务质量的总体看法，要注意的是，E-RecS-QUAL 量表通常只对购物后出现问题的用户进行调查。购物网站使用这两个量表有以下用途：第一，测量整体的电子服务质量，有助于明确本网站的优劣势，并提出改进措施以提高购物网站的服务质量；第二，可以对具体的电子服务质量问题进行研究，例如，找出某个特定维度不足的原因并改进、评价用户对网站新功能的反应等；第三，购物网站还可以将这两个量表的感知评分与期望评分进行比较，以提高电子服务质量的诊断价值。

### 🌐 知识链接　　　　　线上线下融合的混合服务质量的维度及测量

　　信息技术的进步促进了线上线下渠道的融合发展，传统服务业正在积极利用线上线下渠道改变服务的生产、传递和消费方式，线上线下融合的混合服务质量管理变得日益重要。

　　混合服务是一种人际互动与人"技"互动的结合，该服务类型的显著特征为顾客与公司之间的互动是人 - 人互动和人 - 技术互动的混合。线上线下融合的混合服务质量被界定为顾客通过与混合服务企业的线上线下服务传递渠道的全面和深入接触，对混合服务企业的线下服务属性、线上服务属性以及线上线下整合服务属性的感知和评价。在混合服务背景下，顾客体验是在线上线下所有的接触时刻形成的，线上线下服务分销渠道被顾客以互补的方式使用和体验，并且线上线下渠道都以自己的方式促进顾客对混合服务质量的感知和评价。线上线下融合的混合服务质量可以从实体服务质量、电子服务质量和整合服务质量三个方面进行衡量与管理。其中，实体服务质量包括服务环境质量（SEQ）、服务过程质量（SPQ）、服务结果质量（SOQ）、服务互动质量（SIQ）、服务补救质量（SRQ）。电子服务质量包括安全隐私保护（SPP）、网站设计质量（WDQ）、系统可靠性（SSR）、信息内容质量（ICQ）、网站补偿性（WRC）、网站物流与客服（WLS）。整合服务质量包括渠道选择自由度（CSF）、服务构造透明度（SCT）、内容一致性（CCO）、过程一致性（PCO）。混合服务质量测量量表见表 2-5。

表 2-5　混合服务质量测量量表

| 维度 | 测量题项 | 强烈反对 | | | | | 强烈赞同 | |
|---|---|---|---|---|---|---|---|---|
| 实体服务质量 | SEQ1：实体店设施看上去是吸引人的 | 1 | 2 | 3 | 4 | 5 | 6 | 7 |
| | SEQ2：实体店的公共区域是干净整洁的 | 1 | 2 | 3 | 4 | 5 | 6 | 7 |
| | SEQ3：实体店的布局和陈列容易让我找到想要的商品 | 1 | 2 | 3 | 4 | 5 | 6 | 7 |
| | SEQ4：实体店的促销活动令人惊喜 | 1 | 2 | 3 | 4 | 5 | 6 | 7 |
| | SEQ5：实体店提供的产品 / 服务选择余地较多 | 1 | 2 | 3 | 4 | 5 | 6 | 7 |
| | SEQ6：实体店的商品和服务价格是可接受的 | 1 | 2 | 3 | 4 | 5 | 6 | 7 |
| | SPQ1：实体店及时准确地提供了服务，服务流程便捷 | 1 | 2 | 3 | 4 | 5 | 6 | 7 |
| | SPQ2：我的需要能被实体店及时回答和处理 | 1 | 2 | 3 | 4 | 5 | 6 | 7 |
| | SPQ3：实体店的服务态度是友善的 | 1 | 2 | 3 | 4 | 5 | 6 | 7 |
| | SPQ4：实体店的服务人员能够胜任他们的工作 | 1 | 2 | 3 | 4 | 5 | 6 | 7 |
| | SOQ1：实体店履行了它的服务承诺 | 1 | 2 | 3 | 4 | 5 | 6 | 7 |
| | SOQ2：在这家实体店消费令我十分放心 | 1 | 2 | 3 | 4 | 5 | 6 | 7 |
| | SOQ3：实体店提供了适合我个人需要的服务 / 产品 | 1 | 2 | 3 | 4 | 5 | 6 | 7 |
| | SOQ4：我能容易地从实体店获得想要的信息 | 1 | 2 | 3 | 4 | 5 | 6 | 7 |
| | SRQ1：实体店能迅速地解决我的抱怨 | 1 | 2 | 3 | 4 | 5 | 6 | 7 |
| | SRQ2：实体店为它的失误提供了公平合理的补偿 | 1 | 2 | 3 | 4 | 5 | 6 | 7 |

（续）

| 维度 | 测量题项 | 强烈反对 | | | | | 强烈赞同 | |
|---|---|---|---|---|---|---|---|---|
| 实体<br>服务<br>质量 | SRQ3：实体店乐意处理商品退换货 | 1 | 2 | 3 | 4 | 5 | 6 | 7 |
| | SIQ1：员工能根据我的需要提供个性化服务 | 1 | 2 | 3 | 4 | 5 | 6 | 7 |
| | SIQ2：员工非常关心我 | 1 | 2 | 3 | 4 | 5 | 6 | 7 |
| | SIQ3：当我遇到问题时，员工总能非常热心地解答 | 1 | 2 | 3 | 4 | 5 | 6 | 7 |
| 电子<br>服务<br>质量 | SPP1：我的个人信息没有被该网站滥用 | 1 | 2 | 3 | 4 | 5 | 6 | 7 |
| | SPP2：我感觉这个网站能保证我的隐私不被泄露 | 1 | 2 | 3 | 4 | 5 | 6 | 7 |
| | SPP3：在该网站提供银行卡号、身份证号等敏感信息是安全的 | 1 | 2 | 3 | 4 | 5 | 6 | 7 |
| | SPP4：在该网站进行在线支付是安全的 | 1 | 2 | 3 | 4 | 5 | 6 | 7 |
| | WDQ1：该网站的界面简洁和设计美观 | 1 | 2 | 3 | 4 | 5 | 6 | 7 |
| | WDQ2：该网站的布局结构合理和页面清晰整齐 | 1 | 2 | 3 | 4 | 5 | 6 | 7 |
| | WDQ3：该网站导航很容易使用 | 1 | 2 | 3 | 4 | 5 | 6 | 7 |
| | WDQ4：网站上的多媒体效果使我浏览起来很愉悦 | 1 | 2 | 3 | 4 | 5 | 6 | 7 |
| | SSR1：该网站的响应速度快 | 1 | 2 | 3 | 4 | 5 | 6 | 7 |
| | SSR2：该网站提供的操作提示是准确易懂的 | 1 | 2 | 3 | 4 | 5 | 6 | 7 |
| | SSR3：该网站的在线交易系统很顺畅和准确 | 1 | 2 | 3 | 4 | 5 | 6 | 7 |
| | SSR4：使用该网站技术节省了我许多时间，尤其是当我有时间压力时 | 1 | 2 | 3 | 4 | 5 | 6 | 7 |
| | ICQ1：网站提供的付款、质保、退货等条款是易于阅读和理解的 | 1 | 2 | 3 | 4 | 5 | 6 | 7 |
| | ICQ2：该网站及时升级和更新商品（服务）信息 | 1 | 2 | 3 | 4 | 5 | 6 | 7 |
| | ICQ3：该网站提供了充分的购物信息，如递送时间、购买条件等 | 1 | 2 | 3 | 4 | 5 | 6 | 7 |
| | ICQ4：我很容易理解网站上的促销信息 | 1 | 2 | 3 | 4 | 5 | 6 | 7 |
| | WRC1：该网站能够在承诺的时间内及时处理投诉 | 1 | 2 | 3 | 4 | 5 | 6 | 7 |
| | WRC2：该网站在解决问题中表现出真诚的关心 | 1 | 2 | 3 | 4 | 5 | 6 | 7 |
| | WRC3：网上商家能妥善处理我提出的产品退换货问题 | 1 | 2 | 3 | 4 | 5 | 6 | 7 |
| | WRC4：网上商家对由其产生的问题给予合理的补偿 | 1 | 2 | 3 | 4 | 5 | 6 | 7 |
| | WLS1：该网站的送货速度很快 | 1 | 2 | 3 | 4 | 5 | 6 | 7 |
| | WLS2：该网站提供的货物/服务与网站上的描述一致 | 1 | 2 | 3 | 4 | 5 | 6 | 7 |
| | WLS3：该网站物流送达的产品完整无损坏 | 1 | 2 | 3 | 4 | 5 | 6 | 7 |
| | WLS4：该网站提供专业客服指导售后服务 | 1 | 2 | 3 | 4 | 5 | 6 | 7 |
| | WLS5：该网站能提供专业的购买建议和指导 | 1 | 2 | 3 | 4 | 5 | 6 | 7 |
| 整合<br>服务<br>质量 | CSF1：该企业允许在线上购买，并在线下商店取货 | 1 | 2 | 3 | 4 | 5 | 6 | 7 |
| | CSF2：该企业支持线上订货以及线下实体店退换货和维修 | 1 | 2 | 3 | 4 | 5 | 6 | 7 |
| | CSF3：我在消费时能十分自由地选择企业的线上线下渠道 | 1 | 2 | 3 | 4 | 5 | 6 | 7 |
| | CSF4：企业为我提供了丰富的线上线下渠道去实现交易 | 1 | 2 | 3 | 4 | 5 | 6 | 7 |
| | SCT1：在消费前我就了解或熟悉该企业的网店和线下实体店 | 1 | 2 | 3 | 4 | 5 | 6 | 7 |
| | SCT2：我知道如何利用实体店和网店的不同属性满足自己的消费需求 | 1 | 2 | 3 | 4 | 5 | 6 | 7 |
| | SCT3：我能意识到不同渠道的特征及其服务属性的差异 | 1 | 2 | 3 | 4 | 5 | 6 | 7 |
| | CCO1：该企业的实体店和网店提供的商品描述信息是一致的 | 1 | 2 | 3 | 4 | 5 | 6 | 7 |
| | CCO2：该企业的实体店和网店提供的商品价格是一致的 | 1 | 2 | 3 | 4 | 5 | 6 | 7 |
| | CCO3：该企业的实体店和网店的促销信息是大致相同的 | 1 | 2 | 3 | 4 | 5 | 6 | 7 |
| | CCO4：可任意选择在企业的网店或实体店兑换优惠券和积分 | 1 | 2 | 3 | 4 | 5 | 6 | 7 |
| | PCO1：该企业的实体店和网店的服务形象是一致的 | 1 | 2 | 3 | 4 | 5 | 6 | 7 |
| | PCO2：我对该企业实体店和网店的服务有相同的感觉 | 1 | 2 | 3 | 4 | 5 | 6 | 7 |
| | PCO3：我在该企业的网店和实体店接收到相同的产品和服务信息 | 1 | 2 | 3 | 4 | 5 | 6 | 7 |
| | PCO4：该企业的网店和实体店能相互进行一致的宣传 | 1 | 2 | 3 | 4 | 5 | 6 | 7 |
| | PCO5：该企业的网店和实体店在服务的及时性方面是大致相同的 | 1 | 2 | 3 | 4 | 5 | 6 | 7 |

资料来源：沈鹏熠，占小军，范秀成. 基于线上线下融合的混合服务质量：内涵、维度及其测量 [J]. 商业经济与管理，2020，（4）：5-17. 有改动。

## 2.2.3  顾客满意

顾客满意是服务中的核心概念之一，与顾客忠诚、企业效益有着密切的联系。顾客满意是顾客一种主观的心理状态，主要受到以下几个因素的影响。

### 1. 产品和服务特性

顾客对产品和服务特性的评价直接关系到他的满意度。顾客感知的服务通常包含了对有形要素的体验，也包含了对无形服务的感知。例如，顾客在接受医疗服务时，可能会对医院的硬件条件，如医疗检测设备、医院环境、病房的设备等有形环境有所体验，同时，医生为消费者提供的医疗检查、确定医疗方案和开具药方等服务内容也会被感知。企业需要对影响顾客满意的产品和服务特性进行研究，找出对顾客来说重要的服务特征和属性，为顾客增加服务价值，提高顾客的满意度。

### 2. 顾客情感

顾客在选择和享受服务的过程中，自身的情感也会影响其对服务的感知，从而影响顾客的满意度。顾客的价值观、生活态度（看待生活、评价事情的思维方式等）所产生的情感会影响他对服务的满意度。这些情感可能是比较稳定的，在顾客接受服务之前就已经存在。例如，乐观的顾客通常表现出愉快的情绪和积极的思考方式，这些都会影响他对所体验服务的感觉；反之，消极的顾客往往容易对服务过程中的一个小的问题反应强烈或失望。

### 3. 顾客对消费结果的归因

顾客在体验服务时，对于服务成功或失败等情形可能会寻找原因，即发现导致服务成功或失败的原因所在，这种归因会影响顾客的满意度。事实上，如果顾客将服务失败更多地归咎于自身的原因，他对服务的不满意感会减少，而相反的情形则会增加他们的不满意感。

### 4. 对公平或公正的感知

顾客满意度还会受到他对服务公平或公正感知的影响。顾客在服务消费过程中常常会考虑是否受到公正的待遇。例如，自己是否也得到了与其他顾客相同的服务？自己是否与其他消费者一样得到平等对待？自己所得到的服务与花费的钱相比较是否合理？当顾客认为受到了不公平或不公正的待遇时，会感到不满意。

### 5. 他人的因素

其他消费者、家庭成员或朋友也会影响顾客的满意度。事实上，由于其他消费者往往与顾客有着共同或类似的消费经历，他们在影响顾客对满意的感知时有真正的发言权，而并不仅仅是一个建议者。

> **应用练习 2-2**
> 回忆你最近到一家服务组织的服务经历，在纸上列出两栏，将你感到满意的服务细节写在第一栏，将你感到不满意的服务细节写在第二栏。你认为哪些因素会影响到你对服务的满意度？

**小案例 2-5**　　　　　　　　　　**用户为何不满意**

　　爱奇艺订阅会员数量在突破1亿之后增速明显放缓，且收入结构趋于稳定，但收入增长日趋艰难。在收入结构中，爱奇艺会员服务占比50%。随着长视频行业竞争日益激烈，以及会员订阅增量的趋缓，尤其来自腾讯视频、优酷等对手在创作人才、优质内容、服务定价等方面的压力，爱奇艺为了追求平台流量的增长、视频分辨率的提高和视频内容的增加，运营成本居高不下，盈利问题难以破解。因此，爱奇艺不得不寻求新的盈利途径。

### 会员涨价提高营收

　　在爱奇艺的发展过程中，顾客们的需求也在不断地改变。提升视频的画质，给顾客更加优质的观影体验；搜集版权，努力整合更多优质的影视资源；致力于多平台之间的联动，以及不断扩展视频种类的范围，爱奇艺在不断向前发展的同时，也在不断地向上优化自己。凭借平台的提升，同时鉴于平台的营收结构——以会员、广告、内容分发收入为主，爱奇艺决定对长期以来不变的会员费用进行调整，以挽救亏损现状。爱奇艺成为长视频发展历史上第一个进行会员价格调整的平台。2020年11月13日，爱奇艺官方发布通知，将月度会员价格从原先的每月19.8元调整到每月25元，并且对爱奇艺会员季卡、年卡的价格也进行了相应的调整。这次爱奇艺对价格的调整使长视频会员价格在这个"平静水面"上激起涟漪，引发了不少用户的负面评价。不少用户纷纷发表评论，表示即使会员涨价也和他们没关系，因为有很多可以替代的平台，他们不会再花钱充值爱奇艺会员了。会员涨价后，爱奇艺会员数量从2019年的1.069亿人下降到2020年的1.017亿人。

### 超前点播引发舆论

　　经过爱奇艺等平台对超前点播模式的试水，许多长视频平台都认为超前点播是一个对会员进行增量消费的好机会。但不得不提及的是，超前点播这一形式也饱受争议。虽然超前点播能够满足部分剧集粉丝的观影需求，但仍有不少会员用户抱怨，超前点播的出现，在一定程度上损害了普通会员们的权益，"提前看""抢先看"等权益被分割，对于会员这一称呼的心理满足感也因为有了"VVIP"而大大降低。普通会员在超前点播和会员涨价后，不但要支付比原来更高的价格，而且权益也不像以前一样完整，大大降低了顾客对平台的满意度。爱奇艺一时间陷入舆论风波，网友也纷纷指责平台"吃相难看"。

　　与此同时，中国消费者协会发文，奉劝长视频平台"少一些套路，多一些真诚"，并强调视频平台VIP服务应依法合规、质价相符；人民日报也提示在长视频市场一片向好的态势之下，企业若不能意识到可持续营销的重要性，反而一味地对用户进行"收割"，网站的前途极可能被毁，甚至破坏掉付费模式好不容易建立起来的顾客信任。

### 内容缺失现寒冬

　　对于市场最关注的会员数量下降问题，爱奇艺创始人、CEO龚宇在财报电话会上解释，内容缺失是重要原因。"第一，因为疫情关系，院线电影不上院线，所以也拿不到院线电影版权；第二是电视剧受疫情影响和审核影响，延期播出；第三是综艺节目受广告主停止投放影响，也延期播出。还有一些其他影响，比如说动画制作等。"同时，龚宇坦承，多重因素下，爆款剧概率有所降低。

　　内容是长视频平台最需要关注的一个方面。相较于其他购买动机，最能够说服用户为会员制买单的还是视频平台好的影视内容。没有好的内容，就无法吸引新的平台用户，也难以留存老用户。在互联网不断发展的当下，用户们对视频内容的需求也千变万化。没有国际大片、爆款剧、自制综艺的加持，爱奇艺只能"坐吃山空"，无法继续让平台用户心甘情愿地购买平台会员。久而久之，用户们无法在爱奇艺里感受到成为会员的价值，反而觉得只是白白付出金钱等成本，爱奇艺最终导致会员的流失。

资料来源：王崇锋，等. 爱奇艺：注重顾客感知价值，实现持续性增长［DB］. 中国管理案例共享中心，（2022-11-29），内容有删减。

**问题：** 用户对该平台不满主要受到哪些因素的影响？

## 2.3 服务质量差距模型简介

帕拉苏拉曼、泽丝曼尔和贝里对服务感知质量进行了深入研究，提出了服务质量差距模型（SERVQUAL），如图 2-6 所示。

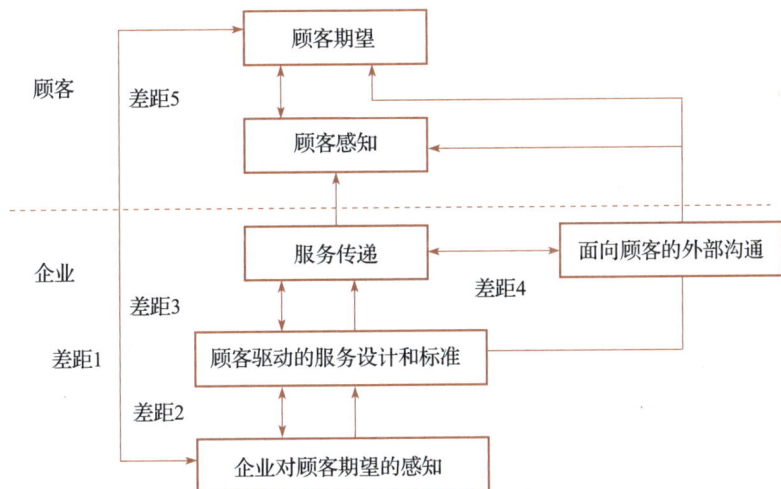

图 2-6 服务质量差距模型

资料来源：PARASURAMAN A, BERRY L L, ZEITHAML V A. Understanding customer expectation of service［J］. MIT sloan management review, 1991, (3): 41.

### 2.3.1 服务质量差距模型分析

服务质量差距模型说明了服务质量问题产生的原因。图 2-6 中虚线以上的部分显示的是顾客差距（差距 5），顾客差距是顾客期望的服务与顾客感知的服务之间的差距。顾客期望的服务受到顾客过去的消费经历、个人需求以及口碑沟通的共同影响。顾客感知的服务是指顾客对实际经历的服务的主观评价。顾客期望与顾客感知之间的差距（差距 5）是服务质量差距模型的核心，它取决于供应商差距。模型中虚线以下部分显示的是供应商差距，包括差距 1～差距 4，这些差距是在企业为顾客提供服务的过程中由于服务管理不完善而造成的。服务质量差距模型反映了服务质量计划和分析的步骤，管理层要先了解顾客期望，再进行服务设计和制定服务标准，然后员工按服务标准向顾客传递服务，顾客参与服务传递过程并感知服务，而市场沟通活动也会影响到顾客期望与顾客感知。根据对这些步骤的分析，管理者可以发现服务质量问题的根源。

服务质量差距模型可以帮助营销者改进服务质量。服务质量差距模型是发现顾客差距的一种直观有效的工具，明确引发顾客差距的各个供应商差距是制定服务营销战略与策略的理论基础。通过服务质量差距模型，企业在找到引发质量问题的原因后，就能采取适当的策略消除或缩小各个供应商差距，进而弥补顾客差距，使顾客对服务质量给予积极评价，从而提高顾客的满意度。

### 🖥 小案例2-6　　　　　　宜家如何缩小服务质量差距

要想提供优质的服务，整合所有的差距，企业要做的第一件事就是找出顾客期望，而理解顾客期望通常是一件很具挑战性的事。宜家给顾客带来的"愿望模式"是一种成功弥补差距的创新模式，当宜家这个世界上最大的家具零售商在芝加哥开设零售店时，该模式被证明是很成功的。即使顾客不是技术专家，他们也被要求描述出能满足自我需求的店面设计。在这种方式下，宜家的九组顾客一组一组地被问及他们凭空想出的理想购物体验：假设宜家所有的店面都已经毁坏，将重新设计新的店面，店面应该是什么样的？购物体验又该是怎样的？贾森·马吉德松帮助宜家创造了该流程，他汇报说顾客的反应和意见如下：

"我不会找不到方向，因为我清楚我身处何处。"

"如果我买一件物品，所有相关的物品我都能从附近找到。"

"购物是一种舒适、放松的体验。"

宜家这种方式的重要意义不仅在于企业询问顾客期望是什么，而且在于接下来它们将这些期望融入店面设计当中。设计者们创造出一栋中心有一条走廊的八角建筑，为购物者营造家的氛围，确保他们能够方便自如地找到所需的物品。为了满足另一种顾客期望，物品与其相关物比邻摆放。当购物者累了或者饿了后，他们可以去楼上的自助饭馆，里面提供瑞典食品。宜家的顾客对于该店面的设计非常满意（85%的顾客回答"优异"或者"很好"），与宜家的其他店面相比，不仅顾客再次光顾次数增加，而且顾客在该店面普遍要多待一个小时。

宜家在弥补所有四种供应商差距上所做的都很出色。企业的供应商网络是经过精心挑选的，确保了质量和一致性。尽管实际上宜家在全世界30多个国家都设有店面，但它的标准、设计以及方法均极为一致。在必要时，它会对标准做出重要的改变。宜家走出了重要的一步，它记录下顾客需求以减少其等待时间。宜家管理层意识到，由于等待时间过长，付款台超负荷运转，一些顾客放下商品径直离开店面，于是管理层基于人工扫描技术推出"快速通道"。在高峰期，宜家在付款台增设员工四处走动于结账区，引导持有信用卡的顾客从队列中走出，通过一台手持设备付款，并在移动打印机上打印收据。

室内与室外的有形环境都是独特且基于顾客视角的，使服务场景的设计与顾客的需求相一致。宜家更是以强有力的员工文化、精心甄选与培训员工所著称。宜家对服务概念加以创新，使顾客参与到服务传递、产品装配与创造的过程中来。为了完善这一服务，宜家用其行动规划目录教育顾客。

资料来源：泽丝曼尔，比特纳，格兰姆勒. 服务营销：原书第7版［M］. 张金成，白长虹，杜建刚，等译. 北京：机械工业出版社，2018：32-33. 有改动。

**问题：** 宜家是如何缩小服务质量差距的？

## 1. 差距 1：管理者认知差距

管理者认知差距是指管理者对顾客期望的理解与顾客对服务的实际期望之间的差距，如图 2-7 所示。许多企业的管理者往往对顾客期望缺乏深入的了解，管理者不了解顾客期望或未能准确地理解顾客期望都会导致这一差距出现。

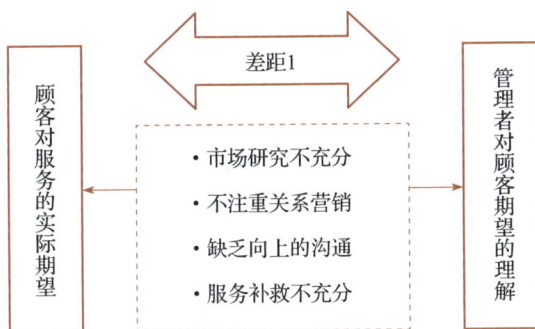

图 2-7　管理者认知差距

产生差距 1 的原因主要有以下几个方面。第一，市场研究不充分。市场研究是了解顾客服务期望和感知的主要手段，不充分的市场研究使企业难以获取顾客期望的准确信息，企业也就无法达到，更无法超越顾客的期望，那么差距 1 会增大。企业可以通过传统的方法和新兴的方法进行市场调研，传统的调研方法包括访谈法、调查法、观察法、实验法、头脑风暴法等，新兴的调研方法则包括在线评论监控、网络数据采集等。第二，不注重关系营销。关系营销旨在留住老顾客，而交易营销注重吸引新顾客。如果企业以交易营销为主，过多关注吸引新顾客，企业就会因为忽略老顾客不断变化的需求和期望而失去老顾客。第三，缺乏向上的沟通。一线服务人员与顾客接触较多，对顾客比较了解，如果组织层次过多，管理者和一线服务人员很少沟通或沟通不畅，管理者就很难及时准确地获取有关顾客期望的信息。第四，服务补救不充分。服务补救如果没有得到有效执行，企业将会错失再次了解顾客期望的机会。

## 2. 差距 2：服务质量标准差距

服务质量标准差距是指企业制定顾客驱动的服务设计与标准与管理者对顾客期望的理解之间的差距，如图 2-8 所示。

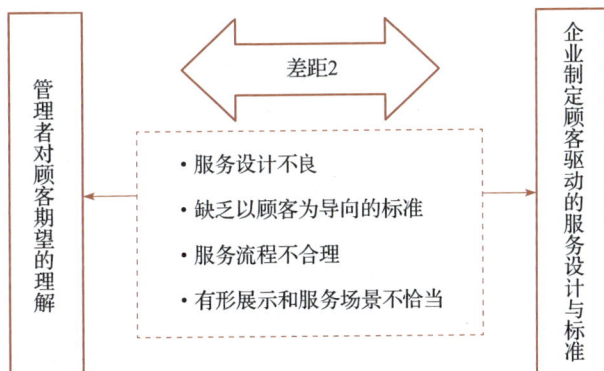

图 2-8　服务质量标准差距

　　引起差距2的原因包括以下几个方面。第一，服务设计不良。企业没有把服务设计与服务定位联系起来、服务设计比较模糊、服务设计缺乏柔性、新服务的开发没有系统性等都可能导致差距2的产生。第二，缺乏以顾客为导向的标准。有些企业在制定服务标准时仍然以企业为中心，所制定的服务标准没有反映顾客的期望，这样可能会使顾客感知到的服务质量下降。另外，如果企业对顾客的需求和期望不了解，也就很难将顾客期望通过服务标准反映出来。第三，服务流程不合理。服务流程是建立服务体系的过程，更是创造良好顾客体验的过程，如果企业的服务流程设计和管理不当，服务流程可能向顾客传递的是质量低劣的服务，会扩大差距2。第四，有形展示和服务场景不恰当。这方面常见的问题是：企业没有根据顾客的期望设计有形展示和服务场景、服务场景与顾客和员工的需求不匹配、服务场景的维护不足等。

### 3. 差距3：服务传递差距

　　服务传递差距是指企业实际传递的服务与企业制定顾客驱动的服务设计与标准之间存在的差距，如图2-9所示。

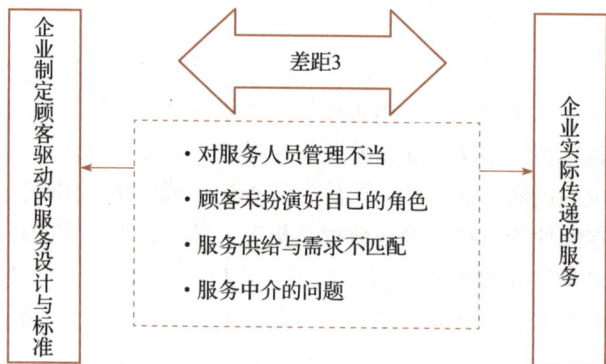

图2-9　服务传递差距

　　差距3产生的原因有很多，主要包括下列几个方面。第一，对服务人员管理不当。这体现在很多方面，如企业招聘了不合格的员工、人员配置错误、未对员工进行培训、不合理的激励机制，以及缺乏授权和团队支持等。第二，顾客未扮演好自己的角色。由于服务生产与消费的同步性，许多服务需要顾客参与到服务的传递过程中，顾客会通过自身行为对差距3产生影响。如果顾客对自己的角色缺乏理解，不愿意或者不能配合服务人员的工作，那么服务人员就难以提供令顾客满意的高质量服务。此外，其他顾客的不当行为也会影响到顾客对服务质量的评价。第三，服务供给与需求不匹配。服务的无形性与易逝性使企业缺少储存服务产品的能力，企业经常面临着需求过度或需求不足的情况，当企业不能有效地管理服务的供给与需求时，差距3就会出现。第四，服务中介的问题。此类问题也会使企业传递给顾客的服务与原来设想的服务不一样。

### 4. 差距4：市场沟通差距

　　市场沟通差距是指企业宣传的服务与企业实际传递的服务之间的差距，如图2-10所示。
　　导致差距4的原因主要有以下方面。第一，市场沟通中存在过度承诺。为了吸引顾客消费，企业有时会在广告中或者人员销售中做出一些不切实际的承诺，这些承诺可能会提高顾客期望，从而使企业实际提供的服务与所承诺的服务不一致，这将会扩大差距4。第二，企业内部水平沟通不足。在企业内部，各个部门之间存在一定差异，如果营销部门与运营部门、人力资源部门之间缺乏沟通或沟通不充分，就会造成向顾客宣传的服务与企业实际传递的服务不一致。此外，缺乏整合营销传播和对顾客期望管理无效也会导致市场沟通差距出现。

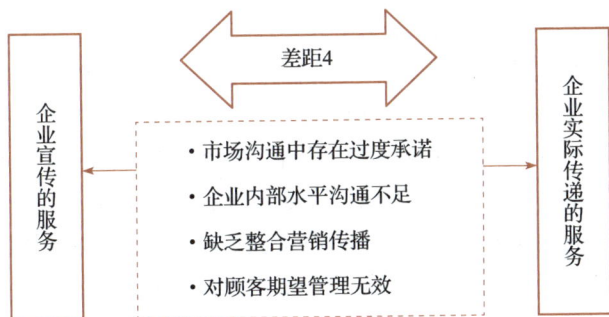

图 2-10　市场沟通差距

### 5. 差距 5：顾客差距

顾客差距是指顾客感知的服务与期望的服务不一致，如图 2-11 所示。企业要提高服务质量，就要尽可能地缩小差距 5，该差距在所有差距中是最重要的。理论上认为，差距 5 是服务供应商差距 1、差距 2、差距 3 和差距 4 共同作用的结果，正是由于服务供应商差距 1～差距 4 中的一个差距或者几个差距的存在，顾客感知的服务质量才会下降，因此，弥补顾客差距的重点是持续消除或缩小服务供应商差距 1～差距 4。在服务营销实践活动中，企业应该对四个服务供应商差距进行管理，明确引起每一个差距的原因，提出消除这些差距的策略，以缩小顾客差距，提高服务质量，增强顾客满意度。

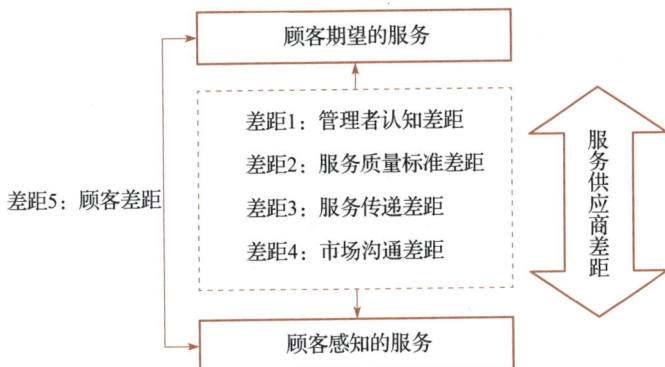

图 2-11　顾客差距

### 2.3.2  服务营销的理论框架

服务质量差距模型是服务企业提高服务质量和开展服务营销活动的基本框架，企业可以围绕着缩小顾客感知与顾客期望之间的差距来明确工作任务，做出营销决策和采取相应策略，不断提高服务质量，让顾客满意并忠诚于企业。

服务营销的核心是提高服务质量，本书以服务质量为主线，将服务质量差距模型作为本书的理论框架。全书共分为6篇，如图2-12所示。第1篇为服务营销导论，包括第1~2章，主要阐述了服务营销的基本概念和理论，重点介绍了服务的特征与作用、服务营销、服务营销组合及服务质量差距模型。第2篇主要阐述了如何了解顾客期望，包括第3~5章，主要介绍了服务中的顾客行为、发展顾客关系以及对服务失误进行补救。有效的服务营销需要以顾客为中心，通过了解顾客的购买行为、建立并强化顾客关系以及对服务失误进行补救，可以让企业更好地了解顾客期望。第3篇主要介绍如何选择正确的服务设计和标准，包括第6~8章，阐述了服务产品与服务标准、服务流程和有形展示等内容。通过开发新服务、制定服务标准、设计服务流程和进行有形展示，企业可以根据顾客期望来采取行动。第4篇主要阐述如何有效传递服务，包括第9~10章，重点讨论了服务人员的管理、顾客行为管理及服务供需管理，通过这些管理以确保企业能按照预定的服务标准来提供服务。第5篇主要阐述了如何履行服务承诺，包括第11章，介绍了服务分销、服务定价和服务促销。企业需要通过分销来传递价值，通过定价来实现服务价值的交换，通过促销来宣传价值，以兑现其服务承诺。第6篇包括第12章，对直播营销、人工智能、虚拟现实、增强现实、区块链、元宇宙、虚拟化身等服务营销发展的新趋势进行了介绍。

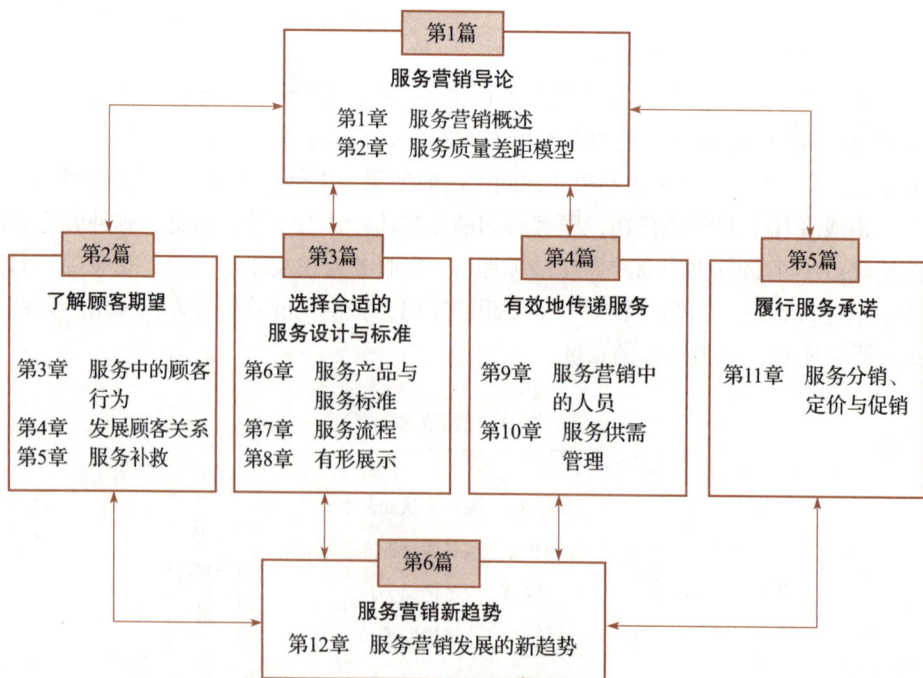

图2-12  本书理论框架图

## 本章小结

顾客服务期望是评估服务绩效的标准和参考点。根据期望水平不同，可以把服务期望划分为理想服务、合格服务和宽容服务（容忍域）。服务期望的形成受到许多因素的影响，服务营销者需要研究和把握这些影响因素，以便充分利用其中的可控因素来管理顾客期望，从而提升顾客对服务质量的评价。

服务接触是指在服务过程中服务企业或员工与顾客发生的接触。服务接触一般可以分为面对面接触、电话接触和远程接触三种类型。

服务质量是一个主观范畴的概念，它是顾客通过对服务的感知而决定的，其最终评价者是顾客。因此，企业必须从顾客的角度来理解服务质量。北欧学派的学者认为，服务质量主要由技术质量、功能质量和有形环境质量三个部分共同构成。北美学派则认为，服务质量由可靠性、响应性、安全性、移情性、有形性等维度构成。而电子服务质量是用户对满足自身需求的网站进行的整体性评价。E-S-QUAL 量表和 E-RecS-QUAL 量表可以用作购物网站服务质量的测量工具。电子核心服务质量 E-S-QUAL 量表包含效率、系统可用性、履行和隐私四个维度，电子补救服务质量 E-RecS-QUAL 量表包含响应性、补偿和联系三个维度。

顾客满意是服务中的核心概念之一，与顾客忠诚、企业效益有着密切的联系。顾客满意是顾客一种主观的心理状态，主要受到产品和服务特性、顾客情感、顾客对消费结果的归因、对公平或公正的感知和他人的因素的影响。

服务质量差距模型中存在 5 种服务质量差距：管理者认知差距、服务质量标准差距、服务传递差距、市场沟通差距、顾客差距。服务质量差距模型说明了服务质量问题产生的原因，利用该模型可以帮助营销者改进服务质量。

## 思考题

1. 简述顾客期望的内涵及其类型。
2. 导致顾客容忍域不同的因素主要有哪些？
3. 影响顾客服务期望的因素有哪些？
4. 简述服务接触及其类型。
5. 影响顾客满意的因素有哪些？
6. 简述服务质量维度。
7. 论述服务质量差距模型。
8. 产生服务传递差距的原因有哪些？

## 案例分析

### 职业社交网站领英败走中国，罪魁祸首是谁

2023 年 5 月 9 日，全球最大的职业社交网站领英（下文简称领英）发布公告，宣布中国的本土化求职平台"领英职场"将于 2023 年 8 月 9 日起正式停止服务。届时，所有领

英职场的产品和服务将停止，包括移动端 APP、桌面端网站和微信小程序。

## 领英为什么在中国混不下去

对很多外企员工、海外留学人士来说，领英并不是一个陌生的名字。2002 年 12 月，美国著名投资家、PayPal 的前执行副总裁 Reid Hoffman 创立了 LinkedIn（领英），总部设在美国加州山景城，2003 年 5 月，领英正式上线。

刚创立时，领英就定位为一家以商业客户为导向的社交网络服务网站，致力于联结全球职场人士，维护他们在商业交往中认识并信任的联系人。在海外，领英深受商务人士和职场精英人士的欢迎。

2014 年，领英正式进入中国市场。凭借着简洁的界面、清晰的功能、较少的广告，领英在中国市场吸引了一大批用户，当年用户就超过 400 万。两年后，领英中国的用户数更是超过 1 000 万。

但好景不长，领英中国砍掉了平台原创内容的发布与互动功能，从职场社交平台彻底变成一个单纯的招聘软件。在领英作为社交软件使用时，人们不仅可以通过其建立自己的职业形象，扩大职场社交圈子，还可以获取行业资讯，发表自己的观点。随着领英砍掉了自己最能吸引和留住用户的功能，其产品体验也大受影响。这次改版令用户大失所望，一个用户说："几乎是一夜间，所有互动功能都下架了，无法发帖、浏览别人的帖子，连接感一下子就消失了，特别不习惯。"实际上，在更多用户心中，自从"那次改版"后，领英中国其实就已经"半截入土"了。

2021 年 12 月，领英在中国内地正式发布全新应用"领英职场"，主打为中高端职场人士提供社交链接以及职业指南、职场必修课和薪资洞察等价值。同时，领英开始为中国企业出海提供人才和营销等服务。可仅作为一款求职软件而言，领英职场也没有突出的核心竞争力。一位用户说："单作为一款求职软件而言，领英职场求职功能中的岗位更新速度明显慢了很多，领英职场的页面设计很差。另外，领英在岗位推荐上不够精准，无法根据我的标签推荐适合我的岗位，作为求职软件而言，用户体验并不好，还不如大众经常使用的那几个 APP。"

除了上述槽点外，领英的"杀猪盘"也格外多。以往使用领英的用户，大多会通过更新自身在线简历和动态，再依托领英所主打的社交概念，从而实现同行交流、互相背书、打造个人 IP 的目的。此种逻辑下，大多数求职者和雇主，都会给予对方极大的信任。而围绕着这种"信任感"，杀猪盘也开始盘踞领英。不少杀猪盘选择通过邮件给一些使用领英的女性发消息，并表示自己是从领英上得到邮箱号的。

丧失的社交属性，无突出优势的招聘服务，将领英职场置于一个尴尬的位置，用户流失也成了必然。从领英流失掉的老用户，逐步被分流到了猎聘、智联招聘、BOSS 直聘、脉脉等招聘 APP 中。

领英中国本来想通过"领英职场"重振领英在中国市场的业务，但显然无法与国内的猎聘网等对手相竞争。领英作为中国互联网市场职场社交的外来者和先行者，在后来受到脉脉、钉钉等中国职场社交平台的强势追击和激烈竞争。以脉脉为例，这款职场社交 APP 在基本功能上与领英相同，但更懂中国用户，不仅可以建立圈子、进行交流，还能掌握行业动态、分享职场经验和话题热点，有了很好的用户黏性，在拓展人脉功能上，脉脉的跳槽、挖人、找钱、找关心等需求很好地吸引了中国用户。

虽然领英很重视中国市场，但进入中国 9 年，领英还是有点"端着"，不接地气。

首先，领英定位于商务社交这点在中国市场有点尴尬。中国是一个比较注重私密性、人情化的社会，领英的"非匿名"特性在中国市场行不通。大多数人有很强的防备心理，并不喜欢在公共平台上暴露有关自己的职业、学历等信息，也不会在公共平台上聊太多，更多的是通过领英"加个微信""留个电话"后私下聊聊，这使领英难以在中国市场体现出自己的定位优势和差异化。

其次，领英多关注中高端职位，用户群体过于局限，行业覆盖率比较窄。在中国市场上，领英职场吸引的大多都是精英、大型企业和世界 500 强企业的用户人群，但这部分人毕竟占少数，领英无法顾及中国社会越来越大的职场社交需求。领英很受职场精英用户喜欢，但无法吸引大众用户。这成了很长一段时间内领英的平台形象。

再次，领英不符合中国用户的使用习惯，很难建立可持续的用户黏性。比如，领英产品是围绕着 PC 和电子邮箱设计的，向移动互联网迁移的速度不够快，与中国用户的使用习惯不太相符。

另外，不是所有领英上的工作都像 BOSS 直聘那样和 HR 沟通，大部分只能投简历，反馈也不够快，无法满足中国市场高效率的用户需求。

还有不少用户反映领英存在账户注册流程烦琐，交互体验差，产品更新速度慢，页面设计感差等问题。甚至在领英发布服务调整的微博下，依然有网友评价领英"很难用"。

产品设计与不太"本地化"的体验让领英很难在中国市场上获得广泛的用户认可和接受，这也成为领英职场关闭的最重要的原因。

与此同时，全球裁员浪潮也在一定程度上影响了领英。2022 年下半年以来，微软、谷歌、Meta、亚马逊等全球科技巨头纷纷大裁员，通过削减团队以精简公司运营。作为微软旗下的职场社交平台，领英跟随母公司的脚步也不意外。

### 职场社交平台竞争激烈，领英还有未来吗

作为中国互联网市场职场社交的外来者和先行者，领英除了自身本土化进程不顺之外，也受到智联招聘、BOSS 直聘等中国职场社交平台的激烈竞争。

根据 Mob 研究院发布的《2022 年互联网招聘求职行业洞察报告》，在月活跃用户上，智联招聘、前程无忧等中国职场社交平台成为第一梯队的"千万级"玩家，第二梯队则是包括 BOSS 直聘和猎聘等中国职场社交平台在内的"百万级"玩家，十万量级的领英中国则沦为第三梯队。数据显示，2023 年 3 月，领英 APP 月活跃用户数为 95.96 万，远不及前程无忧的 1 845.98 万、BOSS 直聘的 1 728.45 万和智联招聘的 1 082.29 万。

为什么这些本土职场社交 APP 能够后来者居上呢？

其一，行业覆盖范围广，满足中国市场职场社交的"匿名"需求。比如，前程无忧中，除了一些行政类、技术类工作之外，服务员、快递员等职位也在其中，满足了很多企业的用工需要。而且在 BOSS 直聘上，用户还能屏蔽前公司，满足用户"匿名"意愿，减少不必要的麻烦。

其二，不断推出新的功能和服务，满足了用户的多样化需求。BOSS 直聘一开始就抓住了社交招聘的核心，第一移动端（手机版本为核心），第二社交（上来就可以聊天）。反

观领英中国，现在还在用传统的邮箱搞社交。而脉脉进行了社区化转型，将"找工作"的低频需求转变为"内容连接带动关系连接"的高频需求。用户不仅可以建立圈子，还能掌握行业动态、分享职场经验和话题热点，极大地增强了用户黏性。

其三，效率高，反馈迅速，适应了中国快速发展的互联网职场社交需要。以BOSS直聘为例，设置了"已读"功能，用户能够知道自己的简历到底有没有被HR看到，而且直接和老板沟通，也能迅速帮助求职者分辨这家公司是不是自己心仪的公司。反过来说，对企业招聘方来讲，这也是特别高效的一种方式。

网络招聘在中国发展数年，也在不断变化和迭代，从网页到移动端APP，如今已有直播、元宇宙等多种形式。近两三年，直播招聘成为网络招聘的重要方式，快手等直播、短视频平台也成为招聘的渠道。各招聘平台也在积极跟上这一步伐，2020年和2021年，前程无忧、智联招聘先后上线招聘直播功能，2022年赶集直招也推出直播招聘。

步伐缓慢的领英中国，难免被抛在时代浪潮之后。资料显示，领英中国前总裁沈博阳曾表示："2014年领英刚创立的时候，沈南鹏问我，你觉得领英APP最需要的功能是什么？我说需要支持手机号注册。"而实现这一功能，领英花了两年。

跟不上时代的步伐，无法贴合中国用户的使用习惯，领英难免水土不服，行路不顺。更何况，市场环境也在变化。领英中国所擅长的外企人才领域，不再是大众选择的香饽饽。

总而言之，在智联招聘、BOSS直聘等国内的社交招聘软件的夹击下，领英不够了解和理解中国市场，最终导致了自己的停服。

资料来源：改编自 1. https://www.sohu.com/a/675507565_116132?scm=1019.20001.0.0.0&spm=smpc.csrpage.news-list.11.1684393427207laNP6Qf.
2. https://finance.sina.com.cn/tech/csj/2023-05-10/doc-imytfzqh0160011.shtml.

**案例思考**

1. 运用服务营销组合理论分析领英中国的服务营销策略。
2. 运用服务质量维度来分析领英中国的服务质量。
3. 运用服务质量差距模型对领英中国进行分析。

## 实践活动

### 一、实训目的

1. 结合企业实践深入理解服务质量维度，掌握衡量服务质量的操作技能。
2. 学会运用顾客期望与顾客感知的相关理论知识对现实问题进行分析。
3. 加深对服务质量差距模型的理解，掌握SERVQUAL量表在服务企业中的应用。

### 二、实训内容

以某一服务企业或服务品牌为背景，利用SERVQUAL量表为其设计问卷，对顾客进行问卷调查，调查顾客对该服务企业或服务品牌的顾客期望与顾客感知，使用SPSS软件或其他软件对所收集的数据进行分析，得出结论并给出提高服务质量的相关建议。

## 三、实训组织

1. 教师提前 1 ～ 2 周布置任务，说明实训要求及注意事项。

2. 对同学进行分组，每组 8 ～ 12 人。

3. 采用组长负责制，由组长对成员进行分工，共同完成实训任务。

4. 教师组织部分小组在课堂上进行交流。

## 四、实训步骤

1. 各组根据本章知识链接中的 SERVQUAL 量表设计一份调查问卷。

2. 各组进行问卷调查。

3. 对调查问卷的数据进行汇总统计分析。

4. 各组成员对统计结果进行讨论分析，撰写调研报告和制作演示文稿。

5. 教师安排 1 ～ 2 个课时，由部分小组的代表交流展示调研报告。

6. 各组根据教师和同学意见进一步修改报告与课件并提交，教师记录实训成绩。

# $\mathcal{P}$ART 2
## 第 2 篇

# 了解顾客期望

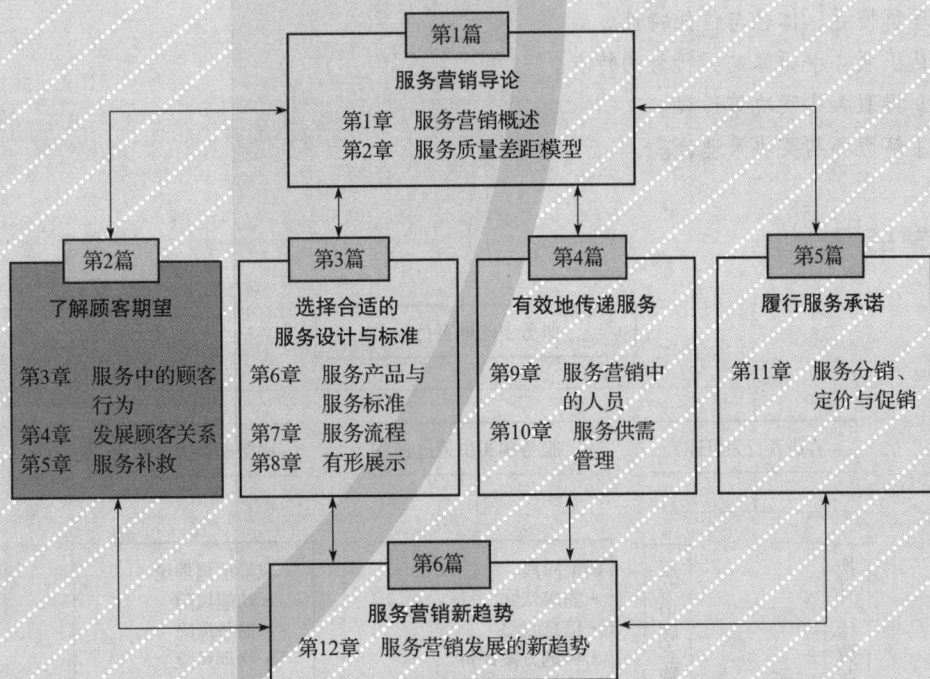

```
┌─────────────────────────────┐
│          第1篇              │
│       服务营销导论          │
│                            │
│   第1章   服务营销概述      │
│   第2章   服务质量差距模型   │
└─────────────────────────────┘
```

| 第2篇 | 第3篇 | 第4篇 | 第5篇 |
|---|---|---|---|
| **了解顾客期望** | **选择合适的服务设计与标准** | **有效地传递服务** | **履行服务承诺** |
| 第3章　服务中的顾客行为<br>第4章　发展顾客关系<br>第5章　服务补救 | 第6章　服务产品与服务标准<br>第7章　服务流程<br>第8章　有形展示 | 第9章　服务营销中的人员<br>第10章　服务供需管理 | 第11章　服务分销、定价与促销 |

```
┌─────────────────────────────┐
│          第6篇              │
│       服务营销新趋势        │
│   第12章   服务营销发展的新趋势 │
└─────────────────────────────┘
```

图Ⅱ　服务营销学的理论框架

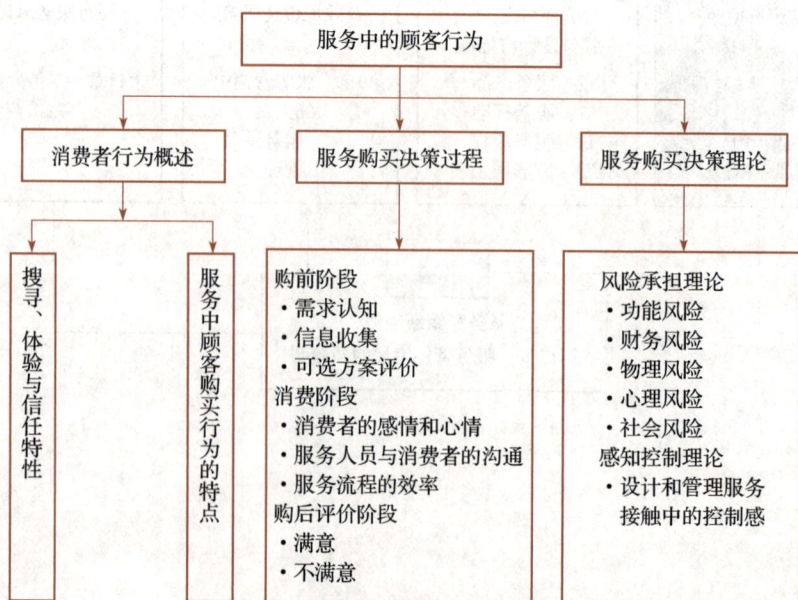

## 第3章
# 服务中的顾客行为

## 学习目标

本章讨论了服务中顾客购买行为的特点，服务购买决策过程以及服务购买决策理论。通过本章的学习应该能够：

1. 理解搜寻、体验与信任特性。
2. 认识服务中顾客购买行为的特点。
3. 掌握服务购买决策过程。
4. 了解服务购买决策理论。

## 本章结构

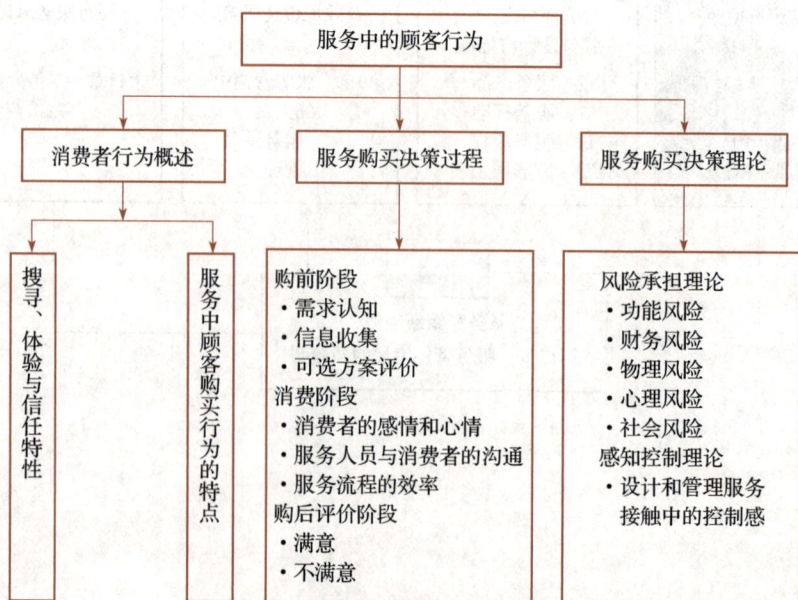

## 导入案例

### 年轻人为何愿意为情绪价值消费

2024 年 3 月，名创优品与动漫 Chiikawa（中文名"吉伊卡哇"，意思是"小可爱"）展开联名活动，售卖挂饰、包袋、公仔等周边产品，吸引大批粉丝购买，取得了很高的销售额。即使在限购、限时等诸多条件的限制下，国内第一家联名的静安大悦城快闪店 10 小时的销售额就达到了 268 万元，开业三天业绩就超过了 800 万元。

Chiikawa 的三位主角是三只小玩偶，它们有着圆圆的脸蛋和小小的四肢，性格各异但能和睦相处。Chiikawa 先以漫画的形式连载，漫画传达出这样的信息：付出的努力不一定有回报，面对困难不一定有足够的勇气，虽然现实残酷，但不完美的人也可以活得快乐。后来被制作成动漫播出，并通过表情包等形式迅速传播，成为年轻一代新的"电子布洛芬"，是帮助他们从低落的情绪中走出来的一剂良方。

为什么年轻人愿意为情绪价值买单？首先，Chiikawa 的大部分角色不会说话，搭配上呆萌的外表，有着独特的宝宝感。因此，在潜移默化中唤醒了粉丝的母性心理。从一定程度上说，这种情感方式更像是寄托粉丝内心的柔软和小时候的愿景。其次，角色的内核戳中了当下年轻人的精神状态。Chiikawa 的魅力在于其与人类社会相似的现实主义设定，而不是简单的乌托邦式童话世界。主角们靠着辛勤劳动换取金钱，必须通过考试获取更高时薪，失败就要再战、三战。这种真实而平凡的设定让打工人能够共情，看到自己的影子。

当渴求情绪价值时，年轻人究竟在寻求什么？如今，年轻人成长在数字化时代，互联网的普及使其更容易获取信息、表达自己，但同时也带来了更多的竞争和焦虑。年轻人渴求情绪价值，实际上是在寻求一种情感上的认同和安慰。例如，Chiikawa 中人气最高的角色乌萨奇，最出众的还是它身上自由奔放的个性。年轻人不仅仅追求产品和品牌的功能，更注重产品所代表的文化符号和激发出的情感共鸣，希望在这个多元化、快节奏的社会中找到自己的位置和归属感。因此，当年轻人与 IP 共情是出于自我表达的需求时，企业应该更加注重抓住作品最打动人心的触点，将之与产品结合。

资料来源：https://new.qq.com/rain/a/20240420A05SVK00.

## 引言

顾客构成企业的市场，是企业营销活动的出发点和归宿点。如果不了解顾客，任何企业都不可能提供令顾客满意的服务。服务营销者需要知道顾客是如何做出服务的购买决策的。企业只有理解消费者行为，才能制定有针对性的服务营销策略，从而提高自身的营销效益。本章从服务中顾客购买行为的特点出发，讨论了顾客是如何做出购买决策的，并对服务购买决策理论进行了介绍。

## 3.1 消费者行为概述

在以顾客为导向的市场营销过程中，理解和把握顾客的消费心理与购买行为是企业有效地制定营销战略和开展营销活动的重要前提。与所有的社会行为、经济行为一样，服务中的顾客购买行为也有一定的模式和变化规律。由于服务自身的特点，顾客购买服务的行为与购买有形产品的行为有所不同。服务营销者要想有效地向顾客提供服务，就需要了解服务中顾客购买行为的特点。

🔵 专栏　　　　　　　　　　　　　Z 世代的消费行为

　　"Z 世代"是来自西方的一个术语，叫"Generation Z"，最初是指 1995—2009 年之间出生的人。按照这个定义，根据高盛公司最新研究报告，中国目前约有 2.51 亿 95 后人口属于 Z 世代。Z 世代究竟是怎样的一群人？中国改革开放、经济腾飞带来的巨大"差值红利"，导致 Z 世代的消费意愿和消费实力较高，他们因此被称为"最敢于消费的一代"。成长于科技蓬勃发展的时代，他们的消费需求也极其个性化和多样化，更愿意为自己的喜好买单，也更容易对消费市场产生影响。

　　Z 世代的特点主要跟他们的成长环境相关。首先，Z 世代成长于经济高度繁荣的时代，尤其在中国，家庭经济条件比过往有很大提高。其次，他们成长于科技尤其是数字科技日新月异、高速发展的时代，所以他们从出生开始就是数字原住民。出生和成长的环境对他们的消费观以及消费行为产生了巨大影响：他们乐于消费，也更敢于消费，他们对于消费产品、消费对象和消费体验要求更高。

### Z 世代五大代际特征

　　Z 世代与前面几个世代相比，在消费行为上有着非常明显的代际特征，主要表现为如下五个特点。

　　第一，追求便利，喜欢独处。Z 世代中有很多独生子女，独特的成长环境导致他们很多时候会追求独处、便利的体验，与之而来的是有很多专门为这个人群而生产的消费品，如自热火锅、自嗨锅等方便食品；另外，他们将很多时间花在社交网络或者在线娱乐上，线下他们也希望有群体互动，所以线下有很多打卡或潮流聚集地；而在家里，他们可能也会有自己的虚拟手办、宠物等，其中，虚拟手办指的是绝大多数动漫、游戏、影视、原创作品形象的衍生品。

　　第二，喜欢研究评论和互动。Z 世代受教育程度高，对感兴趣的事物或消费对象会主动去研究和评论，且喜欢与网友互动。因此无论是小红书还是哔哩哔哩（以下简称 B 站），它们的评论区都非常欢乐，也有很大的信息量。

　　第三，追求健康、绿色、"颜值即正义"。Z 世代成长的经济环境较为宽裕，他们在消费时不只是追求温饱或者性价比，还会追求一些更有社会意义的东西。例如，他们对个体健康、社会环境以及人类可持续发展都非常注重。Z 世代与前几代人相比，更加看重消费和体验的质量、追求个性化和多样性，更愿意为内容付费，但对内容的要求也更为严苛。

　　第四，追求个性、与众不同。因为他们的成长环境和经历不同，所以他们与前几个世代相比更加有对美和品位的追求。具体表现为：很多 Z 世代消费产品的颜值都很高，外观的设计非常新颖和引人入胜。

　　第五，消费环境不同。过去十几年，国家综合国力不断提升，同时国家的生产以及供应体系也更完善，使 Z 世代的消费环境具有极大的物质丰富性和广阔的选择空间，因此消费时有更多选择和更丰富的体验。

### 新消费 VS 传统消费

我们很难对"新消费"有一个精确或完整的定义，但与传统消费相比，新消费在以下四个方面都更胜一筹，从而更能赢得 Z 世代。

消费对象不同。传统消费可能只是购买实体产品，而新消费的对象不仅是实体产品，也包括数字化产品或体验。新消费也可以是消费过程，对过程的享受和体验。

消费方式不同。传统消费更多是实物消费，新消费则有现实物和虚拟物的融合，如线上 IP 和虚拟物会有线下衍生品。所以，新消费的对象和体验是现实与虚拟交融的。

消费场景不同。第一是社交网络。Z 世代最具代表性的消费场景就是社交网络，比如以年轻女性群体为主的小红书，以年轻 Z 世代男性群体为主的虎扑，两个社交网站的月活跃用户数达到近 1 亿量级。第二是游戏和电竞，无论是手游还是社交游戏，都吸引了大量 Z 世代的消费群体，比如大家非常熟悉的王者荣耀。第三是视频内容，无论是爱奇艺、腾讯、优酷这样的长视频平台，还是 B 站这样的中视频平台，抑或是抖音、快手等短视频平台，60% 以上的消费主力或观众都是 Z 世代人群。

消费核心不同。新消费的核心更多的是人与产品的融合，是消费过程与消费体验的融合。一个产品的消费从开始到拥有再到最后的保留，是一个完整的过程。比如有很多周边产品的消费行为，如一部热播剧或一个网红打卡地，都会有很多周边、IP 衍生品，这些周边产品例如限量款、隐藏款等，很多都变成了 Z 世代的收藏物。

### Z 世代的消费逻辑

一是追求限量款。因为 Z 世代在消费行为上非常追求独特性，因此限量版在 Z 世代当中非常流行。他们会用很大的精力和代价去追求限量版商品与体验。

二是追求多样化，同时形成了亚文化圈层和社群。Z 世代在消费行为上追求多样性的同时，也根据自己不同的爱好，形成了不同的亚文化圈层和社群。

三是追求独立和平等，不人云亦云。Z 世代最大的特点表现为更加追求独立、平等和个性。他们会认为自己所拥有的可能不是最好的，但有特点就好。不希望人云亦云，也不希望随波逐流。

各个国家的 Z 世代都是商家和厂家追逐的消费群体，在我们国家更是这样。我国有 2.5 亿 Z 世代人群，人口基数相当庞大；Z 世代经济条件比较富足，同时因为他们很多是独生子女，家庭资源会集中在他们身上，他们也更加有能力、有意愿、有胆量去消费。所以他们是很多商家努力去挖掘的富有潜力的消费富矿。从品牌忠诚度来讲，Z 世代也会更加支持自己喜欢的品牌。

资料来源：张宇. 洞悉 Z 世代消费逻辑中的商机 [J]. 经理人，2022（4）：40-41. 内容有删减。

## 3.1.1　搜寻、体验与信任特性

消费者在购买产品的过程中，通常会对不同的产品进行评价，并从中挑选合适的产品进行购买。一般来说，相对于有形的产品，消费者很难评价无形的服务产品。这是因为产品特性决定了产品评价的难易程度。产品特性具有下列 3 种类型。

### 1. 搜寻特性

搜寻特性指消费者在购买之前就能确认的产品特性，如产品的尺寸、颜色、款式、质地和气味等。这些特性可以帮助消费者在购买前了解和评估产品，因此，消费者比较容易评价具有高搜寻特性的产品。大部分商品都具有明显的搜寻特性，如家用电器、汽车、服装和首饰等。

### 2. 体验特性

体验特性是指消费者只有在购买后或消费时才能感觉到的产品特性，如味道、舒适度、耐磨性等。这些性能在消费之前没有办法评价，因而消费者较难评价具有高体验特性的产品。餐馆食物、理发和度假等服务产品具有很高的体验特性，消费者需要亲自体验服务，才能知道或评价产品的性能。例如，你只有亲自去餐厅用餐后才能知道食物味道如何，自己是否喜欢餐厅的服务与环境；你只有入住酒店之后才能体验到酒店的服务是否及时周到。

### 3. 信任特性

信任特性是指消费者即使在实际消费之后也无法评价的产品特性。由于消费者缺乏足够的专业知识来评价产品是否能满足自身需求，甚至在消费之后也难以估计，因此，高信任特性的产品最难评价。手术、教育、法律服务与维修服务等服务产品具有较高的信任特性。例如，病人即使接受了外科手术，也难以评价医生在手术过程中的表现和医疗服务的效果。

产品特性对评价难易程度的影响如图 3-1 所示。位于图中左边的大多是有形产品，有形产品的搜寻特性显著，消费者比较容易评价；而位于图中右边的主要是服务产品，这些服务产品具有较高的信任特性，消费者最难评价；介于两者之间的产品具有较高的体验特性，消费者较难评价。总之，大多数服务产品具有较高的体验特性和信任特性，消费者在购买之前难以评价。

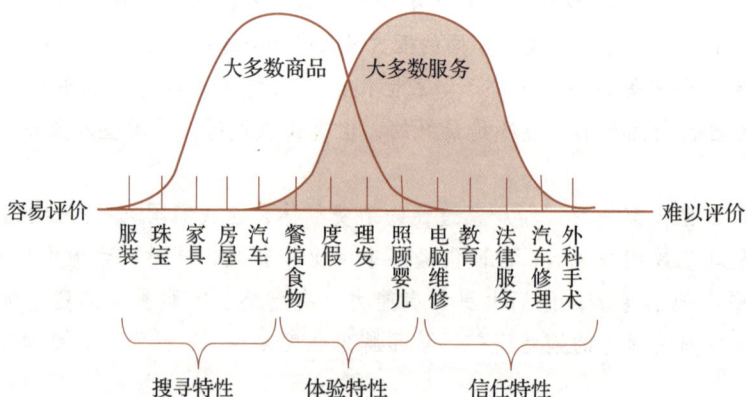

图 3-1   产品特性对评价难易程度的影响

## 3.1.2   服务中顾客购买行为的特点

### 1. 主要依赖个人信息来源

在购买服务的过程中，消费者主要通过亲朋好友、同事、邻居和熟人等个人信息来源获取服务信息，这主要是因为：①大众传媒难以传播有关体验特性的信息，而很多服务具有体验特性，通过有亲身经历的人可以间接地得到相关体验的信息，例如，在餐饮服务中，厨师的烹饪过程很难通过平面广告表达，同时，服务流程、服务技巧及效果都必须靠顾客感知；②服务企业相对制造商而言规模较小，往往缺乏经验和资金打广告，而且服务企业集生产和销售于一体，在制造业中制造商与零售商共同出资的合作广告很难运用到服务业中；③顾客在购买前难以明确服务的特性，其他人的体验或意见就会变得很重要。

### 2. 购买服务的风险性更大

顾客购买服务的风险比购买有形产品的风险更大，这主要是因为：①服务产品是无形的，与商品相比，较难对服务质量进行准确的判断，尤其是很多服务具有体验特性，在服务消费前是无法判断的，如菜肴的味道，服务产品的无形性越高，消费者购买时感知风险就越大；②服务具有异质性的特点，服务的质量会随着人员和时间的不同而发生变化，消费者每次购买的服务都没有确定的结果；③由于服务生产过程和消费过程的同步性，使服务过程具有不可逆的特点，在顾客感到不满意时，服务可能已经被消费了；④即使在购买和消费后，消费者由于缺乏足够的知识和经验仍然难以对服务进行评价，例如，在汽车修理服务中，消费者往往因为缺乏专业知识而无法判断其服务质量。

### 3. 品牌忠诚度高

消费者对服务品牌一般具有较高的忠诚度，这主要是因为以下几点。①更换服务品牌成本更高。消费者很难获得全面的服务信息，而且对替代品是否比现有服务更能让自己满意也没有把握，同时，消费者放弃一个品牌而改用另一个品牌可能要付出很高的成本，当更换服务供应商的成本较高时，顾客会忠诚于某一品牌的服务。②服务购买风险比较大。顾客在购买决策过程中感知到的风险越大，就越愿意与某一品牌维持长期的关系，从而降低与服务购买有关的风险。③可供选择的服务品牌有限。尤其是对于专业性服务而言，所设置的服务网点通常很少，如果消费者的挑选余地少，那么品牌忠诚度会更高。④为了获得更多利益。企业比较了解老顾客的需求偏好，有利于提供更好的服务，同时，顾客也希望通过多次惠顾以得到更多优惠。

### 4. 顾客参与服务的生产过程

服务的同步性使顾客参与到服务的生产过程中，因此，顾客对服务质量会产生一定影响。为了提高顾客的参与性，服务企业要明确参与服务过程的顾客，鼓励这些顾客积极参与，通过各种沟通活动教育顾客，让他们更了解服务过程以及他们在服务生产过程中所承担的活动，并对表现好的顾客予以奖励。

**应用练习 3-1**
以家人一起度假或与朋友到餐馆就餐为例，说明你首次购买的决策过程可能会经历哪些阶段。

## 3.2   服务购买决策过程

为了有效地提供服务，服务营销者必须了解消费者的服务购买决策过程，如图 3-2 所示。消费者购买服务要经历购前阶段、消费阶段和购后评价阶段。由于服务一般是体验特性高和信任特性高的产品，这就意味着消费者的服务购买决策过程不会与商品购买决策过程完全一样，服务购买决策过程中有其特殊性。

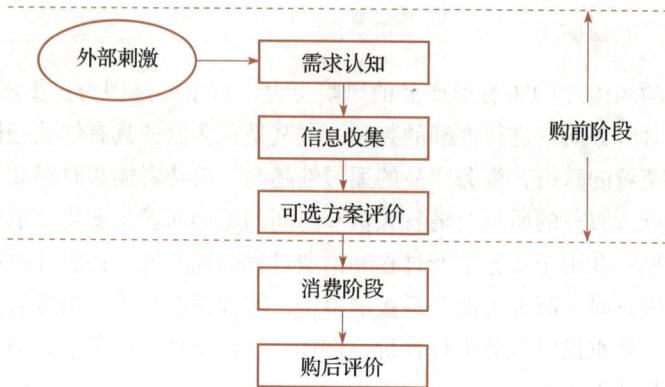

图 3-2   服务购买决策过程

🔗 **知识链接**                    **服务智能化下的顾客行为**

人工智能服务是指在算法与技术驱动下的智能设备（可能具有拟人的外观、语言和个性）通过发挥其所拥有的与顾客沟通、互动的能力，为顾客提供服务价值的过程。人工智能技术下服务的四大特征发生了变化，这些特征的改变不仅会影响服务企业的服务设计、服务承诺和服务质量，也会影响顾客的服务体验、服务互动和服务满意，并对服务企业的质量监控、服务失败与补救以及终身顾客维护提出了更高的要求。

**服务前：服务设计与服务承诺**

服务设计是服务企业在正式提交服务之前必须做的工作。通常的服务设计包括顾客行为、前台员工行为、后台员工行为和支持过程，这四个过程被互动分界线、可视分界线和内部互动线分隔开。在人工智能服务下，服务提供过程将是一个由人、技术、组织和共享信息多个资源共同作用下的复杂过程，客户的交互将被嵌套在多个设备和对等交互的网络中，从而以潜在的方式共同创造价值。由于计算机算法的精确性，服务流程更加科学合理，降低了顾客的等候时间，也能精确地把服务过程可视化（如智能点餐系统）。同时，我们看到，针对无人化服务（如无人酒店），由于人工智能服务的有形性提高，后台和支持工作全部由机器来完成，使可视分界线和内部互动线大为提前，这样的结果可能使服务提供缺乏层次感，也会提高服务提供的风险性。针对部分无人化服务（如智能机器分诊），服务企业也需要重新考虑后台人工和机器的信息交互与传递。另外，服务承诺也是服务正式提交前向顾客传递的重要信息，是吸引顾客前来的保障，高承诺会导致顾客产生较高的服务预期。因此，与真实的服务人员相比，人工智能服务会带来更高的服务承诺吗？顾客会相信这些承诺吗？这些都值得进一步关注和研究。

### 服务中：服务氛围、情绪互动与顾客体验

在服务传递中，服务氛围、情绪感染和社会互动是顾客服务体验的核心。在全过程服务中，消费者是如何看待服务机器人的？是一个冰冷的机器？还是带有部分人类特征的智能体？或者是具有一定社会属性的生命体？研究证实，智能机器人会使消费者感到人类身份受到威胁从而产生补偿式消费行为。因此，消费者针对机器人不同的心理定位决定了其对机器服务的信任、情感和态度。此外，人工智能更多地表现出服务的一致性，针对不同顾客的个性化互动需求和体验需求是无法识别与满足的，这给服务企业带来较大的挑战。

### 服务后：服务质量、服务失败与满意度

多年来，服务质量五维度和期望不一致一直是衡量服务质量与服务满意度的基本范式。服务质量由可靠性、响应性、安全性、移情性、有形性五个维度构成，在人工智能服务下都会产生相应的改变。相对来讲，与人员服务相比，由于机器算法的准确性，人工智能服务质量的可靠性、响应性和有形性都会得到提升，但又由于人类可能产生的算法厌恶、控制感缺失以及对机器冰冷互动的反感，将会导致顾客对人工智能服务质量安全性和移情性的下降。

在顾客服务中存在三种典型的服务失败，即服务交付失败（如上菜缓慢）、顾客请求失败（如顾客要求菜品微辣却被餐厅忽略）、员工行动失败（如员工对顾客态度傲慢、言语粗鲁）。在人工智能服务下，第二种失败更容易出现，机器人无法针对顾客独特的需要和偏好做出反应，这是人工智能服务的突出短板。因此，如下问题值得进一步关注：如何准确识别人工智能服务下的服务失败？客户在与机器人互动过程中的容忍度是变得更大还是更小？机器人的情绪表达（如委屈、惭愧等）能否传达足够的同理心和真诚？

资料来源：杜建刚，赵欢，苏九如，等. 服务智能化下的顾客行为：研究述评与展望［J］. 外国经济与管理，2022，44（3）：19-35. 内容有删减。

## 3.2.1　购前阶段

在服务的购前阶段，当消费者意识到自己对某种服务产生了需求时，消费者就会搜寻信息，并对各种备选服务进行评价。在购前阶段，消费者一般要经历需求认知、信息收集、可选方案评价等步骤。

### 1. 需求认知

服务购买过程开始于消费者认识到一个问题或需求。个人或者组织的潜在需求会引发消费者购买服务，而服务是可以满足马斯洛所提出的五种需要的。马斯洛的需求层次理论将生理需要、安全需要、社交需要、自尊需要和自我实现的需要按由低到高的顺序进行了排列。生理需要是指对衣食住行等较低层次的需要，比如饥饿时对食物的需要。安全需要是对人身安全、财产等不受损害的需要，比如消费者对保险的需要。社交需要是指对友情、爱情、人际关系等的需要，比如为增进友谊而组织的朋友聚餐。自尊需要是指对成功、成就和自尊的需要，比如消费者参加教育、培训以追求自我完善和成功。自我实现的需要是指消费者追求发挥自身的潜能、实现人生价值的需要，比如消费者为获得体验而参加蹦极或跳伞等活动。消费者在需求认知阶段主要受内部因素和外部因素影响，内部因素主要包括生理和心理因素，外部因素对消费

者需求刺激的形式主要有广告、购物环境等，这些都可能激发消费者对某种需求的确认。由于服务具有无形性、异质性、生产与消费的同步性等特点，外部因素刺激不像购买商品时发挥的作用那样大。

🔴 专栏　　　　　　　　　　　"懒人经济"激活千亿市场

如图3-3所示，当"枯藤老树昏鸦，空调 Wi-Fi 西瓜，葛优同款沙发，夕阳西下，我就往上一趴"成为当代年轻人的真实写照，当"床以外的距离都是远方，手够不着的地方都是他乡"真的被奉为信条，"懒"不再是一个负面词汇，越来越多的人也愿意承认自己就是地地道道的懒人，开始习惯用金钱换时间。

图3-3　"懒人"现象

许多人认为"懒"才是真正的第一生产力。北京知萌咨询有限公司发布的《2022中国消费趋势报告》（以下简称报告）显示，有27.6%的人认为"懒人经济"是人类进步和社会发展的标志，还有27.4%的人认为"懒人经济"是现代人更好地利用和分配时间的体现。就连世界上第一台计算机的发明者约翰·阿塔那索夫（John Vincent Atanasoff）都说："我太懒了，不喜欢运算，所以就发明了计算机。"后来也因为人们的"懒"，各类产品层出不穷：懒得走路就发明了汽车，懒得爬楼梯就发明了电梯，懒得出门购物就发明了电商……"懒人经济"的千亿生意经由此开启。

### 从效率到质量："懒人经济"升级

伴随着消费升级，人们对生活品质的要求越来越高，"懒人经济"也从过去单纯为了赶时间吃泡面以提高效率，升级为如今为了更好享受生活以提高生活质量。预制菜、快手料理、智能产品等兼具"懒"与"质"的产物迅速发展，覆盖了吃、喝、玩等生活的方方面面，满足了人们"懒到底"的需求，成为不少消费者的选择。

如果说过去的"懒"是为了节省时间，那今天的"懒"则是为了更加精致地享受美好时光，提高生活质量成为一种新的生活方式。

淘宝在"懒人消费分类"中把懒人分为四类，分别是弯腰障碍患者（视弯腰为大敌，善于运用懒人神器避免弯腰系鞋带等动作的人群）、平躺生物（借助懒人神器实现躺着也能拥有丰富多彩生活的人群）、家务指挥专家（擅长指挥扫地机器人、智能音箱等智能家电解决家务问题的人群）、不做饭斯基（通过各种方法减少饭菜准备时间的懒人群体，能不做饭坚决不做）。

从消费升级以及追求高效生活的发展趋势来看，人们"变懒"已经成为一个不可逆转的趋势。通过数据也可以看出，追求便捷、有品质的生活方式已经不仅仅是 Z 世代年轻人的专属，"懒人"用户群体还在向"90后""80后"甚至是"70后"和"60后"扩展。随着商业便捷性的增强以及生活服务水平的不断提高，以提高生活质量为主的懒人经济也将在深度和广度上继续扩展。

### 追求生活品质的浪潮驱动懒人消费新赛道

人可以懒，但品牌和产品不可以。换句话说，恰恰是因为人够懒才造就了大批品牌和产品。所谓懒人善假于物，而品牌善假于人也。在"质懒"浪潮下，一些日常消费也成了品牌们的新赛道。

在"民以食为天"的中国文化里，当"吃"和"懒"结合在一起，即食产品、半手工产品打破传统做饭场景，在提高生活质量的同时也要有烟火气。

报告显示，在所有日常生活的消费中，做饭成为国民"偷懒"的第一梯队，外卖和预制菜、快手料理分别以 37.4% 和 37.2% 的占比，飞入万千百姓家。

除了红利效应最为明显的餐饮业以外，近年来，衣柜整理师、家宴厨师、上门理疗师等各种新兴职业层出不穷，智能家居产品、奇思妙想与方便实用的小设计也借助网络平台大卖特卖，促进了智能家电的市场迭代升级。

### "懒人经济"的营销策略

通过"懒人经济"的异军突起，可以看出品牌为了迎合消费者的心理需求所提供的服务性质，也预示着经济的人性化趋势。对此，品牌应该如何抓住这一热潮，在多变的市场消费行为中占领先机？

策略一：定位"质懒"场景。在越来越注重细分场景需求的背景下，品牌在进行用户定位时，也应该对用户的使用场景和状态进行定位，在最合适的地方进行最合适的营销，以达到最合适的效果。以 Ulike 为例，针对女性外出脱毛不方便的需求点，推出家用脱毛仪，让忙碌的职场女性在家就可以享受到美容院级的脱毛服务。而在传播过程中，Ulike 通过与分众传媒合作，将品牌"冰点不伤肤，强效还不痛，精致又方便"的优势植入都市丽人们每天必经的公寓楼、写字楼电梯间，毕竟对于忙于工作的都市白领而言，面对动辄十几、几十层的高楼，与其爬楼梯，白领们更愿意选择高效便捷的电梯。此时 Ulike 在电梯间传递的信息内容更容易引起都市白领们的关注，进而获得用户青睐。

策略二：抓住需求痛点。在强调用户体验的今天，任何切中用户痛点的商业模式，都能成为细分领域的一枝独秀。例如，针对现在的年轻人没时间研究烹饪、没有高超的厨艺但又对于口味有很高的要求这一痛点，预制菜、快手料理、复合调料等不断崛起并大受欢迎。就在 2021 年"双 11"期间，预制菜产品销售火爆，成交额同比增长 2 倍，八大菜系中粤菜、川菜、湘菜等都推出了预制菜产品，方便、快捷、品类多、味道好，不仅解决了小型都市家庭美味、营养、快速的就餐需求，还满足了他们的情感需求，在方便快捷的同时也能感受到做饭的乐趣。

策略三：打通社交链路。对于许多懒人来说，他们把三次元的社交精力，更多地放在了二次元的世界——看书、快速看电视连续剧和打游戏等。在"懒人"消费者集中精力消费内容时，平时抱怨消费者注意力不集中的品牌反而有了更多的营销空间，进行集中种草，然后打通社交传播链路，让品牌传播声量最大化。

懒人的需求、科技的发展和消费结构的升级，正在加速"懒人经济"的发展。但是，此

"懒"非彼"懒","懒人经济"的参与者未必全是懒人,"懒人经济"的终极目的也不是让懒惰滋长,而是让有需要的人留出时间做更多有意义和有价值的事情。

资料来源:肖明超. "懒人经济"激活千亿市场 [J]. 销售与市场(管理版),2022(4):42-45. 内容有删减。

**问题**:你认为"懒人经济"会带来哪些商机?

### 2. 信息收集

如果意识到存在某种需求问题并觉得有必要采取行动解决该问题,消费者就会收集有关服务的信息。信息的来源是多方面的,但主要有以下三个方面。

第一,经验来源。消费者从使用、消费服务中可以得到相关信息。如果消费者已经使用过某项服务,具备了一定的服务购买经验,购买时一般会在脑海中搜索储备的信息。

第二,个人来源。个人来源包括家人、朋友、邻居和熟人等。在购买服务的过程中,个人来源是消费者的最主要的信息来源,消费者对该信息来源的依赖程度较高。研究显示,在寻求法律服务和医疗服务时,消费者的主要信息来源是个人来源,尤其是朋友。在对服务评价时个人来源所起的作用比其他信息来源所起的作用更重要。

第三,商业来源。商业来源包括广告、宣传手册、服务人员介绍等。在信息收集阶段,企业提供的服务信息起到告知的作用。虽然服务促销难以像商品促销那样采用样品展示的形式,但企业仍可以通过电影、电视、网络视频来向顾客提供服务的信息。

### 3. 可选方案评价

在收集信息之后,消费者会根据所掌握的信息对各种可供选择的方案进行评价。消费者在评价时,会使用服务的多个属性作为参考因素,对各个服务品牌的重要属性进行比较,对比不同方案的感知风险,从中选择一个相对较好的方案。比如,学生选择大学时会根据学校的地理位置、学术声誉和专业情况在可选择的各个大学之间进行比较,选择一个自己喜欢的大学。

消费者评估购买方案时,通常只能在几种有限服务品牌之间进行比较,这主要是出于以下原因。

1)每个服务机构一般只提供单一品牌的服务,如银行、理发店。相比之下,要购买照相机的顾客在零售店却可以选择多个品牌。

2)在特定的地理范围内,提供同样服务的商业机构较少,服务的销售网点通常不像有形产品销售点那么多。

3)消费者通常需要到提供有关服务的机构(如银行、保险公司和旅行社等)去消费服务,因而可选择范围是很有限的。

4)由于服务产品本身的复杂性,消费者难以获得足够的信息,可能不知道替代品的存在,或者不愿意花费时间和精力去获取其他服务机构的信息。

## 3.2.2  消费阶段

经过购买前的一系列准备,消费者进入实际购买和消费阶段。由于服务具有同步性的特点,这一阶段也是消费者与服务人员及其设备相互作用的过程。在消费阶段,消费者的服务体验主要受到消费者的感情和心情、服务人员与消费者的沟通、服务流程的效率的影响。

### 1. 消费者的感情和心情

消费者感情和心情的好坏对其服务体验有很大的影响。与心情相比，感情更稳定、更强烈、更深入，心情则是指发生在特定时间和特定情况下的短时间的感觉状态。心情和感情主要通过以下方式影响消费者：首先，拥有好心情的顾客更乐于参与到服务中，积极配合服务人员，使服务接触更易于成功，而拥有坏心情的顾客可能不愿参与到必要的服务活动中；其次，心情和感情会使顾客对企业或服务产生偏见，心情和感情会放大消费者消极或积极的体验，从而对企业产生不同的评价，例如，顾客心情糟糕时可能对餐桌上零星的油渍大发雷霆，而顾客心情好时可能不会在意或自己动手擦一下餐桌上的油渍；最后，心情和感情会影响顾客对服务信息吸收和重现的方式，当消费者回想起曾体验的某一服务时，与这次服务接触相关的感觉也会成为其中的一个部分。例如，一个消费者与其好友去云南丽江玩得很开心，她可能对丽江评价更高，当她想到丽江时，可能会想起双方的友情。

### 2. 服务人员与消费者的沟通

由于服务具有同步性的特征，服务人员与顾客在服务消费过程中都扮演着重要的角色，顾客与服务人员之间的沟通会影响到顾客的服务体验。服务中的沟通是双向的，既包括服务人员主动向顾客介绍服务情况和引导顾客参与服务，也包括顾客向服务人员清晰地表达自己的要求和看法。因此，要实现有效的沟通，企业要帮助服务人员向顾客传授参与到服务过程的有关知识，取得顾客的配合，还要领会顾客提出的要求，主动询问顾客的意见，避免顾客在消费阶段产生不满。例如，服务人员可以在餐桌旁主动询问顾客就餐的感觉，以及时发现问题并进行补救。

### 3. 服务流程的效率

服务流程的高效率体现为服务人员及时准确地向顾客提供所需服务的反应程度和服务效率。例如，饭店接待客人的流程中上餐具、上菜的时间，银行接待客户的流程中客户填写的表格等，这些都是服务流程中涉及的内容，这一切给顾客留下的印象将会影响到顾客的服务体验。有效的服务流程设计应该能够提高服务效率，为顾客带来良好的服务体验。

---

🐾 知识链接　　　　　**与电子商务有关的顾客决策过程**

互联网已经对消费者的决策过程产生了巨大的影响，对信息搜索、服务替代品的评价以及购买过程的影响尤为特别。

#### 信息搜索

1）浏览的便利性——是否很容易地在站内活动？

2）网页下载的速度——网页的加载是否足够快？

3）搜索工具的有效性——搜索工具能否找到用户所寻找的信息？

4）服务产品更新的频率——服务产品信息能否及时更新以满足用户的需求？

#### 服务替代品的评价

1）服务产品比较的便利性——是否很容易比较网站提供的不同产品？

2）服务产品描述——服务产品描述是否足够准确、清晰和全面，以使消费者在信息全面的情况下做出决策？

3）接触顾客的服务代表——客服电话号码是否容易查询？

4）存货情况——缺货情况能否在顾客开始订购前标明？

### 购买过程

1）安全和隐私问题——在传送个人信息时顾客是否感到放心？

2）订购过程——用户能否在合理的时间限度内完成订购过程？

3）支付方式——是否提供了购买者想要的支付方式？

4）递送方式——是否提供了购买者想要的递送方式？

5）订货规则——订货规则是否容易理解？

资料来源：DODSON J What's wrong with your website [J]. Target marketing, 23(2): 135-139. 有改动。

### 3.2.3　购后评价阶段

购后行为是消费者在购买决策中的必经阶段，包括消费者购买或消费产品后与商品和服务、企业等相关的行为表现。购后行为主要有以下几种类型：一是购后使用情况，存在使用、过期使用、闲置、二手交易与买卖等情况；二是消费者的再购买行为，存在停止购买、超前购买、重复购买等行为；三是消费者的口头传播行为，包括向朋友同事介绍、口头传播、阻碍他人购买等行为；四是消费者与企业的售后交流，包括赞扬、消费者参与、抱怨投诉、退货换货等行为。在此阶段，消费者对所体验到的服务进行评价，这在很大程度上决定了消费者是否会继续使用企业的服务。在消费了服务之后，消费者是否满意是决定性因素，消费者可能会满意，也可能会不满意，并会出现相应的购后行为。在服务对消费者很重要或者首次购买的情况下，购后评价对消费者后续行为会产生重要的影响。消费者的购后评价及其行为如图 3-4 所示。

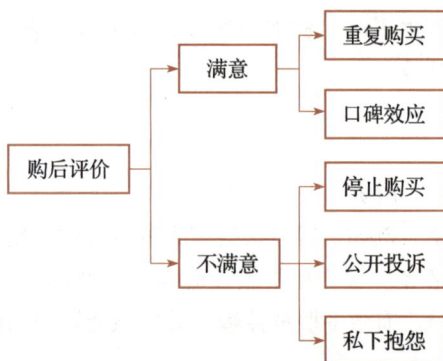

图 3-4　消费者的购后评价及其行为

消费者的购后评价所表现出来的满意或不满意会直接影响消费者对某项服务产品的重复购买。如果购后达到了期望，消费者就会满意；如果超出了期望，消费者就会感到惊喜，则在下次购买活动中可能会继续购买该服务产品，并可能向其他消费者传递服务产品的正面信息，从而产生口碑效应。如果购后不满意，消费者则会停止购买该服务产品，或者采取公开行动向企业、第三方投诉，或者向家人传播企业或服务产品的负面信息，甚至阻止别人购买。服务营销人员应采取措施提高顾客满意度，尽可能地避免负面口碑的传播。

### 应用练习 3-2

以班级组织的外出游玩活动为例，考虑下列问题：

1. 从一开始产生想法到游玩结束，整个过程经历了哪些阶段？

2. 在这一过程中，同学们分别扮演了什么角色？

3. 你们参考了哪些信息来源？最主要的信息来源是什么？

4. 最后的决定是怎么形成的？

5. 在游玩之后，你有何想法？这些想法是否会对你的再次购买行为意向产生影响？

## 3.3　服务购买决策理论

由于购买服务所承担的风险大，且服务消费过程是一个互动的过程，消费者的决策过程相对于实体商品来说更为复杂。为了更好地解释消费者是如何进行服务购买决策的，许多学者提出了很多服务购买决策理论，最具代表性的是风险承担理论、感知控制理论、多重属性理论三种。风险承担理论用风险认知解释消费者购买行为。感知控制理论是消费者通过对可感知情景的控制来对服务进行评价的。多重属性理论认为服务产品具有多重属性，消费者根据服务产品不同属性对自身的重要程度，对备选方案进行评估以便做出购买决策。例如，在选择干洗店时，消费者会依据价格、地理位置便利性、店面设计、干洗质量等服务产品的属性对众多干洗店进行评价后做出决定。多重属性理论认为，在对备选方案进行评估时，明显性属性、重要属性及决定性属性通常发挥着不同的作用。明显性属性是顾客对即将做出的购买决策进行相对准确的评估，表现为服务的有形性，如地理位置的便利性；重要属性是与服务质量和顾客的满意程度相关的因素，如干洗质量；决定性属性是在消费者的购买决策过程中起决定性作用的因素，如干洗价格。决定性属性可以帮助消费者识别出竞争产品之间的显著差异，能使企业的服务产品在消费者心中占据有利地位，因此，决定性属性对于定位比较重要。

风险承担理论、感知控制理论、多重属性理论的侧重点不同，风险承担理论和感知控制理论强调顾客的心理因素，多重属性理论强调服务产品本身的特性。这里主要介绍两种：一是风险承担理论，该理论侧重于消费者购买前的选择过程；二是感知控制理论，该理论则侧重于描述消费者购后阶段的满意度。

### 3.3.1　风险承担理论

风险承担理论侧重于从感知风险的角度来解释消费者的服务购买行为。风险承担理论认为：与有形商品的购买相比，消费者在购买服务的过程中所感知的风险更大，消费者购买服务的任何行为都可能产生一些不能准确预见的、不愉快的后果，而这种后果要由消费者自己承担。因此，消费者的服务购买决策本质上类似于某种风险决策行为。

感知风险由结果和不确定性两个维度构成，结果是指消费者决策衍生结果的重要性或危险的级别，不确定性是指结果发生的客观可能性。例如，在外科手术中，从不确定性来看，患者可能没有经历过手术，也不确信此次的手术是否还会像医院以往类似的手术一样成功，再从结果来看，手术失败的后果可能危及性命。

消费者在服务购买过程中面临着多种风险。其中，感知风险主要有以下几种类型。①功能风险。该风险是指消费者购买的服务产品不能提供相应的功能。它体现在消费者对服务不满意的表现结果方面。例如，干洗能够将羊毛大衣上的污渍去除吗？②财务风险。该风险是指购买出现错误所造成的金钱损失或带来不可预期的成本。例如，参加旅游团是否还要支付额外费用？在网上订酒店会不会泄露个人信息？③物理风险。该风险是指由于出现差错而给顾客带来的人身伤害或财产损害。例如，到度假地去滑雪是否会受伤？交付快递公司的包裹是否会在途中受损？④心理风险。该风险是指消费者购买服务所产生的担忧情绪。例如，乘坐的飞机是否会坠毁？医生的诊断结果是否会让我觉得心烦意乱？⑤社会风险。该风险是指因特定的服务购买而影响到消费者的社会地位。该风险与其他人的想法和反应有关，消费者购买服务时害怕其他人出现消极的反应。例如，如果同事知道我在便宜的餐馆就餐会如何看我？家人会满意我选择的家政公司吗？

消费者在购买服务时，会主动规避风险或减少各种感知风险，这主要表现在下列方面。第一，注重口碑。在风险较高或者首次购买服务的情况下，会更多地听取亲人、朋友、同事的建议，还会利用网络搜寻与某项服务有关的好评和差评。第二，忠于品牌或商号。消费者购买服务时会优先考虑声誉好的品牌或商号，一旦感到比较满意，就不太可能冒险去尝试其他品牌或商号的服务，以免遇到新的风险。第三，深入了解服务。消费者为了减少风险，会通过多种途径熟悉企业提供的服务，如浏览企业网站、宣传视频和宣传手册，询问员工，试用服务，观察服务现场，以及查找有形证据等。

### 3.3.2　感知控制理论

消费者在服务接触过程中的控制感会对其行为和满意产生影响。感知控制理论认为：消费者是通过对可感知情景的控制来对服务进行评价的。在服务购买过程中，消费者对服务的满意程度取决于他所感觉到的自己对周围环境的控制权。无论是线上提供的服务还是线下提供的服务，如果消费者对可感知情景的控制水平越高，那么对服务的满意度也就越高。因此，在服务购买过程中，如果消费者觉得自己对服务接触的进程控制权越大，则往往对所购买的服务评价越高，对服务也就越满意。控制包括行为控制和认知控制。

行为控制是指在服务接触过程中，消费者可以改变服务情境或要求企业提供传统服务之外的定制化服务。例如，消费者要求服务人员为浪漫的烛光晚餐做特别的准备。在服务接触过程中，行为控制对企业、服务人员和消费者都非常重要。无论哪一方在服务接触进程中占据支配地位都可能引发冲突。服务接触中的行为控制冲突如图 3-5 所示。

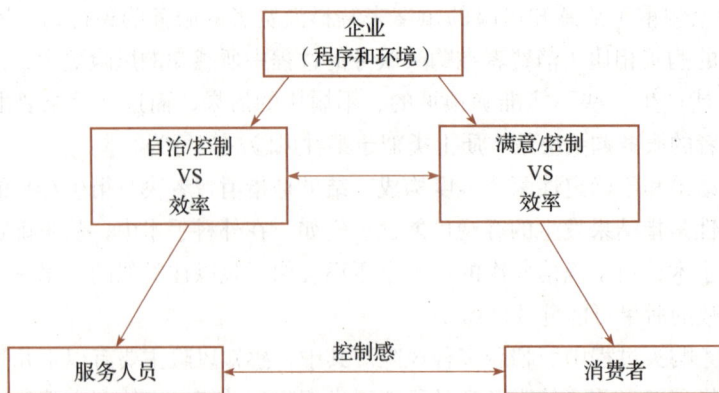

图 3-5　服务接触中的行为控制冲突

如果企业控制服务接触，如麦当劳对特许店的控制，意味着它会制定一系列严格的规则和程序使服务标准化，以尽可能地提高服务传递的效率，但是，这些规则和程序却限制了服务人员为消费者服务的自主权，也使消费者只能从有限的几种标准化服务中选择。另外，服务人员与消费者都试图支配互动过程，服务人员希望控制消费者行为以使其工作变得容易，但消费者也许会感到不快，企业的效率也可能会降低。而消费者希望控制服务接触以获取更多利益，但员工可能需要根据消费者偏好来提供服务，企业服务传递的效率也许会降低，成本却会上升。因此，有效的服务接触应该使企业、服务人员和消费者三方的行为控制能力达到动态平衡。如果服务人员得到合理的培训而且顾客期望与角色也得到充分沟通，那么企业对效率的需求也能满足。

认知控制就是消费者想要知道某些事件发生的原因和了解事情发展的动态。例如，乘客想知道航班为什么会延误，要延误多长时间，什么时候能起飞，如果乘客对这些信息一无所知的话，会觉得失去了控制感，感觉会很糟。认知控制是一个心理学概念，是消费者在心理层面对控制的认知，它强调的是消费者对控制的心理认知，而不是消费者真正拥有的行为控制能力。例如，银行会在等候办理期间采取措施让顾客知晓其前面等候服务的人数，以增强顾客的认知控制感，从而提高顾客对服务的满意度。

在大多数情况下，控制感之间可以互补，即可以通过更高的认知控制感来补偿降低的行为控制感，这对于企业来说是一个好消息。这是因为，对于很多提供标准化服务的企业而言，向顾客提供定制化服务或允许顾客改变服务情境的可能性很小，也就是说，企业难以让消费者获得更多行为控制感。在这种情况下，企业可以尽量给予消费者更多的认知控制感。例如，医院向患者详细地说明所采用的治疗方案以及为何采用该方案，会让患者感觉到可控，能缓解紧张的情绪。

设计和管理服务接触中的控制感十分重要，尤其是认知控制感。企业在服务交易中应该为消费者提供充分的信息，这会使消费者在购买过程中感到自己拥有更多的控制力，从而提高顾客满意度。例如，航班延误时，航空公司应该提前通知乘客，告诉乘客晚点的原因以及等待的时间，这会使乘客感觉服务仍在自己的控制范围之内，从而避免乘客产生不满。另外，企业因调整操作过程而可能会影响到消费者时，应该提前通知消费者。否则，消费者可能认为自己已经丧失主动权而对得到的服务感到不满。

## 本章小结

产品特性决定了产品评价的难易程度，产品特性具有搜寻特性、体验特性和信任特性三种类型。大多数服务产品具有较高的体验特性和信任特性，顾客在购买之前难以评价。与商品的购买相比，在购买服务的过程中，顾客购买行为特点包括主要依赖个人信息来源、购买服务的风险性更大、品牌忠诚度高和顾客参与服务的生产过程。

服务购买决策过程分为购前阶段、消费阶段和购后评价阶段。购前阶段包括需求认知、信息收集和可选方案评价。消费阶段包括服务产品的购买和消费。在购后评价阶段，顾客对所接受的服务进行评价，这种评价将影响到他们后续的购买行为。

由于购买服务产品所承担的风险更大，且服务的消费是一个互动的过程，消费者的决策过程相较于实体商品来说更为复杂。为了更好地解释消费者是如何进行服务购买决策的，许多学者提出了多种服务购买决策理论，其中，风险承担理论侧重于消费者购买前的选择过程，而感知控制理论侧重于描述消费者购后阶段的满意度。

## 思考题

1. 产品特性有哪些类型？
2. 服务中的顾客购买行为特征有哪些？
3. 论述服务购买决策过程，并说明它与消费者购买有形产品的决策过程的区别。
4. 消费者在服务购买过程中面临着哪些风险？
5. 服务购买决策理论有哪些？

## 案例分析

### 缘何心心念

九月，正是秋高气爽的时节，刚刚验收完新房装修的刘小青女士心情仿佛跟这天气一样好。她简直等不及就想搬进来住了。最后，她在餐厅一侧的厨房停了下来，目光落在灶台上方，对，美美的厨房还差一台抽油烟机。

刘小青下意识地打开手机，她很想在网上购买一台，这样既省时又省力。京东、天猫……只见各大电商平台上的各种品牌、型号的抽油烟机数不胜数。望着眼前闪亮的厨房，刘小青实在不希望因为一台小小的抽油烟机而给自己的新居留下任何遗憾，于是，她决定去实体店进一步了解清楚，再做决定。她抬腕看了看表，已经下午5点多了，今天去肯定是来不及了……轻轻叹了口气之后，刘小青决定第二天一早就去附近的几个电器城看看，她要尽快为新居搞定一台抽油烟机。

第二天一大早，刘小青就动身前往离家最近的瑞德摩尔商城。刘小青一路步行，几分钟后就到了瑞德摩尔商城。她扫了一眼商城入口处的商品楼层分布图，然后径直坐电梯上了四楼，就近选择了规模较大的一家店走了进去。她一边打量着琳琅满目的各式抽油烟机，一边等商家出现。但浏览了一圈以后，也没见有人出来。她对着店里面轻喊了一声："有人吗？"这才见一个50岁左右的中年男子面无表情地从柜台后面走了出来。刘小青等了片刻，见对方仍没有言语，就开口问道："老板，看您这儿抽油烟机种类还挺多的，能不能给介绍介绍啊？"中年男子依然面无表情，只是淡然地问了一句："你大概要个什么价位的？"这句话让刘小青心里瞬间就不舒服起来——店家不去询问她有什么需求，不问厨房的情况、装修风格是怎样的，只是一味地盯着消费者口袋的做法甚至有点冒犯到她。于是心里的不快让她选择了离开，她走向不远处的一家比较小的专卖店。

这家店铺的老板是一个30岁左右的年轻小伙，刘小青刚才进对面商店没几分钟又出来的情形早被他尽收眼底。他看到刘小青转身向他的店铺走来，笑容满面地迎了上去，热情地招呼道："您好，这么早就来看抽油烟机。"一边说着，一边赶紧搬出一个小凳，还随手抽出两张纸巾擦拭凳子的表面："请坐、请坐，我跟您好好地介绍介绍"。听到这句话，急于了解抽油烟机情况的刘小青一下子来了兴趣，她接过年轻小伙给的材料看了起来……

两相对比之后，刘小青觉得这家店的抽油烟机还不错，她觉得没必要再去花时间去别的商贸城进一步了解。她是一位颇有经验的购物者，在她看来类似于抽油烟机这样的制造品基本都大同小异，加上之前她在网上也有了大致的了解，如果质量不错、价格也合适，她就打算直接买回家了。

"听上去这台抽油烟机还不错，价格是多少呢？"刘小青问道。老板报了一个价钱后，刘小青继续道："大清早的，给个实在价。"年轻老板听了刘小青的话，停了一下，似乎在认真思索，问道："您家有旧的抽油烟机吗？你打算怎么处理呢？我有一个朋友是回收抽油烟机的，除非是那种特别旧用不了的，一般都是 200 元收走。您把旧的抽油烟机给我，咱俩一人可以赚得 100 元，你看这样行不行？"听到这里，刘小青心中一下子激动起来。她一直都不知道该怎么处理家里那台旧的抽油烟机，而这个老板不仅帮她解决了自己家中旧的抽油烟机如何处理的问题，还可以因此而回收 100 元钱，这太出乎她的意料了，她简直不能再满意了。刘小青立马就答应了下来，没问题，成交。其实，在此之前她已经好几次准备要说"好，成交"了。

接下来，年轻的老板开好了收据，刘小青接过来一看，比销售单上的那个价钱便宜了 100 元。老板又说道："明天上午 10 点左右我会让安装师傅打电话跟您联系，等安装完了，您把钱交给师傅就行。旧的抽油烟机等师傅安装好离开的时候一并带走。正常的话上午 11 点左右就可以完成，不耽误您做中午饭。"又一次，刘小青满意极了。

到了第二天，果不其然，上午 10 点左右的时候一个陌生电话打了进来，问道："您是刘小青女士吗？您昨天买了一台抽油烟机，我是安装抽油烟机的师傅，我现在准备给您把货送过去，您现在方便吗？""方便，我正等着你们来呢。""您稍等，我现在出发，几分钟就到。"没多久，安装师傅就出现在门道里，只见他娴熟地从工具箱里掏出了一双崭新的鞋套套在脚上，进屋之后直接走向厨房，量尺寸，钻孔，接管子……不到半个小时，一台闪光锃亮的黑金刚抽油烟机已经被端端正正地安装在灶台的正上方。一切妥当后，师傅又拿出随身带着的抹布擦拭着刚刚操作产生的碎屑和粉尘，整个操作下来，厨房依旧保持着之前的干净和整洁。刘小青拿了杯水给他，说道："师傅，谢谢啊，喝杯水歇息一下。"师傅回答说："不用不用，隔壁还有一位老师等着我呢……"

当刘小青付款完毕，看到安装师傅蹬着三轮车走远了之后，她兴冲冲地返回新家，习惯性地抬腕看了一下表，上午 11 点 15 分，她走进厨房，再一次打量并欣赏着崭新的抽油烟机，内心充满了愉悦……

一天的忙碌结束之后，刘小青终于有时间可以坐下来玩一会手机，她特意拍了自己的抽油烟机，更新了自己的朋友圈，还配上"瑞德摩尔四楼 ×× 商店的抽油烟机，你值得拥有"的文字，朋友圈很快就有点赞的，还有人评论"用得怎么样？哪天过去看看哦"。刘小青很快回了她"非常不错，欢迎参观"。

一年以后，当刘小青的弟弟装修新房时，她又毫不犹豫地跑到那家店，为他购买了一台相同品牌的抽油烟机，还买了一个与之配套的灶台。此后，她又先后在那家店帮家人和朋友买过 7 台抽油烟机。多年过去了，刘小青通过线上线下渠道购买过许许多多的商品和服务，其中大部分都算满意，也有不满意退货的，但唯独对那次购买抽油烟机的情景始终念念不忘……

资料来源：刘亚平. 缘何心心念：刘小青的购买日记 [DB]. 中国管理案例共享中心，（2021-01-04）。

**案例思考**

1. 刘小青需要为自己的新家购买一台抽油烟机，请结合案例分析她的购买过程包括哪些阶段。

2. 面对线上线下形形色色的抽油烟机零售商，刘小青为什么最终决定在瑞德摩尔商城四楼的第二家专卖店进行购买？

3. 案例中数次提到刘小青感到"满意""愉悦"。仔细阅读全文，你认为她的满足感（愉悦感）来自哪里？

## 实践活动

### 一、实训目的

1. 基于顾客服务购买行为及其相关知识的学习，深入了解顾客服务购买决策过程。

2. 认识影响顾客购买行为的因素。

3. 了解顾客服务购买行为与有形产品购买行为的异同点。

### 二、实训内容

采用表演的方式，将顾客购买服务的一次完整的服务经历和服务提供商所采用的相应的营销对策展现出来。

### 三、实训组织

1. 教师提前1周布置表演任务，说明实训要求与注意事项。

2. 将同学分成不同的小组，每组人数4～6人，并选一位担任组长。

3. 以小组为单位组织实训，由组长负责进行分工协作。

4. 教师根据情况安排部分小组在班级内进行表演。

### 四、实训步骤

1. 各小组根据实训目的与内容进行准备。

2. 组长组织全体成员商议，确定要购买的服务产品。

3. 各小组分别对外班的5位同学进行访谈，了解他们购买该服务产品时的购买决策过程及影响因素。

4. 由组长负责组织小组讨论，撰写脚本，安排小组成员分别扮演不同角色（消费者、服务人员、其他角色）并进行排练。

5. 教师组织部分小组在班级内进行表演。

6. 未参与表演的小组代表对各组表现进行打分和评价。

7. 教师综合各组表现进行总结，记录平时成绩，并对本章知识进行梳理。

# 第 4 章
# 发展顾客关系

## 学习目标

本章讨论如何发展顾客关系，对关系营销的基本理论、构建顾客忠诚关系和顾客流失管理进行介绍。通过本章的学习应该能够：

1. 理解关系营销、顾客满意与顾客忠诚之间的关系。
2. 认识顾客忠诚对企业盈利的影响和关系营销为顾客带来的好处。
3. 明确建立顾客忠诚的基础及策略。
4. 认识顾客流失的原因和减少顾客流失的策略。

## 本章结构

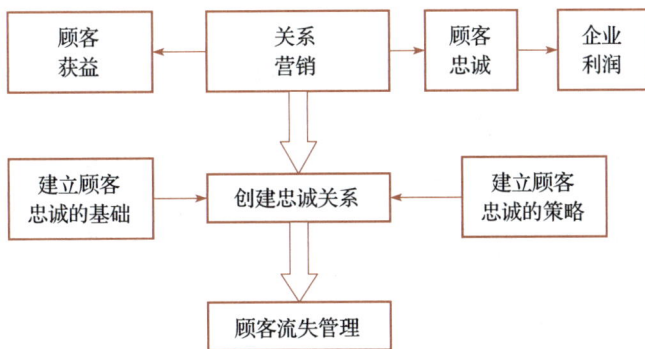

## 导入案例

### 新媒体 APP 营销案例

在信息化的大数据背景下，近年来，电子商务平台的不断壮大以及中国"互联网+"的不断发展，哔哩哔哩（B 站）、抖音和小红书等新媒体 APP 注重对市场流行元素的捕捉，针对特定的目标群体展开个性化服务，获得了一大批忠诚的用户和流量。

### 哔哩哔哩

按照年龄分类，哔哩哔哩的用户大多为青少年。因为年轻人共有的特点就是追求个性和紧跟潮流，哔哩哔哩是一个年轻人聚集地，UP主们更是喜欢跟随热门事件制作视频来蹭热度。所以哔哩哔哩就会抓住年轻人追求及时性娱乐的特点，满足年轻人对娱乐的需求来进行平台开发，并实时更新当下的娱乐性信息。

哔哩哔哩也会根据不同需求的用户进行个性化的推荐和软件的开发。比如，对于有学习需求的用户，哔哩哔哩会根据用户近期的搜索关键词，在APP的首页推荐相关的学习视频或者是UP主。推荐的视频质量往往都会比较高，UP主也会比较靠谱，这样会大大提升学习的效率。

### 抖音

抖音作为近几年最火的短视频APP之一，它的成功营销推广是值得我们去深入研究的，它抓住了时代文化特性：在这个充满工作压力的时代，拿起手机自娱自乐，成为人们最简单的放松方式。抖音视频时间短，用户可以利用碎片化的时间，得到很好的沉浸式体验。

抖音会根据大数据的分析，来研究每个人不同的喜好，即通过用户点赞和关注的作者来推荐相关的视频，APP的后台算法会根据用户的喜好进行及时调整，每个人刷到的推荐内容都会有区别，以此抖音把握住各位用户的胃口，使用户在刷视频的时候存在"停不下来"的体验，因此抖音广受欢迎。

### 小红书

随着国内经济的快速发展，人们的生活方式和消费水平不断地改变，产生了更高的消费需求。由于国内的专柜商品品类有限，若是出国购物，购物知识又比较匮乏，买什么和在哪儿买是消费者最关心的问题。小红书APP恰恰是能满足人们需求的这样一个平台，小红书也会对用户进行个性化的推荐，给具有不同需求的用户提供好的建议。

小红书紧跟当下消费者穿衣与搭配的热点，邀请知名博主推荐化妆技巧和穿衣与搭配的购物技巧。同时，小红书APP虚拟购物社区利用现代互联网技术，给消费者提供一个传播网络口碑、收集产品信息的途径，帮助消费者明确其想要购买的商品，做出购买判断。在小红书的社区中，积累了大量的商品口碑和用户购买行为，粉丝用户可以分享自己使用过的商品心得笔记以及附上自己的实物图和标签。小红书还采用了C2B（消费者对企业）理念，虚拟购物社区积累了大量的用户数据，对用户们的分享、点赞数量，种草商品种类这些数据进行后台运算和人工筛选，公司可以确定采购商品的种类和数量。

随着新媒体的进一步快速发展，在大数据环境下，极大地丰富了人们的生活，同时，用户还可以从这些新媒体获取大量的信息，还可以将自己当作信息源头，传递信息。现阶段，哔哩哔哩、抖音和小红书等新媒体APP，为了使用户有更好的体验感，促进自己的营销服务，它们都会通过大数据分析，根据用户的喜好和体验感，及时更新并推荐相关的信息，即新媒体个性化服务，这也是这些APP获取大量用户和流量的原因之一。

资料来源：https://www.sohu.com/a/402441165_120190698，有改动。

# 引言

　　许多企业并不真正了解顾客，因为它们以交易为中心，倾向于不断获取新的顾客，这些企业忙于使用各种销售促进方式和价格折扣来吸引新顾客，导致营销成本上升而利润减少。而优秀的服务公司则以关系为中心，注重与老顾客建立和发展良好的关系，由于将大多数精力集中在老顾客身上，这些公司在长时间内会更加关注顾客，能深入了解顾客不断变化的要求与期望，因而能更好地满足顾客的需求，使公司获得长期的发展。本章首先描述了关系营销的概念和相关理论，然后阐述了构筑顾客忠诚的基础和创建顾客忠诚关系的策略，最后，对顾客流失的原因与减少顾客流失的策略进行了介绍。

## 4.1　关系营销

　　顾客要想获得服务，总少不了会与服务提供者进行或多或少的接触，这意味着顾客与服务提供者之间存在着互动关系。服务的本质特性就是关系特性，服务营销也是建立在关系基础上的。实施关系营销，有利于提高顾客的忠诚度，使各方都能从中获益，最终实现各方的目的。

### 4.1.1　关系营销的含义

　　许多学者对关系营销进行了研究，给出了不同的关系营销的定义。北欧服务营销学派的代表人物格罗鲁斯（1990）认为"关系营销的目的就是要识别、建立、保持和强化与顾客的关系，在必要的情况下，还要中止与某些顾客的关系，以确保双方的经济和其他利益。这是通过在双方不断做出和履行承诺的过程中实现的"。北美学派的贝里（1991）将关系营销定义为"关系营销就是吸引、发展和保留顾客关系。优质的服务是建立顾客关系的必要条件。吸引新顾客仅仅是营销过程中的第一步，将新顾客转化为忠诚的顾客，像对待主顾一样为顾客提供服务，这些都是市场营销"。这两种有代表性的定义都是狭义的关系营销，关系营销的对象主要是顾客。而摩根（Morgan，1994）认为"关系营销是指建立、发展和保持一种成功的关系交换"。摩根将企业面临的关系分为供应商合伙关系、购买者合伙关系、内部合伙关系和隐性合伙关系，将企业与内外部利益相关者的关系都纳入了关系营销的范围中，扩展了关系营销的范围。这是一个广义的关系营销概念。

　　综合上述定义，关系营销是指为实现各方目标而识别、建立、保持并加强与利益相关者之间的关系的过程。根据这一定义，可将关系营销的概念归纳为以下几个要点。

#### 1. 关系营销是一种营销理念

　　关系营销是一种营销理念，是一种企业与顾客合作且共同创造价值的理念。这种营销理念非常重要，它决定了企业与顾客的关系以及企业如何管理顾客关系。从交易营销转变为关系营销，实质上是一种营销理念的转变，即从以交易为中心到以关系为中心的观念的变化。在交易营销中，顾客被视为企业要征服的对手，企业竭力说服顾客购买其产品；而在关系营销中，企业将顾客视为一种创造价值的资源，与之建立并保持相互信赖的互动关系，双方共同创造价值，实现双赢。

#### 2. 关系营销的核心内容是与顾客建立合作关系

关系营销要求企业与各个利益相关者建立长期的关系，这些利益相关者包括顾客、员工、供应商、中间商、竞争者、政府和其他相关组织，其中，顾客是最重要的利益相关者。在市场中，企业最重要的是如何与顾客建立起长期互动的关系，顾客与企业的关系是关系营销的核心。要成功地实现商品或服务的交换，企业要以顾客关系为核心，处理好企业内部的员工关系和外部的供应商、分销商、竞争对手以及其他影响者之间的关系，从而获得良好的关系营销效果。

#### 3. 关系营销的重点是保持现有顾客

关系营销包括建立新的关系、维持和强化现有的关系，以及中止与某些顾客的关系。吸引新顾客仅是关系营销的第一步，营销的重点在于保持与增进现有顾客关系，企业要努力提高现有顾客的满意度与忠诚度。

> **▣ 小案例 4-1**　　　　　　　　　　　**字节跳动**
>
> 据英国《金融时报》报道，字节跳动 2022 年又一次实现了业绩快速增长。由于旗下视频平台 TikTok 和抖音吸引了社交媒体使用者和广告商的关注，字节跳动 2022 年收入飙升 30% 以上，超过 800 亿美元（约合人民币 5 500 亿元），与其竞争对手腾讯相当。字节跳动的税息折旧及摊销前利润（EBITDA）激增 79%，达到约 250 亿美元（约合人民币 1 718 亿元）。根据彭博社收集的数据，腾讯的初步利润表显示该公司 2022 年 EBITDA 约为 239 亿美元（约合人民币 1 640 亿元），而阿里巴巴的约为 227 亿美元（约合人民币 1 560 亿元）。从财务数据来看，字节跳动在 2022 年已经超过老牌科技龙头腾讯和阿里。
>
> 2012 年，字节跳动横空出世，依靠探索新的传播方式、内容创新以及用户下沉等思路杀出重围，凭借广告收入实现了"弯道超车"。字节跳动并未就此停下，以图文信息为主的传统传播方式同样迎来变革，视频化、直播化的内容传播方式兴起，以抖音、快手为代表的短视频平台吸引了大量的互联网用户。以视频为主的传播方式对于商业化而言更是一个巨大的助益，对于广告主来说，短视频以及直播带货这种带有较强种草效应的方式，转化率直接且高效。据报道，2022 年字节跳动大部分收入增长来自核心广告业务，2022 年广告收入较 2021 年翻了 2.5 倍，达到 100 亿美元（约合人民币 687 亿元）左右。
>
> 一位长期观察互联网行业发展的人士说，传统的互联网平台从内容着手，主要依靠对内容的整合和进一步加工，属于为用户主动提供资讯或信息服务，但是算法推荐从根本上颠覆了这一模式，变成了以用户为核心的思路，用户喜欢看什么，就个性化地去推荐什么，用户和内容都更加下沉，这对于增加用户黏性起到了至关重要的作用。
>
> 目前，抖音依然是字节跳动最大的摇钱树，这家全球最有价值的私营科技公司仍保持强劲增长。
>
> 资料来源：https://finance.sina.com.cn/tech/csj/2023-04-18/doc-imyqurrq2697323.shtml，有改动。

### 4.1.2　关系营销与交易营销的区别

关系营销与交易营销有很多不同的地方。关系营销以长期关系为导向，注重保留老顾客，着力于提高顾客的忠诚度，以获得持久的竞争优势；交易营销看重短期利益，以获取新顾客为主，关注一次性的交易，营销就是为了盈利。两者的主要区别见表 4-1。

表 4-1　关系营销与交易营销的区别

| 关系营销 | 交易营销 |
| --- | --- |
| • 重视顾客忠诚度 | • 重视市场占有率 |
| • 保留现有顾客 | • 吸引新顾客 |
| • 动态视角 | • 静态视角 |
| • 着眼于长期利益 | • 着眼于短期利益 |
| • 双方都能从长期关系中获利 | • 企业能从交易中盈利 |
| • 相互合作，共同创造价值 | • 利用已有的产品来交换货币 |
| • 高度接触 | • 中等接触 |
| • 员工较为重要 | • 员工不太重要 |
| • 相互依赖度高 | • 相互依赖度低 |
| • 较多的顾客承诺 | • 有限的顾客承诺 |

### 4.1.3　关系营销、顾客满意与顾客忠诚的关系

顾客满意与顾客忠诚之间存在着正相关的关系，但是，顾客满意就一定会忠诚于企业吗？答案是否定的，顾客满意只是顾客忠诚的前提条件。研究表明：只有非常满意的顾客才会重复购买并传播好口碑。为了提高顾客的忠诚度，企业可以通过关系营销影响顾客关系中的关系强度和关系长度，从而将顾客满意度和顾客忠诚度联结起来，三者的关系如图 4-1 所示。

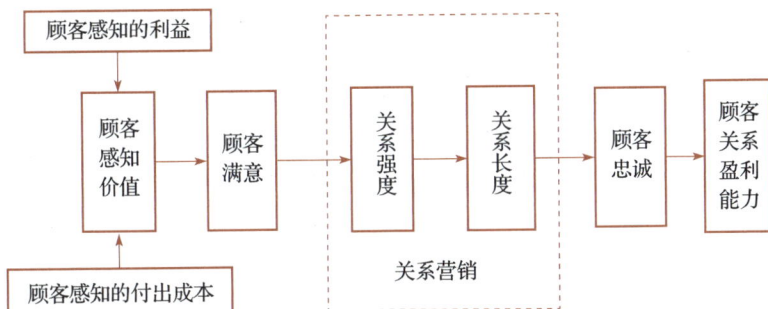

图 4-1　关系营销、顾客满意与顾客忠诚的关系

顾客从服务中感知到的利益与为获得该服务所付出的成本决定了顾客对这种服务的感知价值，在持续的关系中，也决定了关系的价值。顾客感知到的价值大小会使顾客产生不满意或者十分满意的感觉。因此，顾客感知价值直接影响着顾客的满意度。

顾客的满意度会对关系强度产生重要的影响。关系强度即企业与顾客关系的密切程度或牢固程度。满意的顾客信任企业，愿意向企业做出承诺。为了获得更多利益，如更多优惠或更方便、更快捷的服务，满意的顾客容易与企业形成经济的、法律的或社会的约束，这些约束可以把顾客与企业紧密地联系起来。顾客对企业承诺的程度越高，双方之间的约束力越强，则企业与顾客的关系越牢固。关系强度会影响到关系长度。关系长度也称为"顾客关系寿命周期"。关系强度越大，顾客与企业维持关系的时间就会越长。高度满意的顾客缺乏更换服务供应商的动力，牢固的关系也降低了顾客寻找新的服务供应商的可能性，使企业与顾客拉长了保持关系

的时间。

　　企业与顾客的关系决定了顾客忠诚。关系强度越大，则企业与顾客的关系越牢固，顾客重新选择服务的范围就越小，这意味着重复购买企业服务的可能性就越大。密切的关系使双方彼此之间都非常了解，减少了发生严重冲突而导致关系破裂的可能性。双方之间牢固的关系容易让顾客谅解服务过程中出现的失误，只要这些失误影响不严重或不经常发生，顾客一般不会为此离开企业。关系长度也影响着顾客忠诚，双方维持的关系越长，顾客越有可能长期从企业购买各种服务。

## ● 知识链接　　　　　　　　　　　顾客忠诚度的衡量标准

### 1. 顾客重复购买次数

　　在一定时期内，顾客对某一品牌产品重复购买的次数越多，说明对这一品牌的忠诚度就越高，反之就越低。对于经营多种产品的企业来讲，顾客重复购买本企业品牌的不同产品，也是一种高忠诚度的表现。应注意在确定这一指标的合理界限时，企业必须根据不同的产品加以区别对待。

### 2. 顾客购物挑选时间

　　一般来说，在挑选产品的时候，时间越短，品牌忠诚度越高。在运用这一标准衡量顾客品牌忠诚度时，必须剔除产品结构、用途方面的差异所产生的影响。

### 3. 顾客对价格的敏感程度

　　对于喜爱和信赖的产品，顾客对其价格变动的承受能力强，即敏感程度低；而对于不喜爱的产品，顾客对其价格变动的承受能力弱，即敏感程度高。据此亦可衡量顾客对某一品牌的忠诚度。运用这一标准时，企业要注意顾客对于产品的必需程度、产品供求状况及市场竞争程度三个因素的影响。在实际运用中，企业在衡量价格敏感程度与品牌忠诚度的关系时，要排除这三个因素的干扰。

### 4. 顾客对竞争对手产品的态度

　　根据顾客对竞争对手产品的态度，可以从反面判断顾客对某一品牌的忠诚度。如果顾客对竞争对手产品兴趣浓、好感强，就说明对某一品牌产品的忠诚度低；如果顾客对其他的品牌产品没有好感、兴趣不大，就说明对某一品牌产品的忠诚度高。

### 5. 顾客对产品质量问题的态度

　　任何一个企业都可能出于种种原因而出现产品质量问题，即使名牌产品也在所难免。如果顾客对某一品牌的印象好，忠诚度高，对企业出现的问题会以宽容和同情的态度对待，相信企业很快会加以处理。若顾客对某一品牌的忠诚度低，则一旦产品出现质量问题，顾客就会非常敏感，极有可能从此不再购买这一产品。

　　顾客忠诚度的衡量标准非常多，这里无法一一列举，上面列举的各种因素的重要程度也不一样，企业可以根据实际情况选择适合的因素给予不同的权重，得出一个综合得分。

　　　　资料来源：根据 MBA 智库资料改编，http://wiki.mbalib.com/wiki/%E5%93%81%E7%89%8C%E5%BF%A0%E8%AF%9A%E5%BA%A6。

## 4.1.4　顾客忠诚对企业盈利的影响

一个忠诚的顾客会对企业利润有什么影响？美国营销学者赖希哈尔德（Reichheld）与萨瑟（Sasser）专门对顾客忠诚与企业盈利之间的关系进行了实证研究。在研究过程中，他们依据顾客与企业保持关系的时间将顾客划分为不同类别，对美国各种服务业中每个顾客贡献的利润进行了分析。这项研究揭示了顾客忠诚与企业盈利之间存在一定的关系。研究发现：在不考虑其他因素的状况下，在每一个行业中，在使用企业服务的前 5 年中，顾客为企业带来的利润逐年增加。如图 4-2 所示，这项研究表明，顾客与企业保持关系的时间越长，他们给企业带来的利润越多。

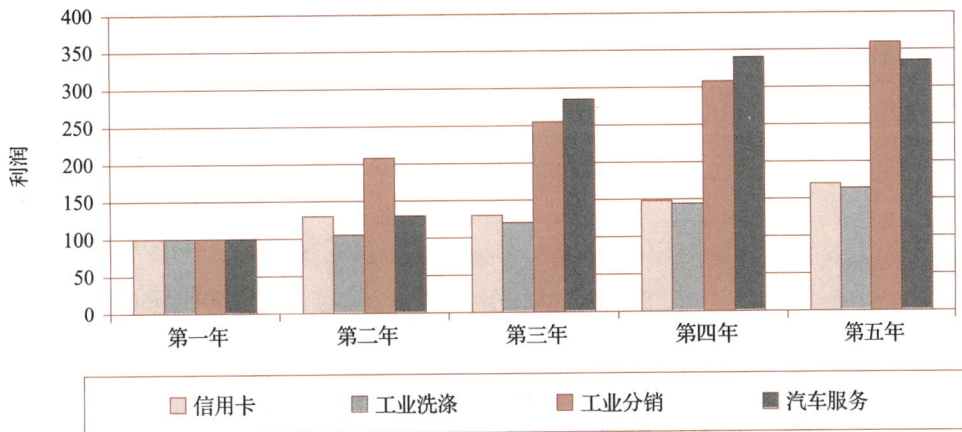

**图 4-2　在一段时间内顾客所能创造的利润**

资料来源：沃茨，洛夫洛克. 服务营销：第 8 版 [M]. 韦福祥，等译. 北京：中国人民大学出版社，2018.

为什么忠诚的顾客能为企业带来更多的利润？赖希哈尔德与萨瑟以 19 种服务和商品为基础，研究了在顾客与企业保持关系的 7 年时间中企业利润逐年上升的原因，如图 4-3 所示。他们认为，顾客忠诚为企业带来利润的因素包括新增购买、成本降低、好口碑和价格溢价。

### 1. 来自新增购买的利润

牢固的关系降低了不确定性，忠诚的顾客乐意在风险低的情况下更多更频繁地购买。企业可以从顾客增加的购买量或购买频率中得到利润。在成为企业的常客后，随着经济状况逐渐好转或家庭成员的增加，消费者可能会向企业购买更多的服务。对于组织市场的用户来说，随着组织规模的扩大，可能也需要进行更大数量的采购。对于金融机构而言，可以从较高的账户余额中获取利润。

### 2. 来自营运成本降低的利润

老顾客比较了解企业的情况和服务流程，他们向服务人员询问的问题更少，在操作过程中也不会犯较多的错误，服务过程会因此而变得更加顺利，服务时间也会缩短。由此，企业为每位顾客服务的成本会下降，从而增加了企业的利润。

### 3. 来自好口碑的利润

高度满意的老顾客乐意宣传或赞美企业，向朋友、家人、邻居和同事推荐企业的服务。这种对企业有利的口头广告好比是免费的广告宣传，为企业节省了促销费用，同时，也容易得到人们的信任，能为企业带来新的顾客。

### 4. 来自价格溢价的利润

企业需要提供价格折扣才有可能吸引到新顾客，而忠诚的顾客对价格不太敏感。在有些情况下，为了得到更多价值，有些顾客甚至愿意支付溢价。例如，一些高收入的消费者，为得到高品质的旅游体验，宁愿出高价购买昂贵的旅游服务。再如，有些老顾客乐意支付高价乘坐特定航空公司的飞机，因为这家航空公司能够为其提供个性化的优质服务。有些老顾客愿意为获得高峰期的服务支付更高的价格。例如，在春节期间，一些顾客支付比平常高得多的价格去国外度假。

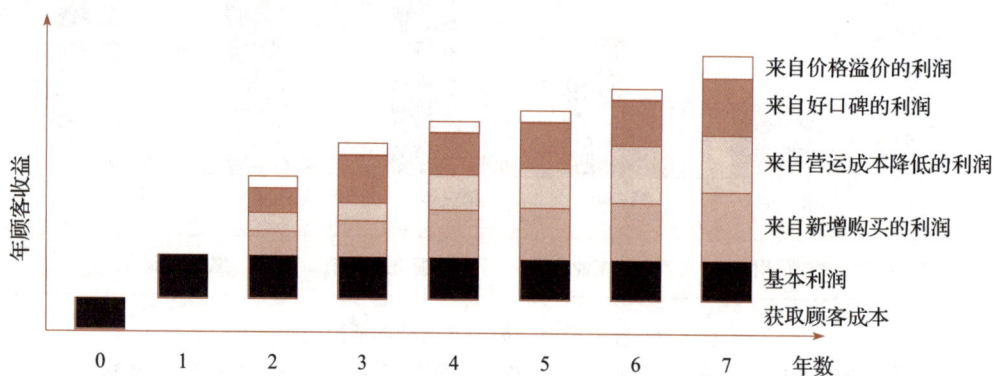

图 4-3　顾客忠诚对企业盈利的影响

## 4.1.5　关系营销为顾客带来的利益

如果企业开展了有效的关系营销，就可以通过建立与维持忠诚的顾客关系得到更多的经济利益。那么，顾客可以得到什么好处呢？研究表明：顾客也可以从长期的关系中获益。在与企业保持长期关系的过程中，除了获得服务本身所带来的利益外，顾客还可以得到关系利益。与核心服务带来的利益相比，这种关系利益更能促使顾客忠诚于企业。在关系营销中，顾客从这种关系中得到的好处可以归纳为信任利益、社会利益和特殊对待利益三种。

（1）信任利益　这种利益包含了顾客在确定的关系中的感觉以及对企业的信心，即顾客清楚企业的服务水平，了解所期望获得的服务，对合适的表现有信心，购买过程中的焦虑感下降，能够信任企业。对于顾客而言，信任利益是最重要的一种关系利益。当顾客能相信企业及其所提供的服务时，可以减少不确定性，降低购买服务的风险和成本。

如果顾客对企业不了解，不知道企业能提供什么样的服务，往往会对服务质量感到焦虑或担忧。在这种不确定的情况下，大多数人需要花费很多时间和精力来做出购买决策，而人们的时间和精力毕竟是有限的，很多人都趋向于寻求简便的办法。有效的关系营销可以提供一种相对稳定的、可预期的关系环境，顾客对服务供应商及所提供的服务比较了解，购买服务的风险较低。因此，当顾客与企业保持稳定的关系时，顾客可以简化购买决策，节省时间和精力，他们也就有更多的时间解决其他更重要的问题，从而提高生活质量。大多数顾客在与企业形成了良好的长期关系后，往往不愿意轻易更换服务供应商。一方面是这些顾客可能为建立这种关系进行了大量的投资，如投入了许多时间、精力和金钱等；另一方面是现有的服务供应商更了解这些顾客的需求偏好，并可以为他们提供个性化的服务，更换服务供应商意味着较高的转换成本。

（2）社会利益　这种利益包括顾客与服务人员之间的相互认同感，与服务人员或企业之间的友谊，以及这种关系在社会层面上给顾客带来的愉悦感。在与企业长期的交往过程中，顾客不仅与企业保持了一种服务方面的关系，还建立了一种社会关系。这扩大了顾客的社交范围，使企业成为顾客社交圈中的一员。在与企业及员工的交往中，顾客可以得到认可，获得友谊，享受到社交活动的愉悦感。因此，社会利益可以满足顾客的社交需要，提高顾客的生活质量和工作质量。这种关系利益是顾客忠诚于企业的一个重要动因，尤其是当顾客与服务提供者形成了密切的个人关系和专业关系时，许多顾客都不愿意更换服务供应商。正因如此，企业可以通过向顾客提供独特的社会利益来深化顾客关系，留住顾客。然而，这种社会关系对企业也存在负面影响，当优秀的服务人员离开企业后，与该员工有良好关系的顾客大概率也会随之离开，这给企业带来了顾客流失的风险。

（3）特殊对待利益　特殊对待利益即特殊的服务或价格、比其他顾客优先接受服务。特殊对待利益包括获得大部分顾客都无法得到的特殊价格折扣、额外服务，受到优先接待，比其他大部分顾客得到的服务要便利和快捷得多。例如，在一些银行办理业务时，普通客户需要排队等候服务，而 VIP 客户享有优先权，无须排队等待，一到银行马上就可以获得服务。再如，有些商店在所开展的节假日促销活动中，给会员的价格折扣力度远远高于其他消费者。尽管特殊对待利益对创建顾客忠诚也很重要，但与其他关系利益相比，特殊对待利益对顾客而言并不是最为重要的利益。

**应用练习 4-1**
假如你反复从一家理发店或复印店购买服务，思考以下问题：
1. 请解释出现这一现象的原因。
2. 你感觉自己与该服务供应商之间存在良好的关系吗？
3. 你与该服务供应商可能从双方长期保持的关系中得到什么好处？谁得到的会更多？

## 4.2　创建忠诚关系

有些企业尽管付出了大量的努力与资源，力图建立顾客忠诚，结果还是失败了。这说明企业与顾客之间建立忠诚关系并非易事。许多学者对此进行了研究，沃茨与洛夫洛克给出了构建顾客忠诚的组织框架；泽丝曼尔从影响牢固顾客关系的因素入手，提出了维系现有顾客的一系列关系策略；霍夫曼也提出了保留顾客的相关策略。本书综合了这些学者的观点，介绍企业应当如何建立顾客忠诚，如图 4-4 所示。

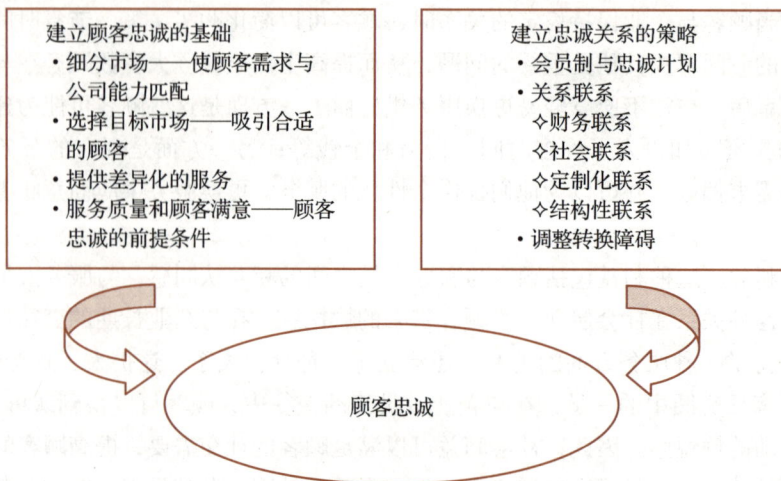

图 4-4    建立顾客忠诚关系

**人物小传**

## 约亨·沃茨

沃茨现为新加坡国立大学市场营销教授，主要为 EMBA、MBA 和本科生讲授服务营销课程。他同时还是加州大学洛杉矶分校和新加坡国立大学 EMBA 双学位联合项目的创始人，并在新加坡国立大学教学研究院、牛津大学赛德商学院及剑桥大学担任研究员。

沃茨的主要研究领域为服务营销，已发表学术论文超过 80 篇，国际会议论文 100 余篇，与其他学者合著了 10 余本专著，承担了其中 30 章的撰写工作，他最新出版的专著为《服务营销精要》和《在激烈竞争的行业中飞得更高：全球卓越航空公司成功的秘诀》。

沃茨的研究成就获得了学术界的认可，他先后获得了 20 余项奖励，包括新加坡国立大学的校级杰出教育家奖，Emerald 出版集团的最佳实践奖。他还在众多杂志担任编委或者编审工作，如《服务管理杂志》《服务研究杂志》《服务科学杂志》和《康奈尔接待业季刊》，同时兼任《消费者研究》和《市场营销》杂志的专门审稿人。值得一提的是，2005 年，美国市场营销协会两年一度的服务研究会议第一次在亚洲主办时是由沃茨主持的。

除了科研和教学领域，沃茨还活跃在管理咨询业，他与很多国际知名的咨询公司有过合作，如埃森哲、理特、毕马威及其他知名服务企业，咨询的内容涵盖了服务战略、业务拓展及顾客反馈系统等。

### 4.2.1    建立顾客忠诚的基础

企业在与顾客建立长期关系中涉及很多因素，企业要考虑关键的影响因素，应该关注那些与自身能力相匹配的有价值的顾客，通过传递高水平的差异化服务来奠定基础。建立顾客忠诚的基础是对市场进行细分，选择合适的顾客，设计差异化的服务，向顾客提供高质量的满意服务。

#### 1. 细分市场，使顾客需求与企业能力相匹配

各个企业具有不同的能力和资源，在市场竞争中呈现出不同的优势。同样，不同细分市场

的顾客需求差异可能也很大，这些顾客需要不同的服务产品，为企业贡献的价值也各不相同。将企业能力与顾客需求匹配起来极为重要。这使企业可以在特定的细分市场上大显身手，能够提供顾客心目中所认为的重要而卓越的服务，这样既能更好地满足顾客的需求，也能实现企业的目标。因此，企业要力求使自己的能力与顾客需求相匹配，最终实现双赢。

为了达到这一目标，首先，企业要对各个细分市场进行详尽的分析。企业要考虑不同消费者群体对服务的需求，如顾客希望获得的服务类型、服务质量、提供服务的时间和地点、服务价格等。其次，要对企业本身有充分的认识。企业要结合自身的目标和资源来考虑。即使某个细分市场有很大的吸引力，但不符合企业的发展目标，企业也应当放弃。对符合企业目标的细分市场，要考虑企业是否具备占领该市场的资源和技能，如服务设施的特征与外观、服务场景、企业服务顾客的能力、企业的优势所在。企业还要重点考虑企业员工的个人风格和技术能力能否达到特定细分市场顾客的期望。最后，企业还要能超过竞争者。在激烈的市场竞争中，针对同类型的顾客，可能有不少竞争对手，企业只有在拥有超过竞争者的资源和技能时，才能成功进入并占领细分市场。

### 2. 选择符合企业核心价值的目标市场

选择目标市场，也就是要确定企业的服务对象是谁。企业要创建忠诚的顾客关系，就需要有明确的目标市场。企业应该精心选择细分市场，锁定适当的顾客群体，形成一支合适顾客构成的具有高忠诚度的顾客队伍。大多数优秀的企业并不是向所有顾客提供服务，他们对顾客是有选择性的，只选取那些符合企业核心价值主张的顾客。

很多企业不限制顾客来源，只关注服务的顾客数量，只追求销售额的上升。在这些企业所服务的市场中，有些可能是企业根本没有能力满足的顾客，有些是不能给企业带来利润的顾客，尤其是那些寻求最低价格服务的顾客，他们是交易型的顾客，为获得最低价格而不断更换服务供应商，这些顾客根本不可能成为企业要建立忠诚关系的顾客。选择错误的顾客群，其结果是顾客感到失望，企业的声誉逐渐下降，员工在提供服务时遭受挫折，以及顾客流失给企业带来损失。

明智的企业应该更多关注每个顾客的价值。在选择目标市场时，企业不仅要考虑自身的能力，还要考虑顾客的价值，应选取企业能比竞争者更好地满足其需求而又能给企业带来利润的顾客。这些顾客更有可能与企业保持长期的关系，为企业带来长期的收益，他们会成为企业的忠诚顾客，也会为企业传递正面的口碑，带来新的顾客，员工在与这些顾客接触的过程中也能获得快乐，从而可以提高工作效率和质量，最终使企业获得良好的发展。实践也证明，那些精心挑选和高度关注顾客的企业能在长期发展中获得成长。

### 3. 采用差异性营销战略

企业可以按照顾客获利能力细分市场，从中选出一些合适的目标市场，然后根据各个目标市场的需求来提供差异化的服务，以更好地满足不同顾客的需求，提高企业的收益。

（1）顾客金字塔  依据顾客获利能力对市场进行细分，其结果是形成了一个"顾客金字塔"。顾客获利能力包括顾客现在和未来为企业带来的利润。根据客户获利能力，可将市场细分为白金层客户、黄金层客户、铁层客户和铅层客户，如图 4-5 所示。

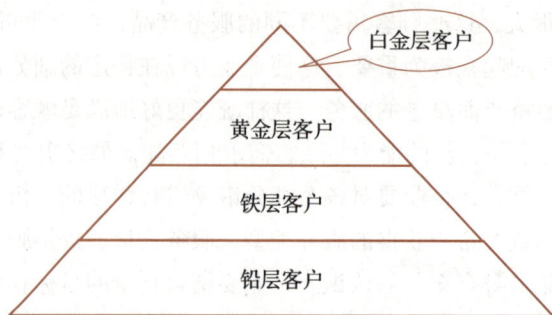

图 4-5　顾客金字塔

白金层客户。白金层客户是企业最忠实的顾客，也是最有价值的顾客。尽管他们只是市场的一小部分，但他们都是大客户，对于企业的盈利贡献最大。这些顾客对服务价格不太敏感，他们希望得到最高水平的服务，愿意尝试新的服务。

黄金层客户。黄金层客户为企业带来的利润少于白金层客户。与白金层客户相比，他们对价格较为敏感，希望在交换中获得价格折扣，以更优惠的价格获得服务，因而企业得到的利润就会减少。这些客户比白金层客户的忠诚度低，他们可能是大客户，但为了降低风险，他们会与几家服务供应商保持联系，以避免由于过分依赖于一家企业而受制于人的状况出现。这个层次的人数可能比白金层客户多一些。

铁层客户。铁层客户的盈利空间小，但他们对企业很重要。这些顾客在市场中占有很大比例，较多数量的顾客使企业具有了规模经济，因而能使企业保持一定的基础结构，充分利用现有的设备和劳动力，这些都为向白金层和黄金层客户传递高质量服务提供了可能性。但是，铁层客户的盈利水平低，不足以得到企业的特别对待。

铅层客户。这些客户会给企业造成亏损，给企业带来的收入很低，但他们要求企业提供的服务水平与铁层客户一样，这会使企业得不偿失。有时候，一些顾客不但占用了企业的资源，还四处向别人说企业的消极信息，他们就是"问题顾客"。

（2）向不同层次客户提供差异化的服务　企业根据盈利性可以将市场划分为不同的顾客群，这些顾客群有着不同的服务期望与需求。研究表明：对于不同层次的顾客群，服务企业应该充分了解顾客的需求偏好，通过差异化的服务来满足他们的需求，这是非常重要的。因此，企业应该依据顾客的期望与需求，向不同层次的顾客提供定制化的服务。

对于高端客户，企业营销工作的目的应该是培养、保护和维系这些客户。通常，许多企业都会选择盈利性高的客户作为服务对象。白金层客户与黄金层客户都是有价值的顾客，也是竞争者一心想挖走的顾客，企业可以专门为这些顾客设计特有的服务，向他们提供从其他目标市场不能得到的服务，实现保护和留住顾客资源的目的。

而对于铅层客户，可以使其升级为铁层客户，或者与其终止关系。企业通过一些营销手段，如收取基础费用、提高服务价格，是可以将这些顾客转型的。例如，手机服务运营商吸引低端客户使用预付费套餐服务，对月租费进行了限定，保证企业可以得到一定的利润。企业还可以降低顾客的服务成本。一些企业鼓励顾客自助服务，或通过新兴渠道获得服务。例如，一些企业采用有价格吸引力的方式，引导顾客使用电子渠道来完成交易。另外，有些关系的维系对企业来说已经没有可盈利性了，企业可以考虑与其终止顾客关系。但是，在实际运作时，企业要充分考虑法律与道德方面的影响。

### 4. 向顾客提供高质量的满意服务

创造顾客忠诚的前提条件，是企业能够比竞争者提供更高质量的服务和更多的价值。在第一次与顾客打交道时，企业至少要能向顾客提供适当的服务，满足顾客的期望，才有可能与顾客建立关系。服务质量是决定顾客满意的关键因素，而顾客满意在一定程度上又会对顾客忠诚产生重要的影响。如果企业缺少服务质量与顾客满意构筑起来的坚实基础，那么建立顾客忠诚是不可能取得长期成功的。因此，高质量的服务与高度的顾客满意是顾客忠诚的前提条件和基础，顾客满意与顾客忠诚的关系如图 4-6 所示。

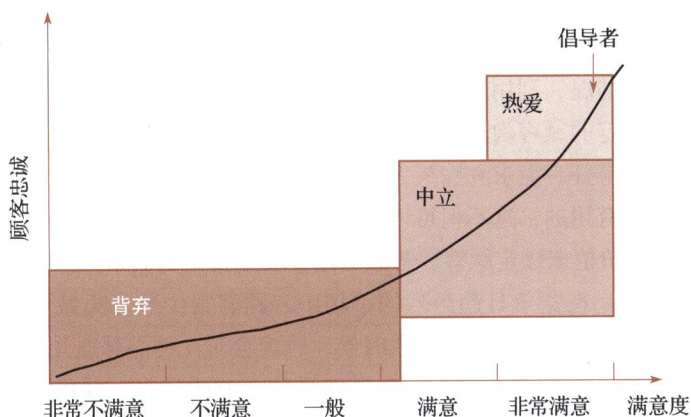

图 4-6　顾客满意与顾客忠诚的关系

从图 4-6 中可以看出，顾客满意与顾客忠诚的关系可以分为背弃、中立和热爱三种类型。背弃关系存在于满意度低的情况中，除了没有选择余地或转换成本高之外，顾客通常会转换服务供应商，甚至有些非常不满意的顾客不但会转向竞争者，还会到处传播企业的负面信息。中立关系出现在中等满意的状况下，顾客一旦发现有更好的选择就会离开企业。热爱关系则建立在高度满意的基础上，顾客成为企业的追随者和倡导者，不断重复购买，并且为企业说好话或向其他人推荐企业。从总体来看，随着顾客满意度的提高，顾客的忠诚度也在上升。

## 4.2.2　建立忠诚关系的策略

发展长期的顾客关系对企业和顾客都有好处，顾客可以从与服务企业牢固的关系中得到信任利益、社会利益和特殊对待利益，正是这些利益让顾客忠诚于企业，企业可以据此来创造顾客忠诚。在构筑顾客忠诚的基础上，企业可以做出一系列努力来与顾客建立关系，加深双方的关系，以及保持住顾客关系。建立顾客忠诚关系的具体策略包括会员制与顾客忠诚计划、关系联系和调整转换障碍。

### 1. 会员制与顾客忠诚计划

对于企业来说，最理想的状况是与顾客建立起共同前进的关系。但是，在使用快递服务、高速公路收费等服务时，顾客与服务企业之间不存在明确的正式关系。在看电影、到公园玩和乘公交车时，顾客与服务企业的交易并非持续的，而是间断的。在这些情况下，企业应该如何与顾客建立起关系呢？常用的策略有会员制和顾客忠诚计划。

（1）会员制　在许多交易中，企业通常与一些陌生的顾客打交道，双方讨价还价，最终达成交易。直至顾客付款走人后，企业仍然不知道顾客是谁。在首次向企业购买的顾客中，有些可能转向了其他企业，而有些可能再次向企业购买。当这些顾客向企业重购时，服务人员可能还会问他们与上次相同的问题，再次花时间探寻顾客的需求，了解顾客需要哪种服务。也就是说，这种零散交易行为需要企业为建立顾客关系做出更多的努力。

企业可以通过会员制把这些零散的交易关系转化为稳定的会员关系。会员关系是企业与可识别的顾客之间的正式关系。采用会员制时，企业可以通过给予申请成会员的顾客一些奖励，或者通过批量销售服务（如公交卡、公园年卡、电影套票等）与顾客建立起会员关系。建立会员关系对双方都有好处，顾客可以从中得到额外的利益，企业从顾客向企业提交的申请表中可以提取顾客详细的个人情况，利用这些有价值的顾客信息，企业可以通过电话、传真、电子邮件、互联网等手段与特定的顾客沟通，实现直复营销。通过会员卡，企业还可以获得顾客的全部交易情况，如顾客的喜好、需求和购买方式等。对于企业而言，掌握顾客的需求偏好和了解他们的购买行为是非常有用的，这不但可以避免企业的重复劳动，还可以通过为顾客提供个性化的服务和增加更多的价值来锁定顾客，与顾客建立长期稳定的关系。

（2）顾客忠诚计划　在竞争日趋激烈的市场中，顾客很少只会忠诚于一种品牌或一家企业，尤其是一些零散交易更是如此。大多数时候，顾客会对几种品牌或几家企业忠诚。在这种情况下，企业实施忠诚计划能使其成为顾客最偏爱的企业或品牌，并将零散交易转变为长期关系。

顾客忠诚计划是指根据顾客的重复购买行为奖励顾客的营销计划。顾客忠诚计划是企业发展与顾客长期关系的一种策略，它通过鼓励顾客不断重复购买，以培育顾客对企业的忠诚，使企业获得更多的收益。顾客忠诚计划中包含一系列建立在购买价值或购买频率基础上的激励措施。企业可以采用经济形式的奖励，也可以采用非经济形式的奖励，对顾客进行购买激励。经济形式的奖励主要是向顾客提供金钱或物质方面的奖励，如特价、折扣、现金返利、乘客飞行里程计划等。非经济形式的奖励是为顾客提供除了金钱或物质之外利益或价值。例如，一些航空企业的特定乘客具有优先办理手续、享受专用候机室、优先登机、享用定制化的饭菜等特别待遇。当顾客获得奖励时，通过经济和非经济的纽带将双方联结起来，企业与顾客建立了关系。特别是对于那些有大量顾客的大企业来说，采用顾客忠诚计划可以将交易转变为关系。顾客忠诚计划在航空业和旅游业中已经得到了广泛的应用，随着市场竞争的日益激烈，目前越来越多的服务企业开始实施顾客忠诚计划，如超市、连锁商店、连锁餐饮企业、电信服务商、电影院等服务机构都在使用各具特色的顾客忠诚计划。

### 🔲 小案例 4-2　　　星巴克的奥德赛顾客忠诚度计划

星巴克的会员体系和用户忠诚度一直在各大品牌中领先，也一直在各种创新中增强用户的互动和黏性。截至 2021 年底，星巴克注册会员接近 1 亿，活跃会员占比 30%，贡献星巴克80% 的收入。

2022 年 9 月，星巴克宣布推出奥德赛计划。这一新的顾客忠诚度计划是基于 Web 3.0 技术创建的一个数字社区，把第三空间连接到数字世界，成为星享俱乐部忠诚度计划的延伸，第一次将会员彼此联系起来，为星巴克的顾客与员工提供赚取和购买数字收藏资产（NFT<sup>⊖</sup>）的机会，从而获得新的福利和身临其境的咖啡体验。

### 树立元宇宙"用户忠诚度"案例典范

星巴克忠诚度计划，简单理解就是帮助星巴克连接顾客，并维护好和顾客的关系，核心目的是留住现有客户，并吸引新客户。

星巴克星享俱乐部忠诚度计划是美国所有企业中最成功的顾客忠诚度计划之一。星巴克会员可以在该计划内通过消费、游戏或者其他行为赚取星星（积分），这些星星可以帮助顾客获得对应奖励，除了可以得到免费产品、充值优惠、兑换饮料之外，还包括获得虚拟浓缩咖啡马提尼制作课程、获得独特的商品和与艺术家合作、受邀参加 Starbucks Reserve Roasteries（星巴克烘焙工坊店）独家活动，甚至有机会造访星巴克位于哥斯达黎加的 Starbucks Hacienda Alsacia 咖啡农场等。

那么，星巴克为什么还要推出奥德赛忠诚度计划呢？"在星巴克，我们致力于永无止境地追求创新，这将使我们的客户感到惊喜和愉悦，并使我们能够建立更深入的联系。"这段话来自星巴克执行副总裁兼首席营销官，而 Web 3.0 技术和数字收藏资产（NFT）本身就代表了数字化、科技、创新，并且正在被全球关注。基于 Web 3.0 技术的奥德赛计划，能带来新的更为重要的用户体验，用户将真正拥有奖励（权益）的所有权，并且可以流通。

星巴克新的顾客忠诚度计划——奥德赛计划，可以让最忠实的客户获得更广泛的、更多样化的奖励，除了奥德赛独有的积分、邮票 NFT、到特殊现场参与咖啡制作等服务外，会员还可以在官方内置市场单独购买某一款"限量版邮票"NFT，后续也可用于用户之间的交易，从而使会员获得前所未有的独特福利和体验。星巴克官方还表示，计划将平台结合店内消费等线下活动。例如，完成「尝试菜单上三种浓缩咖啡」的挑战，会员需在结账时出示 Barcode（条形码），以便将消费次数记录在"星巴克奥德赛"中。

奥德赛计划带来的最大价值就是让用户拥有所有权。星巴克原有的星享俱乐部忠诚度计划，对于顾客来说，本质上是通过消费来获取积分的，然后兑换，主要就这两个行为。而奥德赛计划将所有权给到顾客后，顾客和星巴克的行为或关系将发生改变，这种改变会带来更大的效应，社区和顾客的参与将成为主旋律，取代之前的积分和兑换，这势必带来更高的用户黏性，网络效应更大的顾客忠诚度。

采用奥德赛计划，星巴克通过"游戏化"的方式丰富与会员沟通的形式，提升用户参与的积极性，以此拉近品牌和会员之间的关系，会员不再只是单纯身份，还能与品牌合作伙伴一起成为品牌社区里的居民，拥有对品牌的话语权，参与品牌的生产流程，进而提高会员对品牌的忠诚度。

### 数字藏品创新会员管理

星巴克奥德赛计划是星享俱乐部计划的扩展，会员可以使用他们星享俱乐部登录凭据访问该计划。

会员通过参加互动游戏或接受有趣的挑战，可获得具有收藏价值的数字"旅程邮票"NFT

---

⊖　NFT，全称为 Non-Fungible Token，指非同质化代币，实质是区块链网络里具有唯一性特点的可信数字权益凭证，是一种可在区块链上记录和处理多维的、复杂属性的数据对象。

奖励，也可以直接使用信用卡购买"星巴克奥德赛"网络应用程序体验中内置市场的"限量版邮票"NFT。

每个"限量版邮票"NFT都包含稀有性点值，其所有权会在区块链上得到保护。发行"邮票"NFT并赋予会员积分，将传统的会员积分变成区块链的数字资产，继而实现去中心化经济。此外，出售"限量版邮票"NFT的部分收益将会捐赠给对星巴克合作伙伴和星享会的会员至关重要的事业，加深品牌与用户关系的交互。

在数字技术的推动下，星巴克利用区块链新技术，将"邮票实物"数字化。这种新玩法打破了传统模式在时间、空间上的限制，正在集藏爱好者、年轻人群中火起来。邮票NFT与会员积分形式相结合，既创新了会员体系，又赋予了数字藏品更多的价值，使数字藏品不仅具有观赏和收藏价值，还具有实际的会员权益。

对品牌来说，如何在营销活动中激发会员用户的参与热情，从而引发用户传播的滚雪球效应，一直是令各品牌困扰的问题。

就星巴克奥德赛计划而言，星巴克和用户共创或者分享NFT数字藏品，提供个性化的激励和福利，营造群体的归属感和凝聚力，增强用户对品牌的忠诚度，这一举措对其他品牌来说可行性极强。

NFT的形式不是局限在邮票上赋能积分，对于其他行业，如演艺行业，也可以将NFT赋能在门票上，弥补了传统门票易丢失、易坏的缺点；其他餐饮行业也可以将兑换券、优惠券等权益赋能在NFT上，将实体权益与数字藏品根据自身的需求进行结合，打造品牌个性化数字权益。

### 星巴克重新定义"第三空间"

星巴克是首批将数字收藏资产（NFT）与行业领先的忠诚度计划大规模整合的公司之一，同时创建了一个数字社区，为星巴克与会员和合作伙伴互动提供了新的方式。星巴克首席营销官布鲁尔表示："星巴克的愿景是创造一个地方，让数字社区可以通过咖啡聚集在一起，参与身临其境的体验。"

对星巴克来说，建立一个私域化的数字社区，意味着未来可以在这里开展一切营销活动，进行社群交流、销售产品和积累数字资产，实现"营"和"销"的一体化。通过突破传统的会员体系，星巴克把会员变成元宇宙玩家，加深与会员之间的联系，让玩家去共创第三空间，提高用户忠诚度和留存率。

在这里，品牌、会员和合作伙伴（雇员）因为对咖啡的热爱聚在一起，通过各种独特的体验产生联系，尤其是培养了用户使用习惯，提升用户使用体验，让用户难以割舍，进一步加深用户与品牌之间的联系。

对于想要进入元宇宙的品牌方来说，NFT无疑就是入场券。数字藏品凭借区块链技术的唯一性，自身的稀缺性、社交属性、游戏属性等特征，完美契合了当代青年对新潮、时尚、前卫和个性化的追求。

数字藏品的展示形式丰富多样，包括但不限于数字图片、音乐、视频、电子票证以及数字纪念品等，在保护知识产权的基础上，实现真实可行的数字化发行、收藏等，品牌方可发挥的空间更广阔。

在用户运营上，数字藏品还具备更有趣的玩法。例如，一些品牌方会选择向VIP用户空投数字藏品或让用户进入小程序、官网等，让用户完成任务后可以解锁获得相应的数字藏品，成为品牌用户拉新的重要手段。

资料来源：

1. https://www.sohu.com/a/667472872_121413699?scm=1019.20001.0.0.0&spm=smpc.csrpage.news-list.12.1683615775197KjYfQCa.

2. https://www.sohu.com/a/639084542_121623146?scm=1019.20001.0.0.0&spm=smpc.csrpage.news-list.31.1683615775197KjYfQCa.

问题：1. 星巴克的星享俱乐部忠诚度计划采用了哪些形式的奖励？

　　　2. 星巴克为什么要推出奥德赛顾客忠诚度计划？

　　　3. 谈谈你对奥德赛顾客忠诚度计划的看法。

### 2. 关系联系

企业可以采用具体的营销手段来加深双方的关系。企业可以向顾客提供他们想要的利益，促使顾客主动与企业加强联系，从而与顾客紧密地联结起来。

（1）财务联系　企业可以通过增加财务方面的利益来增强与顾客的联系。例如，航空企业实施频繁飞行者计划，电信企业设计预存话费送礼品计划，建材市场采取预存费用购物返现金的做法等。企业还可以通过捆绑销售来加强与顾客之间的关系。很多航空企业将乘坐飞机与酒店食宿、商店购物、汽车租赁等联系起来，顾客根据飞行里程数可以免费或以优惠价获得其他企业提供的服务，从而得到了更多的经济利益。交叉销售也可以加深企业与顾客之间的关系。例如，银行可以向同一账户的家庭销售更多的金融产品，如提供储蓄、转账、汇款、汽车或住房贷款等服务，甚至还可以销售基金、保险等。这样，企业可以从提供的多种服务产品中获得更高的销售额，顾客也可以从同一家企业购买的各种服务中受益。

尽管这种方法使用范围较为广泛，企业在使用时还是应该谨慎。这是因为：首先，财务联系易受到竞争者的模仿，与顾客加强财务联系时，企业的营销手段主要是采用价格策略，而价格是一个非常容易调整的因素，竞争对手也可以快速地采用类似的价格策略；其次，采用财务联系未必能建立长期顾客关系，不少消费者对价格比较敏感，哪家企业的实际价格最低，提供的经济利益最多，消费者就会转向谁，这种方法虽然可以短暂地吸引到新顾客，但并不能引导顾客重复购买，而是会导致顾客无休止地在不同企业之间转换。例如，在几家实行购买折扣的商店之间，很多顾客会不断进行转换；最后，这种方法通常不能为企业带来长期优势，单纯地向顾客增加经济利益只会给企业带来短期的利润，却无法使企业从长期的市场竞争中胜出。要取得良好的效果，企业最好将财务联系和其他联系结合起来使用。

（2）社会联系　这种联系是建立在企业和顾客之间的人际关系基础之上的。人际关系在服务提供者与消费者之间很常见。例如，你与理发店的老板相处得很好，你去理发时，他经常会讲一些有趣的事给你听。还有，你长期在社区便利店购买商品，便利店的员工会与你聊聊天。企业员工通过这种良好的人际关系来与消费者建立起社会联系，这样可以增进企业与消费者之间的感情，促使消费者与企业保持良好的关系，从而形成长期的顾客关系。当然，人际关系也存在于企业之间。与财务联系相比，社会联系更难建立，要与顾客形成良好的人际关系并非易事，需要花费大量的时间和精力。正因如此，社会联系更难被竞争者模仿。如果企业与顾客建立了社会联系，从长期来看，企业将有更多的机会留住顾客。当社会联系延伸到顾客之间时，如在教育机构、车友会、俱乐部的顾客与顾客之间，这种顾客间良好的人际关系会成为顾客忠诚于企业的重要因素。

（3）定制化联系　当企业向老顾客提供个性化服务时，双方之间就形成了定制化关系。这种关系的建立要求企业员工熟悉顾客的个人情况，掌握顾客个人的需求偏好，能针对不同顾客提供个性化的服务。企业可以通过大规模定制来实现企业与顾客之间的定制化联系。大规模定制是企业通过使用灵活的流程，以大批量生产的价格，向顾客提供可以满足其需求的商品或服务，是创造顾客特殊价值的过程。定制化联系可以使企业向顾客提供更多的价值，能增进企业与顾客之间的关系，提高顾客忠诚度。

（4）结构化联系　在企业与顾客之间增加结构性联系也能激发顾客忠诚。这种联系常用在 B2B（企业对企业）的环境中，如共同投资项目、共享流程和信息，向用户提供特定设备和系统来帮助他们管理存货、分销产品和追踪物流状况等。当然，在 B2C（企业对消费者）的情况下也可以使用结构联系，如向顾客提供计算机联网用来管理订单、跟踪包裹。有些专业电子服务商为顾客提供了建立定制化网页的机会，顾客可以进入自己的网页，自行订购服务或商品，支付账款，跟踪物流，查询个人的消费金额和账户余额。当再次购买这种服务时，顾客就能快速提取以前形成的具体信息，如顾客姓名、通信地址、邮政编码、手机号码、服务类型等，这就简化了订购手续，使顾客能便捷地获得服务。一旦顾客喜欢上企业的流程，习惯于企业的运作方式，顾客与企业之间的结构联系就建立起来了，竞争者就很难从企业手中抢走顾客。

### ⊡ 小案例 4-3　　　　　网易云音乐的大数据营销

大数据营销是收集和分析平台数据以获得相关用户的某些特征，然后以一定程度的针对性、精确性和个性化的策略实施营销活动。目前，使用大数据进行营销的公司不断增多。

近年来，流行的年度账单和年度歌曲列表可以在年底为用户生成专属的个人报表，显示一年内该用户在应用程序上的各种使用行为。而这种精细化的个人报表实际上也使用了大数据技术。利用大数据技术收集用户的个人行为数据，并通过分类和计算获得。目前，网易云音乐一直吸引着用户的眼球，让用户积极参与其中，网易云音乐界面如图 4-7 所示。网易云音乐的年度歌曲清单使用了大量数据来收集用户的收听信息和数据，每个用户听到最多次数的歌曲、发送的评论、收听时间、收听习惯等都将显示在这个专属的歌曲

图 4-7　网易云音乐界面

清单中。它非常清楚地列出每个用户的收听喜好并分析用户的心情、个性等，制定一个大概的标签，增加更多的个人情感内容，并让用户体验定制化。网易云音乐的播放列表细致周到，让用户对其印象深刻，并被进一步转发和共享以实现刷新屏幕的最终效果。其中，大数据起着非常基础但也很重要的技术作用。正是由于大数据，网易云音乐与用户才能形成深度的创意互动，并实时生成独家歌曲列表。然后借助情感视角，走心的内容所引发的情感和共鸣，网易云音乐可以与每个用户建立情感联系，从而增强用户的信任和依赖性。从网易云年度歌曲列表刷屏的案例中不难发现，最受欢迎和最受公众关注的是年度歌曲列表的独特性，用户在使用年度

歌曲的同时也给其带来独特的优越感，歌曲列表回顾过去一年的心情也触动了许多用户的情感点。简而言之，在大数据的影响下，网易云音乐可以实现诸如年度个人播放列表之类的交互形式，并且可以为每个用户定制专属年度歌单等来实现精细化营销的目的。

资料来源：https://www.sohu.com/a/402441165_120190698，有改动。

**问题：** 网易云音乐是如何与用户加深关系的？

### 3. 调整转换障碍

转换障碍是制约顾客离开企业的因素，这个因素使顾客不得不与企业维持关系。在不满意企业所提供的服务的情况下，消费者可能会产生更换企业的想法，然而，有些消费者最终却未更换企业，原因何在呢？这是因为顾客在转换时面临着许多障碍，这些障碍阻止了顾客更换企业。研究表明：转换障碍会对顾客是否与企业终止关系的决定产生影响，并因此让顾客保留变得更容易些。因此，企业可以据此采取相应措施，利用这些障碍来留住顾客。

（1）顾客惯性　顾客感到不满意却仍与企业打交道的一个原因是转换服务供应商需要改变他们的习惯。人们对服务商不满意，为什么还要与服务商保持着关系？专家认为：因为人们要结束这种关系的话，他们就需要重新建立新的关系，改变原有的习惯，付出一定的努力适应新的关系，而人们一旦形成习惯就不太愿意去改变。顾客惯性在一定程度上解释了不满意的消费者仍可能会留在企业的原因。

企业可以利用顾客惯性留住老顾客。当顾客认为转换供应商需要付出很多努力时，他更愿意与原有供应商保持关系。因此，企业可以增加顾客的转换努力，让顾客感觉到难以离开企业，从而继续购买企业的服务。例如，一家汽车4S店可以给顾客建立档案，对这些顾客的汽车的基本状况、需求偏好、修理汽车的历史等进行详细的记录，这些记录可以减轻顾客的压力，使顾客无须记住这些内容。在所提供的服务质量没有问题的前提下，这种做法可以在一定程度上防止顾客流失。如果某位顾客想重新找一家修理厂，他就需要付出一定的努力才能把全部的修车情况告诉修理工，还要再次说明自己的修车要求。当顾客认为需要付出很多努力时，他更倾向于留在原来的汽车4S店，这家店也就达到了保留顾客的目的。企业还可以利用顾客惯性吸引新顾客。企业可以采取一些措施，降低顾客可感知的转换企业的努力程度，将竞争者的顾客转化为本企业的顾客。

（2）转换成本　转换成本是另一个限制顾客离开的因素。例如，要更换银行账户，顾客就需要做很多事，会产生转换成本。这里所说的转换成本是顾客从一家企业转移到另外一家企业的过程中发生的全部成本，包括搜寻成本、建立成本、学习成本和违约成本。顾客转换服务供应商时支付的成本有货币成本，还有时间、精力和体力方面的成本。由于服务独有的特性和购买风险大，与实体商品相比，人们需要支付更高的搜寻成本才能找到合适的企业。学习成本与人们学习如何使用服务的习惯相关，顾客转换服务供应商需要掌握新的知识或技能。如果顾客在新的服务企业建立关系后又想转换企业，可能要按契约规定交罚款，这时就产生了违约成本。这些成本对顾客的转换行为产生了约束，尤其是当顾客认为不值得、不划算变更企业时，顾客仍会与原有企业保持关系。因此，企业可以通过调整转换成本来维持或建立与顾客的关系。

为了与新顾客建立关系，企业可能会采取措施降低这些顾客的转换成本。例如，当病人转院治疗时，许多医院不认可原来的检查结果，要求病人重新做一遍所有的检查。对于不少病人来说，这不但是一件很痛苦的事情，还要支付一笔价格不菲的检查费，增加了他们的转换成本。在医疗水平差不多的情况下，如果某家医院能认可其他医院的检查记录，也相当于医院减少了患者的建立成本，那么在一定程度上就能吸引许多患者到院治疗。

## 4.3　顾客流失管理

降低顾客的流失可以提高顾客的保留率。企业需要识别出导致顾客流失的原因，然后努力消除这些顾客流失的动因，采取相应策略来减少顾客流失。

### 4.3.1　顾客流失管理的重要性

顾客流失是指本企业的顾客出于各种原因转向购买其他供应商产品的现象。顾客流失是一种常见的现象，根据有关调查数据显示：企业每年通常会流失 15% ～ 20% 的顾客。有些服务行业的流失率更高，如美国有线电视业每年有超过 50% 的顾客流失率。过多的顾客流失会影响到企业的经济效益和品牌形象。为了减少顾客流失，企业需要对顾客流失进行管理。

顾客流失管理是企业努力留住有价值的顾客的一种系统化管理过程。顾客流失管理的关键是企业要认识到能够对有价值的顾客流失进行管理。顾客流失管理的重点是在顾客流失之前采取保留措施留住他们，在顾客流失时，找到流失的原因，并采取相应的策略，以减少顾客流失。减少顾客流失对企业是有好处的，降低顾客流失率可以提高企业的利润。研究表明：即使流失率只下降 5%，不同行业的利润也会上升 25% ～ 85%。

### 4.3.2　顾客流失的原因

顾客为什么会离开企业？顾客流失的原因是多种多样的。为了找到顾客流失的原因，美国学者苏珊·凯维尼（Susan Keaveney）对许多服务进行了一项大型研究。研究结果显示：有34% 的人转向其他服务供应商是因为服务人员的失误，有 30% 的人是由于价格因素，有 21%的人是因为服务的地点和时间不方便，有 17% 的人是由于服务供应商对服务失误响应不当。凯维尼从研究中总结出顾客流失的原因有价格、不方便、竞争、核心服务失误、服务交互失误、对失误的响应、道德问题和非自愿的改变等，根据凯维尼的研究成果，本书将顾客流失的原因进一步归纳为三个方面，如图 4-8 所示。

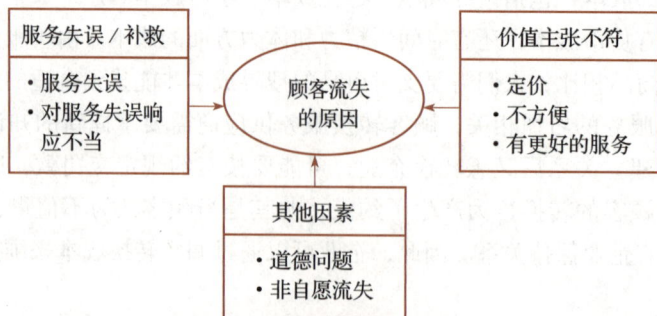

图 4-8　顾客流失的原因

### 1. 服务失误 / 补救

（1）服务失误　顾客因为服务失误而离开企业，这是造成顾客流失最重要的一个原因。这主要有以下几种情况。第一，服务过失。在服务过程中，如果出现了很多差错或发生了重大的失误，使企业不能向顾客提供完整的服务，甚至根本无法提供服务，在这种情况下，顾客就会主动离开企业。第二，错误的账单和未及时纠正错误的账单。第三，服务灾难。服务产品的使用对顾客个人、顾客的宠物或物品造成了伤害，或造成了顾客的损失。第四，服务交互的失误。在与顾客接触时，服务人员不关心顾客、对待顾客不礼貌、缺乏经验和专业知识都会引起顾客的不满，可能会导致顾客流失。

（2）对服务失误响应不当　服务出现差错并不一定就会导致顾客流失，有时，顾客流失是因为服务提供商对服务失误做出了不恰当的反应。这些反应包括消极的反应、没有反应和不情愿的反应。当出现服务差错时，有些服务提供商会做出负面的反应，将错误归咎于顾客，想方设法推卸自己的责任；有些则不管顾客如何抱怨，都不采取任何措施处理问题；还有一些服务供应商虽然也会纠正错误和赔偿顾客损失，但对顾客抱怨显得十分厌烦和不情愿。

### 2. 价值主张不符

（1）定价　顾客因为服务的价格而流失，具体可以分为四种情况。一是定价过高。如果顾客认为服务的定价高于竞争对手的价格，或服务的性价比低，就可能会转换服务提供商。对价格敏感的顾客对企业的忠诚度最低，哪一家企业的服务价格低，他们就会转向哪家企业。二是涨价。顾客由于企业提高服务价格而离开。三是不公平的价格。顾客认为企业的价格措施不公平。四是欺骗性定价。例如，一些超市的标签的价格很低，而顾客付款时却发现实际支付的金额远高于标价。

（2）不方便　接受服务的地点和时间、需要花时间排队等候和提前预约等都会影响到顾客的购买决策与重购行为。如果顾客认为企业提供服务的地点和时间不能让他们方便地获得所需服务，而使用竞争者的服务更为便利，则可能会转换服务提供商。

（3）有更好的服务　顾客在使用企业服务的过程中，发现其他企业提供的服务更可靠，或更具个性化，从而转向了企业的竞争对手。顾客一旦离开，并从竞争者那里得到了高品质的服务，就很难再返回来了。因此，企业要不断关注顾客需求，持续改进服务。

### 3. 其他因素

（1）道德问题　顾客因企业在经营中存在欺骗、不安全、强迫销售和利益冲突行为而退出购买。企业建议顾客购买不需要的服务，或者对没有提供的服务收费，都属于欺骗行为，会让顾客产生上当的感觉；不安全的行为也很常见，如用已经过期的肉类加工成食品并提供给顾客食用，在火锅中违法使用各种添加剂，使用地沟油烹饪各种菜肴等；强迫销售就是强制顾客购买他们所不需要的产品，如在旅游景点逼迫顾客购买旅游纪念品；有些服务企业只考虑自身利益而使顾客利益受损，也是不道德的。例如，为了获得更多利润，某旅行社一方面向顾客收取很高的费用，另一方面在提供的服务项目中偷工减料以节省费用。再如，在往返途中安排顾客乘坐夜间的航班，晚上不让顾客在旅馆休息，而是让顾客在飞机场等候六七个小时，遭受这些经历的顾客在下次外出旅游时，往往不会再去找这家旅行社了。

（2）非自愿流失　这种流失是某些客观因素所造成的。例如，由于顾客搬家或服务提供商倒闭，迫使顾客与企业中止关系。这些顾客流失不是人为因素导致的，是在所难免的。但这种顾客流失较少，对企业的影响很小。

**应用练习4-2**
当你转换银行、手机服务提供商时，请回答下列问题：
1. 你为什么要转换服务供应商？
2. 你认为原来的服务供应商应该如何减少顾客的流失？

### 4.3.3　减少顾客流失的策略

凯维尼的研究指出了顾客流失的常见原因，倡导企业向顾客提供优质服务、对服务进行公平透明的定价、减少顾客的时间和精力等非货币成本和减少使用服务的不方便性，从而防止顾客离开企业。除了这些做法，企业还可以采用下列策略来减少顾客的流失。

#### 1. 加强企业的内部管理

顾客流失从表面上看可能是营销活动或服务差错方面的原因造成的，但深层次原因其实是企业内部管理方面的问题。因此，企业要从内部管理入手，倡导零缺陷的文化，并培训和激励员工保留顾客。

第一，要在企业内树立一种零缺陷的文化观念。这种文化观念有助于企业为顾客提供优质的服务。优秀的企业倡导零缺陷的文化，使企业内部的员工充分认识到顾客忠诚的价值，领会服务可靠性的重要性，自觉地向顾客提供优质服务，并不断探寻提高服务质量的方法，从而使顾客忠诚于企业。为了在企业贯彻零缺陷的文化，企业的高层管理者要做出表率，并向员工传达留住顾客的重要性与减少顾客流失的好处。

第二，要对员工进行培训与激励。顾客通常与一线员工接触，员工的态度和行为对于减少顾客流失起着关键的作用。企业要对员工进行顾客流失管理的培训，包括如何收集顾客信息，如何对信息做出响应等，通过这些培训，使员工具备相应的技能以处理顾客流失。最重要的是，企业要鼓励员工留住顾客。将员工激励与顾客流失率挂钩，可以使员工把减少顾客流失的目标落到实处。如果企业真正重视顾客流失问题，那么报酬结构也应该强化员工去努力留住顾客。有些企业对员工留住顾客的努力进行奖励，鼓励员工对顾客的要求进行积极响应，还有些企业在留住一个老顾客与开发一个新顾客方面给予员工同样或更多的奖励，使员工认识到企业是重视保留老顾客的，并为此做出努力。

#### 2. 监控忠诚度下降的顾客，调查流失的顾客

在顾客尚未流失之前，企业要监控忠诚度下降的顾客，分析他们购买服务的数据，预测哪些顾客会出现转换行为。对于有转换倾向的顾客，企业要积极采取保留措施。例如，让专业的服务人员打电话给顾客，通过与顾客的沟通交流来确定双方关系是否稳定并改进关系。有些企业还主动向这些顾客寄送优惠券或传递新服务的信息。

当顾客流失后，企业还要对流失的顾客进行调查，以更好地了解顾客流失的原因。在调查时，企业要注意下列问题。一是调查对象。企业要把重点集中在那些重要的、能盈利的流失顾客

身上。对每一个流失的顾客进行研究是没有必要的，一方面，会增加调查成本，另一方面，有些流失的顾客对企业而言是无利可图的。二是调查人员。企业应该对调查人员进行培训，采用训练有素和熟悉业务的人员进行调查。对那些一旦流失就会给企业带来巨大影响的顾客，在可能的情况下最好由高层管理者来调查。三是调查方式。当然，使用很多调查方式都可以获得顾客流失的信息。但对流失顾客调查的目的是明确顾客离开的真正原因，因而需要对顾客进行深入调查。因此，最有效的方式是对顾客进行深度访谈。对流失的顾客进行调查后，可以找出很多原因，在众多的原因中，企业要识别出顾客流失的主要原因，才能采取有效的措施挽回顾客。

### 3. 防止服务失误，进行有效的服务补救

服务失误及对失误的响应不恰当是许多人更换服务供应商的一个重要原因。因此，企业应该有意识地预防服务失误的发生，防患于未然。虽然服务失误随时随地都可能发生，但是，企业在一定程度上是可以减少服务失误的。通过对顾客需求、服务人员、企业服务系统和流程的综合分析，企业可以事先估计出服务传递中最可能出问题的环节，从服务提供过程中找出那些容易出现服务失误的地方。这样，企业的管理者就可以设计出预防性程序，将服务失误出现的可能性降到最低限度，或者事先提出应急方案，一旦服务失误时企业就能采取相应的补救措施。当出现服务失误时，有效的服务补救在防止顾客流失方面起着重要的作用。企业要认识到服务补救的重要性，鼓励顾客及时向企业提出他们碰到的问题，并积极地做出回应，帮助顾客解决问题，以消除顾客的不满，挽留住顾客。关于如何进行服务补救，我们将在下一章详细介绍。

### 4. 增加顾客的转换成本

提高转换成本也可以在一定程度上防止顾客流失。企业可以通过增加转换成本，为顾客离开企业制造困难，从而与顾客继续保持关系。有些企业在合同中就对顾客使用服务提出了许多限制性条件，详细地规定了顾客违约要支付的费用。例如，有些服务运营商为使用特定品牌的手机的顾客提供服务时，要求用户预先支付高额费用，并在与用户签订的合同中明确规定了用户使用服务的年限、每月的移动电话服务费、违约金等内容，事先就为顾客转换运营商增加了难度。

有效使用转换成本的关键是开发低进入成本、高退出成本的服务产品。通过提高违约金或退出费用，企业就可以提高顾客的转换成本，避免顾客转向其他服务供应商。例如，某银行规定，客户挂失信用卡后再补办新卡免费，而注销账户必须支付 50 元手续费，并且在账户注销后原来使用的信用卡所出现的任何风险都由客户自行承担。由于有很高的转换成本，即使信用卡丢失，客户更倾向于挂失并补办新的信用卡，而不是注销账户，这样，该银行就避免了顾客流失。值得注意的是，企业在使用这一方法时，不能给顾客留下强制扣留的印象，同时，还要有优质的服务质量作为支撑，否则，再高的转换成本都不能留住顾客，反而会产生相反的效果。

## 本章小结

关系营销是指为实现各方目标而识别、建立、保持并加强与利益相关者之间的关系的过程。关系营销是一种营销理念，其核心内容是与顾客建立长期合作关系，重点是保持现有顾客。关系营销不同于交易营销。顾客满意并不一定带来顾客忠诚。为了提高顾客的忠诚度，企业可以通过关系营销把顾客满意度和顾客忠诚度联结起来。忠诚的顾客能为企业带来更多的利

润，这些利润来自新增购买、成本降低、好口碑和价格溢价。顾客也可以从长期的关系中获益，关系营销为顾客带来的好处是信任利益、社会利益和特殊对待利益。

建立顾客忠诚对企业非常重要，然而，与顾客建立忠诚关系并非易事。建立顾客忠诚的基础是对市场进行细分，选择合适的顾客，设计差异化的服务，向顾客提供高质量的满意服务。在构筑顾客忠诚的基础上，企业可以采用会员制与顾客忠诚计划、关系联系和调整转换障碍等策略来与顾客建立关系，加深双方的关系，以及保持顾客关系。

降低顾客的流失可以提高顾客的保留率。顾客流失管理是企业努力留住有价值的顾客的一种系统化管理过程。顾客流失管理的重点是在顾客流失之前采取保留措施留住他们，在顾客流失时，找到流失的原因，并采取相应的策略，以减少顾客流失。减少顾客的流失对企业是有好处的，降低顾客流失率可以提高企业的利润。

## 思考题

1. 什么是关系营销？
2. 关系营销与交易营销有何不同？
3. 简述顾客满意、关系营销与顾客忠诚之间的关系。
4. 顾客忠诚对企业盈利有何影响？
5. 关系营销可以为顾客带来哪些好处？请举例说明。
6. 建立顾客忠诚的基础是什么？
7. 建立顾客忠诚的策略有哪些？
8. 顾客流失的原因有哪些？
9. 简述减少顾客流失的策略。

## 案例分析

### Stitch Fix 从获取顾客到裂变实现快速增长

Stitch Fix 从开始转型到成功上市只用了四年时间。这家美国首屈一指的订阅模式电商快速增长的关键在于：抓住了用户无暇逛街又想追求时尚的痛点，打造基于社交平台的用户增长战略和精准的推荐算法。快节奏的都市生活催生了这样一批人，他们热爱时尚，希望打扮得光鲜靓丽又个性十足，却不愿意花费时间逛街挑选；他们做着体面的工作，有一笔可观的收入，当下大多数的线上商城和线下门店却无法获得他们的青睐。针对这一用户群体，Stitch Fix 带着它的订阅制电商交出了一份漂亮的答卷。

2011 年，Stitch Fix 在美国成立。初期 Stitch Fix 只是普通的电商平台。2013 年开始，Stitch Fix 逐渐向订阅制电商发展。与传统电商不同的是，Sitch Fix 通过收取一定费用，针对用户搭配若干套服装，以邮寄的形式送达客户手中。客户收到后可任意试穿，然后决定是否购买。Stitch Fix 的目标市场为 25 ～ 45 岁、家庭年收入在 5 万美元以上的中高收入家庭。截至 2021 年，活跃用户数达 410 万人。Stitch Fix 针对快速成长，提升用户价值的目标进行了多方面的尝试，具体可以从社交媒体引流、激活唤醒付费用户、数据驱动变现和激发社交裂变四个方面体现，如图 4-9 所示。

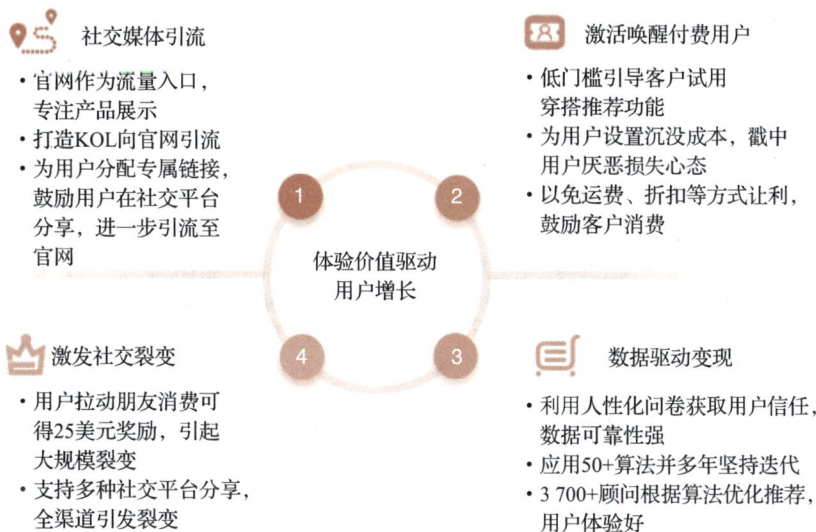

**社交媒体引流**
- 官网作为流量入口，专注产品展示
- 打造KOL向官网引流
- 为用户分配专属链接，鼓励用户在社交平台分享，进一步引流至官网

**激活唤醒付费用户**
- 低门槛引导客户试用穿搭推荐功能
- 为用户设置沉没成本，戳中用户厌恶损失心态
- 以免运费、折扣等方式让利，鼓励客户消费

体验价值驱动用户增长

**激发社交裂变**
- 用户拉动朋友消费可得25美元奖励，引起大规模裂变
- 支持多种社交平台分享，全渠道引发裂变

**数据驱动变现**
- 利用人性化问卷获取用户信任，数据可靠性强
- 应用50+算法并多年坚持迭代
- 3 700+顾问根据算法优化推荐，用户体验好

图 4-9 Stitch Fix 的体验价值驱动用户增长的方式

### 社交媒体引流

Stitch Fix 针对快速成长，提升用户价值的目标进行了多方面的尝试。首先在吸引新顾客层面上，Stitch Fix 的主要打法是社交媒体引流。在国外主流媒体上均可找到 Stitch Fix 的官方账号与发起的一系列活动，大量网红和消费者都参与其中。不管是产品展示还是穿搭推荐，无一不在将用户向官网引流。

其实早在 2013 年 Stitch Fix 尝试转型时，创始人卡特里娜·雷克（Katrina Lake）就在自己的个人账号上推广自家的品牌。可以说 Stitch Fix 的社交运营是其品牌营销打法的基础。广撒网的拉新策略确实可以用比较低的成本让 Stitch Fix 迅速走进观众的视野中。

### 激活唤醒付费用户

在吸引客户消费的过程中，Stitch Fix 主要从低门槛和让利两方面入手。

首先，Stitch Fix 的穿搭服务几乎是无门槛的。用户使用时首先需支付 20 美元造型费，算法会根据用户数据搭配出 10 套服装。穿搭顾问会从中选取 5 套，组成一个 Fix 寄给订阅用户。用户可以自行决定是否购买，如果决定购买，造型费可以抵扣购买花费。对于用户而言，这种低门槛很有诱惑力，再加上不产生购买行为的话，20 美元造型费是不予退还的，精准戳中消费者厌恶损失的心理。

此外，Stitch Fix 有海量的合作品牌和自有品牌，品牌总数接近 800 种。庞大的体量决定了 Stitch Fix 可以根据搜集到的用户的心理价位为用户搭配，避免用户因为不满意价位而拒绝购买，打消用户"买不起"的顾虑。

Stitch Fix 也设置了一些让利行为。如果用户决定购买 Fix 中全部 5 件搭配，则可以享受 75 折的优惠。此举让用户更愿意进行更高金额的消费。而整个购买、退货、换货的物流费用全部由 Stitch Fix 承担。用户向 Stitch Fix 邮寄使用的是 Fix 附带的已付费的邮寄单。官方网站郑重承诺全程无任何隐性消费。用户不仅享受到了让利，还对全程消费没有任何顾虑，消费意愿大大增强。

对于常客，Stitch Fix 还会以寄出邀请函的形式询问用户是否加入 Style Pass。Style Pass 会以年费的形式向用户收取 49 美元，免除用户的造型费，不限量向用户提供 Fix。年费同样可以抵扣购买费用。这种邀请机制既不会打扰到轻度用户，也增加了忠实用户的购物欲望。Stitch Fix 用户体验历程如图 4-10 所示。

用户体验历程

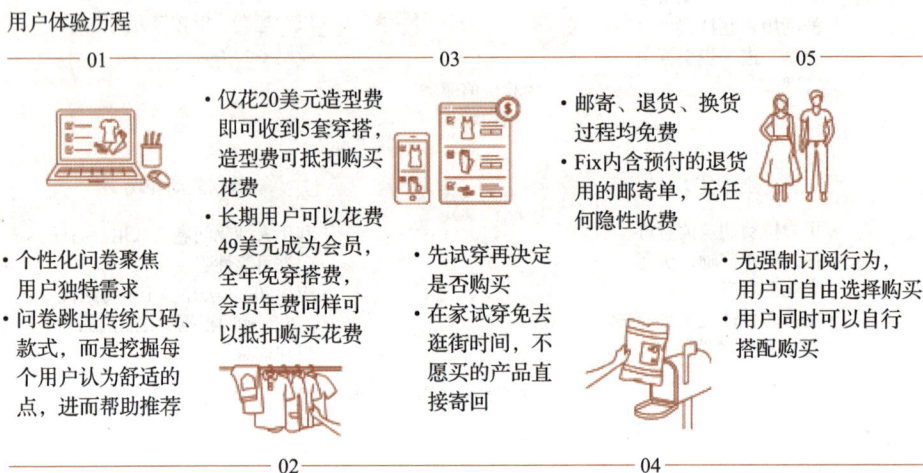

图 4-10 Stitch Fix 用户体验历程

### 数据驱动变现

作为订阅制电商的翘楚，Stitch Fix 对于用户数据的收集与把控都十分注重。

与传统收集数据的重心不同的是，除了用户的年龄、性别、身高、体重、尺码等基本信息，Stitch Fix 重点收集用户的偏好。比如穿特定种类衣服时对一些具体部位如领口、裤脚等松紧程度的偏好，或者常规尺码的衣服上身后一些具体部位是否合身，如衣袖会不会过长等。

Stitch Fix 还会以示例图的形式收集用户个人偏好的着装风格，确保平时对时尚领域了解不多的用户也能精准表达自己的要求。此外，用户对 Stitch Fix 所提供服务的细节上的喜好也是问卷内容之一，Stitch Fix 会根据反馈内容调整服务细节。

Stitch Fix 打造了一个数据闭环。从客户信息导向商品信息，在用户接触到商品后收集用户反馈，比如用户是否进行了退货或换货行为及其具体原因。这一过程中 Stitch Fix 的推荐算法会不断迭代。

Stitch Fix 一共使用了 50 多种算法处理数据，精准推荐使近九成的客户愿意直接反馈，推动数据优化。随着算法的进步，Stitch Fix 也在着手削减穿搭顾问的人数，今后的目标会聚焦于更快速、更精准的算法推荐。

更具想象力的还是 Stitch Fix 的独家数据。Stitch Fix 的数据维度极为精细，从消费行为到消费偏好，使其能满足按需定产。不仅对供应商品牌来说具备极高的价值，还足以支撑 Stitch Fix 继续扩大自有品牌的规模。

值得一提的是，Stitch Fix 十分注重具体到个人的用户反馈。打开社交网站上 Stitch Fix 的官方账号的任意一个推文，经常可以看到用户抱怨没有正确得到服务，或者最近的搭配越来越让人不满意。官方账号会一一回复，请求顾客私信公司的邮箱账号，确保后续跟进调整。

Stitch Fix 数据驱动交互实现变现模式如图 4-11 所示。

图 4-11 Stitch Fix 数据驱动交互实现变现模式

### 激发社交裂变

在用户裂变方面，Stitch Fix 不惜成本进行推动。每个用户都可以在官网找到自己的个人分享链接。如果用户向其他人分享链接，一旦有新顾客使用这个链接完成了一笔购买，这个用户就可以得到一笔 25 美元的奖励，用于抵扣该用户的下一次消费。这一举措也是基于 Stitch Fix 对本身品牌用户复购率的自信。数据显示 Stitch Fix 的复购率远超同行水准。

此外，Stitch Fix 与大量的网红 KOL（关键意见领袖）合作，也十分重视 KOC（关键意见消费者）的评论反馈。加上 Stitch Fix 的穿搭推荐其实是为用户提供一个盲盒，盲盒玩法与互联网分享的氛围不谋而合。打开 YouTube、Instagram 等网站，Stitch Fix 相关开盲盒内容层出不穷。每年 Stitch Fix 的活跃用户都有近 20% 的增长，截至 2021 年，活跃用户已达 410 万人。

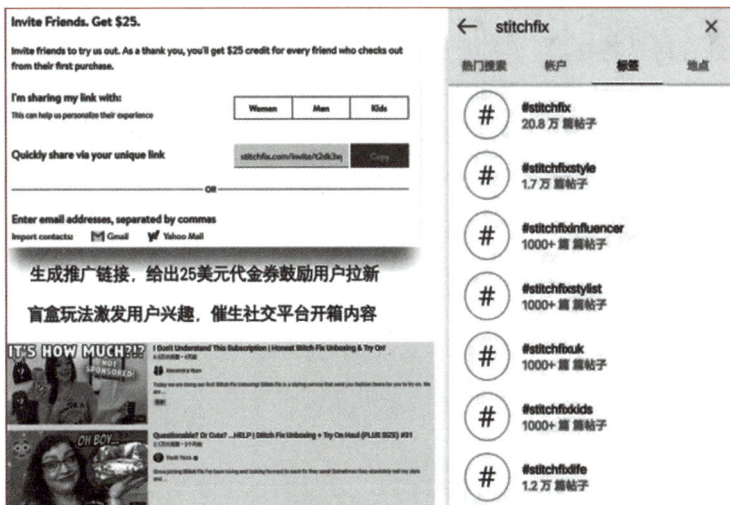

资料来源：https://www.shangyexinzhi.com/article/4179795.html，有改动。

**案例思考**

1. Stitch Fix 是如何与顾客建立关系并提高顾客忠诚度的?

2. 你从该案例中得到什么启示?

3. 国内电商可以轻松地复制 Stitch Fix 的成功模式吗?为什么?

## 实践活动

### 一、实训目的

1. 明确影响顾客满意的因素,了解提高顾客满意的方法。

2. 了解顾客满意与顾客忠诚的相关指标,掌握衡量顾客满意与顾客忠诚的操作技能。

3. 了解顾客满意与顾客忠诚之间的关系。

### 二、实训内容

以某一服务企业为背景,各组从以下两个实验主题中任选一个进行问卷设计和调查,使用 SPSS 软件对所收集的数据进行分析,得出结论并提出相关建议。

1. 影响顾客满意度的因素。

2. 顾客满意度与顾客忠诚度之间的关系。

### 三、实训组织

1. 教师提前 1～2 周布置任务,说明实训要求及注意事项。

2. 对同学进行分组,每组 8～12 人。

3. 采用组长负责制,由组长对成员进行分工协作,共同完成实训任务。

4. 教师组织部分小组在课堂上交流展示调研报告。

### 四、实训步骤

1. 各组成员通过中国知网(CNKI)或万方数据库查找有关顾客满意、顾客忠诚的硕士论文中的调查问卷,在此基础上根据实训目的与实训内容设计一份调查问卷。

2. 各组进行问卷调查。

3. 对调查问卷的数据进行统计分析。

4. 各组成员对统计分析结果进行讨论分析,撰写调研报告和制作演示文稿。

5. 教师安排 1～2 个课时,由部分小组的代表交流展示调研报告。

6. 各小组根据教师和同学意见进一步修改报告与课件并提交,教师记录实训成绩。

# 第 5 章
# 服务补救

## 学习目标

在服务业中，服务失误十分常见。本章对服务失误、服务补救和服务保证的相关内容进行介绍。通过本章的学习应该能够：

1. 认识服务失误的原因和顾客对服务失误的反应。
2. 理解服务补救的重要性。
3. 明确顾客对服务补救的期望和影响顾客转换行为的因素。
4. 掌握服务补救策略。
5. 明确服务保证的益处及设计标准。

## 本章结构

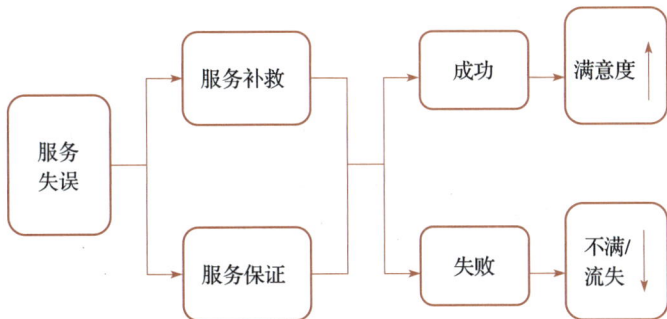

## 导入案例

### 1 分钱引发的"骂战"

2022 年 1 月 11 日，屈臣氏在美团平台推出了面膜优惠活动。消费者使用优惠券后，可以用 0.01 元的价格买到"茉贝丽思婚纱补水面膜"或"SNP 爱神菲海洋燕窝补水安瓶精华面膜"

（每人限购 5 盒）。于是，不少人闻风而至"薅羊毛"。根据这次活动的规则，消费者需要前往线下门店提货。然而，当消费者收到备货和提货信息，到了门店之后，屈臣氏线下门店却表示缺货，需要消费者联系官方客服解决问题。

根据黑猫投诉平台的数据：屈臣氏投诉量已超 2 800 起，且大部分为面膜疑似有货不让核销的问题。在黑猫投诉平台上，有消费者称自己在收到短信通知后，第一个去了门店，等了 10 多分钟终于可以提货，然而店员在一通电话之后，突然就拒绝了消费者的提货要求。这位消费者怀疑，门店是在有货的情况下拒绝兑现承诺，指责屈臣氏"玩不起"，浪费自己的时间和金钱。同时，有消费者表示，面膜就在货架上摆着，但门店店长态度极差，表示这里没货，并且当着消费者的面把面膜收起来，自己还没离开屈臣氏就收到了缺货通知短信。

一波未平，一波又起。网友发现，这些屈臣氏宣称因为缺货不能提货的商品，却仍然在直播间售卖。于是有人在屈臣氏的直播间表示不满，并问什么时候能提货。然而，直播间的主播却对着镜头不断嘲讽。

相关事件迅速引发热议。眼见事态失控，1 月 14 日晚，屈臣氏发布了致歉声明，表示活动因系统故障导致在短时间内产生了远超库存的异常订单，因库存不足暂停兑付，公司决定采取补货方式履行剩余订单。针对直播间出现的不当言论，屈臣氏称，该主播系第三方机构人员。

资料来源：财经头条."1分钱抢面膜"翻车后，屈臣氏"以顾客为中心"还能信吗［EB/OL］.（2022-01-17）［2024-02-27］. https://t.cj.sina.com.cn/articles/view/6192937794/17120bb4202001qxg1. 内容有改动。

# 引言

服务失误是企业难以避免的，而服务失误会引起顾客的不满，产生不利于企业的口碑传播，最终可能导致顾客流失。因此，企业应该重视服务补救，采取有效的服务补救策略来挽回顾客，并通过服务补救使服务质量得以持续提升，这对企业的长期成功是极为重要的。然而，仅采用服务补救策略是不够的，还要设计并实施服务保证，迫使企业认识到服务失误的代价，在第一次与顾客接触时就把事情做好。本章将介绍服务失误、服务补救和服务保证的内容。

## 5.1　服务失误

任何企业在提供服务的过程中都可能出现差错，当顾客认为企业提供的服务水平没有达到自己期望的服务水平时，服务失误就产生了。例如，快递公司没有按时送货、快递员态度冷漠、包装破损、包裹丢失等都是服务失误。在服务失误出现后，不同的顾客会产生不同的反应。

### 5.1.1　服务失误发生的必然性

#### 1. 服务特性决定了服务失误难以避免

服务有着与商品完全不同的特性，服务的无形性、同步性、异质性与易逝性等服务特性共同决定了服务失误是难以避免的。首先，服务的无形性使人们无法用统一的标准来衡量服务，人们对服务的评价比较主观。因此，并非所有的顾客都会对同一家企业提供的服务感到满意。

例如，对电影院播放的同一部电影，有些人看后觉得电影很好，有些人则认为很糟糕。从某种意义上来说，只要顾客对服务不满意，服务就失败了。其次，服务的同步性使企业不能在事前对服务进行质量检验，无法确保向顾客提供的都是合格的服务产品。同时，由于服务的同步性，在很多情况下，顾客与服务提供者会直接接触，更是增加了服务失误发生的概率。再次，服务的异质性意味着企业很难保证稳定的服务质量。服务人员和顾客都会影响服务质量，都有可能导致服务失败。最后，服务的易逝性使企业难以做到服务的供需平衡。在旅游高峰期，拥挤不堪的人群、嘈杂的环境、糟糕的食宿和到处排队等候都会给游客带来不好的旅游体验。

### 2. 随机因素的影响

有些因素存在于服务企业的外部，如自然灾害、政治冲突、气候情况等，这些因素是企业无法控制的，会对服务传递产生影响。例如，由于大雪封山，快递公司无法在所承诺的三天之内将快件送达顾客，而是花了半个月的时间才送到顾客手中，结果遭到许多顾客的埋怨；由于气候异常，突然出现的暴风雨使飞机无法按时起飞，旅客被迫滞留在机场，导致了旅客不满；由于电力公司突然停电，引起了在酒店中举行商务会谈的人的不满。虽然企业可以在事前制订应急方案，以减少这些随机因素给服务传递所带来的威胁，但我们必须承认，当这些情况出现时，服务失误是无法完全避免的。

## 5.1.2　服务失误的原因

服务失误是在所难免的，在向顾客提供服务的过程中，任何一家企业都有可能在不同环节出现服务失误。尽管服务失误的表现形态各异，但从服务企业和顾客角度来说通常可以将发生服务失误的原因归结为服务提供系统的失误、对顾客服务要求响应的失误、员工的不当行为所致的失误和顾客不当行为引起的失误，如图 5-1 所示。

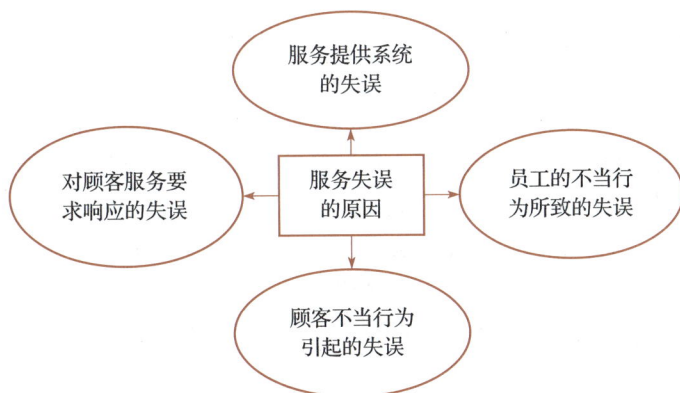

图 5-1　服务失误的原因

### 1. 服务提供系统的失误

服务提供系统的失误是指企业为顾客提供核心服务时出现了失误。例如，酒店人员对房间未进行清扫和整理，航空公司取消航班或不按时起飞，这些服务企业都没有向顾客提交他们所预期的服务结果，出现了服务失误。服务提供系统的失误是由于企业的服务架构缺损而造成的，一般表现为企业的服务系统不完善、服务流程设计粗劣、缺乏有效的监管体系、保障措施不力、员工能力缺失。这些都会影响到核心服务的传递，使顾客获得的服务结果达不到其期望，导致顾客不满。核心服务的成功传递对顾客满意度的影响很大，企业要尽量避免出现服务提供系统的失误。具体来看，服务提供系统的失误包括以下3种：

（1）顾客无法得到服务　顾客不能获得在正常情况下应该得到的服务。企业可能由于硬件设施出现问题、机器出现故障、柜台关闭，无法向顾客提供平时可以很容易得到的服务，从而引发顾客的不满。例如，一位学生急需相关资料，在周五下午花了大量时间到图书馆查找到所需的书籍，在借阅时，却被图书馆工作人员告知由于计算机系统出现问题，要等到下周一才能办理借阅手续，显然，这位学生就没有获得在平时应该得到的服务。

（2）不合理的缓慢服务　企业向顾客提供服务的速度太慢，这种服务速度在顾客看来是慢得超乎寻常了。例如，平时几分钟就可以办理完的取款手续，顾客用了将近半个小时才办完。毫无道理的延迟服务、顾客需要排很长的队来等候服务或服务人员"磨洋工"，都会使服务提供速度缓慢，无形中增加了顾客的时间成本，顾客通常会因此产生不满情绪或觉得自己被怠慢了。

（3）其他核心服务的失误　这包括除上述两种失误之外的所有核心服务方面的失误。例如，在餐馆中吃到没有炒熟的菜或夹生的米饭；飞机着陆后，乘客取行李时，却发现自己的行李被航空公司弄丢了；到游泳馆游泳时，游泳池的卫生状况很差，诸如此类的失误在生活中很常见。

### 2. 对顾客服务要求响应的失误

这种失误是对顾客所提出的服务要求无响应或未及时响应而产生的失误。这种服务要求通常是指超出企业服务提供系统的特殊要求。例如：顾客要求一家蛋糕店按自己的偏好来制作一个生日蛋糕；住户要求装修公司按自己喜欢的风格设计新房的装修图，如果服务提供者对顾客的这些要求没有进行回应，或者回应不及时，就会出现服务失败。这种失误具体可以分为以下两类。

（1）对顾客明确提出的服务要求反应失败　顾客的需要和请求包括以下4种：①特殊需要，有些顾客可能有特殊需要，例如，带小孩到餐馆吃饭，要求服务人员提供适合儿童使用的座椅，而服务人员没有搭理顾客；②顾客偏好，有些顾客有特定的偏好，例如，就餐时要求坐在某个靠窗的座位上，而餐馆没有满足顾客的这一要求；③顾客的错误，有些反应失败是由于消费者自己的错误所引起的，例如，顾客在酒店丢失了房间钥匙，请求服务人员帮助而没有得到及时的响应；④其他的破坏性影响，有些反应失败是要求服务人员处理顾客之间发生的问题所导致的，例如，要求员工让其他顾客不要在餐馆内抽烟，若员工不理睬顾客就会引发顾客的不满。

（2）对顾客隐含的服务要求反应失败　有时候，顾客并没有公开提出自己的服务要求，却希望服务提供者能向自己提供某项服务。例如，如果顾客不小心弄翻了汤碗，将汤洒在桌子和自己身上，这时当然希望不用向服务人员提出要求，服务人员就会递上一块毛巾给自己，并将桌子擦干净。当顾客具有隐含的服务要求时，如果服务人员没有察觉或未及时察觉到顾客的要求，可能就会引起顾客的不满。

### 3. 员工的不当行为所致的失误

这种失误是由于员工不合理的行为造成的。员工的这种行为并不是顾客所期望的，也不是常规的服务系统所要求的。员工的不当行为通常表现为消极漠视顾客（如冷漠、行动迟缓）、不平常的行为（服务态度恶劣或粗鲁、滥用或不适当的行为接触）、歧视或不诚实的行为、不利情况下的负面行为（如船沉时船长丢下乘客逃生的行为），这些行为可能违反了企业的服务规定，也可能会让顾客觉得自己没有得到应有的尊重与重视，容易造成服务失败。例如，有位顾客进入一家高档服装店，看到这个顾客穿得很寒酸，服务人员对待这位顾客非常无礼，并在一旁冷嘲热讽，那么，这位顾客会认为这家服装店的服务很糟糕，可能会离开并且不会再到这家店购物。在与顾客直接接触的过程中，一线服务人员的言行举止都会受到顾客的关注，并影响到顾客对服务的体验。例如，服务人员因为与家人发生矛盾，在为顾客服务时，将怒气发泄到顾客身上，对顾客呼来唤去，甚至与顾客打了起来，员工的这种不平常的行为必然会让顾客对企业及其所提供的服务十分不满。

### 4. 顾客不当行为引起的失误

这种失误是由于顾客的不恰当行为所引起的失误。服务是一个互动的过程，顾客参与到服务的生产过程中，顾客不合理的行为同样会导致服务失误。在现实生活中，这种情况并不少见。由顾客不当行为引起的服务失误包括：①醉酒，例如，在饭店中，醉酒的顾客的行为会对在场的其他顾客、员工产生消极的影响；②口头或身体伤害，例如，在公交车上，吵架或打架的顾客可能会对其他乘客有一定的伤害，会让车上的其他乘客感到很厌烦；③破坏企业规定，例如，在银行，不遵守银行排队规则的顾客会插队，对按规定排队等候的顾客和银行职员的工作都会产生不利的影响；④不合作的顾客，例如，在医院，医生往往对那些不合作的患者感到十分头痛。有时候，尽管企业提供了完善的服务系统，服务人员也竭尽全力去满足顾客的需求，有些顾客还是不满意。在这些顾客中，有些会对企业提出苛刻的要求，有些会逼迫企业给予他更多利益，有些会侮辱或攻击企业员工。当失误由顾客过失造成时，企业如果让员工承担所有责任，会对员工的情绪和工作积极性造成消极的影响。企业应该制定专门的处理办法来解决那些因顾客过失所引发的失误。

---

**应用练习 5-1**

以最近你所经历的一次服务失误（如快递延误、账单有误）为例，说明该服务失误的原因是什么。在应对这一失误时，你的反应是什么？

---

## 5.1.3　顾客对服务失误的反应

### 1. 服务失误后顾客的行为

在服务失误发生以后，顾客通常会产生负面的情绪，如不满、失望、焦虑、生气或自怜等，这些情绪会影响到顾客的行为，进而会对顾客是否选择原有服务商的决策产生影响。当出现服务失误时，不同的顾客会出现不同的反应。如图 5-2 所示，该图描述了顾客对服务失误发生后的各种反应,从开始时产生负面情绪一直到采取行动的整个过程。

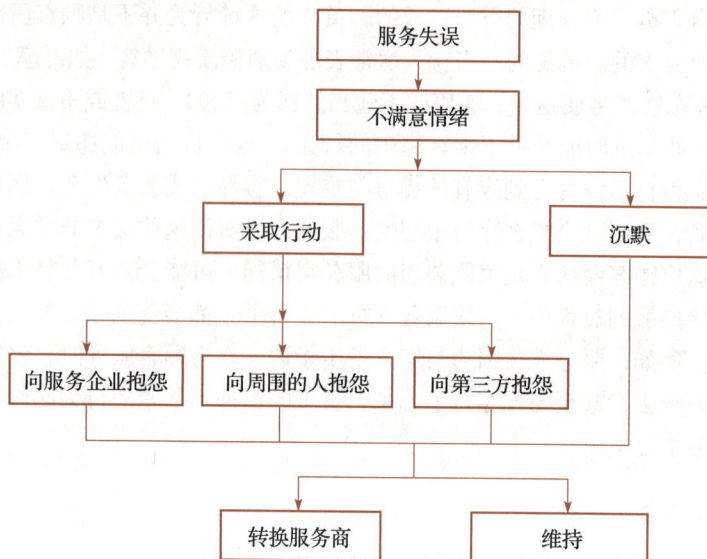

图 5-2  服务失误后顾客的行为

从图 5-2 中可以看出,顾客对服务失误的反应是不同的,有的顾客选择沉默,有的采取抱怨行为。尽管服务失误会引起顾客的不满,但在这些不满意的顾客中,大部分顾客并不投诉。研究表明:在对服务不满的顾客当中,平均只有 5% ~ 10% 的顾客会真正进行投诉。<sup>⊖</sup>这一研究结论说明了不满意的顾客进行投诉的比例是极低的。在现实生活中,这一比例可能会更低。即使顾客对服务失误抱怨,不同的顾客也会向不同的人或机构投诉。

🔒 人物小传                        克里斯托弗·洛夫洛克

克里斯托弗·洛夫洛克是服务营销学的创始人之一,世界公认的服务营销理论先驱,专注于服务战略规划与顾客体验的研究。他游走于全球,为企业管理者提供咨询、培训服务。2001—2008 年,他成为耶鲁大学管理学院的兼职教授,为 MBA 学生专门讲授"服务营销"课程。

洛夫洛克在爱丁堡大学分别获得了商学学士学位和经济学硕士学位,然后开始在智威汤逊公司伦敦办公室从事广告宣传工作,并曾在加拿大蒙特利尔加拿大工业有限公司从事战略规划工作。而后,他又分别在美国哈佛商学院和斯坦福大学获得了 MBA 学位和博士学位,并在斯坦福大学做了一段时间的博士后。

洛夫洛克的学术经历包括在哈佛商学院任教 11 年,在瑞士洛桑国际管理学院作为访问教授工作 2 年,并先后在许多世界著名大学任教,如加州大学伯克利分校、斯坦福大学、麻省理工学院斯隆商学院、法国欧洲工商管理学院和澳大利亚昆士兰州立大学。

洛夫洛克曾独自以及与其他学者联合撰写了 60 余篇文章、100 多个教学案例和 27 部专著,这些研究成果被翻译成了 14 种语言。作为服务营销方面的权威专家,他在《服务管理杂志》

⊖ 洛夫洛克,沃茨. 服务营销:原书第 7 版  全球版 [M]. 韦福祥,等译. 北京:机械工业出版社,2014.

《服务研究杂志》《服务产业杂志》《康奈尔接待业季刊》和《营销管理》担任编委工作，并担任《市场营销杂志》的审稿人。

洛夫洛克是全球公认的服务营销研究领域的先行者，他由此获得了美国市场营销学会颁发的服务学科贡献奖。他与其他学者合写的《服务营销将走向何方：服务营销新范式与新视角研究》一文于 2005 年荣获美国市场营销学会年度最佳论文。在此之前，他曾获得过众多荣誉，包括《市场营销杂志》评选的最佳论文。他的案例撰写水平更是得到学界的高度认可，曾两次获得《商业周刊》评选的年度最佳欧洲案例。

有些顾客会选择向服务企业投诉。研究表明，大部分人是在服务现场向服务人员投诉的。人们一般会直接向一线员工抱怨，如向公交车司机、餐厅服务员、导游、空姐等服务人员抱怨，而不是向公司总部或客户关系部门投诉。这说明了为什么公司的高层管理者很难听到顾客向服务人员的投诉内容，尤其是公司缺乏正规的客户反馈系统时更是如此。在一些研究中，研究人员还发现，当顾客向服务人员抱怨时，大多数顾客是通过面对面交流或电话进行的，只有少部分顾客通过客户反馈卡、信函、传真或电子邮件来反馈。如果顾客是为了解决问题或改变状况而抱怨，通常会使用互动式渠道，如当面交谈或电话交流。如果顾客是为了发泄情绪而抱怨，则更多借助于非互动渠道投诉，如客户反馈卡或电子邮件。

有些顾客则更倾向于将公司的负面信息传播给亲朋好友和同事。在这种抱怨行为中，顾客没有将负面信息传递给公司，使公司丧失了服务补救的机会。负面口头宣传会强化顾客的消极情绪，导致顾客流失，也会影响到其他人。这类顾客的抱怨行为对公司是不利的，特别是在网络发达的时代。近年来，随着互联网的快速发展，一些顾客开始使用网络来抱怨。网络为人们提供了更加方便快捷的投诉渠道，也使负面口碑迅速而广泛地传播到大量的人群中，会对服务企业的声誉产生负面的影响。在极端的情况下，有些顾客在遭受到严重的服务失误后，他们会在网络上公开抱怨，对公司的不当行为进行过分渲染，将他们所经历的不愉快的事情告诉成千上万的人，通过网络来发泄他们的不满，宣泄他们的愤怒，甚至报复得罪过他们的公司。

另外一些顾客则向第三方投诉。第三方包括政府相关机构、保护消费者权益的组织、行业协会和法律机构等。在以上三种投诉行为中，顾客可能会采取其中一种，也可能会同时采取几种。总之，顾客不管是采取行动还是保持沉默，最终必须要做出决策：是继续光顾这家服务企业，还是更换原来的服务企业，转向其他服务供应商。

### 2. 抱怨者的类型

按照顾客对服务失误产生的不同反应，可以将顾客划分为发言者、发怒者、积极分子和消极者四种类型。

（1）发言者　这种类型的顾客更愿意向服务人员抱怨。对于服务公司而言，发言者应该被看作公司的好朋友。发言者向服务人员投诉，为公司提供了一个及时改正错误的机会，使公司还有第二次机会来满足顾客的需要，以留住顾客，并避免了负面口碑的传播和扩散。发言者相信向服务人员抱怨会产生积极的效果，对社会也是有益的，所以他们会主动向企业员工抱怨，而不太可能向其他人或第三方表达不满。

（2）发怒者　这类顾客更有可能向亲戚、朋友传播负面口碑并更换原有的服务公司。发怒者对所经历的服务失败很生气，对提供服务的公司行为感到很愤怒，他们不太可能为服务公司提供第二次服务补救的机会，而是向亲朋好友、其他人传播这家公司的负面信息，并选择离开，不再使用这家公司提供的服务，进而转向这家服务公司的竞争者。

（3）积极分子　这类顾客更有可能向企业、亲朋好友及第三方抱怨。积极分子乐于向人们诉说自己的冤屈与不满。他们会向各种人和机构抱怨，如服务公司、其他人和第三方。他们对抱怨产生的结果抱有积极的预期。

（4）消极者　这类顾客保持沉默，很少采取行动。在遇到服务失误时，消极者不采取任何行动，他们不太可能向服务人员抱怨，也不太可能进行负面口碑传播，更不会向第三方投诉。他们的个人性格或观念不支持抱怨，他们认为抱怨要花费许多时间和精力，怀疑抱怨所取得的成效。

**应用练习 5-2**
回忆你最近一次不满意的服务经历，你抱怨了吗？为什么？如果你没有抱怨，请解释原因。

### 3. 顾客抱怨或不抱怨的原因

如果企业想要消除顾客的不满，就需要深入了解顾客相应行为背后的原因，即当顾客对服务失误不满时，为什么有的顾客会抱怨，而有的顾客不抱怨呢？顾客抱怨或不抱怨的原因见表 5-1。

表 5-1　顾客抱怨或不抱怨的原因

| 顾客抱怨的原因 | 顾客不抱怨的原因 |
| --- | --- |
| • 获得赔偿<br>• 泄愤<br>• 帮助改进服务质量<br>• 利他主义<br>• 证实抱怨者对抱怨评价的合理性<br>• 重新获得控制 | • 不方便<br>• 对投诉效果持怀疑态度<br>• 不值得<br>• 不愉快的感觉<br>• 角色意识和社会规范的影响 |

顾客为什么抱怨？原因主要有以下几个方面。

（1）获得赔偿　一般情况下，顾客抱怨是要求服务公司通过赔偿来弥补自己的经济损失。他们认为由于公司的服务失误，自己应该得到某种形式的补偿。公司赔偿消费者的方式有很多，如退款、打折、重新提供服务、在未来提供免费服务等。

（2）泄愤　抱怨成为顾客发泄不满情绪的一种工具。在服务过程中，如果服务人员粗暴无礼、故意冷落顾客或威胁顾客，顾客的自尊心会受到伤害，他们会产生挫败感，会变得很愤怒。这时，抱怨可以使顾客重建自尊，释放压力，发泄他们的愤怒与不满。

（3）帮助改进服务质量　在消费者与服务有较高关联度时，消费者希望服务机构能改善服务质量，使自己可以获得优质的服务。因此，为了促进服务质量的提高，他们会不断努力和贡献力量，积极向服务机构反馈信息。例如，在大学中，学生主动对教学质量、食宿管理提出建议与要求；银行大客户积极对服务改进提出合理化的建议。这些抱怨在一定程度上都是为了帮助相关服务机构提高服务质量。

（4）利他主义　在某些情况下，有些顾客具有利他主义思想，他们在社会责任感的驱动下投诉，他们抱怨是希望其他人不要再遇到类似的问题，以避免他人经历自身同样的遭遇。他们希望通过投诉来引起公众的关注，使服务公司纠正错误的行为。

（5）证实抱怨者对抱怨评价的合理性　顾客对抱怨事件的评价基本上是主观的。即使遇到相同的服务失误，各个顾客抱怨的内容与程度都会不同。这时，顾客抱怨是为了检验其他人对自己抱怨的认同。他们想了解的是，在同样的情况下，别人的感觉与自己是否一样，别人是否会同情他们。如果他们的抱怨得到别人的肯定，顾客会认为自己提出了正当的抱怨。

（6）重新获得控制　抱怨可以使顾客重新得到某种控制手段。如果顾客通过抱怨可以影响到其他人对服务公司的评价和看法，那么顾客就能再次获得控制手段。例如，有些顾客在网络上大量传播某公司的负面信息，采取某种手段引起人们对该公司的关注，从而获得了某种权力，迫使这家公司不得不进行道歉和赔偿。

顾客为什么不抱怨？原因通常可以归纳为下列几种。

（1）不方便　有时候，顾客很难发现有合适的投诉渠道与程序，他们根本不清楚应该到哪里投诉，不了解有哪些渠道可供他们投诉，甚至不知道该如何投诉。即使知道，有些投诉可能相当麻烦，顾客需要花费时间和精力写信与寄信、提供相关证明、填写大量表格、查找公司的电子邮箱与写电子邮件，在这种情况下，很多顾客都不愿意去做这些事，他们把抱怨看作一件烦琐的事情，不想浪费自己的时间与精力。

（2）对投诉效果持怀疑态度　不少人认为投诉不会产生什么效果。尤其是在服务水平较低的行业中，人们不相信公司会关心顾客所遇到的难题，不能确定服务公司是否会解决顾客抱怨的问题。顾客认为即使自己向服务公司抱怨，也是白费力气，抱怨不会导致一些对自己或别人有利的事情出现，也不会带来任何好处。

（3）不值得　顾客认为廉价的服务、经常使用的服务对于自己并不重要，不值得花费时间与精力抱怨。因此，顾客对于这些服务投诉较少。不过，虽然顾客当时不抱怨，但下次需要使用这些服务时，顾客可能会转向企业的竞争对手。相反，顾客对那些高价格、高风险的服务则投诉较多。

（4）不愉快的感觉　很多人认为投诉是一件让人不舒服的事情。有些顾客害怕与服务人员发生冲突与争执，担心受到员工无礼的对待或者报复，尤其是在投诉的人与顾客的利益密切相关，顾客还要与其打交道的情况下更是如此。例如，住院的患者即使对主治医生极为不满，往往也不愿意投诉医生，因为他们惧怕遭到对方的报复。还有些顾客会对抱怨感到尴尬。由于服务的不可分离性，顾客与公司员工经常面对面地接触，服务人员就在现场，顾客可能会对当面抱怨感到不舒服。

（5）角色意识和社会规范的影响　有些服务具有较强的专业化或技术性，需要服务提供者拥有专业知识或技能，如果服务人员是这方面的行家，具有影响交易的能力，处于强势地位，而顾客认为自己缺少评价服务质量的专业知识，在这种情况下，顾客投诉的可能性较小。在面对律师、医生、建筑师等专业人士时，情况更是如此。人们普遍认为他们是专家，社会规范也并不倡导顾客指责这些专业服务人员。

## 5.2    服务补救

服务补救是指企业针对服务失误造成的问题所采取的一系列行动。服务补救不仅是企业在服务失误时所做出一种及时主动的反应，更是针对服务系统中可能导致服务失误的任一环节所做出的努力。服务补救对企业具有重要意义，企业应该积极地进行服务补救。

### 📰 小案例 5-1                        冰激凌事件

2023 年 4 月 20 日，有网友在社交平台发视频称，在上海车展的宝马 MINI 展台，工作人员发放冰激凌时，疑似区别对待中国访客和外国访客。据拍摄者介绍，当中国人去领冰激凌时，工作人员声称冰激凌已经发放完毕。但当有外国人去领时，工作人员却热情接待并将冰激凌发给他，甚至还贴心教他们如何食用；而当在场的中国人看到还有冰激凌再去拿时，工作人员却又称这是限量款，并将冰激凌拿走。

该事件的相关视频一经上传，就引起了网友的广泛关注。随着网上舆情的不断发酵，2023年 4 月 20 日下午，MINI 中国官方账号对此事件进行了道歉以及回应，然而在宝马 MINI 的第二次道歉声明中，却声称视频中的"老外"是公司的员工，并呼吁公众对两位涉事礼仪小姐给予理解和宽容。此番操作不仅没有平息公众对其"双重标准"的质疑和愤怒，相反，却让公众对"老外"员工的真实性和企业态度、立场产生新的质疑，引发舆情进一步发酵升级，招致舆论跟进抨击。

随着"冰激凌事件"愈演愈烈，截至 4 月 20 日收盘，德国宝马汽车公司（BMWG）在欧股跌幅已超 3%，一天之内市值蒸发 21.6 亿欧元（约合 163 亿元人民币）。

资料来源：1. 百度百科，https://events.baidu.com/search/vein?platform=pc&query=%E5%86%B0%E6%B7%87%E6%B7%8B%E5%8F%AA%E7%BB%99%E5%A4%96%E5%9B%BD%E4%BA%BA?%E5%AE%9DE9%A9%ACmini%E9%81%93%E6%AD%89&record_id=20908。

2. 搜狐网，https://www.sohu.com/a/668880413_662181。

### 5.2.1    服务补救的重要性

#### 1. 提高顾客忠诚度

服务失误是很难避免的。如果企业能采取有效的服务补救措施，往往可以留住顾客，甚至可以大幅度地提高顾客的忠诚度。相反，如果企业不能及时处理顾客的投诉并解决问题，顾客很可能离开企业，转向竞争对手。因此，服务补救是防止顾客流失、提高顾客忠诚度的有效措施。

当出现服务失误后，顾客对企业提供的服务会感到不满。但是，企业有效的服务补救往往可以缓解或消除顾客的不良情绪，将生气、焦虑的顾客转化为满意的顾客，并能提高顾客的忠诚度。也就是说，遭受服务失败经历的顾客如果对企业的服务补救感到满意，将更有可能出现再次向企业购买服务产品的行为。古德曼法则认为：将顾客的不满以抱怨的方式显现出来，并给予其满意的解决方案，可以提高顾客的再购买率，确保顾客较高的品牌忠诚度。研究表明：与根本没有抱怨过的顾客相比，那些因抱怨而使问题得到解决的顾客具有更强烈的再购意愿，而在抱怨的顾客中，得到快速服务补救的顾客比那些问题未得到解决的顾客更有可能出现重购行为。

### 2. 控制负面口碑传播，塑造良好的企业形象

如果企业没有进行服务补救，或者缺乏有效的服务补救策略，可能会使经历服务失误的顾客更加不满，甚至成为极端的发怒者。他们可能会寻找各种可供利用的机会，夸大企业的失误，不计后果地到处传播企业的负面消息。研究显示：每一个不满意的顾客会向 10 ~ 25 个人讲述他们的不幸遭遇。而有效的服务补救可以防止事态升级，避免不利于企业的口头传播的影响。服务补救原本就是为了挽回服务失误给顾客带来的不利影响，将顾客与企业的损失降到最低限度。有效的服务补救会给顾客留下深刻的好印象，使顾客对企业产生好感与信任，并产生良好的口碑效应，从而在社会上为企业树立良好的形象，带来更多的顾客。

### 3. 持续提高服务质量

服务补救是企业不断改进服务质量努力的一部分。服务补救是高度互动的服务过程，在此过程中，顾客与企业员工面对面接触，企业赔偿给顾客相应的经济损失和精神损失，这些都会涉及服务的过程质量与结果质量。因此，有效的服务补救本身其实就向顾客传递优质的服务质量。从顾客反馈回来的信息中，还能使企业获得许多有价值的信息，以此为依据，企业能够不断创新服务和改善服务。此外，利用服务补救中总结出来的经验教训，调整企业的服务系统和服务流程，可以尽量避免再次出现类似的失误，使企业将来能在第一次为顾客提供服务时就把事情做好，从而可以降低补救成本并增进顾客的初始满意度，这对企业和顾客都是非常有利的。

### 📱 小案例 5-2　　　　　　　　"大树下"茶餐厅要不要改革

会议室内一片喧嚣，正在进行一场激烈的辩论，主要讨论"大树下"茶餐厅是否要实施一项改革，总经理王华陷入沉思。这个话题还要从一个星期前发生的一件事情说起。某天中午，张先生来到"大树下"茶餐厅点了一份快餐，他是这里的熟客，就在不远的公司工作。由于中午休息的时间很短，像许多白领一样，他很珍惜中午有限的时间，想尽快吃完回去午休。不巧的是，这天餐厅的两位厨师同时请了假，而且当天中午的顾客非常多，半个多小时过去了快餐还没有上。张先生的耐心终于到了极限，他找到了一个服务员，对他大声抱怨了几分钟，也不听解释便愤愤离去。

"是该改变的时候了！"餐厅经理顾杨说话的时候表情很严肃，咬字清晰，显然是想吸引所有与会者的注意。"其实这种事情不是第一次发生了，我经常直接或间接地听到顾客对各种服务不到位进行抱怨，我认为我们应该采取一些措施来避免类似的情形再度发生。首先要建立客户抱怨的预警机制，同时，加强对服务员的培训，把顾客的不满情绪在爆发之前化解；另外，还要改变以往餐厅招聘服务员后标准化上岗培训的做法，授予一线员工一些权利，比如说前几天张先生的那件事，我们完全可以让员工提前发现他等待已久，给予适当的解释并允许员工赠送一份冰激凌或餐前冷菜表示抱歉，等等。这样可以让服务员灵活地处理现场问题，有效地防止顾客不满情绪扩大。要知道，我们餐厅之所以能够有今天的业绩，很大程度上得益于老顾客的支持和厚爱，如果得罪更多的老顾客，我们恐怕要花更大的代价去吸引新的顾客，这样对餐厅的经营十分不利。"

"我觉得这样有点小题大做，"财务经理刘成马上反驳，"这种事情又不会天天发生，更不

可能同时在一个人身上出现。顾客之所以来我们这里，是因为我们的餐厅饭菜味道可口、服务周到，而非其他的想法。另外，要改变我们公司现有的管理模式，员工们需要重新适应，也会造成大笔开支，是不是有点儿得不偿失？"一番交锋后，大家你一言我一语地争论开来，有些人极力支持顾杨的想法，有些人则明显反对，一时间闹得会议室沸沸扬扬，吵得不可开交。总经理王华没有说话，他现在的心情很复杂，似乎觉得两人说得都有道理。

资料来源：王永贵，徐宁. 经营顾客资产的艺术：顾客抱怨的补救与转化 [M]. 天津：南开大学出版社，2007.

**问题：**如果你是总经理，该如何决策？你为什么要做出这样的决策？

### 5.2.2　顾客对服务补救的期望

如果顾客花费大量的时间和精力向公司投诉，他们会对服务补救有很高的期望。顾客希望企业能够对服务失误负责，使用相关的服务补救方式来解决问题，期望在服务补救中得到公平的对待。

#### 1. 企业承担相关责任

在出现服务失误时，顾客想知道究竟发生了什么事情，为什么会发生这种事情，企业应该对哪些事情负责，企业会采取哪些服务补救的方式来处理问题。如果企业不采取任何补救措施，就会与顾客的期望相背离，可能会导致更大的纠纷出现，从而产生更坏的影响。因此，企业应该采用相应的服务补救方式来挽回顾客，见表 5-2。

表 5-2　服务失误出现后企业的补救方式

| 顾客期望的行为 | 企业的补救方式 |
| --- | --- |
| 倾听 | 倾听顾客的抱怨，安抚顾客的情绪 |
| 道歉 | 真诚地向顾客道歉 |
| 解释 | 说明发生了什么，为什么会发生 |
| 表态 | 告诉顾客，企业将会对失误负责到底，并会采取相应行动 |
| 补偿 | 由一线员工在现场对顾客进行象征性补偿或实质性赔偿 |

（1）倾听　服务人员应该站在顾客的立场上，善待顾客，倾听顾客的抱怨，对顾客表示理解与同情，主动安抚顾客的不满情绪。给顾客提供一个倾诉的机会，企业可以让顾客发泄他们的不满，从而使很多顾客的愤怒烟消云散，还可以使企业从中找出失误的具体原因，为顺利进行服务补救奠定良好的基础。

（2）道歉　顾客期望服务失误时能得到企业的道歉。道歉意味着企业承认所发生的失误和重视顾客的抱怨，体现了对顾客的尊重和理解，可以重新赢得顾客信任。

（3）解释　企业要对发生了什么以及为什么发生进行解释，向顾客说明失误的原因，可以在一定程度上缓和顾客的不满情绪。例如，当航班不能按时起飞时，如果航空公司能及时告知顾客是由于天气状况造成的，顾客就很容易接受出现的服务失误。

（4）表态　服务过程中出错时，顾客很想知道所出现的问题能否得到解决。有些问题很容易解决，在现场就可以处理；而有些问题涉及多方面，不能马上处理。对于后者，企业应该本着负责的原则告诉顾客，企业会对失误负责到底，以及企业将会采取什么行动进行服务补救。但是，要注意的是，企业不能过度承诺，同时，企业要说到做到，要能兑现自己对顾客所做出的承诺。

（5）补偿 服务失败会给顾客带来一定的精神损失或物质损失。除了向顾客道歉、解释和表明态度之外，企业还需要对顾客做出补偿，将顾客认为有价值的东西送给他们。企业可以通过赠送礼物的形式来对顾客进行象征性的补偿，如一个小礼品或一张优惠券。企业也可以进行实质性的补偿，如全部或部分的退款、折价、免费服务、物品的修理及更换等。

## 2. 顾客得到公平对待

一旦失误发生，顾客期望在服务补救中获得公平（Fairness）。服务失误会给顾客带来实际问题与情感问题，顾客会认为他们遭受了经济损失，受到了不公正的对待。因此，在服务补救时，企业要向顾客赔偿以弥补他们的经济损失，还要尽力提高顾客的公正待遇感。

当企业进行服务补救时，顾客会从多个角度来感知服务补救是否公平。顾客对服务补救是否合理的看法由顾客对服务补救的结果、服务补救的过程，以及服务补救过程中人际间的行为的评价共同形成。史蒂芬·泰克斯（Stephen Tax）与史蒂芬·布朗（Stephen Brown）对顾客投诉后寻求的公平进行了研究，总结出三种公平类型，即结果公平、过程公平和交互公平。

（1）结果公平（Outcome Fairness） 结果公平是指顾客因服务失误所遭受的损失而获得的赔偿，也称为分配公平（Distributive Fairness）。顾客希望公司补救努力的特定结果或赔偿能与其不满意水平相匹配。这种公平与顾客因服务失误所遭受的损失和引起的不便相关，他们希望得到公平的交换。

顾客不但会比较自己的得与失，还会将自己的得与失和别人的得与失相比较。他们想获得公平，认为公司的赔偿至少要等于他们遭受到的损失，还希望自己能获得与其共同经历服务失误的其他人得到的赔偿一样。然而，结果公平仅只是服务补救的一个方面而已，如果顾客认为补救过程、与服务人员的沟通方面不公平，则使用单纯的赔偿来解决服务失误问题是毫无意义的，它很难把顾客对服务的不良感知转变成良好的印象。史蒂芬·泰克斯认为：过量的赔偿并非解决问题的灵丹妙药，还会提高服务补救的成本，过程公平与交互公平才是解决失误问题的根本所在，因为顾客正是遭受了不公正的待遇才会投诉的。如果消费者觉得服务补救的过程和交互是公平的，反而会降低对物质方面的要求，企业就能减少服务补救的成本。

（2）过程公平（Procedural Fairness） 过程公平是指顾客在寻求公平时必须遵守的公司政策与规章制度。顾客希望处理过程的政策、规定和时限公平。这种公平与公司的政策和规章制度有关。顾客期望公司有便捷的服务补救流程，反应迅速，可以方便地、灵活地处理问题。

不公平的补救过程是缓慢的、不方便的。例如，如果公司要求顾客必须提供检验报告、附上相应的证明，顾客会认为好像是自己在撒谎似的，就会感到不公平。如果公司提供服务补救结果的步骤烦琐，拖延了很长时间才使顾客得到赔偿，在这种情况下，即使顾客认为补救结果是公平的，他们也会认为服务补救是糟糕的。相反，公平的服务补救过程是方便的，使顾客易于进入投诉过程之中；公司的规定是清晰的，不会引起双方的争执；公平的服务补救是及时的，能快速地解决失误的问题。

（3）交互公平（Interactional Fairness） 交互公平是指服务人员处理服务失误时对待顾客的态度与行为的合理性。顾客希望被礼貌、细心和诚实地对待。这种公平与公司的服务人员有关，这里所说的服务人员特指直接向顾客提供服务补救的员工。交互公平体现在服务人员与顾客交往的合理性方面，包括服务人员与顾客接触时体现出来礼貌、对失误解释的乐意程度、对服务的投入度、解决失误问题时的努力程度等。在服务补救过程中，顾客需要交往上的合理性，顾客要求服务补救是礼貌的、真实的和真诚的，希望服务提供者在信息沟通方面和行为方面都是公正的、诚实的和富有感情的。如果员工能无微不至地关怀顾客，很快就会平息顾客的怨气，从而轻易地使问题得到解决。然而，在现实生活中，不少顾客在遇到服务失误时，服务人员往往态度冷漠，不情愿地帮助顾客解决难题，或者粗暴地对待顾客，这时，这种公平就会占据主导地位，支配结果公平和过程公平。

### 5.2.3　影响顾客转换行为的因素

在遇到服务失误后，顾客最终会决定是继续留在原有服务企业还是转向其他服务企业。顾客是选择停留在原企业还是转换其他企业会受到很多因素的影响，如图 5-3 所示。

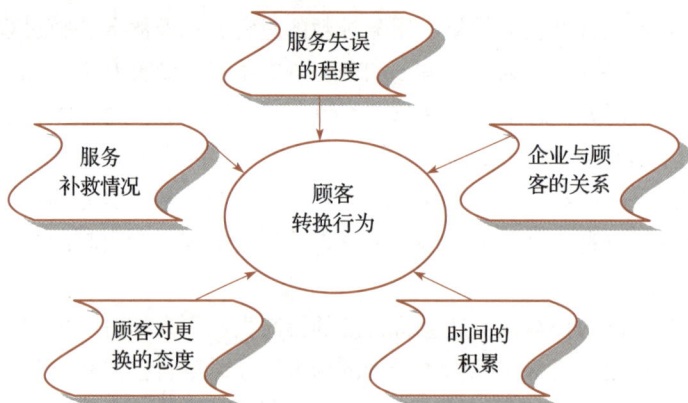

图 5-3　影响顾客转换行为的因素

#### 1. 服务失误的程度

服务失误的大小和危险程度会影响到顾客再次向原有服务企业购买的决策。服务失误程度越小，对顾客越不重要，顾客就越有可能再次向原有企业购买服务。相反，如果服务失误很严重，给顾客带来了严重的后果，顾客就极有可能更换服务企业。

#### 2. 服务补救情况

糟糕的服务补救是导致顾客转换服务企业的一个重要因素。当发生服务失误时，公司对服务失误的反应很差，如消极回应、不回应、不情愿地回应，会促使顾客离开原有服务企业，投入该企业竞争者的怀抱。

#### 3. 企业与顾客的关系

研究表明，当出现服务失误时，与服务企业保持长期良好关系的顾客更容易原谅企业的错误，选择继续留在企业的可能性更大。而与企业有第一次接触关系的顾客则更有可能在服务失误后更换服务企业。这里的第一次接触关系是指顾客与企业之间只进行了一次接触而形成的交易关系。

#### 4. 顾客对更换的态度

顾客对更换行为的看法影响着他是否会继续与原有服务企业保持关系。无论企业是否解决了服务失误的问题，以及顾客对其提供的服务是否满意，一些顾客更换原有服务企业的可能性还是很大的。

#### 5. 时间的积累

有时候，顾客并不是在服务失误时，立即做出更换服务企业的决策。当服务失误多次发生，顾客在经历了不止一次的失败的服务补救之后，可能最终才痛下决心，决定离开原有的服务企业。因此，更换服务企业可能是一个时间积累的过程。

> **应用练习 5-3**
> 回想一下你最近对服务机构的服务补救措施感到满意的经历，请详细叙述一下发生了什么，以及哪些服务补救措施让你感到满意。

### 5.2.4　服务补救策略

服务补救对企业而言是非常重要的，服务企业应该真诚地对待那些遭遇服务失败经历的顾客，主动展开服务补救以便留住顾客。根据顾客对服务补救的期望和影响顾客转换行为的因素，可以采取一系列服务补救策略，如图 5-4 所示。

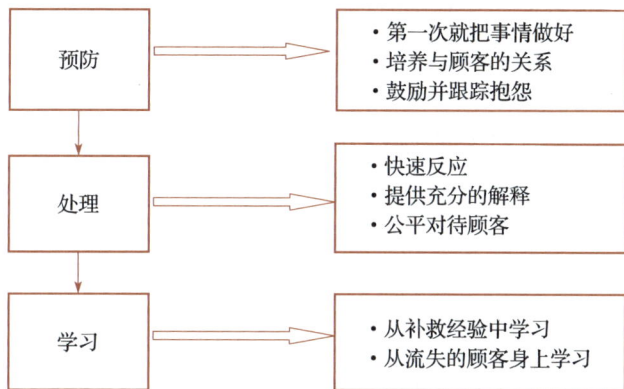

图 5-4　服务补救策略

预防
- 第一次就把事情做好
- 培养与顾客的关系
- 鼓励并跟踪抱怨

处理
- 快速反应
- 提供充分的解释
- 公平对待顾客

学习
- 从补救经验中学习
- 从流失的顾客身上学习

### 小案例 5-3　　美国联邦快递公司的服务补救

美国联邦快递公司利用 Powership 自动系统跟踪有关货件的行踪资料，了解服务类别、送货时间及地点。通过这一系统，该公司的服务人员能够及时了解到是否发生服务失误，并在第一时间采取补救措施。同时，服务人员将记录和分析顾客的投诉以评估服务补救的效果，以此了解服务失误发生的原因并做出相应的改进措施。之后，服务人员会把这些信息收集整理，建立数据库，用于改进内部工作程序，以减少下次类似服务失误的发生。当顾客打电话给联邦快递的时候，只要报出发件人的姓名和公司的名称，该顾客的一些基本资料和以往的交易记录就会显示出来，极大地提高了服务补救质量。

在这一服务补救过程中，美国联邦快递公司制定了非常严格的服务标准。公司承诺肯定于第二天上午 10 点以前送达物件，这样顾客会很清楚地了解其应获得的服务水准。同时，公司也非常重视员工的培训与授权、组织学习等。公司有很好的培训制度，每时每刻都有 3%～5% 的员工在接受培训，在员工培训方面的花费每年约为 1.55 亿美元，特别是对于一线服务员工，服务和服务补救技巧是必不可少的培训内容。此外，公司大胆对一线服务员工授权解决顾客问题并注重从补救经历中学习，通过追踪服务补救的努力和过程，服务人员能够获知一些在服务交付系统中需要改进的问题。

资料来源：诺达名师网，http://qy.thea.cn/.

**问题：** 在该案例中，美国联邦快递公司采取了哪些服务补救策略？

### 1. 第一次就把事情做好

最佳的服务补救策略是第一次就把事情做到最好。如果在第一次向顾客提供服务时员工就做得很好，那么对双方都是十分有利的。对顾客来说，他们得到了满意的服务，而公司当然也就没有必要进行服务补救了，可以节约重新提供服务和赔偿损失的一系列费用。

那么，公司可以采取哪些方法来提供可靠的服务呢？一些服务营销专家建议，服务公司应该在充分考虑服务业特性的基础上，借鉴制造业中的全面质量管理和零缺陷管理的方法。当然，如果公司未注意到服务业与制造业的不同，没有根据服务特性进行改变，这些方法可能很难发挥作用，原样照搬到服务业中使用很可能会以失败告终。

在制造业的全面质量管理方法中，防错方法是最有效的方法之一，能自动预防生产过程中的失误。服务运营专家蔡斯（Chase）建议在服务流程中采用防错方法，以提高服务的可靠性。防错方法是通过控制和现场自动报警以确保不发生错误的一种质量控制手段。在服务业中，防错方法可以用来防止服务出现错误，也可以用来保证员工遵循规定的程序，按照合理的步骤和标准提供服务。

### 🕸 知识链接　　　　　　　**防错方法的应用原理**

日本的质量管理专家、著名的丰田生产体系创建人大野耐一先生根据其长期从事现场质量改进的丰富经验，首创了防错方法的概念，并将其发展成为用以获得零缺陷，最终免除质量检验的工具。从狭义来看，防错方法就是如何设计一个东西，使错误绝不会发生。就广义而言，防错方法是如何设计一个东西，使错误发生的机会减至最低限度。防错方法的应用原理有以下 10 种。

（1）断根原理：会让错误的产生原因从根本上排除掉，而绝不发生错误，可借"排除"的方法来达成。例如，要想永久保存录音带上的重要资料，可将侧边防再录孔上的一小块塑料片剥下，便能防止再次录音。

（2）保险原理：通过两个或多个动作必须共同或依序执行才能完成某项工作。例如，开银行保险箱时，必须将顾客的钥匙与银行的钥匙同时插入钥匙孔，才能将保险箱打开。

（3）自动原理：以各种光学、电学、力学、机构学、化学等原理来限制某些动作的执行或不执行，以避免错误发生。目前这些自动开关非常普遍，也是非常简易的"自动化"应用。例如，电梯超载时，门关不上，电梯不能上下，警铃也响起。再如，超级市场内进口及出口的单向栏栅，只能进不能出，或只能出不能进。

（4）相符原理：借用检查核验是否相符的动作，来防止错误的发生。例如，将计算机主机与显示器或打印机的连接线设计为不同的形状，使其能正确连接起来。

（5）顺序原理：为了避免工作的顺序或流程前后倒置，按照编号顺序排列，可以减少或避免错误的发生。例如，流程单上所记载的工作顺序，按照数目的顺序来编列。

（6）隔离原理：隔离原理也称保护原理，借用分隔不同区域的方式，来保护某些地区，使其不能陷入危险或发生错误。例如，将家庭中危险的物品放入专门的柜子，加锁并置于高处，预防年幼的小孩取用而造成危险。

（7）复制原理：同一件工作，如需做两次以上，最好采用"复制"方式，这样既省时又不会出现错误。常见的例子就是"统一发票"。

（8）区别原理：为避免将不同的工作做错而设法加以区别。例如，在生产线将不良品挂上红色的标签，将重修品挂上黄色的标签，将良品挂上绿色的标签。

（9）警告原理：如有不正常的情况发生，能以声光或其他方式显示出各种警告的信号，以避免错误的发生。例如，车子速度过高时，警告灯就亮了。

（10）缓和原理：借助各种方法来减少错误发生后所造成的损害，虽然不能完全排除错误的发生，但是可以降低其损害的程度。例如，鸡蛋的隔层装运盒能减少搬运途中的损坏。再如，笔放在桌上总是被别人不经意中拿走，怎么办呢？贴上姓名或加条绳子固定在桌上。

资料来源：根据 http://wiki.mbalib.com/wiki/%E9%98%B2%E9%94%99%E6%B3%95 改编。

### 2. 培养与顾客的关系

牢固的关系是企业发生严重服务失误时的缓冲剂，可以防止顾客因失误而转向竞争对手。当出现服务失误时，与企业有着良好关系的老顾客往往会从长远的发展来考虑公平性，他们对企业失误更加宽容，对服务补救的期待更低，要求过分补偿的更少，对企业所采取的服务补救方式更容易接受。培养坚实的顾客关系，不但在一定程度上可以使企业顺利进行服务补救，还可以为企业带来更多的补救好处。对服务补救感到满意的老顾客，他们的满意度和忠诚度会得到进一步的提升，企业出现消极口碑的可能性会降低。因此，企业应该在平时就注重培养良好的顾客关系。

### 3. 鼓励并跟踪抱怨

大部分顾客经历了糟糕的服务后，是不会大声说出来的，而是直接转换服务企业。即使有些顾客抱怨，也不一定向公司投诉，他们有可能对家人和朋友抱怨，这会对公司产生负面的影响。因此，鼓励抱怨是打破沉默、促使顾客直接向公司抱怨的有效办法。公司要意识到处理服务失误的重要性，员工应该尊重和关心抱怨的顾客。公司可以通过顾客满意度调查、关键事件研究、流失顾客研究和监测服务流程来鼓励并跟踪抱怨。

对顾客进行教育是鼓励他们抱怨的好方法。公司可以通过文字、图画、视频等资料，告诉顾客他们有抱怨的权利和应该如何抱怨，教会顾客向公司抱怨。公司要仔细分析顾客不投诉的原因，采取相应的策略来鼓励顾客抱怨。表5-3中列出了减少顾客抱怨障碍的策略，使用免费电话、电子邮件、网店链接、顾客意见卡等，都能为顾客提供多种抱怨的渠道，以方便顾客投诉，使公司从顾客那里及时收集到服务失误的第一手资料。有些公司还利用信息技术来自动分析、储存、回应和跟踪抱怨。

**表5-3　减少顾客抱怨障碍的策略**

| 不满意顾客遇到的抱怨障碍 | 减少顾客抱怨障碍的策略 |
|---|---|
| 不方便<br>• 很难找到合适的抱怨程序<br>• 耗费精力，如写信与寄信 | 使反馈容易、方便<br>• 在所有与客户沟通的材料上印上客户服务热线号码、电子邮件地址、邮政地址（信函、网站、账单、宣传册、电话黄页等） |
| 对结果持怀疑态度<br>• 不确定企业是否会解决或采取什么措施解决顾客不满意的问题 | 使顾客放心，他们的反馈会得到认真对待，并带来好处<br>• 按服务补救程序实施，并将其传递给顾客。例如，通过顾客通信及企业网站<br>• 专门报道由顾客反馈而获得的服务改善 |
| 不愉快的感觉<br>• 害怕受到粗鲁的对待<br>• 害怕发生争执<br>• 感觉尴尬 | 使提供反馈成为顾客积极的体验<br>• 感谢顾客提供的反馈（可通过公开的方式，要感谢全体顾客）<br>• 培训服务员不与顾客争论，使顾客感到舒服<br>• 允许匿名反馈 |

资料来源：沃茨，洛夫洛克. 服务营销：第8版[M]. 韦福祥，等译. 北京：中国人民大学出版社，2018.

### 4. 快速反应

抱怨的顾客希望得到公司快速的回应。服务补救越缓慢，顾客越有可能向其他人传播公司的负面信息，容易导致公司的服务补救失败。一些研究表明，在公司反应缓慢的情况下，即使公司完全处理了服务失误的问题，有一部分顾客仍然会选择离开公司。因此，要进行有效的服务补救，公司必须迅速采取行动，及时解决服务失误问题。大多数顾客要求在服务现场马上进行服务补救，所以，最好能由顾客接触到的第一个服务人员来负责解决顾客的问题，这就要求一线员工要具备相应的补救技能和权力，企业应该对员工进行培训和授权。

（1）培训员工　要使一线员工能有效地实施服务补救，就需要对员工进行培训。培训的内容包括服务补救的重要性，员工在补救中担负的职责，以及服务补救的技能等。在培训中，公司可以向员工灌输公司所期望的补救工作态度和补救行为模式，要让员工明白为什么要进行及时的服务补救，清楚自己在补救中应该扮演的角色，以及掌握开展补救工作所需的技能。通过有效的培训，员工具有顾客导向的意识与解决失误问题的技能。

（2）授权一线员工　有效的服务补救需要满足不同顾客的要求与偏好，这意味着员工将不得不改变公司的制度与惯例，根据顾客个性来灵活地处理服务失误。对于许多要求迅速做出反应的服务补救，这些制度与惯例往往会对员工的行为产生约束。在等级森严的公司中，员工没有权力自行处理服务失误，而需要层层上报，必须经过管理层的审批才能向顾客做出赔偿。然而，管理者可能忙于处理其他重要的事情，等到员工获得批准时已经延误了服务补救的最佳时机。有效的服务补救需要下放权力，把为顾客服务的权力交给一线员工。公司向员工授权的重点是让一线员工拥有适当决定顾客利益的权力。员工应当明白自己的权限，知道对抱怨的顾客给予何种赔偿，做出什么保证。有效的授权可以使员工在出现服务失误时能及时补救，并对顾客需求做出灵活反应。

（3）由顾客自行解决问题　建立顾客自助服务系统也可以使失误问题得到快速解决。这种系统向顾客提供了大量的信息，列出各种问题的答案，鼓励并允许顾客自己来处理差错，如淘宝的物流跟踪、退货和退款系统。通常情况下，公司需要技术支持来建立这样一个系统，这种系统能向顾客提供充足的信息，根据顾客情况设计出各种自助工具，使顾客自己能进行服务补救。

### 5. 提供充分的解释

当服务失误发生后，许多顾客都想知道发生了什么和为什么发生。对服务补救研究的结果显示：即使公司缺乏能力向顾客提供足够的补偿，对服务失误提供充分的理由也可以缓解或消除顾客的不满。尤其是在随机因素造成服务失误的情况下，如何及时将失误的原因告诉顾客是服务补救的关键。有效解释具有以下特征。一是解释的内容正当。公司应该向顾客传递真实的信息，给出充分的理由，使顾客能了解所发生的事情，认为公司是诚实的。二是解释的方式合理。也就是说，公司应该如何向顾客解释，解释方式的合理性对减少顾客不满也很重要。由于解释主要是由服务人员向顾客传递信息，服务人员的个性特点会影响顾客对解释的理解，如员工的可信度和真挚度。冷淡的态度、机械性的解释只会激起顾客的愤怒，这种解释会适得其反。相反，有效的解释应该能使顾客感知到解释是真诚的。

### 6. 公平对待顾客

公平对待是服务补救策略中的一个重要组成部分。当服务失误时，顾客期望得到的公平是多个维度的，包括顾客从服务补救中获得的结果，服务补救的过程，以及服务人员与他们交往等方面。由于顾客是从多角度来感受公平的，因此，在制定服务补救策略时，公司必须将构成感知公平的这三个要素都包含在内。如果公司在服务补救时只考虑补救结果的合理性，做出了慷慨的赔偿，而忽视了另外两个因素，则仍然可能导致顾客的流失。因此，公司应该将感知公平的三个要素整合到服务补救过程中，从各方面公平地对待公司的每一位顾客，使顾客感知到自己受到了公司公平的待遇，从而对公司留下美好的印象。

### 7. 从补救经验中学习

当采取服务补救策略来解决服务失误问题后，不少公司认为问题已经得到处理，服务补救也就此结束了。而优秀的公司视野更为开阔，看得更长远，这些公司不仅仅是使用服务补救来弥补有缺陷的服务和增强与顾客的联系，更重要的是将服务补救视为一种具有诊断性的、高价值的信息资源。因为顾客会对那些他们认为重要的问题进行投诉，顾客的投诉也就成为一种很有价值的市场信息。在服务补救过程中，公司可以收集到顾客的抱怨、赞誉和其他方面的信息，利用这些信息，能帮助公司不断改进服务和提高服务质量。通过对服务补救过程的跟踪与分析，管理者还可以从中识别出具有共性的问题，找到导致这些问题出现的原因，完善服务系统或改进服务流程，彻底消除对服务补救的需要，从而在以后的工作中避免出现类似的服务失误，这就是一个学习的过程，与对失误的处理同等重要。

### 8. 从流失的顾客身上学习

这是服务补救策略中很重要的一个部分。去寻找那些离开公司的顾客，并审视企业自身的失误，这是件很痛苦的事情。然而，从已经离去的顾客身上学习，发现企业自身的不足之处，是非常有必要的，这种学习有助于企业避免在将来再次出现同样的失误和失去更多的顾客。

### ⊙ 小案例 5-4                            迪士尼乐园的服务补救

　　每年大概有 1.5 亿次游客到访迪士尼乐园（如图 5-5 所示），其中 75% 的游客是回头客，迪士尼乐园（以下简称迪士尼）之所以能做到这一点，其中有一项工作很值得人们学习，即服务补救。

图 5-5　迪士尼乐园

#### 迪士尼的"服务补救"原则

　　迪士尼在现场服务环节中对服务补救和在第一时间解决服务问题十分注重。迪士尼将它们的"服务补救"原则以英文缩写概括整理——H.E.A.R.D。

　　Hear（听到）：让顾客毫不间断地讲述他们的整个故事，有时，他们只是希望有人倾听。

　　Empathize（同情）：表达你深刻理解客户的感受。

　　Apologize（道歉）：最真诚的道歉不是流于表面的"抱歉或对不起"，即使你没有做任何让他们不高兴的事，你仍然需要真诚地为你的顾客的感受道歉。

　　Resolve（解决）：迅速解决问题，或者确保你的员工有能力这样做。不要害怕问客人："我做些什么才能把它做好？"

　　Diagnose（诊断）：找出错误发生的原因，不要责怪任何人；专注于修复这个过程，这样它就不会再发生了。

　　迪士尼的理念看起来很简单，或许人人都知道这些，但真的有将它们实施运用吗？

#### 关心体验不佳的客人，及时补救

　　人们常说的顾客投诉其实是客人累计多次不满意的体验的最终产物，而并不是一次失误所形成的。一流的客户服务中有三条很重要的原则：第一条，要集中精力做好第一次；第二条，你永远不会在第一次做好，因此要确保在服务补救上做得更好，因为客人通常会给你第二次机会；第三条，你很少得到三次机会，如果你犯了一个错误且没能处理好，然后又犯了一个错误，结果将会是毁灭性的。

迪士尼的服务补救原则并不只是用在处理客户投诉事件上，相比于处理客户投诉，迪士尼更倾向于在服务失误时进行及时补救。而能够做到及时的服务补救的人，往往是提供直接服务的一线员工和基层管理者。因此，迪士尼给予员工更多的自主权并鼓励他们使用，而不是让他们告诉客人"你可以去游客中心投诉"。

迪士尼的演职人员非常愿意施展他们的"魔法"来帮助那些有不愉快体验的客人。比如，尽管通过很多渠道向客人告知身高限制，但小孩子仍然常常和父母一起为过山车排很久的队，却在即将进入时发现自己身高不够。迪士尼注意到，父母经常会为此抱怨，更重要的是，这破坏了孩子的体验感。因此，当这种情况发生时，迪士尼的工作人员被给予发放特别通行证的权力，让这样的孩子可以直接进入他计划的下一个游乐项目，而免去了重新排队等待的痛苦。

这样的事情时常发生，如果员工们只是单纯地进行阻拦便很容易产生矛盾，但发放特别通行证这样的举措，让客人们感受到了被理解和被公平对待。即便客人自己也有责任，但他们仍然不需要亲自去承担这些，而是员工们说"很抱歉因为身高的限制……不过我有个好的建议和一个能帮助你们的魔法"。

还有相似的事情，迪士尼拥有童车租赁服务，在每一个游乐项目附近也都设置了童车停放处，虽然在每辆童车后面都有童车主人的姓名标识，但童车丢失的情况仍然时有发生。游客们在发现找不到自己的童车时经常会把怒火发泄到附近他视线所及的无辜的演职人员身上，尤其是在炎热的夏季或下着大雨的恶劣天气等情况下，即便客人自己也清楚推走自己童车的只会是其他客人。但当他们"讲述"完他们的故事后被告知可以在最近的商店或餐厅免费得到一辆童车时，大多数人会说"我为刚才的态度道歉，因为如果没有童车，孩子的旅行将会很困难，谢谢你"。

### 积极提供投诉渠道，保障客人有话能说

但并不是每一名员工都愿意为不是自己的错误而真诚道歉并及时采取补救措施来恢复客户关系的，也不是每一个游客都愿意给予乐园第二次机会。因此，投诉问题依旧不可避免。

对于现场员工无法进行服务补救的客人，通常会交给基层管理者及中层管理者应对。并且，迪士尼也要求与游客发生矛盾的当事员工以安全为先，第一时间离开现场，同时避免矛盾激化。

为了能让顾客完整地说出他们的"故事"，迪士尼乐园专门设立了"客户关系（Guest Relations）"团队，如上海迪士尼就把它设立在位于出入口附近的游客服务中心"总部"里。

对体验不满意甚至愤怒的客人可以进来寻求最终的解决办法，在一个独立的房间里有饮料、点心和舒缓的环境，然后专门的演职人员会倾听客人的"故事"。即便是一些比较荒谬的说法，比如昂贵的迪士尼旅行因为大雨受到影响了，或者在鬼屋里的演员没有对他们微笑。当然，大多数的故事是比较合理的。

同样，无论是现场员工、客户关系员工还是管理者，在进行服务补救和处理客户投诉问题时，都是按照 H.E.A.R.D 来进行的。

资料来源：https://www.sohu.com/a/235163972_314195，内容有删减。

问题：1. 迪士尼采取了哪些服务补救策略？

2. 你认为迪士尼做得好的地方有哪些？从迪士尼的服务补救中你可以得出哪些启示？

## 5.3　服务保证

服务保证是指企业向顾客提供所承诺的服务，如果服务与承诺不一致，顾客有权获得某种形式的补偿。保证在制造业中已经得到广泛应用，如"三包"就是一种保证。对于自己生产的商品，制造企业能够做出这样的保证：如果商品质量有问题，顾客可以换货或者退货。但是，对于服务而言，由于服务具有异质性和易逝性的特性，服务一旦提供给顾客就无法退回，因而很长一段时间内人们认为服务是无法保证的。例如，理发师为你剪了一个很难看的发型，可以退掉这个发型吗？答案是否定的，你可以做的就是以后再也不到这家理发店去理发。

然而，随着一些优秀的服务企业在实践中成功地使用服务保证并获得了良好的效果，现在越来越多的服务企业也开始使用服务保证了。服务保证可以对服务的质量、时限、收费、附加值和满意度等内容进行承诺，例如，美团和饿了么都承诺在配送时间内送达，未送达会给予相应的赔偿。服务保证通常是由经济补偿加以兑现的，同时与服务绩效密切相关。服务保证是企业主动承担服务失败责任的一种承诺，可以作为服务补救策略的一种有力的补充手段。同时，服务保证还是一种营销工具，能提高服务产品的吸引力与竞争力。

### 5.3.1　服务保证的类型

#### 1. 服务特性保证

服务特性保证是指保证中包含一个或几个关键的服务特性。这种保证的范围相对较窄，如联邦快递向顾客承诺的"隔日送达"，某家快餐店"30 分钟送到，超时免费"的承诺，这些保证只对服务传递时间进行担保。在这种保证中，企业只对服务的一些具体特性进行保证，通常规定有明确的服务标准，一旦在服务提供过程中没有达到所规定的标准，企业承诺将进行补偿。

#### 2. 完全满意保证

完全满意保证是指保证中包含了服务的所有方面。这种保证是一种无条件的满意承诺，保证的范围最广。例如，一家酒店向顾客承诺：我们保证您 100% 满意，如果不满意您可以不付钱。这种保证涵盖了服务表现的全部要素，其实质是让顾客完全满意。企业向顾客提供没有附加条件的服务承诺，如果顾客不满意，可以不付款或退款。

#### 3. 联合保证

联合保证是在特定品质绩效基础上的大范围内的整体满意度承诺。联合保证优于服务特性保证和完全满意保证，它吸取了两者的优点，将服务特性保证的低不确定性和完全满意保证的广度结合起来，对具体的重要特性规定了最低服务执行标准，有助于顾客明确所能得到的服务，降低购买风险，同时，又能涵盖服务的其他方面让顾客完全满意，因此，联合保证比前两种保证更有效。

### 5.3.2　服务保证的作用

服务保证不仅能给公司带来益处，还能给顾客带来益处。具体来看，服务保证的好处主要体现在以下方面。

### 1. 更加关注顾客

服务保证是以顾客为导向的一种承诺。要设计出有效的服务保证，公司就需要深入了解顾客的需求与期望，必须知道顾客需要的是什么，顾客期望公司提供什么服务。公司只有根据顾客所看重的事情来设计服务保证，顾客才会认为服务保证是有价值的，这样才能使保证充分地发挥作用。通过制定服务保证，企业可以对顾客的需求和期望有更多的了解，有助于企业向顾客提供优质服务。

### 2. 提供明确的标准，提高员工士气与忠诚度

服务保证为员工与顾客设立了清晰的服务标准。由于有服务保证的存在，一旦服务失败就要按服务保证补偿顾客，会增加企业的经济成本。因而，会迫使管理者重视服务保证，确定明确的标准。服务保证为员工提供了具体的标准，使员工清楚地知道顾客抱怨时应该做些什么、如何行动，从而减少员工因无章可循而使士气受挫的可能性。有效的服务保证强化了企业的形象与声誉，让员工产生自豪感，使员工的士气和忠诚度得到提高，服务得以改进，在使顾客直接受益的同时，也能让企业和员工从中受益。

### 3. 及时获得信息反馈

服务保证可以激发顾客及时进行信息反馈。当服务失误时，许多顾客都不抱怨，企业也无法得知自身的问题所在。服务保证则意味着顾客有抱怨的权利，因此能激发顾客的抱怨热情，企业可以从抱怨的顾客身上及时地得到有价值的信息，利用这些信息来持续地改进服务，从而能有效地监控和提升服务质量。

### 4. 提供服务补救的机会

服务保证为企业提供了一个弥补错误的机会。服务保证为顾客提供了判断服务失误的依据，使顾客很容易地识别出服务失误，并能有理有据地向企业投诉，这样，企业就能很快地确认服务失误点，找出服务失误原因，对服务失误做出快速反应，积极地进行服务补救，使顾客满意并挽留住顾客。

### 5. 降低顾客的购买风险，增进对企业的信任

对于顾客来说，降低风险是服务保证的首要功能。由于很多服务具有较高的体验特征或信任特征，顾客在购买前难以对服务进行评价，往往会担心出现一些不好的结果。在购买服务时，顾客通常希望能获得相应的信息以降低不确定性，而服务保证本身就是一种承诺，能向顾客提供服务质量方面的一些暗示和担保，可以减少顾客的疑虑，有助于降低顾客购买服务的感知风险，增强对企业的信任感。

**应用练习 5-4**

浏览几家电商或快件公司的网站，找出各家公司的服务承诺，回答以下问题：

1. 它们向客户提供了什么服务保证？这些服务保证分别属于哪种服务保证类型？

2. 你认为这些公司的服务保证有什么作用？

3. 为了提高服务保证的有效性，你认为应该如何改进这些服务保证？

### 5.3.3  有效服务保证的设计标准

#### 1. 无条件

服务保证应该没有各种附加条件。有些企业的服务保证中通常附带很多限制和约束，从而削弱了服务保证的力量。附加许多条件的保证有时还会弄巧成拙，虽然它能为企业的服务失误开脱，但是会使那些因不符合附加条件而无法得到赔偿的顾客更加不满，进而造成极坏的口碑传播。

#### 2. 有意义

服务保证对顾客是有意义的，这包括两方面：一方面，服务保证的事项对顾客来说是很重要的服务要素，如果企业对自己义务范围内应该提供的服务进行担保，这对顾客来说是毫无意义的，企业应从顾客的角度来设计服务保证；另一方面，对顾客的赔偿应该能够充分弥补顾客的损失。

#### 3. 容易理解与沟通

服务保证要容易理解、便于沟通。有效的服务保证应该通俗易懂、具体明确，顾客能从中知道将得到什么好处，员工也能从中明白自己应该做什么。例如，"五分钟内提供服务，否则退款"比"向顾客提供快速服务"的承诺更容易让人理解。而在现实生活中，不少服务保证像法律文件一样，一些保证语言冗长、术语较多，另一些服务保证含糊其词、模棱两可，这些都会使服务保证失去意义。

#### 4. 易于使用和赔付

服务保证要易于使用，容易获得赔偿。一旦发生服务失误，顾客应该能简单地搜寻到服务保证，并且在使用服务保证时不会遇到障碍，只需花费少量时间与精力就能得到应有的赔偿。最好的保证是当场就能够兑现。在现实生活中，有些企业要求顾客填写大量表格、提供书面证明或专业机构的鉴定证书，有些企业则让顾客经过多个关卡或部门才能得到赔偿，导致使用服务保证成为一件费时费力的事情，顾客认为根本不划算，不值得去做。

#### 5. 可以信赖

向顾客提供的服务保证应该是可信的。对于顾客而言，服务保证应该是值得信赖的。

**应用练习 5-5**

请你为具有高感知风险的服务设计一个有效的服务保证，并解释以下问题：

1. 该服务保证主要有哪些作用？

2. 你认为该服务保证的有效性体现在哪些方面？

**小案例 5-5**　　　　　　　**杭州链家的安心服务承诺**

　　截至 2022 年 11 月，杭州链家（如图 5-6 所示）累计支付 2 596.35 万元安心保障金。每一笔赔付的背后，都是杭州链家守护房产交易安全的决心。那钱都赔到哪里了？为什么会赔付这么多？

图 5-6　杭州链家

### 钱都赔到哪里了？

　　1. 房屋漏水，谁来承担责任？

　　张阿姨在链家买了个精装修的二手房，在完成过户与物业交割后，楼下邻居上门反映张阿姨卫生间漏水，造成楼下天花板起霉点。张阿姨将情况反馈给杭州链家的经纪人，经纪人及商圈经理到现场实地查看，和客户协商后，根据杭州链家"房屋漏水，保固补偿"的安心条款，申请赔付了 3 000 元。

　　"都说'烟雨江南'，杭州这座城市多雨，我们安心服务承诺里的'房屋漏水，保固补偿'是赔付率最高的一项。"杭州链家总经理金玉鹏表示。

　　据统计，杭州链家 2018—2022 年仅"房屋漏水，保固补偿"这一项安心服务承诺，就累计赔付 696 单，赔付金额达 159.59 万元。也就是说，不到三天，就有一笔漏水赔付单在链家兑现，特别是在雨水多的季节。

　　2. 看中了一套房子，买不成能退中介费吗？

　　房产交易是人生大事，一套房子的首付款可能包含几代人的积蓄。因此，在购房的过程中，买家极有可能因为各种突发状况，出现交易不成的现象。

　　2020 年 7 月，李先生在链家看中一套三居室，签约后并当场支付了 50 000 元佣金。一周过后，李先生由于首付款无法按时到位，表示无力购买此套房子了。根据"交易不成，佣金全退"的服务承诺，杭州链家将之前收取的 50 000 元佣金，于两个工作日后，全部退还给了李先生。

　　"交易不成，佣金全退听上去很容易，但是客户在交易的过程中享受了服务，因此很多房产经纪公司都做不到佣金全退。'交易不成，佣金全退'是杭州链家支出安心保障金最多的一项，也是杭州链家有责任感有担当的体现。"杭州链家总经理金玉鹏表示。

　　据统计，杭州链家 2018—2022 年在"交易不成，佣金全退"这一项安心服务承诺上退赔175 单，退费 430.2 万元。

　　买房安家，图一个"安"字，要安全，更要安心。每一次赔付/垫付承诺的兑现，都为一个家庭增添了一份安心，都是对客户安心消费体验的提升，也是对服务品质提出更高的诉求。

**为什么会赔付这么多?**

从2014年推出四项安心服务承诺（签约风险告知、交易失败佣金退还、凶宅最高原价回购、物业欠费先行垫付），到2022年迭代为二十项安心服务承诺，杭州链家安心服务承诺已经在杭州走过了8个春秋。

截至2022年11月，杭州链家累计支付2 596.35万元安心保障金，用真金白银的赔/垫付给客户的房产交易"兜底"，持续筑牢房产交易"安全阀"，守护数十万家庭的安心消费体验。

1. 杭州链家安心服务承诺

3 912笔，2 596.35万元，在很多人眼中，这是一组"天文数字"，也伴随着不少疑问出现。

2. 链家为什么愿意赔给客户? 为什么赔付这么多?

众所周知，房产交易流程复杂，手续繁多。针对房产交易全流程的消费痛点，杭州链家的安心服务承诺从四项扩展至二十项，至2022年已经迭代升级为"二十大安心服务承诺"，涵盖二手房、新房、租赁等三大领域。覆盖面越来越广，保障性也越来越强，让不确定的房产交易越发有了确定的保障。

兜底房产交易中的各种风险，保障消费者的权益和财产不受损害，守护房产交易安全，这就是链家坚决赔偿或者垫付背后的逻辑。不怕出问题，就怕不解决问题。一次二手房交易涉及30多道流程，在链家签约，仅仅是服务的开始。

入城10年来，杭州链家用2 596.35万元这组数字坚持"敢承诺，真赔付"的决心，保障消费者权益；打造"30124"客户投诉体系，举办客户见面日，当面倾听消费者心声，高效处理问题；建立"真房源""不吃差价"的行业标准，引导行业透明交易，阳光发展；先后启动"领杭家""宇航行动""腾飞计划"，培养了一批"高学历、高专业度、高职业素养、高社区参与度"的顾问型经纪人，始终坚持做难而正确的事情。

每一次托付都是沉甸甸的信任。每一笔被保障的交易，每一句敢承诺的背后，都是杭州链家真正赔付的决心。只有持续迭代升级服务品质，为消费者打造更安心的房产交易体验，才能不负所托，省心安家。

资料来源：新闻中心. 2596.35万元，杭州链家赔出来的安心服务承诺［EB/OL］.（2022-11-30）［2024-02-25］. https://news.sina.com.cn/sx/2022-12-02/detail-imqmmthc6829958.shtml.

问题：1. 案例中的服务承诺属于哪种服务保证类型?
2. 杭州链家的服务承诺有哪些作用?
3. 你对杭州链家的服务承诺有何看法?

## 5.3.4  不适合使用服务保证的情况

并非所有的企业都需要使用服务保证，服务保证也并不是在任何情况下都适用。在决定引入服务保证前，企业需要进行慎重考虑。在下列情况下，可能并不适合使用服务保证。

### 1. 企业的服务质量低劣

如果企业当前向顾客提供的服务很糟糕，服务质量水平低下，那引入服务保证并非明智之举。当企业存在严重的服务质量问题时，向顾客提供服务保证反而会引起人们对质量问题的关注，企业也可能无法按保证向顾客兑现承诺，这会对企业形象造成负面影响。即使企业履行承诺，频频出现的质量问题也会让企业应接不暇，其成本也会远远高于所获得的收益，使企业得不偿失。因此，企业应该在解决重大质量问题之后，在具备一定服务能力的基础上，再向顾客提供服务保证。

### 2. 企业已拥有较高声誉

有些企业一直向顾客提供优质的服务，在市场上已经树立了良好的企业形象。良好的企业形象本身就向消费者传递了优质服务的信息，在这种情况下，引入服务保证就没有必要了，因为企业并不需要用服务保证来证明自己。相反，如果企业久负盛名还要提出服务保证，反而会使一些顾客感到困惑。

### 3. 难以控制服务质量

外部因素会对服务质量产生影响，使服务企业无法控制服务质量。例如，某家航空企业向乘客承诺飞机将准时到达，但无法控制天气，天气因素可能导致飞机不能按时到达目的地。又如，对于一个培训机构而言，当合格率主要取决于学员个人的努力与付出时，承诺保证全体学员都通过考试是不现实的。

### 4. 保证的成本超过收益

当服务失误发生时，按照服务保证的规定，服务企业往往要付出一定的成本。保证的成本包括因服务失误而产生的赔偿与改善顾客关系的费用。服务保证所产生的收益主要来自老顾客重复购买与交叉购买、口碑宣传、吸引来的新顾客以及服务质量改善。服务企业大多属于营利性机构，当然要认真核算收益与成本。从长期来看，如果企业提供服务保证的成本高于所带来的收益，就没有必要提供服务保证。

### 5. 顾客感知不到风险

服务保证的一个好处就是能降低不确定性，减少购买风险。因此，当消费者对服务公司不了解，不能确定服务质量时，服务保证是非常有效的。但是，当消费者对服务较熟悉、服务的价格较低、有许多服务提供者、服务质量变化不大时，顾客感知的风险很小或察觉不到风险，在这些情况下，服务保证不但不会增加价值，反而还需要公司对服务保证进行设计和管理，提供服务保证就没有多少意义了。

### 6. 顾客认为服务质量无差异

当顾客感觉不到企业与竞争者之间的服务质量差异时，服务保证很难产生积极效果。在不同企业之间的服务质量存在巨大差异的情况下，服务保证就很有用，提出并能有效履行服务保证的企业往往能取得成功。在服务水平很低的行业中，服务保证也很有效，如果一家公司能率先使用服务保证，通常能从众多的企业中脱颖而出，获得先发优势。当然，如果行业中的许多企业都提供类似的服务保证，要使公司的服务保证发挥应有的作用，就必须充分了解顾客重视的价值，设计出与竞争者截然不同的服务保证，为顾客提供差异化的服务价值。

## 本章小结

　　服务的特性和随机因素的影响使服务失败难以避免。服务失误可以归结为服务提供系统的失误、对顾客服务要求响应的失误、员工的不当行为所致的失误和顾客不当行为引起的失误四种类型。在服务失误发生以后，顾客通常会产生负面的情绪，这些不满情绪会影响到顾客的行为，最终影响到他们是否会转向其他服务供应商。根据顾客对服务失误产生的不同反应，可以将顾客划分为发言者、发怒者、积极分子和消极者四种类型。当顾客对服务失误不满时，为什么有的顾客会抱怨，而有的顾客不抱怨呢？顾客抱怨的原因包括获得赔偿、泄愤、帮助改进服务质量、利他主义、证实抱怨者对抱怨评价的合理性、重新获得控制。顾客不抱怨的原因包括不方便、对投诉效果持怀疑态度、不值得、不愉快的感觉、角色意识和社会规范的影响。

　　服务补救是指企业针对服务失误造成的问题所采取的一系列行动。服务补救可以提高顾客忠诚度，也可以控制负面口碑传播并塑造良好的企业形象，还可以持续提高服务质量，这对企业的长期成功是非常重要的。一旦顾客向企业投诉，他们希望企业能够对服务失误负责，使用相关的服务补救方式来解决问题，期望在服务补救中得到公平的对待。在遭到服务失误后，顾客是选择停留还是转换企业受到服务失误的程度、服务补救情况、企业与顾客的关系、顾客对更换的态度、时间的积累等多种因素的影响。服务企业应该真诚地对待那些遭遇服务失败经历的顾客，要根据顾客对服务补救的期望和影响顾客转换行为的因素，主动采取服务补救策略来留住顾客。服务补救策略包括第一次就把事情做好、培养与顾客的关系、鼓励并跟踪抱怨、快速反应、提供充分的解释、公平对待顾客、从补救经验中学习、从流失的顾客身上学习。

　　作为服务补救策略的一种有力的补充手段，服务保证是指企业向顾客提供所承诺的服务，如果服务与承诺不一致，顾客有权获得某种形式的补偿。服务保证可分为服务特性保证、完全满意保证和联合保证三种类型。服务保证的作用主要体现在更加关注顾客、提供明确的标准及提高员工士气与忠诚度、及时获得信息反馈、提供服务补救的机会、降低顾客的购买风险和增进对企业的信任等方面。有效服务保证的设计标准包括无条件、有意义、容易理解与沟通、易于使用和赔付、可以信赖。并非所有的企业都需要使用服务保证，当企业的服务质量低劣、企业已拥有较高声誉、难以控制服务质量、保证的成本超过收益、顾客感知不到风险、顾客认为服务质量无差异时，就不适宜使用服务保证。

## 思考题

1. 服务失误的原因有哪些？
2. 简述抱怨者的类型。
3. 为什么很多不满意的顾客不愿意投诉？而一旦投诉，顾客会对企业有何期望？
4. 你认为服务补救重要吗？为什么？
5. 影响顾客更换企业的因素有哪些？
6. 试述服务补救的策略。
7. 服务保证有哪些类型？
8. 服务保证有什么益处？

9. 服务保证的设计应该遵循什么标准？
10. 在哪些情况下不适合使用服务保证？

## 案例分析

### 转怒为喜的客人

正值秋日旅游旺季，有两位外籍专家出现在上海某宾馆的总台。当总台新来的服务员小刘查阅了订房登记簿之后，简单地对客人说："客房预订的是 708 号房间，你们只住一天就走吧？"客人们听了以后就很不高兴地说："接待我们的公司的相关人员答应为我们联系预订客房时，曾问过我们住几天，我们说打算住三天，怎么会变成一天了呢？"小刘机械呆板地用没有丝毫变通的语气说："我们没有错，你们有意见可以向接待单位的人员提。"客人此时更加恼火了："我们要解决住宿问题，我们根本没有兴趣也没有必要去追究预订客房的差错问题。"正当形成僵局之际，前厅值班经理闻声而来，首先向客人表明他是代表宾馆总经理来听取客人意见的，他先让客人慢慢地把意见说完，然后以抱歉的口吻说："你们所提的意见是对的，眼下追究接待单位的责任看来不是主要的，这几天正当旅游旺季，双人间客房连日客满，我想为你们安排一个套房，请你们明后天继续在我们宾馆做客，房金虽然要高一些，但设备条件还是不错的，我们可以给你们九折优惠。"客人们觉得值班经理的表现还是诚恳、符合实际的，于是就同意了。

没过几天，住在该宾馆的另一位外籍散客要去南京出差几天，然后回上海后再出境回国，他在离店时要求保留房间。总台的另外一位服务员小吴在回答客人时也不够灵活，小吴的话是："客人要求保留房间，过去没有先例可循，这几天住房紧张，您就是自付几天房金而不住，我们也无法满足你的要求！"客人碰壁后很不高兴地准备离店，此时值班经理闻声前来对客人说："我理解您的心情，我们无时无刻不在希望您重返我们宾馆来做客。我看您把房间退掉，过几天您回上海后先打个电话给我，我会优先让您入住我们宾馆，如果客房已满，我一定会设法为您联系其他宾馆。"数日后客人回到上海，得知值班经理替他安排了一间楼层和方向比原先还要好的客房。当他进入客房时，看见特意为他摆放的鲜花，不由得竖起了大拇指。

资料来源：人人网，https://www.renrendoc.com/paper/175183346.html.

**案例思考**

1. 案例中酒店的服务失误的原因有哪些？
2. 案例中的几位顾客属于哪种抱怨者类型？他们为什么要抱怨？
3. 在案例中，酒店大堂经理采取服务补救的策略有哪些？
4. 你认为该酒店还应该采取哪些服务补救措施？

## 实践活动

### 一、实训目的

1. 了解不同服务行业中企业经常出现的服务失误。

2.了解企业在出现服务失误时应该如何进行服务补救。

3.锻炼学生处理服务失误的能力。

## 二、实训内容

各个小组以不同服务行业中的一家企业为例，收集该企业服务失误及服务补救的资料，并完成下列任务：

1.各个同学扮演不同角色，将该服务企业所出现的各种失误表演出来。

2.向全班同学展示该企业开展服务补救的策略。

## 三、实训组织

1.以班级中已组建的小组为单位，采用组长负责制。

2.各组收集不同行业中服务失误的资料及常用的服务补救策略。

3.小组成员进行明确分工，分别扮演不同角色。

4.部分小组在班级上进行服务失误与服务补救的表演。

## 四、实训步骤

1.各个小组收集相关资料。

2.小组事先进行演练。

3.部分小组上台表演。

4.由未参与表演的小组代表打分。评分标准如下：理论运用40分，小组成员的语言表述和台风40分，道具和服装10分，小组协作情况10分。

5.同学对各个小组的表演进行评论。

6.教师对各组表演进行综合评定，并做总结发言。

# $\mathcal{P}$ART 3
## 第 3 篇

# 选择合适的服务设计与标准

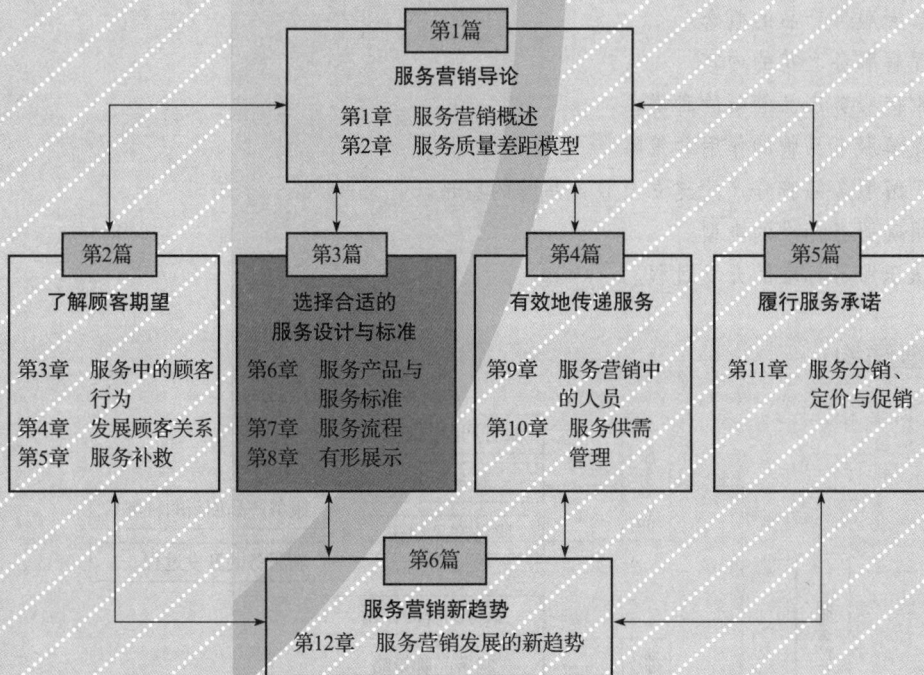

```
                    ┌─────────────────────────┐
                    │         第1篇            │
                    ├─────────────────────────┤
                    │       服务营销导论        │
                    │                          │
                    │  第1章  服务营销概述      │
                    │  第2章  服务质量差距模型   │
                    └─────────────────────────┘
```

| 第2篇 | 第3篇 | 第4篇 | 第5篇 |
|---|---|---|---|
| 了解顾客期望 | 选择合适的服务设计与标准 | 有效地传递服务 | 履行服务承诺 |
| 第3章 服务中的顾客行为<br>第4章 发展顾客关系<br>第5章 服务补救 | 第6章 服务产品与服务标准<br>第7章 服务流程<br>第8章 有形展示 | 第9章 服务营销中的人员<br>第10章 服务供需管理 | 第11章 服务分销、定价与促销 |

```
          ┌─────────────────────────┐
          │         第6篇            │
          ├─────────────────────────┤
          │       服务营销新趋势      │
          │  第12章  服务营销发展的新趋势  │
          └─────────────────────────┘
```

图Ⅲ　服务营销学的理论框架

# 第6章
# 服务产品与服务标准

## 学习目标

本章主要介绍了服务产品、服务品牌以及顾客导向的服务标准三个方面的主要内容，通过本章的学习应该能够：

1. 掌握服务产品的概念。
2. 理解服务之花的内容。
3. 掌握服务产品创新的种类。
4. 理解服务品牌的作用和策略。
5. 了解服务品牌资产的建立与服务品牌的塑造。
6. 明确服务标准的类型。
7. 认识服务标准的开发过程。

## 本章结构

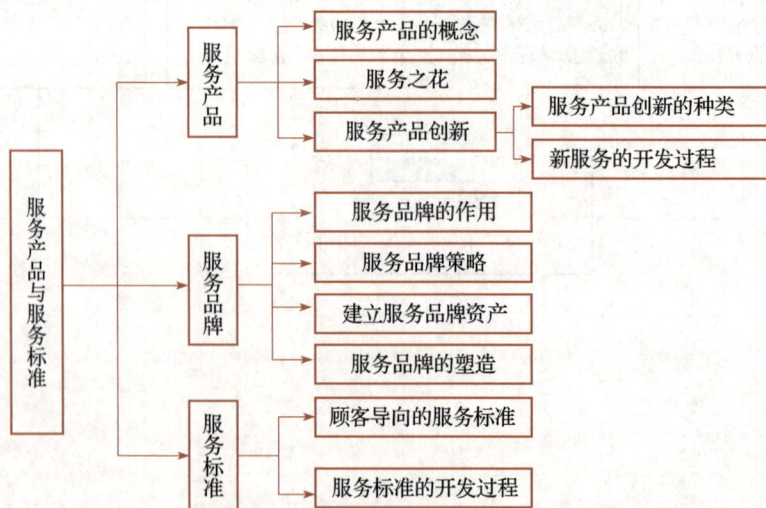

## 导入案例

### 在创新探索中发展的盒马鲜生

2022 年底，历经 7 年发展的盒马鲜生终于宣布全面盈利了。

2016 年 1 月，当第一家盒马鲜生在上海浦东金桥开业时，"零售新物种""边逛边吃""海鲜 + 板凳"和"线上 30 分钟到达"等信息引发了很多人的关注，也开启了中国新零售发展的历程。

7 年以来，盒马鲜生一直在新零售领域探索，在洞察市场发展和消费者需求的前提下，通过技术赋能重构零售领域中的"人、货、场"，不断迭代开发新的业务，成为中国新零售发展的领跑者。

#### 1. 人、货、场

人与场景：不同的场景，用户有不同的消费需求与消费习惯；盒马鲜生采用 O2O（线上到线下）作为链接器实现了人与场的无缝连接，有效提升了用户的体验度。

货与场景：货品与场景的匹配，盒马鲜生实现了为不同的场景与消费习惯提供合适的货品。

场景与场景：场景与场景之间的连接，让不同的场景链接在一起，让更多的资源跨界整合，为用户带来更多的互动和体验，同时也提升自身的黏性和使用频次，实现了资源的再优化。

#### 2. 新业态

在大店模式基本跑通后，盒马鲜生开始尝试多种新业态，意在构建线上线下高度融合的盒马社区服务生态圈，增强用户黏性。盒马是中国首家以数据和技术驱动的新零售平台，孵化出 F2、菜市、mini、盒马邻里、盒马 X 会员店、盒马奥莱等不同创新业态。新门店放弃了早期盒马鲜生主要服务于周边中产社区的定位和标准化复制扩张的模式。

不设餐饮区的盒马菜市，被布局在此前盒马鲜生没有覆盖的社区和郊区，主要服务中老年及对价格敏感的客群等。

面积只有盒马鲜生八分之一的盒马 mini，以购买力相对较弱的消费人群为主，显著区别于定位在城市中产的盒马鲜生等。

盒马 F2 则是针对一线城市办公商圈餐饮和便利性需求的满足而设立的。

盒马 X 会员店主打家庭品质消费，为门店周边 20 千米的线上消费者提供"半日达"到家服务。专为家庭囤货设计的超大包装自有品牌"盒马 MAX"等自有品牌系列商品占比超过 40%。

盒马邻里则覆盖半径 300 米范围内有生鲜及快消品需求的家庭用户，用户在盒马 APP 购买商品，次日清晨到店自提，打造"普惠版盒区房"。

盒马奥莱主要用来倾销盒马鲜生店里的临期商品。

2022 年 9 月，盒马专门调整了组织架构，把旗下的主力零售业态明确成了三个：第一个就是盒马鲜生，是"餐饮 + 超市"的模式；第二个是盒马 X 会员店，是仓储店的会员模式；第三个就是盒马奥莱，是生鲜折扣的模式。

#### 3. 千店千面

目前，盒马鲜生已经从全国标准化做到"千店千面"，并能利用数据中台去了解用户的喜好，以及结合历史销量、节日甚至是天气等上千种数据测算未来 30 天的销售量。盒马鲜生在全国的扩张中会将当地的特色文化、特色餐饮、特色产品结合起来，以"千店千面"构建契合当地实际需求的消费场景。

### 4. 食品安全追溯系统

同时，考虑到在目前消费升级的大背景下，消费者对于生鲜消费的需求越发聚焦于品质和安全。为确保商品从基地到消费者餐桌的全链路安全把控，盒马运用区块链技术，实现农产品从生产过程到消费过程的全链路跟踪，建立了盒马追溯平台。盒马追溯平台以二维码等追溯新技术、云平台等新模式应用为突破口，将产品从原料到成品直至到每个消费者手中的全过程都置于有效的监管之中。

而盒马在人、货、场重构零售过程中，提升了服务质量，也提升了消费者的体验，越来越多的消费者开始接受、认可并习惯盒马新零售下的生活方式。

截至 2024 年，盒马鲜生在上海、北京、深圳、南京、武汉等全国 30 多个城市，共有 400 多家门店。同时，盒马对外公开的数据显示，2022 年盒马鲜生销售额同比增长超 25%，盒马 X 会员店销售额增长超 247%，盒马奥莱和盒马邻里的销售额增长则高达 555%。盒马用户的消费频次达到 4.5 次/月，付费会员同比增长达到 50%。

关于盒马的发展，其 CEO（首席执行官）侯毅表示："自 2023 年起，以'一万亿销售，服务十亿消费者'为目标，坚持价值投入，做对而难的事。"

不管盒马未来如何，我们可以看到的是：过去的 7 年，盒马的探索、创新，为消费者提供了便捷的零售服务。正如盒马官网所述：盒马是中国首家以数据和技术驱动的新零售平台……致力于满足消费者对美好生活的向往，用科技和创新引领万千家庭的"鲜·美·生活"。

资料来源：根据网络公开资料整理编写。

# 引言

服务产品是企业发展的基石，根据顾客个性化的需求来提供服务产品，进行服务产品的创新，并且将服务创新持续化，有利于企业获得竞争优势。作为消费者服务需求的凝结体，服务产品是企业开展服务营销活动的基础。

## 6.1  服务产品的概念

作为服务营销组合要素 8P 中的首要因素，服务产品是指以提供某种形式的服务为核心利益的整体产品。服务产品具有多个层次，服务营销的起点在于如何从整体产品的各个层次来满足顾客的需求。

### 6.1.1  服务产品的内涵

根据格罗鲁斯的服务包理论，服务产品是指企业向顾客提供的有形与无形的要素的结合体。服务产品包含了能够为顾客创造价值的所有服务表现的有形和无形的要素，其中，无形要素主导了服务产品的价值创造。服务产品包括核心服务与附加服务。

## 1. 核心服务

核心服务是指向顾客提供的基本利益。例如，航空公司的核心服务是运输，酒店的核心服务是住宿。核心服务体现了服务的主要功能，满足了顾客的基本需求，这是服务在市场上存在的原因。一家企业可以提供一种核心服务，也可以提供多种核心服务，例如，航空公司既能提供旅客运送服务，又能提供货物运输服务。

## 2. 附加服务

附加服务是指能帮助顾客使用核心服务或者增加核心服务价值的各种活动。例如，酒店的附加服务包括房间预订、客房服务、用餐服务和健身服务等。附加服务是伴随着核心服务的使用而出现的与服务相关的其他一系列活动。附加服务包括便利服务和支持服务。

1）便利服务（Facilitating Service）是方便顾客使用或消费核心服务的活动。例如，航空公司的订票业务、餐馆的结账服务。便利服务作为一种附加服务，它的作用是让顾客对核心服务的使用更加便利。便利服务是不可或缺的，它有助于服务传递中顾客对核心服务的消费。如果没有便利服务，顾客就没有办法消费。

2）支持服务（Supporting Service）是能够增加服务的价值并区分本企业服务与竞争者服务的活动。例如，酒店中的餐饮服务，短途航班中的餐饮服务。它的作用在于增加服务的价值，将本企业的服务与竞争者的服务相区分。随着竞争日趋激烈，企业会更加重视支持服务，通过不断增加更多的附加要素，以获取竞争优势。因此，企业可以对支持服务进行合理的设计以获得差异化的竞争优势。

格罗鲁斯指出，从管理上正确地区分便利服务和支持服务十分重要。对于企业来说，便利服务是必需的，而支持服务能为顾客带来额外的价值，支持服务主要用于企业间的竞争，企业通过增加支持服务可以实现服务产品的差异化，从而增强服务产品的竞争力。也就是说，便利服务是不可或缺的，而支持服务的缺失只会降低服务产品的吸引力与竞争力。同时，便利服务与支持服务之间的区别并不十分明显。一种服务在某些场合是便利服务，而在其他场合则是支持服务。例如，航空公司在长途飞行中提供的餐饮服务是便利服务，但在短途飞行中，则是支持服务。

**应用练习 6-1**
以你熟悉的一个服务产品为例，分析该服务产品中哪些是核心服务，哪些是附加服务。

## 6.1.2 服务之花

附加服务有很多，洛夫洛克将服务产品的附加服务界定为八种类型，并将其称为"服务之花"的八个花瓣，分别为信息服务、咨询服务、订单处理服务、接待服务、保管服务、额外服务、账单服务和付款服务。洛夫洛克将这些附加服务分为两大类，即便利服务和支持服务，见表 6-1。

表 6-1　附加服务的八种类型

| 便利服务 | 支持服务 |
| --- | --- |
| • 信息服务 | • 咨询服务 |
| • 订单处理服务 | • 接待服务 |
| • 账单服务 | • 保管服务 |
| • 付款服务 | • 额外服务 |

这八种附加服务像花瓣一样围绕在核心服务这个花蕊周围，便形成一朵"服务之花"，如图 6-1 所示。服务之花用来说明整体服务产品的内涵。它从整体服务产品的角度出发，把核心服务和附加服务的关系比喻为一朵花的花蕊与花瓣，可以使我们更好地了解服务产品的内涵。服务之花给企业的管理启示是：附加服务可以为企业增强核心服务提供多种选择，也可以为企业设计新服务提供参考依据。

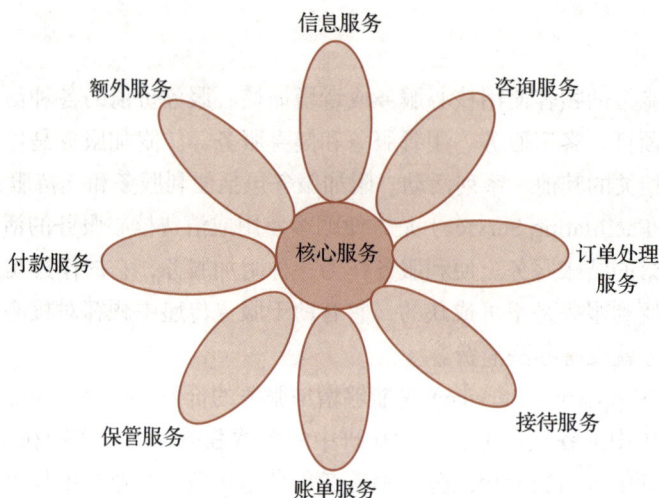

图 6-1　服务之花模型

资料来源：洛夫洛克，沃茨. 服务营销：原书第 7 版　全球版 [M]. 韦福祥，等译. 北京：机械工业出版社，2014.

### 1. 信息服务

在购买服务时，顾客需要获得相关的信息，这些信息包括服务地点、服务时间、价格、使用说明、注意事项、销售 / 服务条件、订购确认、收据和发票、变更通知等。初次消费的顾客和潜在顾客尤其需要信息服务。提供信息的传统方式包括人员告知、书面通知、宣传手册和说明书等。近年来，新媒体营销、二维码和触摸屏展示得到了广泛使用，企业应该通过合适的方式及时向顾客提供准确的信息，以免给顾客带来不便或引起顾客不满。

### 2. 订单处理服务

订单处理在连接准备购买的客户和购买活动方面起较大的作用。订单处理服务包括申请（如到海外留学的入学申请和银行贷款）、订单（如网站订单）、预订或登记入住（如酒店客房和餐馆桌位）等。顾客可以当场下订单，也可以通过电话、电子邮件、PC（个人电脑）端或手机 APP 等方式下订单。企业处理订单时应该礼貌、快速并且准确，这样才能避免顾客浪费时间，减少不必要的精力和体力消耗。对顾客和服务提供者来说，新技术的应用可以使订单处理过程更加便捷。

### 3. 账单服务

在顾客决定购买服务后，企业就需要提供账单服务。账单服务包括用户定期的账户明细表、个人交易的发票、口头账单、网上或自助设备上打印的账单等。通常情况下，企业向顾客出示的账单应该清晰明了、内容完整。目前，有些企业通过短信或电子邮件向顾客提供电子发票信息，顾客可以在自己方便的时间下载并打印电子发票，这为顾客提供了一种便利且能快速结账的方法。

### 4. 付款服务

开具账单就意味着要求顾客付款，企业应尽量使付款过程安全和方便。顾客可以选择多种不同的方式支付账款。对于自助式支付系统来说，顾客可以通过往自助设备中投入硬币、纸币、代币的方式进行支付，在这种情况下，一旦设备出现故障将无法运行。因此，对自助设备进行良好的维护与快速抢修就非常重要。现在国内有些服务仍采用面对面的现金的付款方式，或者使用借记卡或信用卡方式进行支付，但互联网的发展给消费者的支付方式带来巨大改变，微信、支付宝等支付方式已经成为社会主流。例如，在线上购物或线下实体店购物时，很多消费者使用微信或者支付宝等支付方式来付款。

### 5. 咨询服务

咨询服务是根据顾客的个性化需求提供量身定制的解决方案。咨询服务包括定制化的建议、一对一的专业咨询、产品使用的指导 / 培训、管理或技术的咨询等类型。例如，减肥中心向顾客提供一对一的专业咨询服务，帮助顾客调整饮食习惯，使顾客在减肥奏效后能保持减肥效果。企业应该充分地了解顾客的需求，形成良好的顾客信息记录习惯，以便为顾客提供有效的咨询服务。

### 6. 接待服务

理想的接待服务要求在与顾客接触的过程中始终为他们营造一种愉快的氛围。接待服务包括主动问候消费者、提供食品与饮料、设置洗手间，以及提供等候区、座位、Wi-Fi、娱乐服务和预防气候不好等与等候有关的设施。例如，有些零售店要求服务员热情地招呼顾客，即使顾客没有买任何产品。接待服务的质量会影响顾客的满意度，优秀的企业总是从各方面努力使员工以迎接宾客的方式来接待顾客，创造出好客的氛围。在与顾客接触时，员工关注顾客需求、对顾客殷勤有礼都很重要。需要顾客在使用服务前等候时，如果是在室外等待，可以为顾客提供座位和遮风挡雨的设施。例如，公交车站的顶棚。如果是在室内等候，则可以为顾客提供休息区，放置一些座位以及报纸、杂志、电视、Wi-Fi 等消磨时光的娱乐设施或设备。

### 7. 保管服务

当顾客在服务现场逗留时，他们往往希望自己的财物能够得到妥善的保管。保管服务包括两种：一是顾客随身物品的保管服务，如提供停车场、代客泊车、物品保管、行李看管、保险箱，甚至儿童托管和宠物照料；二是顾客购买或租用物品的保管服务，如包装、领取、运输、安装、清洁、检测、维修与翻新等。这些服务可能会收费，也可能是免费的。

### 8. 额外服务

额外服务是指除常规服务外的附加服务，包括特殊要求、解决问题、处理顾客投诉或建议、赔偿等。例如，顾客提出特殊的饮食要求，或者要求企业退款。企业应该对可能出现的意外情况进行合理预期，并且提前制订应急方案，这样，顾客在寻求特别帮助时，员工就能及时、从容地处理。管理者需要关注顾客的特殊服务需求，若这种需求过多，说明原有服务流程可能需要改进。在服务过程中，对顾客的特殊需求进行灵活处理可以反映出企业对顾客需求的快速响应。但额外服务过多可能会加重员工的负担以及对其他顾客产生负面影响。

> **应用练习 6-2**
> 选择同一服务行业中的两家服务组织（如经济型酒店与高档酒店）进行对比分析，从核心服务与附加服务两个方面说明两家所提供的服务产品有哪些异同，以及是否能满足目标市场的需求。

## 6.2 服务产品创新

服务产品创新是企业持续发展的动力源泉。在现代社会，消费者的需求不断变化，技术也在迅速发展和传播，服务产品生命周期则相应缩短。顾客需要新的服务产品，为了保持或提高市场份额，企业需要积极寻找、发展新的服务产品。

### 小案例 6-1　　　　　　　　创新，试试场景追踪

创新，是企业家和营销总经理孜孜以求的目标。在产品同质化严重且供大于求的市场背景下，企业和品牌如何创新成为一个难题。不管是商业模式创新，还是产品创新、管理创新、渠道创新、推广创新、服务创新，都有一个新抓手，那就是"场景追踪"。场景追踪是渐进式创新的好抓手。而且，场景追踪适合任何时代。

不管在哪个时代，科技都在进步，主流用户都在换代，所有这些底层因素都会导致一个结果：老场景消失，新场景诞生。新场景诞生，意味着新消费需求诞生，意味着一个新问题的诞生。那么，这个问题（商业机会）如何被洞察并解决呢？首先，思考谁是企业的用户，用户在哪里。其次，开展场景追踪。这些用户有什么新的生活方式、新的消费场景、新的工作场景，在这诸多场景中，用户有哪些新需求，如何解决这些新需求。最后，再设计新产品或新服务来满足这些新场景下的新需求。

#### 新生活方式场景追踪

新一代用户的生活方式值得研究。比如大家都说"9000岁"（"90后"和"00后"的昵称）有两个与父辈们截然不同的生活方式：宅、朋克养生。

1. 针对消费者宅在家中的场景，你会发现什么商业机会呢？

这里有产品的机会，"一人食"就是产品机会，如自热火锅（海底捞）、自热米饭（统一开小灶）；也有服务的机会，比如一人吃火锅，海底捞会送一个玩偶陪伴，这是服务创新；还有渠道的机会，比如五爷拌面和瑞幸咖啡，线下实体店非常重视线上外卖渠道（订单不少于日营业额的50%）。

2. 针对朋克养生场景，你会发现什么商业机会呢？

"海喝不胖"是产品机会，比如号称"0糖0脂0卡"的元气森林，"补充元气"是产品机

会，再如"即食燕窝""枸杞咖啡""熬夜饮料""上课醒醒片"等。目前火热的新消费，更多的是围绕朋克养生场景推出的新产品。这些新产品就是"老产品形态 + 保健养生功能"组合而成的新形态产品，从而形成新消费品类，成就了品牌。这都是一些微创新。

### 新消费场景追踪

新的生活方式带来了新的消费场景，新的消费场景带来了新的消费需求。比如，外卖是新消费场景，情绪消费也是新消费场景。

1. 针对外卖新消费场景，你会发现什么商业机会呢？

外卖场景下，外卖佐餐调料就是新产品机会。老干妈是餐桌佐餐场景的标配，虎邦辣酱是外卖佐餐场景的标配。虎邦辣酱的创新很简单，就是改变了产品的包装，从大瓶改为 20 克的小包装。

产品组合的机会："15 元起配送、20 元起配送"是外卖免费配送的基本要求，这就是产品组合的机会，对于不到 15 元、20 元的外卖单，加一份卤蛋、鸡爪或饮品等高毛利小产品，无形中就提高了毛利。

渠道的机会：同样是做外卖佐餐，佐大师将全国的外卖中小企业、餐饮个体户作为自己的分销渠道，将 3～6 元 / 份的外卖佐料匹配"15 元起配送、20 元起配送"的市场需求，并将佐料 70% 的利润分配给外卖餐饮户。佐大师获得了快速的发展，也获得了投资机构的青睐。

2. 针对情绪新消费场景，你会发现什么商业机会呢？

对于"90 后""00 后"，情绪价值和颜值价值一样重要。其实，为情绪买单是消费升级的底层逻辑。所谓消费升级就是从重物质消费转向重精神消费，而精神消费离不开情绪价值。

产品的机会：王老吉的"百家姓吉祥易拉罐"、可口可乐的昵称瓶，一样的产品，提供不一样的情绪价值，满足新生代用户的情绪消费。AR（增强现实）和 VR（虚拟现实）眼镜、国潮汉服、中国李宁，都是情绪体验的产品。同理，泡泡玛特也是制造情绪消费的产品。

服务的机会：新文旅小镇、新民宿、网红打卡景点、剧本杀、沉浸式剧场、网红餐饮都是新消费、新服务的机会。当然，这些需要场景制造，以新的场景、新的仪式感体验来制造情绪价值。

### 新工作场景追踪

新时代有新工作，新工作下的新场景需求是很大的蓝海市场。比如，办公室午休场景、集体协作工作场景等。

1. 针对办公室午休场景，你会发现什么商业机会呢？

城市扩容导致城市面积越来越大，办公室午休这一新场景有很多产品机会。比如可变折叠床椅、充气趴睡抱枕、多功能 U 形午睡枕以及午睡催眠音乐。

2. 针对集体协作工作场景，你会发现什么商业机会呢？

集团化协作办公、异地协作办公是新工作场景，在这种场景下，文档协作、PPT 协作、视频会议等都有很多产品机会和服务机会。飞书文档、腾讯会议都是新工作场景下的新产品和新服务。

当然，在现实生活和工作中，有很多新场景等待企业和营销人员去追踪洞察，本案例示例场景有限，目的是启发各位借助场景追踪开展创新的思路。场景追踪的核心是洞察问题，发现商业机会，设计产品和服务来解决这些问题。一句话，用户在哪里，我们的场景追踪就要跟到哪里。用户有什么不方便解决的问题，我们就用产品积极解决。这就是场景追踪成为创新抓手的底层逻辑。

资料来源：崔德乾. 创新，试试场景追踪［EB/OL］.（2022-03-23）［2024-02-29］. https://www.cmmo.cn/article-222004-1. html. 有改动。

问题：1. 为什么要进行服务场景追踪？
　　　　2. 除了案例中提到的这些服务场景外，你觉得还可以追踪哪些服务场景？

## 6.2.1　服务产品创新的种类

从服务营销的角度来看，只要在原有服务的基础上进行了改变，无论是重大的创新还是轻微的风格变化，都可以称为服务创新。按照创新的程度，服务创新可以划分为以下几种类型。

### 1. 重大变革

重大变革又称为主体服务创新，是指针对之前尚未确定的市场而创造的新的核心服务，包括新的服务特征和服务流程。当企业进行创新并提出一个此前从未有过的服务时，这种新服务就称为重大创新或主体服务创新，如第一次互联网服务、亚马逊首次推出的网络购书活动、第一次远程诊疗服务等。随着信息技术的不断发展，很多服务的重大创新将在此基础上，特别是在人工智能、大数据、云计算的基础上产生，而这些服务的创新又将推动崭新市场的发展。

### 2. 创新业务

创新业务是指发展新的服务以满足现有市场的同类需求。即市场中已经存在着满足同类需求的服务产品，企业提供一种全新的服务形式来满足市场需求。例如，优步以新的方式满足了人们以前靠打出租车解决的出行需要，共享单车与出租车和网约车之间形成了竞争。这类服务在实质上没有改变现有的核心服务，更多的是发展新的服务流程，通过增加新的附加值的新模式为市场提供现有的核心服务。

### 3. 为现有市场提供的新服务

为现有市场提供的新服务是指服务企业向现有顾客提供原来不能提供的服务。在现实生活中，很少有企业能成为真正的重大创新者——市场革新者，即第一个在市场上提供某种新产品的企业。对于大部分企业而言，都可能只是跟随者。当市场上出现新服务时，企业可根据自身业务发展、现有顾客需求等，适时引进新的服务以扩充现有的服务产品线等。例如，微信引入短视频业务以满足现有客户在线社交或交流中对短视频的需求；星巴克在某些社区店中引入宠物饮品，让有宠物的顾客和其宠物一同享受咖啡时光，提高其在星巴克的消费体验。

### 4. 服务延伸

服务延伸是指服务企业对现有产品线的拓展。大多数服务企业在市场竞争中都是跟随者，进行服务延伸是为了吸引不同需求的新顾客或者满足老顾客更广泛的需求。如大学开设新的学习项目、咨询公司增加新的管理咨询项目、航空公司增加新的航线等。

## 5.服务改善

服务改善是指对现有服务产品的改进。它包括在核心服务和附加服务层次上的轻微调整，如延长服务时间、加快服务过程的执行、增加服务内容等。再如在酒店房间中增加计算机设备或者提供一次性用品。服务改进的目的是提高顾客对现有服务的体验。这类服务创新投入较小，但通常能取得不错的效果，因而成为服务变革中最普遍的一种形式。

## 6.风格转变

风格转变是指仅改变服务的外表。它是服务创新中最简单的一种形式。这类创新主要集中于外形的变化，并不改变服务的基本特性。服务企业的标志的改变、公司网站的变化、颜色的改变都属于风格转变。如蜜雪冰城的标识从以前的灰白转为现在的红白。这类创新虽然不会在服务流程或服务表现上有变化，但可能对顾客的感知、情感与态度产生显著的影响。

> **应用练习 6-3**
> 查找一个"新服务"的广告视频，分析它属于哪种服务产品创新形式。

### 📠 小案例 6-2　　　　　　　　　知乎之困

国内互联网的社区三杰——B 站、知乎、小红书，都从小众出发，像滚雪球一样滚大，手控上亿流量。社群运营，难在社区氛围 - 商业化之间的平衡。作为中文世界最大的问答社区之一，知乎的商业化征程一路跟跄，资本市场的表现不佳。

2021 年 3 月上市的知乎，发行价 9.5 美元（约合 61.3 元人民币），募资 8.5 亿美元（约合 54.8 亿元人民币）。两年时间，已在纽约、中国香港上市的知乎，股价长期徘徊在 1.5 美元（约合 9.7 元人民币）上下，两年缩水八成。

以收入计，中文在线内容社区的年复合增长在 30% 以上，2019 年超过 2 700 亿元，预计在 2025 年达到 1.3 万亿元的市场规模。面对如此之大的市场，知乎作为最大的玩家之一，却一再亏损，似乎陷入难以走出的泥潭。

2019—2021 年，知乎经调整之后的净亏损分别为 8.2 亿元、3.4 亿元、7.5 亿元。2022 年的前三季度，知乎总营收 24.9 亿元，归母净利润 -14.0 亿元。过去 11 个财季，知乎的亏损累计超过 32 亿元。看不到尽头的亏损，是知乎的一道魔咒。

### 1. 社区与商业，是一对矛盾

在中文互联网的江湖，知乎曾经是特别的。单一的社区文化，加上理想主义的因子，构成了知乎的底色。

"专业讨论"，是知乎一再坚守的定位。在这一坚守之下，知乎从小众话题的科技、互联网出发，逐步向数码、娱乐、时尚等热门话题进发。出圈之后的知乎已拥有包括财经、健康在内的 30 余个话题板块。

在社区与商业化这一对无解的矛盾对立中，知乎一度坚守在社区一边，一再抵御过早商业化的诱惑。正式上线于 2011 年 1 月的知乎，迟至 2016 年才在知识付费的名义下缓慢启动商业化之路。正因为对于商业化的拒斥，知乎才得以打败对手，脱颖而出。知乎，知道并相信社区的力量。

2018年，知乎E轮融资后，CEO周源在知乎上抛出了知乎版的"灵魂三问"：如何保障良性的讨论氛围？如何兼顾内容的质和量？优秀创作者能否获得收益？社区，是知乎的一条生命线。知乎，尝试在社区与商业之间，划定一条清晰的红线。

然而，社区是理想，商业是现实。在理想与现实之间，在股价一路下挫的狂潮中，知乎不免抓狂。

### 2. 职教？一个全然陌生的江湖

广告，是知乎商业化的起始点，至今仍占据半壁江山。国内的在线广告市场，是一个价值万亿的大市场，但是知乎后发劣势明显，只拿到一个微小的份额。2020年，知乎不得不牺牲社区的纯净，推出软广告服务内容商业化解决方案"知+"。

知乎为知识付费业务一路摸索，上线了一款名为"盐言故事"的APP，提供专门的故事内容阅读服务。"盐言故事"与知乎账号打通，用户可以通过原有的知乎账号授权登录，并拥有盐选会员的全部权益。不过，"盐言故事"早已不再是单一的知识付费的APP，而主打奇闻、言情的网文故事，占据热度榜前列，"盐言故事"本质上正是一个付费网文小说的APP。

除了占比收入六成的在线广告、占比收入三成的盐选会员之外，知乎把未来的赌注押在了职业教育。2018年6月，知乎的"知识市场"升级为知乎大学，由课程+书+训练营，试水职业培训。2020年，知乎分别斥资1.3亿元、0.5亿元收购上海品职教育、趴趴教育。2022年12月，知乎又上线知学堂这一职教平台…

兜兜转转，知乎一脚踏进了中公教育、华图教育和粉笔教育等考公培训机构长期盘踞的职教江湖，也是一个全然陌生的江湖。

### 3. 有问题，就有答案

ChatGPT一夜爆红，天然就是一个问答社区。作为中文世界最大的问答社区之一，知乎陡然站在了十字路口。

往前，沿着ChatGPT发明的赛道一路前行，开发12年积累的4.8亿条问答、5.9亿条内容量，成为一条人工智能大鳄；往后，驻守在天花板明显的在线广告、会员服务、在线教育三条起跑线上，过度分散精力，直至被AI问答逐步取代……

2023年2月8日，作为一只潜在的ChatGPT概念股，港股的知乎突然跳涨，盘中一度大涨至57%，收盘仍保持40%涨幅。资本市场似乎在帮助知乎做出决策。毕竟，ChatGPT开启的新生产力赛道任谁也不能视若无睹。

当然，知乎有的是社区基因，缺乏的是技术基因。又或许，知乎忙于交给资本市场一份盈利的答卷，根本无力启动新的投资，从而奔向一个注定艰险、坎坷的未来……知乎向何处去？主打网文小说的会员付费平台，一头扎进职业教育的红海，会是知乎的未来吗？

有问题，就有答案。这是知乎的一句Slogan（口号）。

资料来源：https://www.sohu.com/a/640789305_327908?scm=1019.20001.1158002.0.0&spm=smpc.csrpage.news-list.2.1676431987087bB9Hu9Y.

**问题**：1. 知乎的服务创新有哪些类型？
　　　　2. 谈谈你对知乎服务创新的看法。

## 6.2.2　新服务的开发过程

新服务的开发是围绕顾客的需求，在服务组织战略的指导下，协调组织内外可利用的资源进行服务创新的过程。整个新服务的开发建立在对顾客期望、市场需求和竞争环境进行综合评定的基础之上。

新服务开发的步骤与制造业中所讨论的新产品开发过程较为类似，但因为服务不同于实体本身的特性，新服务的开发过程会有所不同。新服务的开发过程如图 6-2 所示。

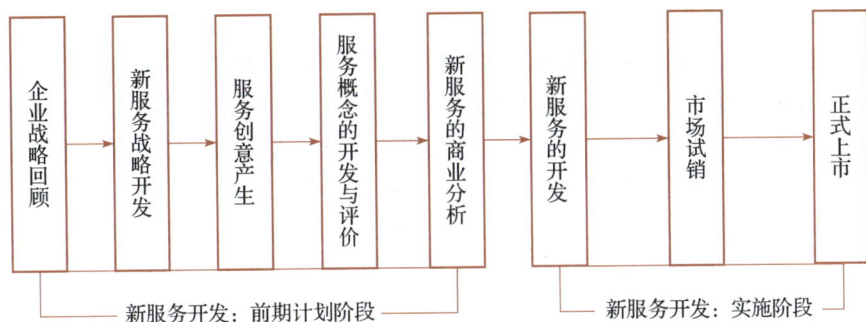

图 6-2　新服务的开发过程

资料来源：泽丝曼尔，比特纳，格兰姆勒. 服务营销：原书第 7 版［M］. 张金成，白长虹，杜建刚，等译. 北京：机械工业出版社，2018：194. 有改动。

新服务的开发过程总体分为两大部分：前期计划阶段与实施阶段。前期计划阶段主要侧重于决定新服务开发的方向及观念，实施阶段则强调服务的内容及其执行。

### 1. 新服务开发的前期计划阶段

（1）企业战略回顾　新服务的服务战略与设想需要在企业的愿景和使命指导下展开。因此，新服务开发的第一步是回顾企业的愿景和使命。例如，盒马的使命是：满足消费者日益增长的对美好生活的向往。在盒马的发展过程中，这个使命引领它开发了一系列新服务：盒马 X 会员店、盒小马、盒马奥莱……同时还围绕着这一使命在供应链、原产地等为消费者准备新鲜食材做好充足的保障。盒马在发展过程中，其新服务战略始终与其使命紧密契合。

（2）新服务战略开发　新服务战略可以用市场、服务类型、发展时间跨度、利润标准等因素来表示。

企业的目标、愿景、生产能力和发展计划对新服务的类型具有决定作用。通过制定新服务创新战略，企业更容易产生具体的服务创新想法。例如，基于特定市场的需求定义更加具体的新战略。

在具体开发新战略时，企业可以运用安索夫矩阵来识别出自身未来可能增长的方向，如图 6-3 所示。同时，作为新服务战略框架的安索夫矩阵可以为企业未来开发新服务提供指导，也为此后新服务创意想法的产生提供一定的线索。

例如，字节跳动集团最初在国内市场推出抖音短视频平台，面向国际市场

|  | 市场 | |
|---|---|---|
|  | 现有顾客 | 新顾客 |
| 现有服务 | 增加份额 | 市场开发 |
| 新服务 | 服务开发 | 多元化 |

图 6-3　新服务战略框架：识别增长机会

更名为 TikTok，为海外用户提供短视频服务以实现增长，同时，提供直播等电商服务。而近年来，字节跳动集团旗下的飞书将其成熟的会议系统根据教学的需要，开发出课程系统，为教育市场提供服务。再如，肯德基在中国本土市场不断开发本土化产品，以满足消费者的需求。

随着社会经济发展、市场竞争日益加剧，越来越多的企业正在通过服务创新寻求战略成长。不管是经营多年的跨国公司肯德基、迪士尼，还是新兴的本土科技公司盒马、字节跳动，都不断地在市场中识别新的机会，在为市场提供新服务的过程中增加顾客的体验感，以实现企业的持续增长。

（3）服务创意产生　确定了新服务战略框架后，就需要发展与之相应的新创意。创意的来源既可以是从内部搜集的创新，也可以是从外部寻求的创新想法。寻求创意有多种方法：传统的头脑风暴法、员工与顾客征求意见法、市场调研法、竞争者产品分析法等。观察法（也称为移情设计）、跨部门（多类型）角色合作也在为越来越多的企业所使用。

### 🔗知识链接　　　洞察客户需求，寻找新服务的创意：同理心地图

在发展新服务之前，为了让服务更符合目标用户需求，减少投入风险，我们应尽可能地多了解消费者的相关信息，包括其需求、心理、行为与期待等。同理心地图就是帮助企业洞察消费者需求、寻求创新的一种方法。

同理心地图通过多维度（所想、所感、所听、所看、所说）描绘更加生动的用户形象，便于跨领域团队建立对目标用户的同理心，从而得到意想不到的观察结果。

同理心地图从以下方面对特定用户群进行描述。
- 用户的想法和感觉（Think and Feel）。
- 用户听到了什么（Hear）。
- 用户看到了什么（See）。
- 用户说了什么和做了什么（Say and Do）。
- 用户的烦恼与痛苦（Annoyance and Pain）。
- 用户真正想要的东西与价值（Gain and Value）。

同理心地图的使用指南。

第一，明确拟讨论的目标用户信息，如典型用户、数据、观点等。

第二，绘制同理心地图框架。

第三，团队成员用便利贴记下用户的行为与反应，并将其贴到同理心地图的合适位置。

第四，主持人询问大家针对产品或服务的问题，激发团队的深入讨论。如以下问题。
- 用户期待什么服务？
- 用户通过何种渠道得知我们的服务？
- 用户在日常生活中如何使用我们的服务？
- 用户在群体中或单独使用我们的服务时，会说/做些什么？
- 用户使用我们的服务时会遇到什么麻烦或痛苦？
- 用户使用我们的服务时可以获得什么价值？

注意事项

使用同理心地图的关键在于要用同理心，框架只是辅助思考。

同理心可以通过后天训练得到。培养同理心的最好方式是将自己代入真实的情境中，用身体与大脑参与、模仿和感受，同理心地图可以作为访谈时的一种辅助记录工具。

资料来源：黄蔚. 服务设计驱动的革命：引发用户追随的秘密［M］. 北京：机械工业出版社，2019.

### 🌐 知识链接　　　　与不同类型的人共创发展新服务

服务是为他人提供价值，满足他人的需求。因此，在新服务的开发过程中，加入他人的意见，让他人成为主体，将更有效提高我们发展新服务的成功概率。

麦肯锡（Mckinsey）在其《撬动多元化的潜力》报告中曾指出：高管团队的族群 / 文化多元化水平处于最高四分位的企业，创造业内领先利润率的概率会提高 33%。

长期的多族群、跨文化合作并不容易。但可以在新服务的发展中运用共创，让不同背景的人迅速融合，共同讨论和解决问题。

一般来说，以下不同背景的人参与共创，可以创造更好的效果。

- 不同利益相关者。
- 不同职业背景的人。
- 不同学科背景的人。
- 不同成长背景的人。
- 不同思维模式的人。

因为服务是为他人做事，"你想的"可能只是"你想的"，"你以为的"可能只是"你以为的"，并不能代表用户的想法。因此我们应该区分不同学科、职业背景的利益相关者，尽可能地将新服务发展中的共创过程多元化——加入更多、更有效的意见。一般而言，新服务的共创包括以下五类人。

- 客户：服务的受益者。在这一阶段，可以是具体使用服务的现实客户和潜在客户，也可以是购买服务的客户。
- 专业人士：他们可以提供会议实操经验，缩短探索时间。
- 意见领袖：这些人可能是核心用户，也可能是种子用户。关键是他们的观点可以影响周围的粉丝，帮助企业传播。
- 艺术家：艺术家就像鲶鱼。他们是不按常理出牌的人。艺术家的观点没有理由，也不会问专业人士问题。但是，当你处于共识和解决方案的困惑之时，艺术家的"为什么不"可能会给共创带来一些意外的收获。

每类人在共创的过程中，都会站在自己的立场和角度上提出自己的见解，分享跨界观点，用他们的思维模式、经验来共同挖掘一个你们本来希望内部解决的问题，更可以帮助你打开"脑洞"，丰富思维，对于挑战提出多维度解决方案。

资料来源：黄蔚. 服务设计驱动的革命：引发用户追随的秘密［M］. 北京：机械工业出版社，2019.

为了保证新服务的创意能持续产生，企业应该确定相应的机制，例如，建立一个正式部门负责新服务的开发，承担开发新创意的职责；长期设置员工与顾客意见箱；定期邀请顾客、员工和相关专家参加新服务开发研究专题会议等。

（4）服务概念的开发与评价　被征集的创意经过评估，被一致认为符合企业的服务战略发展方向，又是基本业务，企业就可以以此实施正式的服务开发。

服务概念是指新服务的原型，即能够为顾客创造与传递效用和利益（顾客价值服务的基本轮廓和构想）。它包括两方面的内容：第一，对顾客需求的描述；第二，提供相应形式的服务内容或服务包装的设计满足顾客需求的方式。这两个方面表明，在顾客需求与服务提供之间建立联系很重要。

在确定服务概念，进行了服务产品或品牌市场定位以后，企业应该对服务概念进行测试。概念测试就是用文字、图画描述服务概念，或者用实物将服务概念向目标消费者展示，以观察他们的反应，目的在于检验服务概念是否符合消费者的要求，或者是否表达了他们的需要和欲望。通过服务概念测试一般要明确这样一些问题。

- 新服务的特征和特性。
- 新服务所满足的需要。
- 推出新服务的理由。
- 顾客购买这种服务的可能性有多大。
- 消费者是否能发现和喜欢新服务的独特利益。
- 顾客是否愿意放弃现有的服务而购买这种新服务。
- 新服务是否能真正满足目标顾客的需要。
- 谁将购买这种新服务。

通过了解上述问题，就可以判断服务概念对于消费者是否有足够的吸引力，从而可以更好地选择和完善服务概念。

（5）新服务的商业分析　服务概念如果已经获得消费者、员工和其他服务相关利益者的积极评价，企业就需要确定新服务的可行性以及未来市场发展的潜在盈利性。所以，在商业分析阶段，企业需要展开需求分析、成本分析、收入计划以及实施的可行性分析。同时，新服务的开发还会涉及服务运营系统及相关的配套设施。所以，发展新服务产生的人员聘用和培训的费用、服务实施系统的费用以及其他计划内运营费用也要在业务分析中加以考虑，企业将通过可行性分析以及回报率对业务分析的结果进行解读与筛选，以确定新服务是否有发展前景。

### 2. 新服务开发的实施阶段

（1）新服务的开发　新服务在经过商业分析被确定为可行之后，就可以进入具体的服务开发阶段。这意味着企业要对服务项目进行投资，购买各种设施和设备，招聘与培训新的员工，以及设计和测试服务的有形要素。与有形产品不同的是，在新服务开发的发展阶段，企业不仅要注意服务的有形要素，还要注意服务的传递系统。

（2）市场试销　新服务开发出来之后需要试运行，首先可以小范围内调查顾客是否满意。如果顾客满意，企业可以为该服务产品发展预备性的营销方案，并通过向员工、员工的家属及其亲朋好友提供新服务的方式来进行测试。市场试销的目的在于了解消费者、服务人员、经销商等相关利益者对此服务有何反应，以及新服务的市场效果。同时借此考察该新服务产品的市场规模，以确定是否正式投入市场。

在这一阶段需要注意的是，企业对为了新服务所设计的服务系统进行测试同样很重要，这样可以检查服务传递过程中的细节是否到位，以此保证在其正式投入市场后能按计划发挥作用、正常运行。

（3）正式上市　新服务在市场试销中成功后，企业就可以正式把新服务全面推向市场。企业一旦决定把新服务正式投入市场，就必须再次投入大量的资金，用于建设或租用全面投产所需的设备和市场营销费用。在新服务投放市场阶段，企业要制定适当的营销策略，这将直接影响新服务投入市场的销售效果。企业要选择适当的时间、地点、促销战略并向目标顾客推销其新服务。

新服务正式上市之时需要注意以下两点：第一，在参与提供服务的所有人员中建立对新服务的认同，以获得服务人员的支持，这样有利于新服务的实践以及推广；第二，在服务推出的全过程中监测各个方面，以通过对服务进行跟踪，适时得到市场和一线的反馈，并能根据情况进行调整。

## 6.3　服务品牌

品牌在企业的发展中有着较为重要的作用。根据美国市场营销协会的定义，品牌是一个"名称、专有名词、标记、符号，或设计，或是上述元素的组合，用于识别一个销售商或销售商群体的商品与服务，并且使它们与竞争者的商品与服务区分开来"。企业利用品牌实现差异化发展是其实现竞争力的关键战略选择之一。由于服务的无形性，消费者只能通过有形化元素来感知服务质量，品牌便成为消费者感知无形服务的有形化元素之一，成为服务质量的象征，是顾客选择服务的重要标准，更成为区别于企业竞争对手的竞争优势来源。

### 6.3.1　服务品牌的作用

服务品牌是消费者对企业所提供的服务有形部分感知以及服务过程体验的总和，是服务企业对消费者提供一致性服务价值创造和交付的承诺。现在，服务品牌已不仅用于区别不同竞争者的服务，还成为企业形象和文化特征的象征，消费者可以从中得到该服务品牌所带来的心理上的价值。

> **应用练习 6-4**
> 请列出某一服务行业中排名在前五位的服务品牌。
> 1. 列举每一个服务品牌所做的一条广告。
> 2. 请指出该广告为其品牌所创造的品牌联想。

**🟤 知识链接**　　　　　　　　　　**品牌资产五星模型**

戴维·阿克（David A. Aaker）在综合前人研究的基础上，于 1991 年提出品牌资产的"五星"理论模型，即认为品牌资产由"品牌知名度（Brand Awareness）、品牌认知度（Perceived Brand Quality）、品牌联想（Brand Association）、品牌忠诚度（Brand Loyalty）和品牌其他资产"五个部分组成，如图 6-4 所示。

1）品牌知名度是指消费者对一个品牌的记忆程度，品牌知名度可分为无知名度、提示知名度、第一

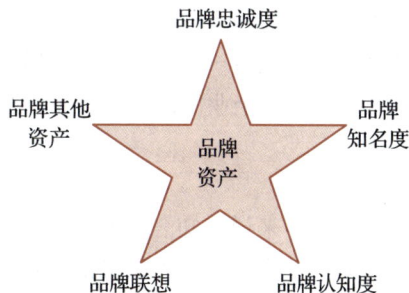

图 6-4　品牌资产"五星"理论模型

未提示知名度和第一提示知名度四个层次。

2）品牌认知度是指消费者对某一品牌在品质上的整体印象。它的内涵包括：功能、特点、可信赖度、耐用度、服务度、效用评价、商品品质的外观。它是品牌差异定位、高价位和品牌延伸的基础。研究表明，消费者对品牌的品质的肯定，会给品牌带来较高的市场占有率和良好的发展机会。

3）品牌联想是指透过品牌而产生的所有联想，是对产品特征、消费者利益、使用场合、产地、人物、个性等的人格化描述。这些联想往往能组合出一些意义，形成品牌形象。它是经过独特销售点（USP）传播和品牌定位沟通的结果，并提供了购买的理由和品牌延伸的依据。

4）品牌忠诚度是在购买决策中多次表现出来的对某个品牌有偏向性的（而非随意的）行为反应，也是消费者对某个品牌的心理决策和评估过程。它由五级构成：无品牌忠诚者、习惯购买者、满意购买者、情感购买者和承诺购买者。

5）品牌其他资产是指品牌的商标、专利等知识产权，如何保护这些知识产权，如何防止假冒产品，品牌制造者拥有的能带来经济利益的资源，比如客户资源、管理制度、企业文化、企业形象等。

阿克认为，在品牌资产的五项内涵中，品牌认知度、品牌知名度、品牌联想、品牌其他资产有助于品牌忠诚度的建立，其中品牌知名度、品牌认知度、品牌联想代表顾客对于品牌的知觉和反应，而忠诚度则代表顾客对品牌的依恋程度，反映了一个顾客转向另一品牌的可能程度。阿克指出品牌资产的核心是品牌认知度和品牌联想。

资料来源：根据百度百科整理，http://baike.baidu.com/view/2192814.htm.

强大的服务品牌可以让顾客更形象地理解服务产品，降低顾客的购买风险，增加企业的利润。具体来看，服务品牌具有以下作用。

### 1. 便于顾客识别服务特色和服务质量

服务的无形性使企业难以像有形商品那样展示其特点，而不同的服务品牌代表着不同的服务特色和服务质量。所以，服务品牌就成为顾客判断服务特色与服务质量的一个重要的有形线索，有助于顾客选购所需要的服务。

### 2. 可以降低顾客的购买风险和企业的经营风险

从顾客的角度来看，在购买服务时顾客会感知到很多风险，而品牌作为企业对产品特征、利益和服务的一贯性的一种承诺，可以增强顾客的购买信心，降低顾客的购买风险；从企业的角度来看，顾客一旦对服务品牌形成偏好就很难改变，企业通过服务品牌的塑造来培养忠诚的顾客，可以使企业保持稳定的顾客群体和利润，从而降低经营风险。

### 3. 可以为顾客带来附加价值和使企业获得更多利润

对顾客来说，知名度和美誉度高的服务品牌能反映出顾客的身份地位、品位和生活方式等；对企业来说，由于服务品牌能提供给顾客相应的品牌承诺，使顾客更愿意为其支付溢价，因此，服务品牌可以使企业获得更多的利润。

🔴 专栏　　　　　　　　　**SoLoMo 模式及其在品牌中的应用**

　　美国 KPCB 公司合伙人约翰·朴尔（John Doerr）将最热的三个关键词社交化（Social）、本地化（Local）和移动化（Mobile）整合到一起构成新词汇"SoLoMo"，为企业指明了一条前景可观的商业发展道路。SoLoMo 是集社交、本地、移动于一体的商业模式，表明了互联网未来的发展方向。SoLoMo 作为一种新型的商业模式，逐渐在各行业中应用。

　　Social，即社交化，其本质是用户资源的聚集，其狭义的定义是企业通过在广大的用户群体中建设社交网络，举办一系列社交活动，实现用户群体之间的信息或物品共享。社交化的目标是加强用户与用户之间、企业与用户之间的交流，并实现他们之间的信任和互动，进而推动各行业实现用户资源的聚集。其中典型的代表包括人人网、淘宝网的"淘江湖"活动，前者是借助社交活动实现信息的实时共享和信息链的传递，后者是通过社交平台增强用户之间的交流，为其挖掘潜在的消费者。

　　Local，即本地化，其核心是地理信息服务的提供。本地化的实现以基于位置的服务技术作为基础，借助全球定位系统、网络通信等手段为商家提供消费者的地理位置信息，并为消费者提供地理信息搜索服务。同时，移动终端的覆盖率不断增加，智能移动终端技术与位置服务技术也不断结合，如用户签到功能，使商家可以获得海量的用户信息，如用户经常活动的位置范围、喜好兴趣、经济水平等，一方面，能够依据这些信息识别用户群体的基本需求和高级需求；另一方面，商家对用户信息的处理，能够为不同用户群体提供有针对性的信息、产品服务，从而降低时间、空间对用户消费的限制。

　　Mobile，即移动化，其核心是提供技术支持。随着互联网技术的深度发展，移动终端逐渐取代计算机终端成为互联网时代的主体，因而移动化的内涵也是移动终端的大众化。同时，Mobile 作为信息技术的新型载体，打破了传统意义的线上活动，一方面，消费者的活动范围信息成为各商业发展至关重要的因素，不断促进移动设备端进行升级改进；另一方面，Mobile 推动了信息共享和即时搜索的效率与范围，从而使各商业挖掘出其本身最大的商业价值，进一步满足消费者的体验需求。

　　SoLoMo 模式是将 Social、Local、Mobile 三者的优势和作用相结合，不是简单的相加，如图 6-5 所示。首先，Mobile 的作用是提高用户的品牌忠诚度，实现移动购物；Local 通过位置信息的共享、签到等形式获取用户的位置信息；Social 的作用是维护用户间、用户与商家之间的关系。其次，从三者的关系来看，Mobile 是 SoLoMo 模式实现的基础，借助互联网平台增强用户与商家的交流；Local 是 SoLoMo 模式实现的重要手段，即通过位置信息的获取将实体商家与消费者关联；Social 是 SoLoMo 模式的最终目标和"导向标"，指引着商家的运营方向。最后，SoLoMo 模式的本质是实现线上与线下的联结，即实现 Online 与 Offline 的双向互动。

　　在 SoLoMo 模式下，消费者不再局限于与人类进行社交活动，一些被赋予生命特征的品牌走进了人们的社交圈，成为提升顾客品牌体验的有效方式。星巴克更是利用基于社交应用（So）、本地门店（Lo）和移动设备（Mo）的多渠道整合将用户体验做到了极致。Joy 是一位 28 岁的都市白领，晚上在星巴克的 APP 中设置了闹钟，早上从按下"起床"键开始，一个小时内就到达了一家星巴克门店，星巴克为了奖励 Joy 克服"赖床症"，Joy 可以买到一杯五折的咖啡，Joy 使用星巴克 APP 内置支付功能付了款。上班休息时 Joy 打开星巴克的手机 APP，加入了"星巴克"和社群成员的闲聊中，还抢到了星巴克推送的优惠券，于是在星巴克 APP 上确认自己的地理位置并下单，很快就收到了星巴克最近门店的配送员带来的惊喜。Joy 在微信公众号上给"老朋友星巴克"发了一个兴奋的表情，就立即获得了一首欢快的音乐曲目，Joy 还给"星巴克"提出了一条改善服务的建议。对很多都市白领来说，星巴克早已不是简单的咖啡，而是已经融入生活的情感实体。星巴克凭借一次次小小的创新，建立了消费者与星巴克品牌间的情感沟通，强化了用户的情感体验和黏性。

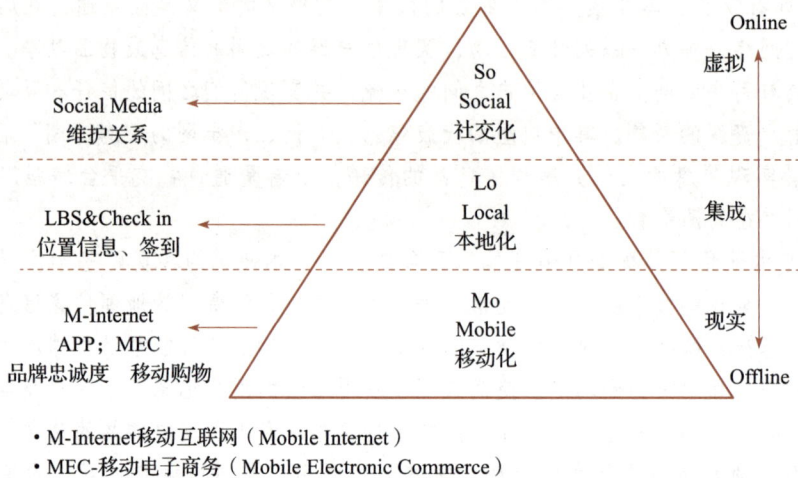

- M-Internet移动互联网（Mobile Internet）
- MEC-移动电子商务（Mobile Electronic Commerce）

**图 6-5　SoLoMo 概念模型**

资料来源：1. 温振洋. SoLoMo 新兴模式下顾客管理体系建设探讨：基于共享经济视角［J］. 商业经济研究，2019（1）：47-49.
2. 汪旭晖，冯文琪. SoLoMo 模式下品牌拟人化对品牌权益的影响研究［J］. 商业经济与管理，2016（10）：5-16.

### 6.3.2　服务品牌策略

很多企业提供不止一种服务产品，企业要选择适合自身的服务品牌策略。一般来说，企业可以选择的服务品牌策略主要有以下 4 种。

#### 1. 品牌屋

品牌屋是指用单一品牌覆盖不同领域的所有服务产品。例如，英国维珍集团核心商业领域为旅游、娱乐、生活，提供金融服务、医疗保健服务、媒体服务与无线通信服务。品牌屋战略的优点在于：可以减少促销费用，利用一个成功品牌的市场声誉顺利推出新服务。不足之处在于：品牌会被过度扩张，品牌影响力会逐渐减弱。

#### 2. 子品牌

子品牌是指将公司品牌与单个产品品牌结合在一起。选择子品牌战略时，企业的母品牌提供了主要参照依据，而企业中每个服务产品都有其独特品牌。例如，字节跳动集团旗下的抖音、今日头条、飞书、西瓜视频等，每个品牌都代表了不同的服务产品。顺丰集团也根据市场需求与业务特点，发展了顺丰速运和顺丰快递两个子品牌。

### 3. 授权品牌

授权品牌是指产品品牌占主导地位，但授权企业的品牌也要加以标识。在酒店业中，很多集团都采用了授权品牌。例如，华住集团旗下经营 30 多个酒店及公寓品牌，覆盖从豪华型到经济型市场，如图 6-6 所示。在国内运营的品牌包括禧玥、花间堂、美仑国际、桔子水晶、漫心、美仑、美居、CitiGO 欢阁、全季、桔子、汉庭、星程、宜必思、海友、你好、城家公寓、瑞贝庭公寓酒店等。

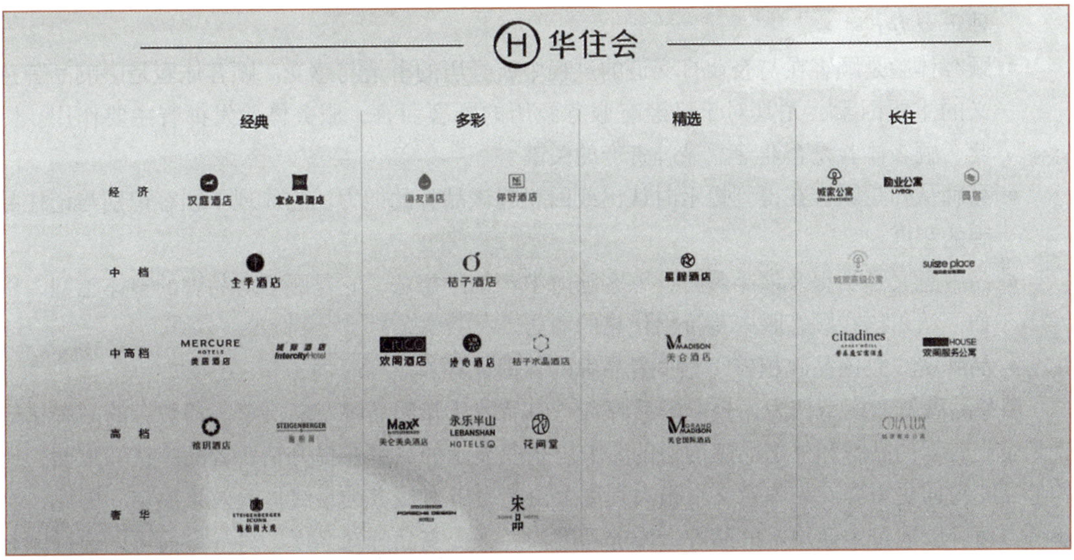

**图 6-6　华住集团经营的酒店及公寓品牌**

资料来源：华住集团官网 https://www.huazhu.com.

采用授权品牌战略要想获得成功，企业需要将不同品牌服务于不同的目标市场，每个品牌都有明确的定位，不同品牌的服务产品也会根据其定位显示出差异性。例如，华住集团旗下不同品牌的定位具有较明显的差异，在市场发展方面形成了区隔。从集团整体战略来看，品牌对市场的全覆盖以及其中的差异化，既保证了企业发展市场的需求，又避免了多个品牌的内部竞争与资源消耗。

### 4. 品牌家族

品牌家族是企业拥有多个不同名称的独立品牌的集合。例如，百胜餐饮集团采用了品牌家族战略，旗下拥有肯德基、必胜客、塔可钟与 A&W 等多个餐饮品牌。

## 6.3.3　建立服务品牌资产

品牌资产是品牌所带来的价值溢价，可以通过消费者愿意购买品牌的服务而不是类似的非品牌的服务所支付的额外金额来反映。为了建立强势的服务品牌，企业需要理解服务品牌资产的影响因素。贝里（2000）提出的服务品牌资产模型为企业如何建立品牌资产提供了指导。服务品牌资产模型如图 6-7 所示。图中的实线表示主要影响，虚线表示次要影响。该图描述了企业展示的品牌、外部品牌沟通、顾客体验、品牌认知、品牌意义、品牌资产之间的关系。

- 企业展示的品牌是企业采用公司名称和标志及其视觉呈现、服务设施的外观、服务人员的外表、广告主题和符号联想等进行的传播。这些都是企业可以控制的因素。企业展示的品牌对品牌认知的影响较大，企业可以通过广告、服务人员和服务设施向消费者进行宣传，以提高品牌知名度。
- 外部品牌沟通是通过口碑传播和公众评价等品牌沟通方式，使顾客形成对品牌的认识和印象。无论是口碑传播还是公众评价，都是企业无法控制的沟通方式。对新顾客和服务体验少的顾客来说，由于服务的无形性和异质性，外部品牌沟通成为顾客了解品牌的一种重要方式。
- 顾客体验是顾客在与企业打交道的过程中所经历的事情与感受。顾客体验是影响品牌意义的重要因素，尤其对于已经有服务经历的顾客而言，服务体验发挥着主要作用。因此，顾客体验是企业建立品牌资产的关键。
- 品牌认知是顾客在得到提示时认出或回想起该品牌的能力。它体现了顾客识别与记住品牌的程度。
- 品牌意义是当提及该品牌时，顾客脑海中产生的想法。它是顾客对品牌的整体感知，例如，沃尔玛在顾客眼中是价格优惠的商店。
- 品牌资产是该品牌相较于竞争者品牌的营销优势。

服务品牌资产模型认为，企业的品牌资产由品牌认知和品牌意义决定。消费者的品牌认知受到企业展示的品牌和外部品牌沟通的影响。企业展示的品牌在提升消费者品牌认知方面，比外部品牌沟通更重要。品牌意义在很大程度上由消费者对服务的最终体验效果决定。因此，企业一方面可以通过企业展示的品牌、外部品牌沟通来提高品牌知名度，另一方面可以通过顾客体验来影响品牌意义，从而创建强势的服务品牌资产。

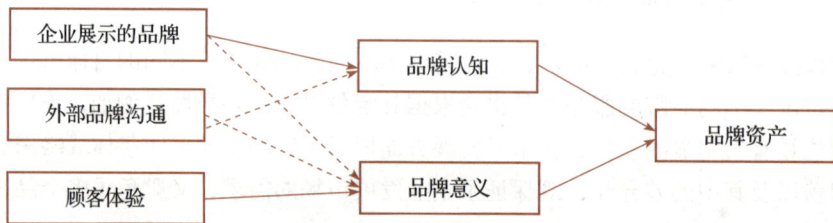

图 6-7　服务品牌资产模型

资料来源：BERRY L L. Cultivating service brand equity［J］. Journal of the academy of marketing science, 2000, 28(1): 128-137.

### 6.3.4　服务品牌的塑造

在塑造服务品牌方面，贝里认为，优秀企业建立强势服务品牌关键在于四个方面：要敢于与众不同、树立品牌声望、建立情感联系和实现服务品牌内部化。企业员工的表现及其与顾客接触的过程在很大程度上决定了顾客的体验，企业实施内部营销，将品牌内部化也是创建服务品牌的关键点。⊖还有些学者认为，对于成长中的服务品牌来说，质量、个性化与关系是三个重要的驱动因素，并建议企业要注重基于关系的服务个性化，在整个关系中保持一致的服务质

---

⊖ BERRY L L. Cultivating service brand equity［J］. Journal of the academy of marketing science, 2000, 28(1): 128-137.

量，既不高于也不低于顾客的期望值，要逐步地提高服务质量，以避免出现质量成本权衡和质量不一致的看法。<sup></sup>总的来看，服务品牌的塑造主要包括以下几方面。

### 1. 保持一致的服务质量

服务质量可以增进顾客的服务品牌偏好与使用。与实体产品相比，服务无形性的特点导致消费者难以在购买前形成感知，从而使其对服务的评估建立在"猜想"上，而不是与服务过程直接相关的因素上。因此，为了提高消费者的体验，应建立强势的品牌资产，营销者应该从可靠性、响应性、安全性、移情性和有形性等方面来提高服务质量，以创建服务品牌。在服务质量维度中，可靠性是最重要的，企业可以从可靠性入手来提高服务质量。企业的服务质量要能达到顾客期望，顾客也希望企业能提供一致的服务质量，无论是频繁提高或是降低服务质量，都表明服务质量不可靠，企业应该尽量避免服务质量的大幅度波动，以免降低顾客对本品牌的使用率。但是，这并不是说企业不能提高服务质量，而是应该逐步地提高服务质量。例如，与让聊天机器人完全代替客服相比，使用聊天机器人作为服务的第一步，然后再让人工客服专门处理复杂的情况，这种质量调整效果更好。

### 2. 创建强烈的公司品牌联想

公司品牌联想能使该品牌在市场竞争中获得捷足先登的优势。很多服务企业都采用以公司品牌为主的品牌组合。当提起一个公司品牌时，消费者可能会想到该企业的可信度、专业性和服务人员等。企业创建公司品牌联想可以从以下三个方面入手。首先，企业要加强与消费者的互动，以提高消费者对品牌的熟悉度。在目前社交媒体普及的情况下，企业可以通过微信、微博、小红书、抖音等社交媒体与消费者增强互动，并尽可能地将公司品牌与使用人群或使用场景联系起来，以增强消费者的记忆，使公司品牌容易被消费者从记忆中提取出来。其次，企业要增强品牌联想的独特性。如果一个公司品牌有与众不同之处，既能与竞争品牌区分开来，又能为消费者提供购买的理由，那么在竞争激烈的市场中，企业更需要强调其品牌的与众不同之处。企业可以通过品牌定位来突显自身鲜明的形象或个性，并将其传递给消费者。最后，企业要创建正面的公司品牌联想。即使是同一个公司品牌，消费者可能会产生正面的联想，也可能会产生负面的联想，负面的品牌联想稀释公司品牌。例如，对某一个快餐店品牌，如果消费者联想到的是垃圾食品，那么不管该公司品牌知名度如何高，品牌个性如何独特，对企业都没有意义。相反，正面的公司品牌联想不仅可以增加消费者的品牌知识，以此增加其对公司品牌的信任感，还可以建立和增进消费者与公司品牌之间的情感联系，从而创建强大的公司品牌。

### 3. 发展系统的品牌元素

企业要选择适合的品牌元素，构建能反映公司个性的品牌识别系统。消费者往往不在服务现场选择服务和做出购买决策，品牌回忆成为消费者购买决策中的关键因素。品牌名称是品牌的核心要素，要精心设计品牌名称，容易识别和发音的品牌名称通常有更大的优势。企业还要注重对品牌标识、品牌形象代表、品牌口号等其他品牌元素的设计，使各品牌要素发挥协同作用，形成系统化的品牌识别系统，强化品牌认知和品牌形象。同时，还要对有形展示进行设计，

---

⊖　HUANG M H, DEV C S. Growing the service brand [J]. International journal of research in marketing, 2020, 37(2): 281-300.

尽量突显服务品牌的有形要素。服务场景设计、网站风格、员工着装、账单等服务的"包装"，都会对品牌认知产生影响。另外，服务提供过程的组成部分也可以考虑品牌化。例如，UPS（美国联合包裹运送服务公司）以卡车的褐色作为自己品牌的一部分。系统的品牌识别系统可以让服务及其主要利益有形化、个性化，强化消费者对服务品牌的认知，增强消费者的品牌回忆。

### 4. 设计合适的品牌沟通方案

与产品品牌不一样，服务品牌在一定程度上就是企业本身，因此，企业在品牌沟通时更注重宣传企业，而非某项具体的服务。企业通过设计有效的品牌沟通方案，使消费者获取与服务相关的信息，同时使消费者增加服务品牌知识。服务品牌沟通方案包含帮助企业建立品牌个性的广告、事件活动、公共关系等。不管采用何种促销活动，都应对其内容和传播媒介进行整合，并随着时间的推移对其进行改进、更新以适应环境的变化。

### 5. 品牌的内部化

企业的员工是向顾客传递品牌的重要媒介，可以为品牌注入活力和生机。员工的服务行为可以将文字或视觉品牌转化为品牌的实际感知。因此，实现品牌的内部化显得尤为重要，即通过员工的行为，将文字—视觉品牌转化为文字—视觉—行为品牌。品牌的内部化涉及企业向员工解释和宣传品牌，与员工分享品牌的理念和主张，培训和强化与品牌宗旨一致的行为。通过员工参与，让他们关心和培育品牌。如果员工不理解或不相信企业的品牌，就不会自觉地成为品牌的一部分，也不会按企业所希望的方式行动。[⊖]服务品牌内部化的另一个重要方面是要加强顾客"关键时刻"管理。由于大多数服务过程是由员工与顾客的接触来完成的，而每次接触都可能成为顾客的"关键时刻"，因而员工必须在"关键时刻"将品牌承诺作为自己行动的准则，在服务过程中提供给顾客美好的服务感知。

### 6. 信守承诺

信守承诺是树立公司品牌声望的一种有效手段。使用某一服务品牌时，顾客希望能从品牌中获得某些功用和情感利益，这些利益的本质就是服务品牌承诺。服务品牌承诺包含了顾客的观点，其目的是展现服务品牌的内涵、灵魂和精神。然而，企业在向顾客承诺时要谨慎，一旦做出承诺就一定要兑现。这样，当顾客得到了超过自身期望的服务时，他们会感到惊喜，满意度会大幅度提高，更愿意为公司品牌进行正面宣传，从而为品牌树立了良好的声望。而有的企业在能够做到信守承诺的情况下，却保留一手，并不全部兑现给顾客，久而久之，会令顾客感到失望，并最终抛弃该企业品牌。

## 6.4　服务标准

服务标准是指服务企业用以引导和管理服务行为的规范。大多数服务企业都有自己的服务标准，但是许多企业的服务标准和评估尺度都是由企业定义的，建立的目的是达到企业内部的生产率、效率、成本或技术质量目标。现代营销观念要求服务企业从顾客的期望和利益出发，制定顾客定义的服务标准而不是企业定义的服务标准。这些标准要经过精心挑选才能符合顾客

---

　⊖　白长虹，范秀成，甘源. 基于顾客感知价值的服务企业品牌管理［J］. 外国经济与管理，2002（2）：13.

的期望，并且要通过顾客反馈对其进行标准化。

## 6.4.1　顾客导向的服务标准

顾客导向的服务标准是指服务企业按照顾客期望或需求而制定的服务标准。在了解顾客期望的基础上，让顾客评估服务运营目标和评价尺度，并将其转化为员工行为的目标和行为准则。顾客导向的服务标准可分为硬标准和软标准。

### 1. 硬标准

硬标准是指能够通过计数、计时或观测得到的服务标准。顾客对服务承诺的实现程度有很高的期望，为了解决这一问题，企业可以设立可信度标准，建立一套"第一次就把事情做对"和"准时完成"的价值体系。"第一次就把事情做对"是对每一家服务企业都适用的可信度标准，它以顾客的评估为依据，在一开始就把所要提供的服务做对。"准时完成"是指服务在计划的时间内完成。在复杂的服务中，"准时完成"就意味着服务能在承诺的日期完成。

为了确保企业配送产品、处理顾客投诉、回答顾客的各种问题和上门维修服务的速度与及时性，服务企业要设立评估反应性的硬标准。例如，快递企业规定 3 天之内将快件送达就属于硬标准。除了设立反应程度的标准外，企业还要配有顾客服务部门，而且要精挑细选该部门的员工。如果服务是在跨文化、跨地域的情形下提供的，那么服务企业就要对服务标准进行适当的调整。表 6-2 所示内容给出了顾客定义的硬标准示例。

表 6-2　顾客定义的硬标准示例

| 公司 | 顾客目标取向 | 顾客定义的服务标准 |
| --- | --- | --- |
| 中国邮政 | 准时投递 | 国内快递 3 天之内送达 |
| 中国招商银行 | 顾客便利性 | 将营业时间推迟到晚上 8 点 |
| 麦当劳 | 食品新鲜 | 汉堡上架超过 10 分钟未售出立即丢弃 |
| 中国东方航空 | 可靠性 | 准时到达 |

### 2. 软标准

并非所有的顾客目标都能通过计数或者计时的方式表达出来。比如，"服务人员对顾客要了解"就不是一个可以进行计数、计时或核算而得出的顾客目标，企业员工也很难准确地把握这样的标准。

软标准是建立在意见和情感的基础上，无法直接被观测到，必须通过顾客、员工或其他人的交谈才能了解到，并以文字形式表示出来的服务标准。软标准为员工满足顾客需求的过程提供指导、准则和反馈，并且通过评估顾客的理解与信任得以度量。软标准对于专业服务中的销售过程和送货过程等需要人与人互动的服务尤为重要，顾客定义的软标准示例见表 6-3。

表 6-3　顾客定义的软标准示例

| 公司 | 顾客目标取向 | 顾客定义的服务标准 |
| --- | --- | --- |
| 中国电信客户服务中心 | 亲切、礼貌地对待顾客 | 有礼貌，具有专业知识，耐心解答询问，虚心接受意见，不与顾客争吵，事后致电顾客，了解顾客感受 |
| 万科房地产物业管理中心 | 尊重业主 | 维修人员经业主同意方可进入家门，不接受任何馈赠 |
| 中国工商银行 | 营业代表热情、礼貌 | 耐心解释客户疑问，专心聆听，真心实意帮助客户解决问题 |

## 6.4.2　服务标准的开发过程

开发顾客定义的服务标准，就是将顾客期望或要求转变为服务企业的服务规范和标准的过程。服务标准的开发过程如图 6-8 所示。

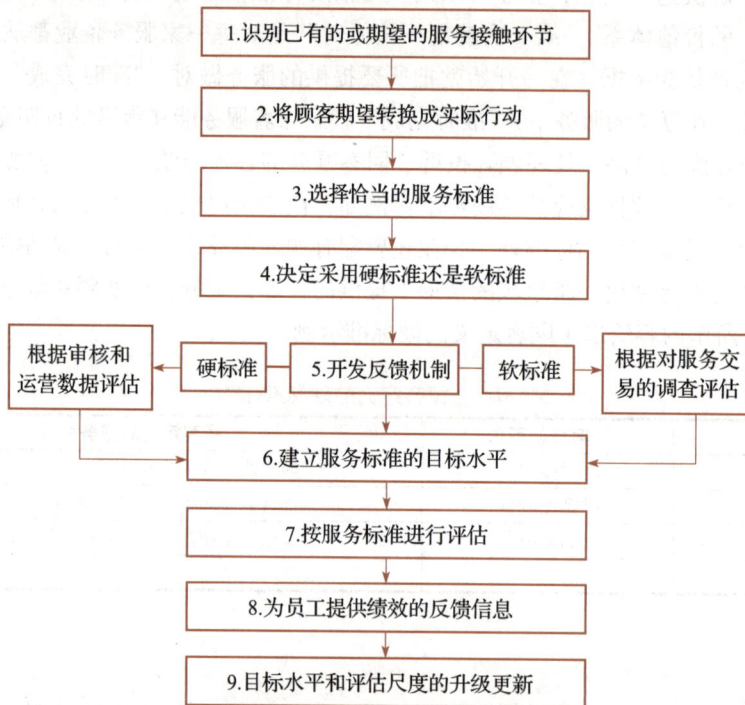

图 6-8　服务标准的开发过程

### 1. 识别已有的或期望的服务接触环节

顾客是在服务接触过程中来感知服务质量的，企业要了解服务接触过程的不同环节，这些环节可以使用服务蓝图或者根据顾客接受服务的步骤与行为来识别。企业要从中找出重要的服务接触环节，了解在这些接触环节中顾客的期望和要求及其重要程度，以便在挑选服务标准时把握住重点。

### 2. 将顾客期望转换成实际行动

笼统的顾客期望与要求必须转变为与每次服务接触有联系的、具体的、详细的行为和行动。只有将顾客期望与要求明确化、具体化和可操作化，才能形成有效的服务标准。需要注意的是，行为和行动的信息必须由持客观立场的一方进行汇总处理，如与最终决策无利害关系的内部机构或者委托的第三方调研公司。如果信息被带有偏见的企业管理人员或一线服务人员过滤，那么最后得到的只能是企业定义的服务标准而不是顾客定义的服务标准。

### 3. 选择恰当的服务标准

企业要在众多的行为和行动中挑选出重要行为和行动，并建立服务标准。企业可以根据建立服务标准过程中的以下几个原则来选择。

1）服务标准应基于对顾客最重要的行为和行动。顾客对企业提供的服务会有很多要求，顾客定义的服务标准就要针对顾客最重要的部分。如果未选出顾客最重要的行为和行动，那么所建立的服务标准就不会对顾客整体满意度产生影响。

2）服务标准应涵盖需要改进或维持的行为表现。企业的服务标准专门针对需要改进或维持的行为而设立，这样可以使企业获得使顾客满意的显著的效果。

3）制定员工可以接受的标准。员工只有理解和接受标准，才能不折不扣地执行。强迫员工接受他们不愿意接受的标准往往会使员工产生抵触情绪、消极怠工甚至跳槽。

4）制定员工能够执行的标准。顾客导向的标准应该是员工可以执行的，即服务标准不能超过员工的职责范围。因此，服务标准所涉及的内容范围是员工在工作中可以控制的那些方面。

5）服务标准要为顾客预期而设立。顾客定义的服务标准不应该建立在投诉、不满或其他消极形式的反馈基础上，这些消极反馈与现在或将来的顾客期望无关。企业要在顾客投诉发生前找出顾客期望的积极方面和消极方面，并采取相应的措施。

6）制定的标准应既有挑战性又切合实际。标准只有既有挑战性又切合实际，才能产生最好的绩效表现水平。如果标准过低，缺乏挑战性，员工很容易达到，这种标准对服务能力就没有什么积极作用，而过高的标准则会使员工因无法达到目标而灰心。

### 4. 决定采用硬标准还是软标准

服务企业应考虑为某项服务行为制定硬标准还是软标准。在该步骤中，公司最大的错误之一就是轻率地选择硬标准。由于硬标准容易执行、测量、统计和分析，很多服务企业倾向于优先选择硬标准。比如，在衡量服务补救质量时，服务企业可以选择服务补救速度这一硬标准，并从运营数据中直接测量。但是，如果硬标准不能充分展示预期的行为，或者无法测量服务行为，企业可以考虑采用软标准，比如，企业可以选择顾客的满意度这一软标准来衡量服务补救质量，并通过事后调查来获得顾客的意见。如果软标准和硬标准之间存在密切相关的关系，为避免重复衡量，一般选择硬标准而舍弃软标准。

### 5. 开发反馈机制

开发反馈机制的一个重要的方面是要确保从顾客的角度来建立，而在现实中，许多企业往往从自身角度来建立反馈机制。如果顾客定义的服务标准与企业定义的服务标准不同，或者企业不能按照顾客的要求和程序建立标准，那么企业一般也就不能提供市场定义的服务。同样反馈机制的建立也要从顾客的角度来控制，否则也是无意义的。

### 6. 确立服务标准的目标水平

这一阶段要求服务企业为服务标准建立目标水平，否则，企业无法度量标准是否达到目标。服务企业可以采用以下几种方法确定服务标准的目标水平。

1）简单感知——行动相关性研究。当服务包括重复性过程时，公司可以把顾客满意水平和行为或任务的实际表现联系在一起，并在此基础上设定服务标准的备选水平。比如，企业对顾客的排队等候进行研究，所需的信息就包括顾客对排队等候的理解（软指标）与顾客实际排队的时间（硬指标）。对多次服务传递中收集的信息进行比较就可以得出顾客对不同等候时间的敏感程度。

2）满意度——绩效假设研究。当难以在服务现场开展研究时，服务企业通过事后的满意度——绩效假设研究，也能取得同样的结果。在时间较短的定量调查中，顾客会被问及若公司提供某种水平的服务他们将会有怎样的满意度。利用这种分析的结果，企业可以用同样的方法确定服务标准的目标水平。

3）竞争性标杆学习。即参照最有力的竞争对手或行业公认的领导者不断评估产品、服务和工作做法的过程，以寻找最优的行事方法和评估这些方法的尺度为基础，最终获得优势。竞争性标杆学习最重要的一个方面是设立运营标准。竞争性标杆的学习方法很多，主要有：①内部法，参照内部最好的运营标准；②竞争法，参照外部的产品的直接竞争者；③功能法，参照外部功能最好的运营者或行业领导者；④基本法，参照基本功能和过程寻找最佳做法与衡量标准。内部法和竞争法都有企业内部自行定义的风险，可能只在企业内部寻找最佳做法和衡量标准或者对于竞争对手的业务做法妄下定义。因此，这容易导致是公司定义的标准而不是顾客定义的标准。[⊖]

### 7. 按服务标准进行评估

为确保各层次的服务标准被有效地执行，服务企业应建立评估指标，反映和评估服务标准的执行情况。评估指标包括硬指标和软指标，硬指标需要根据审核和运营数据评估；软指标需要根据对服务交易的调查评估。

### 8. 为员工提供绩效的反馈信息

企业要及时向员工反馈信息，让员工了解相关情况，尽快识别问题并加以改正。企业要对数据与事实进行分析和分类，以便为企业各部门的评价和决策提供支持，还要快速地传递信息给相关人员以做出关于服务或过程的决策。企业要贯彻为顾客服务的理念，使各部门衡量其对内部顾客的服务，并衡量这些表现与外部顾客的需求是如何相关的。

### 9. 目标水平和评估尺度的升级更新

为了随时与顾客的需求和期望保持一致，企业还要定期对目标水平、指标，甚至顾客需求进行调整与更新。

---

⊖  CAMP R C. Benchmarking: The search for industry best practices that lead to superior performance [M]. Oxford: Taylor & Francis Group, 2006.

## 本章小结

服务产品包括核心服务与附加服务。服务产品的附加服务可界定为八种类型，并将其称为"服务之花"的八个花瓣，分别为信息服务、咨询服务、订单处理服务、接待服务、保管服务、额外服务、账单服务和付款服务。按照创新的程度，服务创新的种类包括重大变革、创新业务、为现有市场提供的新服务、服务延伸、服务改善、风格转变。新服务的开发要经过前期计划阶段和实施阶段，其中，新服务开发的前期计划阶段包括企业战略回顾、新服务战略开发、服务创意产生、服务概念的开发与评价、新服务的商业分析等步骤。新服务开发的实施阶段包括新服务的开发、市场试销、正式上市等步骤。

随着服务行业市场化程度的提高，服务企业的竞争越来越表现为品牌的竞争。服务品牌具有以下作用：便于顾客识别服务特色和服务质量；可以降低顾客的购买风险和企业的经营风险；可以为顾客带来附加价值和使企业获得更多利润。企业可以选择的服务品牌策略主要有品牌屋、子品牌、授权品牌和品牌家族四种。为了建立强势的服务品牌，企业需要理解服务品牌资产的影响因素。服务品牌资产模型认为，企业的品牌资产由品牌认知和品牌意义决定。消费者的品牌认知受到企业展示的品牌和外部品牌沟通的影响。品牌意义在很大程度上由消费者对服务的最终体验效果决定。因此，企业一方面可以通过企业展示的品牌、外部品牌沟通来提高品牌知名度，另一方面可以通过顾客体验来影响品牌意义，从而创建强势的服务品牌资产。目前，越来越多的企业已经认识到服务品牌的重要性，开始重视服务品牌的塑造。企业可以从保持一致的服务质量、创建强烈的公司品牌联想、发展系统的品牌元素、设计合适的品牌沟通方案、品牌的内部化和信守承诺等方面入手来塑造服务品牌。

服务标准是指服务企业用以引导和管理服务行为的规范。顾客导向的服务标准是指服务企业按照顾客期望或需求而制定的服务标准。服务标准可分为硬标准与软标准。开发顾客定义的服务标准，就是将顾客期望或要求转变为服务企业的服务规范和标准的过程。服务标准的开发过程一般要经过多个步骤。

## 思考题

1. 简述服务产品的概念。
2. 论述服务之花的内容。
3. 简述服务产品创新的种类。
4. 简述服务品牌的作用。
5. 服务品牌的策略有哪些?
6. 简述服务标准的含义与类型。
7. 简述服务标准的开发过程。

## 案例分析

### 全家便利店的服务之花

那些在所处行业中独占鳌头的企业，并不全是在核心产品上打败了对手，也在服务总体统筹中赢得了竞争优势。服务包（Service Package）就是要确立这样一种服务产品的开发思想。全家便利店深谙此道，通过对核心产品、便利服务和支持服务的整体打包，为其优质服务奠定了坚实的基础。全家便利店的服务包形成一朵服务之花，核心业务是其花蕊，便利服务和支持服务构成花瓣。这构成了全家便利店优质服务的基础。

### 1. 核心产品

核心产品是企业或服务产品存在于市场的根本所在，是消费者能够获得的最核心的服务利益，也是服务组合的核心服务要素。目前，全家便利店在北京、上海、成都、广州等重点城市，开设有3 000多家门店，每家店具有鲜食、冷藏、常温、冷冻、即时制作等多个品类，销售超过2 500种商品，为消费者多方面的日常生活需求提供保障。丰富优质的商品是全家便利店吸引消费者的重要原因之一，全家便利店根据消费者需求不断丰富和充实核心服务组合。主要包括：

（1）快餐鲜食类产品　全家便利店的特色，就是为消费者提供各式各样的快餐、鲜食类产品，主要包括盒饭/面条、饭团、三明治、汉堡、蔬果沙拉和汤粥等，这类产品基本都是全家便利店的自有品牌。全家便利店商品的年更新率高达70%，鲜食更是做到了周周有新品，商品的新意与新味道总能为消费者带来惊喜。

（2）冷藏类产品　全家便利店为消费者提供专门筛选后上架的冷藏类产品，产品范围包括乳品、果汁、沙拉、甜品、水果在内的一系列便利店产品。

（3）常温食物产品　全家便利店为消费者筛选并提供包括饮料酒水、泡面、饼干零食、糖果巧克力和烘焙面包在内的一系列便利店产品。

（4）冷冻类产品　全家便利店为消费者提供一系列冷冻类产品，产品范围包括冰激凌、冷饮、冰块等。

（5）即时制作类产品　全家便利店为消费者提供专门设计的即时制作类产品，包括关东煮、包子、现磨豆浆、现磨咖啡、现场制作的冰激凌等一系列便利店产品。全家便利店不仅提供产品，还提供现场制作等服务，给予消费者"看得到的新鲜"。

（6）非食品类产品　全家便利店为消费者筛选并提供雨伞、美妆、护肤、洗发、清洁用品、棉纸、卫生巾、裤袜、数码配件、家用日用品等一系列便利店产品。

### 2. 附加服务

附加服务包括便利服务和支持服务。便利服务是促成顾客方便使用核心产品的服务要素，是传递核心产品所必须具备的一些基本的辅助物品和相关的辅助服务。便利服务可以有效地降低顾客的购买成本，为顾客创造良好的服务体验。支持服务是增加服务价值的服务要素，它给顾客在其模糊意识中形成一些附加的其他利益。支持服务的作用在于使本企业的服务同竞争对手的服务区别开来，以强化服务组合的功能，主要用于竞争。为保障消费者利益，全家便利店开发了一系列便利服务。此外，全家便利店根据自身的资源和实力，开发恰当的支持服务，极大地提高了自身服务产品的差异化竞争优势。全家便利店向消费者提供的服务主要有以下几个方面。

全家便利店特别重视店铺分布、消费者的易进入性、店铺环境的舒适性和服务设施布局的高效性。全家便利店在上海街头密布，在其他城市虽然店铺数量有限，但是仍在不断扩展，从而为客户提供更加便捷的服务。所有的全家便利店都在橱窗边设有自助休息区，一方面，在橱窗旁用餐或休息的客人，更容易被外边逛街的行人看到，进而吸引和刺激外边的顾客进店，增加营业收入；另一方面，满足在全家便利店购买快餐鲜食、速食等产品的顾客快节奏生活的需要，并拉动相关产品的销量，更好地奉行"全家就是你家"的品牌理念。

全家便利店通过数字化助力转型发展，以门店为中心推广线上商城与数字会员体系，让便利店的营业范围由单个门店延伸至线上与线下的配合联动。全家便利店接连推出独立的会员服务应用"Fa 米家"、到店自提业务与外卖到家服务，将服务从门店以内拓展到门店以外。同时，全家便利店深入洞察消费者需求，结合自有供应链的优势，推出贯穿线上APP 与线下门店的"一日五餐"的消费场景。在 Fa 米家 APP 上，顾客不仅可以轻松完成购物，用手机点外卖或自提付款，还可以随时领取商品优惠券或使用积分兑换商品，选购会员专区内的商品，让消费者降低搜寻成本，在心里形成消费安全感，进而实施购买。Fa米家 APP 上还嵌入了支付功能。会员买单时，扫会员码识别身份后就会跳转到支付页面，满足消费者快速支付的需求，为消费者带来更优质的购物体验。从支付到综合性购物体验，在数字化转型的道路上，全家便利店正逐渐找到属于自己的节奏。

全家便利店还提供多样的服务来辅助消费、增进与顾客的关系。例如，在中国，全家便利店提供免费申办的集储值、积分双重功能的集享卡，实行积分制提供优惠项目；在日本，这个积分制不只适用于全家便利店，还和其他公司实行联合积分制，是日本最大的联合积分系统之一。全家便利店是率先实行刷卡消费的便利店之一。近期，全家还在店内提供自助收银机器，消费者可以直接扫码付款，减轻人流量较大时店内排队的压力。为了能在当今快速发展的社会中保持它的竞争力，全家便利店不断推出新服务来服务消费者。

顾客对服务产品的评价是从整个服务过程来进行的，包括服务员工、服务场景等都是形成顾客对服务感知的关键环节。为此，全家便利店致力于打造最温馨的人性化服务。全家便利店要求服务人员对顾客表示欢迎和关心。每一位走进全家便利店的客户会被笑脸相迎，店员们也会齐声欢迎，全家便利店的休息区也保持干净整洁以供顾客随时使用。

资料来源：根据公开资料整理编写。

**案例思考**

1. 结合服务产品的概念分析全家便利店的服务。
2. 运用服务之花理论对全家便利店的附加服务进行分析，并指出其优劣势。
3. 全家便利店的服务创新体现在哪些方面？有何特色？

## 实践活动

### 一、实训目的

1. 加深对服务产品和服务之花的理解。
2. 了解服务企业如何塑造服务品牌。
3. 认识企业的服务标准。
4. 了解服务产品的创新。

## 二、实训内容

（一）采用头脑风暴法，为真实的或虚拟的服务企业设计一个创新的服务产品。

1. 简要介绍该服务企业的情况。

2. 指出该新服务产品所针对的目标市场。

3. 说明该新服务产品能为顾客解决什么问题。

4. 运用服务之花和服务产品创新的相关理论，设计一个新服务产品。

5. 对该新服务产品进行详细介绍。

（二）选择一家时尚购物网站，通过收集资料、上网体验以及与其他消费者交流等方式，了解该网站所提供的服务产品、服务品牌塑造、服务标准和新产品等情况。

1. 向全班同学简要介绍该网站的情况。

2. 分析该企业所提供的服务产品。

3. 分析该企业如何塑造服务品牌。

4. 指出该企业所采用的硬标准和软标准分别是什么。

5. 为该网站开发新服务产品提供建议。

## 三、实训组织

1. 把同学分成几个组，并从中选出一位组长。

2. 每组独立搜集案例资料。

3. 由组长负责组织小组研讨，集中本组成员的成果，制作报告和演示文稿。

4. 每组推荐一人上讲台演讲，其间，师生可以向该组同学提问，教师引导学生参与研讨。

## 四、实训步骤

1. 各小组制订实训执行计划，并做相关准备。

2. 小组成员分工合作，分别按计划完成所承担的任务。

3. 组长组织小组成员讨论，并按实训内容要求完成报告文本和演示文稿的制作。

4. 教师根据可安排的课时，组织部分小组向全班同学交流其成果。发言代表需要说明各小组实训执行情况、各位小组成员的贡献以及实训感触。

5. 每一小组报告完毕后，教师组织其他同学针对陈述组的实训内容发表意见和建议。

6. 教师对各组表现进行点评，并记录实训成绩。

# 第7章

# 服务流程

## 学习目标

本章探讨服务流程的设计，对服务流程的概念与类型、服务流程图和服务蓝图、服务流程设计方法，以及服务流程再造的概念和类型等进行介绍。通过本章的学习应该能够：

1. 认识服务流程的类型。
2. 掌握服务蓝图的含义、构成和构建步骤。
3. 了解服务流程设计的原则。
4. 掌握服务流程设计的方法。
5. 理解服务流程再造的概念。
6. 明确服务流程再造的类型。

## 本章结构

```
                              服务流程
     ┌──────────────┬──────────────┬──────────────┐
  服务流程概述      服务蓝图      服务流程设计      服务流程再造
  ┌──┬──┬──┐      ┌──┬──┬──┐      ┌────┬────┐     ┌────┬────┬────┐
 服  服  服       服  服  构       服      服      服     服     服
 务  务  务       务  务  建       务      务      务     务     务
 流  流  流       蓝  蓝  服       流      流      流     流     流
 程  程  程       图  图  务       程      程      程     程     程
 的  的  图       的  的  蓝       设      设      再     再     再
 概  类            含  构  图       计      计      造     造     造
 念  型            义  成  的       的      的      的     的     的
                            步       原      方      概     衡     类
                            骤       则      法      念     量     型
                                                            指
                                                            标
```

## 🌀 导入案例

### 直击痛点，开创手机维修上门服务新流程

2022年4月27日，苹果正式在美国地区推出了自助维修服务，用户可通过苹果自助维修店获取维修手册、原装零件和工具自行进行手机维修。在北京成寿寺门店里，腾云电子总经理张胜安读到了这条新闻。回顾手机维修行业日新月异的发展，腾云电子从上门维修切入市场，凭借标准化服务获取顾客信任，再通过多渠道、高灵活度的服务调整适应市场需求，一步步的服务创新帮助腾云电子在手机维修领域站稳脚跟，前方之路何去何从，张胜安陷入沉思……

#### 日积月累，打造腾云之势

2014年，还在经营手机批发零售业务的张胜安发现，许多客户在手机损坏时会回到店内寻求维修服务。看到了客户对于手机维修服务的巨量需求，张胜安决定开拓这项新业务。创始人团队经过一年多的苦学，掌握了芯片级手机维修技术，依此创立了以手机维修为主营业务的腾云电子。从4人的小店铺发展为在北京地区颇具知名度的手机上门维修服务商，在淘宝、美团、天鹅到家等平台广受好评，开设3家线下服务门店，并在手机维修基础上增设了二手手机回收销售的业务。截至2021年底，腾云电子累计维修接单7万余笔，手机销售量3万余台，创造了2020年净利润80万元，2021年净利润180万元的业绩。在手机维修这一细分市场中取得这般显著的腾飞业绩，与张胜安深入分析顾客需求、日积月累地通过服务创新和改进塑造企业品牌紧密相关。

#### 迭代创新，便捷化满足顾客需求

当今时代，手机对每个人的重要性不言而喻，当手机发生损坏时，能方便快捷地将手机修好就是顾客最大的诉求。传统维修模式多为门店维修，需要顾客带着手机到门店进行维修，如果顾客有事情脱不开身，或者距离维修门店路程较远，就非常不方便。考虑到很多人已经习惯了类似外卖的上门服务，张胜安想到，修手机也可以上门服务，让客户体验更好。于是，腾云电子确定了以手机上门维修为特色的商业模式，并逐渐在北京五环内地区实现了一小时免费上门快修的服务效率。顾客有需求时，只需要在原地下单等待，就能在一小时内获得由专业的维修师傅上门提供的手机维修服务。上门维修的特色定位帮助腾云电子快速发展并积累客户，时至今日，在腾云电子维修业务中占据了60%以上的份额。

开展了上门维修业务之后，腾云电子逐渐扩大了知名度。可是，一段时间后，张胜安发现了维修师傅在服务中反馈的一些问题，虽然换屏幕、换电池、换后盖壳或摄像头配件这类故障可以很方便地上门完成维修，但若是涉及手机主板及芯片故障，如硬盘、充电IC、电源IC报错时，就需要较高级别的技术与工具设备进行原因检测和维修，在这种情况下，将手机拿回门店维修是必要的。在此基础上，张胜安基于上门服务的特征推出了取送维修服务，由员工上门收取手机拿到店内维修，再送回至顾客手中。在不方便员工上门的时候，也可通过快递、闪送等方式进行补充。"门店维修、上门维修、取送维修"三管齐下，能全方位满足顾客对手机维修方便、快速的需求，还能将服务范围扩展到较远的地区，辐射更多客户群。

#### 展望前路，服务如何再开拓

虽然目前腾云电子发展得顺风顺水，张胜安对于企业的未来还是有一些担忧。随着手机生

产故障率逐渐下降，顾客手机维修的需求或将减少。几大手机生产商近几年也逐渐开始关注到维修业务的利润，从外包逐渐转向自营，手机维修市场竞争会更激烈。对于未来发展，张胜安产生了两条思路：一是手机维修的老本行或许可以向二三线城市扩展，开设新的分店或开放加盟；二是可以向相近的业务拓展，开展上门的计算机维修、智能电子锁维修，以及面向企业的电子产品服务。是专注发展手机业务，还是开拓新方向，张胜安陷入了新的思考中。

资料来源：张砚等. 腾云电子：直击痛点，开创手机维修上门服务新模式［DB］. 中国管理案例共享中心，（2022-11-10）.

# 引言

服务产品回答了做什么的问题，而服务流程涉及怎么做的问题。服务企业要创造和提交服务产品，就必须要具有相应的服务流程。服务流程直接关系到一个系统的运作效率、运营成本和服务质量，对服务企业的竞争力有着非常重要的影响。因此，服务企业要重视服务流程的设计，并在服务流程运转不畅时进行服务流程再造。

## 7.1　服务流程概述

### 7.1.1　服务流程的概念

服务流程是指服务运作和提供的流程，也就是服务企业中服务运作的顺序与方法，提供服务的步骤。它包括了服务企业向顾客提供服务的整个过程中的作业步骤和行为事件，以及完成该过程所需要素的组合方式、时间和产出的具体描述。服务流程除了具有流程的特点之外，还具有自身的特点。不同的服务企业的服务流程是存在差异的，同一服务企业的不同服务活动的流程也是不同的。

从顾客的角度来看，服务流程实质上是指顾客感受到的、由企业在每个服务步骤和环节中为顾客提供的一系列服务的总和。企业及其员工无论怎样看待服务流程中的每一个环节，他们大多是把这些环节当成作业来完成，而顾客会对这些服务流程中的每一环节做出评价，然后加以汇总，得出一个完整的评价结果。[⊖]提高服务流程的合理性、有效性是顾客满意的关键，因此，服务企业应该精心设计和有效管理服务流程。

### 7.1.2　服务流程的类型

根据服务的类型、特征及形式的不同，采用不同的划分标准，可以把服务流程分为以下几种类型。

#### 1. 根据服务对象及服务活动的性质分类

按照服务对象及服务过程是否有形，可将服务流程划分为以下 4 种类型。4 种服务流程适用的服务项目如图 7-1 所示。

---

㊀　阿布里奇. 服务·服务·服务：企业成长的秘密武器［M］. 戴骏，等译. 长春：吉林人民出版社，1998.

| 服务的直接接受者 | |
|---|---|
| 人 | 物 |
| 针对顾客人体的服务：<br>· 健康护理<br>· 客运<br>· 美容美发<br>· 外科手术<br>· 健身 | 针对顾客物品的服务：<br>· 家电的维护和修理<br>· 货运及包裹传递<br>· 服装干洗<br>· 住宅保洁<br>· 园艺及草坪维修 |
| 针对顾客精神的服务：<br>· 教育<br>· 娱乐<br>· 信息服务<br>· 电视广播节目<br>· 音乐会 | 针对无形资产的服务：<br>· 金融服务<br>· 法律服务<br>· 会计服务<br>· 咨询服务 |

（左侧纵向标注：服务活动的性质，上部为"有形活动"，下部为"无形活动"）

**图 7-1    4 种服务流程适用的服务项目**

资料来源：菲茨西蒙斯 J A，菲茨西蒙斯 M J. 服务管理：运作、战略与信息技术    原书第 7 版［M］. 张金成，范秀成，杨坤，译. 北京：机械工业出版社，2013.

1）作用于顾客人体的可接触服务流程。针对人体服务（如医疗服务的服务对象是顾客本身）的结果就是让人在生理上更健康或更舒适，如健身、美容美发服务等。要接受这类服务，顾客通常要进入服务场所或者由服务提供者上门服务，而且要求顾客与服务提供者合作。在这种流程中，顾客需要亲自参与到服务过程中才能得到服务。因此，服务营销者必须从顾客角度来设计服务流程，要充分考虑服务流程中的各个环节能向顾客提供的价值与要求顾客付出的时间、精力和体力成本。

2）作用于顾客物品的可接触服务流程。针对顾客所拥有的物品的服务很常见，如衣物干洗、汽车保养和计算机修理等，服务的目的大多是延长这些物品的寿命。与大多数服务不同，这种服务的生产与消费并不一定要同步进行。在这类服务活动中，顾客不一定需要出现在服务现场，他们与服务人员接触的时间很短，其参与程度也很有限，主要关注点是安全与方便。这类服务的流程类似于制造业的生产过程。

3）作用于顾客精神的不可接触服务流程。娱乐、教育和宗教等活动针对的都是顾客的精神，可能会影响顾客的态度和行为。这类服务通常要求顾客投入时间、精力才能从中获益，但并不一定需要顾客亲临服务现场。此类服务可以先生产出来再通过网络或电视传递给顾客，还能以数字或其他方式储存，如录制成 CD 或 DVD。在这类服务的流程设计中，需要重点考虑的因素是技术。随着互联网技术的发展，服务企业要充分利用新技术来传递服务。如培训机构可以通过网络课程来吸引更多的顾客。

4）作用于顾客无形资产的不可接触服务流程。法律、金融和会计等服务主要是针对与顾客相关的信息进行处理，这种服务结果的无形性表现得最明显。例如，银行服务的直接接受者是顾客的账户，顾客不一定要接触银行的服务人员，他们可以通过互联网、电话和自动柜员机管理自己的账户，在此情况下，银行向顾客提供的服务是无形的。不过，通过某些方式也可以将无形的信息转化为有形的形式，如报告、光盘等。处理信息的服务成功的关键在于对信息的有效收集和加工。在这类服务的流程设计中，技术同样是需要企业重点考虑的因素。

### 2. 按照服务过程中顾客交互和定制程度及劳动力密集程度分类

施米诺（Schmenner）设计了一个服务过程矩阵，如图 7-2 所示，他根据影响服务传递过程性质的两个主要因素对服务过程进行分类。定制是指顾客个人影响要传递的服务产品的性质的能力。如果服务产品是标准化的，顾客与服务企业就不需要太多的交互。劳动力密集程度是劳动力成本与资本成本的比率。按照服务过程中顾客交互和定制程度及劳动力密集程度可将服务流程分为以下 4 种类型。

<table>
<tr><td colspan="2" align="center">顾客交互和定制程度</td></tr>
<tr><td align="center">低</td><td align="center">高</td></tr>
<tr>
<td>服务工厂式流程：<br>·航空公司<br>·运输公司<br>·宾馆<br>·度假胜地与娱乐场所</td>
<td>服务作坊式流程：<br>·医院<br>·机动车维修厂<br>·其他维修服务</td>
</tr>
<tr>
<td>大众化服务式流程：<br>·零售业、批发业<br>·学校<br>·银行的零售业务</td>
<td>专业化服务式流程：<br>·医生<br>·律师<br>·会计师<br>·建筑师</td>
</tr>
</table>

（左侧纵轴："劳动力密集程度"，上"低"下"高"）

图 7-2　服务过程矩阵

资料来源：菲茨西蒙斯 J A 菲茨西蒙斯 M J. 服务管理：运作、战略与信息技术　原书第 7 版 [M]. 张金成，范秀成，杨坤，译. 北京：机械工业出版社，2013.

（1）服务工厂式流程　服务工厂需要更多的资本进行投资，大量采用机器设备代替人工，因而劳动力密集程度较低。服务工厂就像制造业中的流水线生产厂一样运作，服务过程具有标准化的程序，向顾客提供标准化的服务产品，服务种类较为有限。

（2）服务作坊式流程　服务作坊也是在高资本环境下经营的，但它的服务定制化程度比服务工厂的要高。服务企业允许顾客有较多的服务定制，彼此之间需要进行一些交互活动。其服务流程设计要注意控制成本、维持质量，对参与服务过程中的顾客进行教育引导。

（3）大众化服务式流程　服务企业是在劳动力密集的环境中向顾客提供无差别的服务产品。由于劳动密集程度高，服务企业要关注人力资源的管理，如服务人员的招聘、培训和激励等。顾客交互和定制程度低使服务企业能建立标准化作业程序的服务流程。

（4）专业化服务式流程　服务机构在劳动力密集的环境下向顾客传递的是定制化的服务产品，那些寻求专业化服务的顾客所得到的是经过特殊训练的专家提供的个性化服务。这要求服务企业高度重视人力资源的开发，并在流程设计中充分考虑服务提供系统的灵活性。

以上不同的分类方法，能够帮助服务组织的管理者从不同的角度理解不同类型服务流程的特点，并根据这些特点的要求有针对性地进行服务流程的设计和管理，从而提高服务效率和顾客的满意度。

## 7.1.3　服务流程图

服务流程图是描述服务过程中各个步骤与顺序的工具。服务流程图是管理和提高服务质量的基本工具。工程设计图对于一项工程而言，可以把未来工程的整体布局及其细节表现出来，可以把即将兴建的工程提前展示在人们面前，并且可以预先对一切问题进行思考并提出解决方案，在工程建造时就可以依照预先确定好的设计方案进行。与工程设计图相似，服务流程图也是一种设计和沟通的手段。对于服务企业来说，可以预先设计好服务的过程，考虑一切可能遇到的细节，包括与顾客的接触过程。服务流程图存在的目的是帮助服务人员或管理人员对即将付诸实施的服务进行设想和计划，以便减少意外及不能控制的情况出现。

在流程图设计的过程中，可以用符号的形式将各作业步骤表示出来，图 7-3 列出了流程图中常用的标准符号。其中，长方形表示流程中的具体工作（作业、事件）和行动步骤，箭头（流向线）表示流动的方向，倒三角形表示库存和延误（库存点或处于等待状态，即缓冲区）；菱形表示决策点。

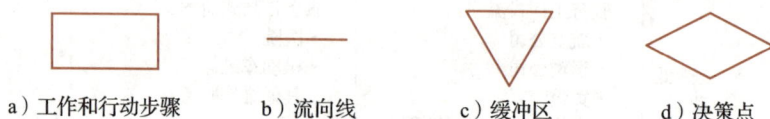

a）工作和行动步骤　　b）流向线　　c）缓冲区　　d）决策点

**图 7-3　流程图工具**

服务流程图包括以下几项内容：整个流程的流动方向、从一个步骤到下一个步骤所需的时间、每个程序的步骤的所需成本、系统的瓶颈所在。瓶颈是限制产量的因素，正如瓶颈限制瓶中液体的流动一样，服务流程中的瓶颈也限制了任务的完成，瓶颈作业通常是最慢的作业，如果在瓶颈作业处耽误半小时，那么就相当于整个流程延误半小时，因而识别出系统的瓶颈所在之处是非常重要的。

🔴 **专栏**　　　　　　　　　　**排队自助餐厅的服务流程**

目前，有些餐厅采用一种排队自助式的方式向顾客销售食品，即顾客要按照顺序经过每个取食点，服务员则不间断地为每个取食点提供相应的食品。采用这种方式经常会遇到畅销食品（如烧烤、海鲜、汤）暂时供应不上的现象。表 7-1 所示的是自助餐厅设置的 6 个服务点的时间测算。

**表 7-1　自助餐厅服务点的时间测算**

| 步骤 | 服务内容 | 平均服务时间 / 秒 |
|---|---|---|
| 1 | 供应蔬菜 | 20 |
| 2 | 供应主菜 | 30 |
| 3 | 供应各类汤 | 20 |
| 4 | 供应甜点 | 15 |
| 5 | 供应饮料 | 10 |
| 6 | 结账 | 60 |

该自助餐厅原来的服务流程图如图 7-4 所示。餐厅设置了 5 张工作台，每张工作台配备 1 名服务员，共有 5 名服务员，其中第 4 工作台同时提供甜点（15 秒）和饮料（10 秒）。该服务流程的问题在于整条供餐线的流程很不平衡。在第 5 工作台，收银员为 1 位顾客结账的时间平均为 60 秒，即 1 小时内该收银员只能为 60 名顾客服务。这样，其他员工在 2 分钟的工作时间内（一个顾客服务周期），会有 30～40 秒的闲暇时间。

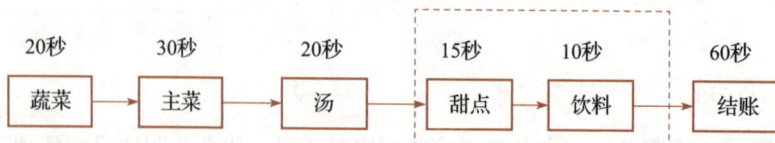

20秒　　30秒　　20秒　　15秒　　10秒　　60秒

蔬菜　→　主菜　→　汤　　甜点　→　饮料　→　结账

**图 7-4　自助餐厅的服务流程图**

资料来源：蔺雷，吴贵生. 服务管理 [M]. 北京：清华大学出版社，2008：246-247. 内容有删减。

问题：1. 该服务流程会带来哪些问题？

　　　2. 为了避免这些问题，你认为自助餐厅应该如何调整服务流程？

## 7.2　服务蓝图

对于服务组织而言，服务流程与服务蓝图是服务设计的基础工具，它们能帮助服务组织选择适当的服务系统流程，识别服务系统的各个要素。

### 7.2.1　服务蓝图的含义

蓝图一词源自传统行业，一座房子的设计图样通常称为蓝图，这是因为设计师通常会将蓝色的设计图与注释描绘在特殊的纸上，这些蓝图展示了建筑物的样子并有详细的说明。而服务流程是一个复杂而无形的过程，由一系列分散的活动组成，这些活动又是由无数不同的员工完成的。因此，顾客在接受服务过程中很容易"迷失"，感到没有人知道他们真正需要的是什么。为了更好地满足顾客需要，服务企业需要了解顾客的行为和服务过程的特点，有必要把这个过程的各部分详细地画出来，这就是服务蓝图。

服务蓝图是详细描画服务系统的图片或地图，它把整个服务过程合理地分为不同的区块，再逐一描述过程的步骤、顾客的行为与员工的职责，以及服务中的有形要素。服务蓝图是一种基于流程图的设计工具，它客观地描述出服务过程的特点并使其形象化，这样管理者、员工和顾客都知道正在做的服务是什么和自己在服务执行过程中所扮演的角色。

服务蓝图能够同时描绘服务实施的过程、接待顾客的地点、顾客与员工的角色以及服务中顾客可见的要素等方面，从而系统、直观地展示服务，如图 7-5 所示。服务蓝图不仅能用来分析和改善现有的服务过程，还可以用来开发一套新的服务流程。因此，在服务流程的设计和再设计阶段都可以将服务蓝图作为一种工具来使用。

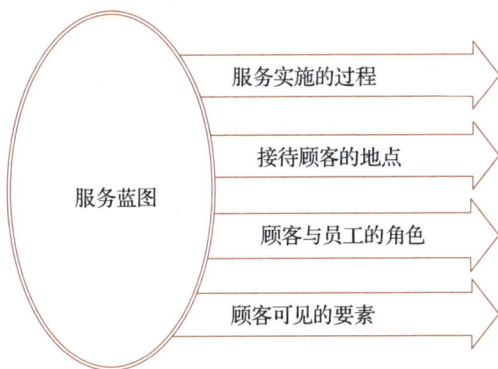

图 7-5　服务蓝图

资料来源：泽丝曼尔，比特纳，格兰姆勒. 服务营销：原书第 7 版 [M]. 张金成，白长虹，杜建刚，等译. 北京：机械工业出版社，2018.

### 7.2.2　服务蓝图的构成

服务蓝图的主要构成包括顾客行为、前台员工行为、后台员工行为和支持过程，如图 7-6 所示。在服务蓝图中，每个行为部分中的方框图表示相应水平上执行服务的人员所经历的服务步骤，箭头是流向线，它指明了服务步骤的顺序。整个服务蓝图由三条线分成四个主要行为，从上到下依次是顾客行为、前台员工行为、后台员工行为和支持过程。四个主要行为由三条分界线隔开，顾客行为与前台员工行为由一条外部互动分界线隔开，前台员工行为与后台员工行为由一条可视分界线隔开，后台员工行为与支持过程之间由一条内部互动分界线隔开。

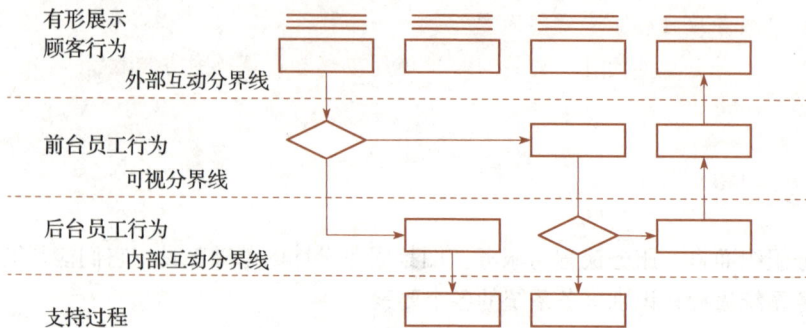

图 7-6  服务蓝图的构成

（1）顾客行为  顾客行为是指顾客在购买、消费和评价服务过程中的步骤、选择、行动和互动。例如，在法律服务中，顾客的活动可能包括寻找律师、选择律师、与律师通电话、与律师面谈、接收文件和付款等。

（2）服务人员行为  服务人员行为包括前台员工行为和后台员工行为。前台员工行为是指顾客能看到的服务人员的行为。例如，在法律服务中，顾客可以看到的律师的行为包括最初会面、面谈和出具法律文件等。后台员工行为是指发生在幕后、支持前台员工的行为。例如，律师与顾客的会面准备、法律文件交接的准备等。

（3）支持过程  支持过程是为支持服务人员的工作而产生的各种内部服务的步骤和行为的过程。例如，律师事务所的人员进行的法律调查、文件准备，秘书为会面所做的准备工作等都是支持行为。

服务蓝图中最上方是服务的有形展示，典型的方法是在每一个接触点上方列出相应的有形展示。由于服务本身是无形的，顾客常常在购买之前通过有形线索来判断服务质量。例如，律师事务所的有形展示有办公室布置、书面文件和律师着装等。

此外，还可以在服务蓝图中标明潜在的失误点，失误点用 "F" 表示。失误点具有三项特征：工作失误的可能性较高、失误所导致的结果会被顾客看见、顾客认为很重要的失误。失误点的存在易导致顾客不满，服务营销者可以通过分析失误点并指导员工如何应对这些失误来减少服务失误。

上述 4 个主要行为被三条水平线隔开，这三条分界线是：

（1）外部互动分界线  外部互动分界线表示顾客与服务组织之间直接的互动。如果有一条垂直线穿过互动分界线，就表明顾客与服务组织发生服务接触。例如，在酒店的前台服务中，顾客与服务员通过互动界面进行接触，两者在这个界面上相互作用、相互影响。

（2）可视分界线  它把顾客能看到的服务行为与不能看到的服务行为分开。在服务蓝图中，可视分界线下方的区域是顾客不能看见的区域，这样就很容易从服务蓝图中看出服务企业为顾客提供了哪些可视服务。这条线还可以将员工在前台与后台所做的工作分开。例如，医生询问病情与诊断属于前台工作，而事后整理档案属于后台工作。

（3）内部互动分界线  它将后台人员的工作与其他支持服务的工作区分开。内部互动分界线是后台活动区域与支持性活动区域之间的分界线，也是服务企业外部服务和内部服务的分界线。一旦有垂直线穿过内部互动分界线，就意味着有内部服务接触发生。

图 7-7 是以快递物流服务为例绘制的一张完整的服务蓝图，该服务蓝图中的主要因素包

括：前台活动的有形展示、顾客行为、外部互动分界线、前台员工的服务行为、可视分界线、后台员工的服务行为、内部互动分界线、内部支持活动。

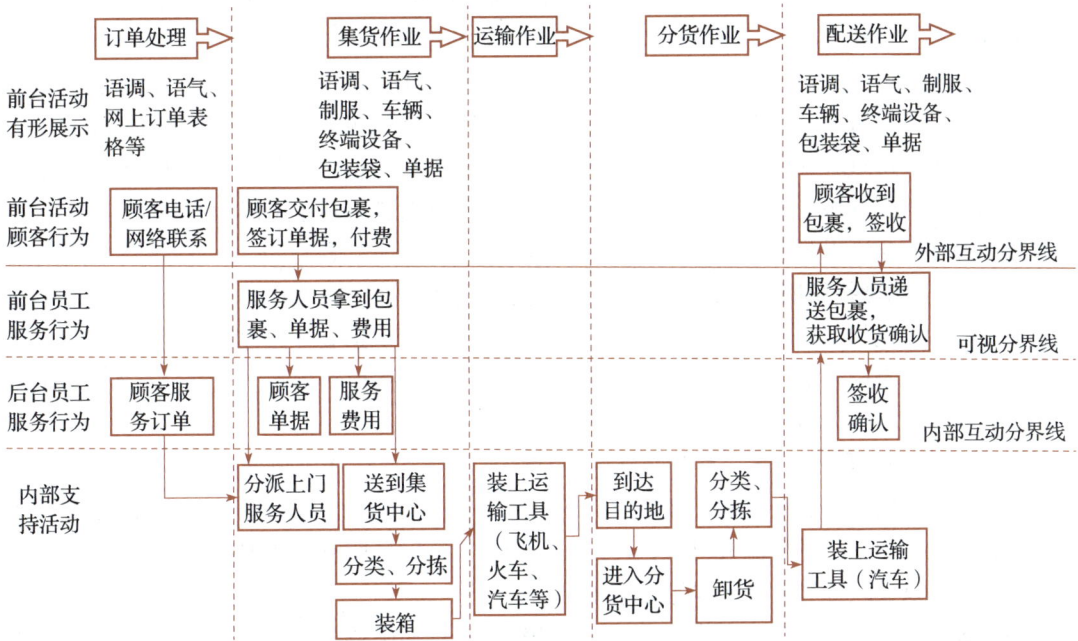

图 7-7　快递物流服务蓝图

资料来源：翟运开. 基于服务蓝图的物流服务流程优化：以快递物流服务为例［J］. 工业技术经济，2009（12）：21.

**应用练习 7-1**

回忆最近你经历的一项高接触性服务，如图书馆、餐馆或医院的服务，指出服务过程中的关键事件，针对服务组织在这些关键事件上可能出现的失误提出建议。

### 7.2.3　构建服务蓝图的步骤

对于服务企业来说，绘制服务蓝图是一项系统工程，它的构建涉及服务企业的很多职能部门的代表和来自顾客的信息。因此，绘制服务蓝图需要服务企业内部相关部门或个人协同完成。一般来说，服务蓝图的建立分为六个基本步骤，如图 7-8 所示。

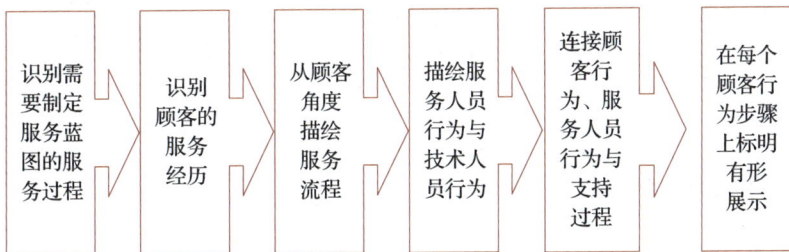

图 7-8　构建服务蓝图的步骤

1）识别需要制定服务蓝图的服务过程。先要分析服务流程设计的意图，弄清楚所要绘制的服务蓝图究竟是什么样的服务流程。对快递公司来说，开发整体的快递流程与只开发货物分拣这一子流程，服务蓝图的复杂程度是不同的。服务企业需要明确以下问题：服务企业和服务项目的目标是什么？绘制服务蓝图的目的是什么？服务企业是关注整个服务，还是服务的某个组成部分？服务过程的起点、重要环节和重点分别在哪里？

2）识别顾客的服务经历。不同的细分市场中的顾客对服务的需求不同，对服务过程的各个环节的感受或评价也存在着差异。因此，服务企业所设计的服务流程也应该考虑细分顾客群体的需求差异。从顾客导向或个性化服务观点看，假设服务过程因细分市场不同而变化，这时为某类细分顾客开发服务蓝图就非常具有针对性。在实际营销管理中可以为不同的细分市场的顾客分别设计服务流程蓝图。

3）从顾客角度描绘服务流程。这一步骤包括从顾客的角度来描绘顾客在购买、消费和评价服务过程中的选择与行为。从顾客的角度而非企业的角度识别服务过程，可以避免把注意力集中在对顾客没有影响的过程和步骤上。在这个步骤中，首先要明确顾客是谁；其次，要对顾客如何体验和感受服务的过程进行深入细致的调研。

4）描绘服务人员行为与技术人员行为。先确定互动分界线和可视分界线，再从顾客和服务人员的观点出发绘制服务过程。如果设计的是一种全新的服务流程，应该从绘制顾客期望的服务流程开始；如果是进行流程再造，可以向一线员工询问哪些行为能被顾客看到，哪些行为在后台发生，以及顾客对现有流程的抱怨情况。

如果采用技术传递服务或者将技术与人力相结合来传递服务，那么要把技术层面的行动绘制在可视分界线的上方。当完全采用技术传递服务时，这个部分要标明"前台技术活动"；当把技术与员工相结合提供服务时，则要分别标明"前台技术活动"和"前台员工接待活动"。

5）连接顾客行为、服务人员行为与支持过程。在服务蓝图的下端画出内部互动分界线，随后就可以看出服务人员行为与支持部门的联系。在这一过程中，内部行为对顾客的直接或间接的影响会显现出来，提示支持部门的内部服务在服务流程中的地位和作用。如果顾客的经历与支持部门缺乏关联，则该过程中的某些环节就可以省去。因此，从内部服务过程与顾客的关联的角度出发，把顾客行为、服务人员行为与支持过程相连接就显得尤为重要，它直接关系到服务流程能否有效运转。

6）在每个顾客行为步骤上标明有形展示。在服务蓝图上加上有形展示，包括顾客看到的东西以及顾客经历中每个步骤所得到的有形物品。这些有形展示应该与服务企业的营销战略和服务定位相一致。

> **应用练习 7-2**
> 通过手机 APP 预订一份外卖，并以此绘制出一张服务蓝图。

## 7.3　服务流程设计

### 7.3.1　服务流程设计的原则

科学合理的服务流程设计有助于服务企业提高服务效率，提升顾客的满意度。合理的服务流程需要与顾客相配合，要与服务企业的经营理念和营销目标相一致。因此，服务企业在进行服务流程设计时，应当遵循以下原则。

### 1. 符合顾客需求

服务企业在设计服务流程时，应当站在顾客的角度，针对顾客的需求来设计各项服务活动，做到有的放矢，使服务内容和服务形式与顾客的需求相吻合。

### 2. 灵活机动

服务流程中的各个环节和系统的设计要具有相应的灵活性与机动性，根据情况设置例外流程，从而增强服务流程的灵活性。

### 3. 特色创新

服务企业在决定服务内容和服务方式时，要注意创新和突出特色，要具有持久性，创造不同于竞争对手的特殊优势，而且不能让竞争对手轻易模仿。

### 4. 成本收益最大化

服务的创新、服务业务流程的重新整合和再造都要考虑投入产出的关系，既要考虑现在的利润水平，也要考虑服务对于企业的战略性利益。

## 7.3.2　服务流程设计的方法

### 1. 生产线法

生产线法是指将制造企业的生产线流程和管理方法应用于服务企业的服务流程设计与管理的方法。其过程设计着眼于在排除顾客参与的情况下建立一个连续高效的服务生产系统。由于制造业的操作工人各自在生产流水线上完成一定程序的操作，因而其工作效率非常高，并且不容易出现差错。鉴于这种方法的优越性，许多服务企业引进了这种方法，用来指导服务流程的设计和管理。服务企业运用生产线法设计和管理服务流程，目的是达到服务的高效率和规范化，使企业获得成本领先的竞争优势。具体方法如下。

（1）进行劳动分工　生产线法建议把总的工作分为许多简单的工作，对工作任务进行简化，一个员工完成一项简单的任务，这样员工在不断重复地做相同工作的过程中就会变得非常熟练，从而提高服务效率。

（2）控制服务人员的自主权　生产线法要求把个人的自主权控制在有限的范围内。在工厂中，流水装配线上的员工有明确的任务并且只能用规定的工具来完成工作。如果员工拥有一定程度的自主权就会生产出不同的有形产品，从而破坏有形产品的一致性。生产线的优势正是标准化和质量的一致性。对于标准化的常规服务，顾客较为关注服务行为和服务质量的一致性，这就要求企业减少服务人员的决策权。

（3）用设备和技术代替服务人员　用机器设备代替人力促进了制造业的发展，在服务业中也同样如此。生产线法要求在服务生产过程中尽量采用各种设备和技术代替传统的人工劳动，具体包括采用机械和自动化设备等硬技术和现代信息系统等软技术。例如，超市使用计算机管理存货比传统的人工方式更为及时准确，同时还节省了大量的人力和物力。

（4）标准化服务　当服务产品是标准化的产品时，服务企业就可以使用固定设备和标准的作业流程与规范来提高效率。标准化服务还有助于向顾客提供一致的服务质量。特许经营就是充分利用了标准化的优势，从一个地方扩展到全国或全球各地，使任何一家店都可以向顾客提供大体相同的服务。不过，生产线法意味着企业只能提供有限的服务项目，以确保向顾客快速供应标准化的服务产品。

### 2. 顾客参与法

顾客参与法是指把顾客作为服务的生产要素纳入服务系统进行服务流程设计和管理的方法。自助服务、顾客作为合作生产者参与调节供求平衡（如顾客预订机票），以及互联网所开启的由顾客产生的内容被其他人使用等诸如此类的现象都表明了顾客对服务传递过程的贡献。

对大多数服务企业来说，只有当顾客出现时，服务才能开始。例如，在理发店理发、到餐馆进餐等。顾客并不是一个被动的服务接受者或旁观者，在服务企业需要的情况下，顾客也可以成为积极的参与者，这样服务企业就可以将一些服务活动转移给顾客，从而降低成本。例如，由顾客自行点餐、自己取餐具。如果服务企业选择那些愿意进行自我服务的人作为目标顾客，那么让顾客参与到服务中来就能以某种程度的定制来支持成本领先战略。例如，一些电商品牌运用新媒体营销让用户参与产品设计开发，既满足了顾客需求，又降低了企业成本。

按照顾客的参与程度，可以将服务系统分为从自我服务到完全依赖服务提供者的服务传递系统。在进行服务流程设计时，如果服务企业要采用顾客参与法，就需要认真地考虑顾客的参与程度、需求偏好和特点，将其作为一种服务的生产要素纳入服务传递系统中，从而有效地降低服务系统成本，满足顾客的个性化需求。

### 3. 顾客接触法

顾客接触法是一种折中方法，这种方法将服务生产系统分为高顾客接触作业（前台）和低顾客接触作业（后台），低顾客接触作业使用生产线法像工厂一样运行以提高效率，高顾客接触作业则注重顾客利益。例如，航空公司在流程设计中很好地使用了顾客接触法，机组人员与地勤人员统一着装，为顾客提供优质服务，而飞机的维修保养则在一个远离顾客的地方进行。

顾客接触法的设计思想是：如果一种服务需要一些高联系程度的要素和低联系程度的要素，那么这些工作就应该分成不同类型，由不同的员工完成。这种方法实际上是将那些不要求与客户联系或联系程度低的工作从前台工作中分离出来，使其如同工厂一样运行。在这里，制造业中的所有经营观念和自动化设备都可以使用，这样可以确保技术核心不会受到干扰，从而提高生产效率。例如，餐馆的大厅是高度的顾客接触部分，厨房则是低度的顾客接触部分，餐馆可将厨房从流程设计中分离出来，设在低接触作业的技术核心区域，使用生产线法来提高效率，而在高接触作业的大厅，营销管理的重点是强化顾客体验，提高顾客的满意度。

顾客接触法可以让顾客感受到个性化的服务，同时也可以通过批量生产达到规模经济。顾客接触法的具体做法是：

1）合理划分服务生产系统中顾客的高接触作业与低接触作业。首先，在对服务生产系统进行全面考察和分析的基础上，合理划分高接触作业和低接触作业。其次，在高接触和低接触子系统内分别找出最关键的服务营销目标，明确界定各子系统的各环节、各步骤的工作任务。

最后，建立前台和后台服务的有机衔接关系，保证其能够协同有效地运转。

2）分别设计高接触作业和低接触作业的服务流程。在前台高接触作业服务流程设计中，详细地评价和判断与顾客接触的各个环节及其步骤的重要程度、顾客的真正需求。根据顾客参与程度和方式，尽量减少影响服务效率的不必要的接触。例如，将部分人工服务改为自动化服务。在后台低接触作业服务流程设计中，遵循生产线方法设计思想，采用新技术和自动化设备，制定时间、质量和费用标准，对资源要素、流程和产出进行精确控制。高接触作业与低接触作业主要的设计思想见表 7-2。

表 7-2　高接触作业与低接触作业主要的设计思想

| 设计思想 | 高接触作业 | 低接触作业 |
| --- | --- | --- |
| 设施地址 | 接近顾客 | 接近供货、运输、港口 |
| 设施布局 | 考虑顾客的生理和心理需求及期望 | 提高生产能力 |
| 产品设计 | 环境和实体产品决定了服务的性质 | 顾客在服务环境之外 |
| 过程设计 | 生产环节对顾客有直接影响 | 顾客不参与大多数处理环节 |
| 进度表 | 顾客被纳入生产进度表中且必须满足其需要 | 顾客主要关心完成时间 |
| 生产计划 | 订单不能被搁置，否则会丧失许多生意 | 出现障碍或顺利生产都有可能 |
| 工人技能 | 直接工人构成了服务产品的大部分，因此必须能够很好地与公众接触 | 工人只需要一种技能 |
| 质量控制 | 质量标准取决于评价者，是可变的 | 质量标准是可测量的、固定的 |
| 时间标准 | 由顾客需求决定，时间标准不严格 | 时间标准是严格的 |
| 工资支付 | 易变的产出要求按时计酬 | 固定的产出要求按件计酬 |
| 能力规划 | 为避免销售损失，生产能力以满足最大需求为准设计 | 储存一定的产品以使生产能力保持在平均需求水平上 |
| 预测 | 短期的，时间导向的 | 长期的，产出导向的 |

资料来源：菲茨西蒙斯 J A，菲茨西蒙斯 M J. 服务管理：运作、战略与信息技术　原书第 7 版 [M]. 张金成，范秀成，杨坤，译. 北京：机械工业出版社，2013.

3）用系统和集成的观点对高接触作业与低接触作业的服务流程进行全面考察和评价。寻找和发现遗漏、多余或衔接不连贯的环节，全面梳理和优化整个服务流程与系统。

### 4. 信息授权法

信息技术已经成为我们日常生活中不可缺少的一部分，人们利用信息技术来购买商品和服务。一些日常必要的服务，如交水电费、叫出租车、转账汇款等，都要用到信息技术。服务企业可以使用信息技术向员工和顾客授权。

（1）员工授权　服务企业利用信息技术可以向员工授权以更好地为顾客服务。信息技术最初被服务企业用来保存记录顾客信息。为了方便与顾客和供应商保持关系，有些服务企业建立顾客和供应商相关信息的计算机数据库，虽然可以快速精确地保存记录顾客信息，但仍旧只是录入数据，订货员、一线服务人员、生产人员还是"各自为政"。技术的发展改变了这种情况，整合数据库意味着每个人都可以使用一项业务的各方面的信息。一线服务人员可以通过存货清单起草订单，而不必通过订货员，这意味着员工授权的时代已经来临。当然，计算机是保存数据的关键，它是一种功能强大的记录姓名和数字的工具。当计算机彼此"对话"时，便引发了一系列的创新。现在，员工之间可以通过网络交流互相影响，甚至可以与其他企业的员工进行沟通。

（2）顾客授权　服务企业使用信息技术也可以向顾客授权。信息技术对人们日常生活的影响越来越多，信息技术使顾客有更多机会主动地参与到服务过程中。顾客现在可以不必完全依赖当地的服务企业，他们利用因特网就可以购买到世界各地的产品。顾客也不必再跑到餐馆点餐，在手机上点击就能下订单，短时间内就可以得到一份服务人员递送上门的外卖。

# 7.4　服务流程再造

## 7.4.1　服务流程再造的概念

服务流程再造是指对现有的服务流程更新。很多因素的变化都会使现有的服务流程运转不畅，这就要求服务企业从顾客需求出发，对现有的服务流程进行分析，调整原来的服务流程，或进行全新服务程序设计，从而给企业带来良好的效益。

**📷 小案例 7-1**　　　　　　　　　　**新加坡国家图书馆的流程再造**

在当今的数字时代，图书馆的使用率大大降低了。新加坡国家图书馆的管理者非常努力地工作，试图改变人们固有的印象，即图书馆就是服务人员态度糟糕、在书架上摆满了一排排陈旧书籍的地方。新加坡国家图书馆通过灵活使用先进的技术来改变和拓展图书馆服务，走虚拟化道路，鼓励人们使用图书馆、提倡人们终身学习，所有这些举措神奇地提高了服务生产率。这种改变的核心工作是对其服务流程进行彻底的改造。

新加坡国家图书馆使用先进技术进行流程再造的一个例子是它的基于射频识别（RFID）的电子化图书馆管理系统（EliMS）。事实上，新加坡国家图书馆是世界上第一家使用 RFID 的公立图书馆，这种电子系统能够自动识别条码。这种电子系统使用 RFID 标签或者收发器，RFID 标签或者感应器包含多个由硅片和天线组成的"聪明"标签。它们接收并对从 RFID 发出的射频询问做出反应，这能够通过遥控进行信息的自动储存、恢复和分享。这与条形码不同，无须手工扫描，RFID 会自动向电子阅读器传递条码数据。这项技术已经在大规模非现金结算系统、滑雪营地生命通道管理、门禁安全管理中普遍应用。

新加坡国家图书馆在 1 亿多本图书上安装了 RFID 标签，这使它成为全球最大的 RFID 标签使用者之一。使用 RFID 进行流程再造之后，读者不必再花费时间等候。随着读者走出图书馆，系统会自动完成图书的借阅工作，并且图书可以在任何一家安装这种系统的图书馆的任何还书处进行归还。从外观上看，还书处如同 ATM（自动柜员机），读者将图书放到扫描器下面的盒子里，RFID 会扫描图书，显示器上立即会显示信息，确认图书已经在读者账单中归还。

新加坡国家图书馆更加超前，率先使用了"聪明的书架"。当从书架上拿出或者放入书时，RFID 技术将会进行记录。因此，如果将书放错了位置，书架就会知道，并且向图书管理员"报警"。图书管理员使用一种名为"hand-held"的设备能够立刻将书放回正确的位置。这一技术使每一本图书很容易被追踪，图书管理员和读者都不必为寻找书本浪费时间。为了进一步提高便利性和借阅效率，新加坡国家图书馆已经由纸质书籍向电子书籍时代迈进，图书馆会员能够从图书馆网站上免费下载 800 多万电子书和 600 多种电子杂志。另一项最新创新是图书馆流行书的分拣机器。

服务流程精确再造的结果是什么呢？新加坡国家图书馆成为一个世界级的图书馆，获得新加坡质量管理奖，为全球图书馆工作者所瞩目，并成为哈佛商学院和欧洲工商管理学院（INSEAD）等顶尖商学院的教学案例。

资料来源：沃茨，洛夫洛克. 服务营销：第 8 版 [M]. 韦福祥，等译. 北京：中国人民大学出版社，2018.

问题：1. 新加坡国家图书馆的服务流程再造属于哪种类型？

2. 新加坡国家图书馆的服务流程再造是否成功？服务流程再造的衡量指标有哪些？

现有的服务流程运转不畅，主要有两个原因：一是外部环境的变化，如科技的发展、新的法律、竞争者提供新的服务、顾客需求改变等因素的变化，会使原有的服务流程变得陈旧，为保证企业流程的适用性与响应性，服务企业需要改进现有服务流程，甚至创造全新的服务流程；二是企业内部的原因，服务流程在运行中可能会出于种种原因而"变形走样"，或者变得日益复杂、烦琐。当出现信息冗余、增加不必要的程序、顾客对不方便和不必要程序的抱怨增多等现象时，说明服务流程已经有问题了，企业需要进行服务流程再造。

## 7.4.2　服务流程再造的衡量指标

管理者应该通过服务流程再造尽量争取同时提高生产率与服务质量。衡量服务流程再造好坏的指标主要包括以下 4 个，理想的服务流程再造应该同时达到这 4 个指标。

1）减少服务失误的数量。

2）缩短从顾客开始接受服务到完成的时间。

3）提高服务效率。

4）提高顾客满意度。

### ▣ 小案例 7-2　吉大二院：多举措优化患者就诊服务流程　解决看病难题

在很多人的印象里，到医院看病就医是个"体力活"，排队取号、排队就诊、排队缴费、排队检查……烦琐的就医过程使得诊疗过程效率低下，患者满意度也大大下降。

吉林大学白求恩第二医院（以下简称吉大二院）采取优化院内服务流程、完善云端诊疗模式、做细预约诊疗服务、提升患者医疗体验等举措优化患者就诊服务流程，让医院运转效率更高。

**智慧导航实现"一键"点对点**

一大清早，陈芳陪同母亲来到吉大二院亚泰院区做身体检查，出发前，母女二人都有些"打怵"，"我们早点往那儿赶吧！亚泰院区是新院区，第一次去就怕哪哪儿找不着，耽误正事儿。"陈芳着急地说道。

然而，让陈芳母女没想到的是，吉大二院新上线的"院内导航"系统打消了她们的顾虑。

在工作人员的引导下，陈芳打开了吉大二院公众平台的就医服务智能导航页面，搜索放射科，导航立刻开始工作，"请向左前行 10 米乘坐电梯到达负一层，向前直行 20 米，到达终点，请在自助机上领取登记凭证"。

"这导航真准呀，我每走几步路，它都会实时更新我的位置。"一套流程下来，母女俩到达放射科仅用了不到五分钟。

"这功能确实方便！"一声肯定，使吉大二院门诊部主任李富强倍感欣慰，在门诊部工作多年的他，深知便捷的就诊流程对患者的重要意义。

2022年12月26日，吉大二院亚泰院区正式开诊。由于新院区面积较大、患者不熟悉院内规划，该院迅速推出精准导航服务，患者只需输入目标科室或指定位置，系统将自动规划最优路线引导患者到达。

"只要动动手指，患者就可以实现点对点精准服务，该功能自投入使用以来反响很好！"李富强介绍，该功能还设有关怀模式和语音提示功能，方便患者使用。

### 云端诊疗实现"触屏可及"

"医生，我的肝肾功能有问题吗？"

"阿姨，我看了您发过来的化验单图片，数值都在正常范围内，血糖也控制得非常好，您还按之前开的药服用，剂量暂时不需要调整。"

76岁的辽源市民张秀芳在家人的帮助下，通过互联网医院挂上了吉大二院内分泌科主任王彦君的专家号。

张秀芳是王彦君的"老病号"，患糖尿病多年，一个月前老人线上就诊时，医生建议她到附近诊所做血常规和尿常规检查。

这次复诊，张秀芳的家属提前把化验结果拍照上传到系统，在网络另一端，王彦君看了各项检查结果，很快给出用药建议，整个过程用时不到10分钟。

"这种互联网诊疗方式在慢病患者连续用药、调整处方方面有明显优势。"李富强介绍，在门诊接诊时，考虑到外地患者往返医院不易，医院也会提醒他们后续可在互联网医院挂号复诊。如今，越来越多的患者接受了这种诊疗模式。

2018年12月，吉大二院在吉林省率先推出互联网就诊服务，全院60个临床科室的800余名专家入驻了互联网医院，借助信息平台与广大患者在云端实现就医、复诊，为患者提供多样式的就诊服务。

据悉，在疫情防控期间，吉大二院专门开设了互联网免费发热门诊的咨询服务。"在疫情救治方面，互联网医疗起到了很大的积极作用。不少患者在网上通过发热门诊的咨询服务得到了专业指导，居家就把一些疾病问题解决了。"李富强说。

### 预约诊疗再细化，就诊体验再提升

"现在太方便了，病历能快递送到家门口，就像我女儿在网上购物一样方便。"患者刘阿姨为吉大二院就医全流程掌上医保结算平台点赞。

为提高门诊医疗服务质量，改善患者院内就诊体验，近年来，吉大二院有重点地对患者就诊→缴费→检查→再就诊→取药等流程进行优化。医院智能预约系统支持线上预约挂号服务，患者只需要搜索医生姓名或需要就诊的科室，选择适合的时间段，就可以进行线上预约。

"目前医院推出手机端预约、官方网站预约、复诊预约等多种预约诊疗方式，提前7天预约挂号，并以每半小时为单位来供患者选择，让患者错峰就诊，避免拥挤在同一时间段。"李富强介绍，经过不懈努力，该院预约诊疗率已由2017年的25.7%提升至2023年的80.3%。

2021年，吉大二院在吉林省率先开通了"线上医保支付"功能。患者只需要通过手机获取的医保电子凭证，即可在线上进行医保挂号、医保缴费。此外，该院与长春市医保综合诊间支付管理平台对接，实现了"诊间支付"。医生在为患者诊疗过程中开具的检查、药品等费用，患者在手机上"动动手指"便可实现医保费用支付。

### 为老年人开启绿色通道

"孩子，帮我挂个号，我'鼓捣'不明白手机。""老爷爷，您稍等，您接下来就诊的所有流程我们将为您开设绿色通道！"市民刘爷爷在吉大二院两名"红马甲"的帮助下，顺利完成诊疗。

随着信息技术在医疗机构的广泛应用，患者就医越来越方便。但是，一些老年人由于不会上网、不会使用智能手机，在就医的过程中时有不便。

"老年人一直是我院重点关注的群体，我院专门开设了 65 岁以上老人诊疗绿色通道。无论是办理预约挂号、查看化验检查结果、门诊充值、自助设备等查询或操作，都有专门的工作人员对老人们提供服务。"李富强介绍，如今，该院老年人就诊只需要提供身份证件或者医保卡号，医院的志愿服务队可以进行"一对一"式服务。除此之外，对于腿脚不便的老年患者，该院在所有楼层提供免费借用轮椅服务。患者只需要支付押金开锁，就可以免费使用 24 小时。

"医院通过设置学雷锋爱心服务岗、志愿者服务队等，365 天不间断地为老弱病残幼和有需求的患者服务。如今，志愿者能发挥的作用越来越大。"李富强说。

一件件让人暖心的实事，一项项便民举措，一个个创新案例，向社会传递吉大二院改善医疗服务取得的工作成效。

"医疗技术的进步永无止境，而医疗服务的用心投入则更能带来抚慰人心的温暖，吉大二院在提升患者就医体验、改善医疗服务的路上永远不会停下前进的脚步。"李富强信心满满地说道。

资料来源：https://www.sohu.com/a/648698382_120578424?scm=1019.20001.0.0.0&spm=smpc.csrpage.news-list.8.1683630178456fJzBrK3.

问题： 1. 吉林大学白求恩第二医院为什么进行服务流程再造？

2. 吉林大学白求恩第二医院的服务流程再造有哪些类型？

3. 吉林大学白求恩第二医院的服务流程再造是否成功？可以使用哪些指标来衡量该医院的服务流程再造？

## 7.4.3 服务流程再造的类型

服务流程再造包括完全重新设计服务流程和对现有服务流程的调整或改进。服务流程再造包括以下几种类型，服务企业经常会联合使用这些流程再造。

### 1. 删除没有价值的步骤

在服务流程再造时，通过删除那些没有价值的步骤来简化流程。这样既可以提高生产率，又可以提升顾客满意度。例如，顾客对租车前填写表格和归还车辆时的检查缺乏兴趣，有些汽车租赁公司就让顾客通过网络下订单，顾客在取车时检查驾照和签署租车合同，最后归还车辆时只需将车停到指定位置并将钥匙放入指定盒子中即可。酒店快速结账也是典型例子，不需要像以前一样等待退房检查，高效率的前台服务能够在服务传递中大大改善顾客的体验。

### 2. 处理服务流程中的瓶颈问题

在服务流程再造时，找出服务流程中的瓶颈并妥善处理。服务流程中存在的瓶颈会带来顾客等待问题，从而影响到顾客的服务体验。有效的服务流程应该将各个服务环节的服务能力都与顾客需求量相匹配，没有闲置或短板。因此，解决瓶颈问题的目标是各环节的供需基本平衡，使顾客在各个服务环节都无须等候，能快速顺畅地得到服务。企业可以通过观察顾客在哪些服务环节必须等待和等待的时间长短来发现瓶颈，然后向该服务环节增加服务资源，或者有效管理服务能力，或者重新设计服务流程来提高服务能力。

### 3. 转变成自助服务

这种服务流程再造是利用自助服务代替人工服务。通过引进先进的技术和设备，很多服务企业由原来的人员服务转变为自助服务。采用自助服务可以提高服务生产率，降低成本。例如，快递公司的智能快递柜服务，快递员可将包裹放入快递柜，让顾客回家时到快递柜自助取件，减少了快递员与顾客重复沟通的低效率现象，降低企业成本，也能让顾客方便时再取件，优化了顾客的服务体验。随着信息技术的发展，很多服务企业通过网络向顾客提供服务，顾客在网上自己查询产品信息、下订单、查找解决问题的相关信息等，使服务企业能以少量员工就可以为众多顾客服务。

### 4. 直接提供服务

这种服务流程再造是将原来要求顾客到服务网点接受服务转变为直接为顾客提供服务。这意味着可能在顾客家里或者工作地点为顾客服务。例如，在家中而不是到培训中心接受计算机远程教育和培训服务，这样会让顾客感到很方便。

### 5. 合并某些服务

这种服务流程再造是将多种服务组合在一起提供给特定的目标市场。这样可以降低交易成本，也能够为顾客增加价值，因为顾客购买一组服务通常比购买多个单项服务划算，而且更符合他们的需求。

### 6. 重新设计服务流程的有形要素

重新设计主要集中在服务场景方面，更换设备和工具或者更新建筑物，以改善顾客体验。这样不但能方便顾客，还能提高员工的生产率与满意度。例如，航空公司通过对飞机内部进行再设计可以改变乘客的整个飞行体验，如设置皮革的座椅、两个一排的座位，提供瓷盘子以及棉质的餐巾等。

---

**应用练习 7-3**

分别选择两款你觉得特别人性化和使用不便的手机 APP，访问其他班的 5 名同学，询问当他们初次使用这些 APP 时，让他们感觉好的因素和感觉不好的因素分别有哪些？在此基础上，请你基于用户体验为这些 APP 提出改进建议。

## 本章小结

服务流程是指服务运作和提供的流程，即服务企业中服务运作的顺序与方法，提供服务的步骤。采用不同的划分标准，可以把服务流程分为不同类型。根据服务对象及服务活动的性质分类，可将服务流程划分为四种类型：作用于顾客人体的可接触服务流程、作用于顾客物品的可接触服务流程、作用于顾客精神的不可接触服务流程和作用于顾客无形资产的不可接触服务流程。按照服务过程中顾客交互和定制程度及劳动力密集程度，可将服务流程分为服务工厂式流程、服务作坊式流程、大众化服务式流程和专业化服务式流程。

服务流程图是描述服务过程中各个步骤与顺序的工具，它是从企业的角度对服务系统进行描述。服务蓝图则是从顾客的角度对服务系统进行描述。服务蓝图是详细描画服务系统的图片或地图，它把整个服务过程合理地分为不同的区块，再逐一描述过程的步骤、顾客的行为与员工的职责，以及服务中的有形要素。

在设计服务流程的过程中要遵循符合顾客需求、灵活机动、特色创新和成本收益最大化等原则，服务流程设计可以采用生产线法、顾客参与法、顾客接触法和信息授权法等方法。

服务流程再造是指对现有的服务流程更新。外部环境的变化和企业内部的原因都会使现有的服务流程运转不畅，需要进行服务流程再造。服务流程再造的衡量指标有：减少服务失误的数量；缩短从顾客开始接受服务到完成的时间；提高服务效率；提高顾客满意度。服务流程再造包括删除没有价值的步骤、处理服务流程中的瓶颈问题、转变成自助服务、直接提供服务、合并某些服务与重新设计服务流程的有形要素等类型，服务企业经常会联合使用这些流程再造以获得理想的效果。

## 思考题

1. 简述服务流程的概念与类型。
2. 什么是服务蓝图？服务蓝图由哪些部分组成？
3. 构建服务蓝图的步骤有哪些？
4. 服务流程设计的原则有哪些？
5. 服务流程设计的方法有哪些？
6. 服务流程再造包括哪些类型？

## 案例分析

### 青岛银行泰安分行的信用卡服务流程优化

为在消费者心中形成独具青岛银行特色的服务文化，青岛银行不断打造温馨化、亲情化的服务模式，在国内城商行中首家注册银行服务品牌"青馨"服务。青岛银行在泰安设立分行后，泰安分行根据营销部陈总团队市场调研的结果，决定从信用卡业务入手，并顺利打开泰安市场。为提高分行有效客户量和更好地为客户服务，泰安分行特地开通小程序，在提升效率的同时，节省顾客时间。但营销部众人在营销小程序时，"客户的低预期和银行的高实现"等问题也逐渐暴露出来。如何提高小程序使用率现在也成为银行营销的一大重点，未来泰安分行将如何发展、如何解决此类问题呢？

## 1. 银行谋发展，业务遇问题

### 信用卡业务"大显身手"

在 2018 年青岛银行开设泰安分行时，泰安本地的银行就有本土的泰安银行、实力雄厚的五大行（中、建、农、工、交）以及历史悠久的农村商业银行，泰安居民的存贷款业务基本上由这几家银行承包，可以说青岛银行这个"外来客"抢占泰安市场困难重重。但泰安分行营销部陈总团队在对泰安市场调研后发现，随着消费理念的变革，超前消费越来越受消费者喜爱，花呗、京东白条、微粒贷等贷款产品的兴起，使泰安分行发现了商机。首先，泰安分行决定从信用卡业务入手，用信用卡活动招徕客户，吸引客户走进厅堂后，再营销借记卡、消费理财等业务，进而提高银行的客户量以及存贷款额。泰安分行推出的信用卡活动力度很大，与美团合作，为客户提供更实用、更生活化的服务。客户在申请信用卡成功后，用信用卡在美团支付时，在前两个月内，每天第一笔支付减免 6 元。其次，青岛银行信用卡可以在网上申请，避免在厅堂排队，节约客户时间，来银行激活信用卡会赠送小礼品，能提高客户的满意程度。另外，还款途径除支付宝外诸如微信、其他银行的借记卡等均可还款，不局限于青岛银行的借记卡。还有，信用卡没有年费，真正从客户的角度出发。信用卡业务如此大的优惠力度，使泰安分行收效颇丰，来银行办理业务的客户增多，其他业务也相应在信用卡客户中开展起来。此外，银行一贯的"温馨化"服务和对每位客户一视同仁的服务态度，也在客户间形成了良好的口碑和印象，目前客户来银行办理的业务 90% 左右是信用卡激活业务，大量的信用卡客户是泰安分行千里之行的第一步。

### 挑战：小程序使用率低

目前信用卡发卡已逾百万张，泰安分行下一步就是要建立与客户的长期合作关系，进一步增强客户黏性，将信用卡客户转变成有效客户。手机银行和微信小程序都是青岛银行与客户有效沟通的重要平台，但两者在功能上有区分，手机银行针对的是储蓄卡之类的存款业务，而微信小程序针对的是信用卡业务。微信小程序操作简单，可以查账单、还款日等有用信息，简化了客户的操作流程。加上微信的用户基数大，能更好地帮助分行增强客户黏性，所以小程序的绑定势在必行。另外，小程序在吸引客户办理信用卡的同时还能开发更多功能，提高用户体验度，与青岛银行服务理念契合，带给银行更多的价值。泰安分行虽成立不久，但全体员工凝心聚力，从提升小程序使用率、提升客户黏性、提升有效客户量三方面入手，将信用卡客户转化为有效客户，但是在实际业务办理过程中，客户的不理解、不配合，以及小程序营销策略上的问题等造成了小程序使用率低、有效客户量少等问题。

## 2. 各抒己见

### 问题显现

在周一的夕会上，陈总语气平静地叙述了当前银行面临的问题："我们都知道，小程序一方面肩负着为客户提供优质服务的使命，另一方面也是深度营销、进一步提升客户黏性的有效方式，所以小程序使用率对银行而言至关重要，当前我们银行在其营销上面临的问题主要是'客户的低预期和银行的高实现'之间的不匹配。根据这一段时间顾客反馈和员工们针对绑定时所遇到的问题的整理及总结，客户的低预期有以下两点，一是客户进入厅堂，只想激活信用卡，没有办理其他业务的打算，二是客户不了解信用卡还款的具体方式和查询账单的便捷方法，只想通过微信、支付宝进行还款。而我行所要达到的目标是帮助客户绑定信用卡小程序，为客户介绍多种还款渠道，并提供账单查询的快捷办法。针对这两方面的不匹配，我们可以发现，客户对我们银行推出的还款渠道、小程序没有兴趣，小程序在营销时受到阻力，那么我行该如何提升小程序使用率，将信用卡客户转化为有效客户呢？"

### 找出痛点

大堂经理小李思索了一下，说道："小程序使用率低可能是因为现在的服务流程不适合向顾客推销小程序，之前我行对于员工服务流程、服务内容和服务标准刻画得十分具体详细，现在实行的服务流程分三步。一是引导。客户进入厅堂时，大堂经理帮助客户取号，引导其于填单台填写资料，随后请其进入等候区等待。二是激活。客户业务办理期间，引导客户前往柜台或空闲终端设备，为客户办理激活业务。三是绑定。业务办理完成时，引导客户完成小程序绑定操作及手机银行下载绑定，并由理财经理及金融顾问进行产品营销。从现有的流程中我们可以发现，绑定业务是在客户办理完所有业务后进行的，此时客户因等待时间较长，在办理完业务后只想匆匆离开网点，故无法进行小程序绑定和后续跟进营销，进而无法将客户转变成有效客户。"

"我同意小李所言"，金融顾问小张接着说道，"当前我们在推荐小程序时存在流程不合理的现象，但不仅仅是流程问题，还有可能是因为营销时与客户沟通没有切入点，没有从客户角度出发，所以才会造成客户接受度较低、体验感较差。"

金融顾问小张话音刚落，员工们纷纷点头，都表示确实在服务流程和与顾客沟通上存在问题。陈总在其他人发言完毕后总结道："关于目前小程序使用率低和有效客户少的原因，大家共同总结了绑定流程和营销话术两点问题，之前的业务流程是针对之前确定的业务重点的，现在本行重视小程序使用率，所以若服务流程不适合现在的业务重点，则可以进行修改，还有可以精进与客户有效沟通的话术，大家有什么好的建议？"

### 优化考量

大堂经理小李再度发言，她分析道："服务流程造成了使用率低，那么是不是因为将'小程序捆绑'这个服务步骤放置的位置不对，如果是，那么将这个服务提前，在客户填写'开户早知道'时就提醒客户绑定微信小程序，告知客户小程序的功能，提高客户对小程序的理解，提升客户好感度和品牌认可度，经客户同意后，在'引导'这一环节里帮助客户绑定小程序，这样就可以提高小程序的使用率，从而建立彼此间的信任，方便后续营销借记卡。"

理财经理小王建议道："我觉得将小程序的绑定提前，这虽然可以确保客户在接受小程序时是留在厅堂的，一定程度上提高了小程序营销的成功率，但如果客户对银行主动推荐的业务持厌恶态度，那么是否会造成客户在接下来的业务办理时也呈现出厌恶态度呢？这样，时间一长可能会造成客户流失。我认为原有流程应该不变，在'营销'阶段，可以在客户办理完业务后及时跟进，对于有理财需求的客户，及时转介给金融顾问，实现岗位联动，通过金融顾问的专业话术吸引客户绑定小程序，增加有效客户量。"

金融顾问小陈皱了皱眉头说道："我同意小李的看法，在服务流程之初就进行小程序营销，这确实有可能会造成客户的厌恶心理，但我觉得众员工可以利用晨夕会时间演练并不断总结更容易让客户接受的话术，减轻客户的厌恶心理。之前晨夕会演练的成果就很有效，信用卡用户不断增多。我们可以在与客户沟通中了解客户的兴趣，拉近彼此间的距离，而且各岗位明确分工、深挖客户群体潜力，不能将"绑定小程序"的任务全部分配给金融顾问，我们要用全新的流程和精进的服务来创造价值、拓展客群。"

大堂经理小王接着说道："我同意小陈和小李的看法，改变我们现在的服务流程，除了改变服务流程和精进话术外，我认为可以加一些'外力'，我们可以准备小礼品赠送给绑定成功的客户，只要态度亲和，语言到位，从客户角度考虑，应该可以做到既减轻客户的厌恶心理，又提高小程序的使用率。"

陈总总结道："改变服务流程看来是可行之策，那么新流程下各员工该如何具体操作呢？"

"我觉得大堂经理可以从厅堂板报设计入手，张贴小程序的好处。""如果要赠送小礼品的话，那物料（礼品、宣传材料等）管理就得拟定一份章程，确定具体的负责人。"……

### 3. 如何抉择

会议就这样一直持续到下午 8 点，具体的解决措施仍然没能"浮出水面"，陈总略显疲惫地宣布散会，但他心里有了底，通过这次讨论，对于如何提升小程序的使用率有了信心和思路，此次流程再造势在必行，不论有多少坎坷，他都要带领营销部闯过去……

资料来源：王洪生，等. 青岛银行泰安分行：信用卡服务流程优化 [DB]. 中国管理案例共享中心，（2020-12-15）.

**案例思考**

1. 泰安分行为什么要进行服务流程再造？
2. 为提高小程序的使用率，提高有效客户数，请你为泰安分行设计适合小程序营销的服务流程。
3. 根据梳理设计后的小程序营销的具体业务流程，谈谈服务流程再造对泰安分行的正反面影响及处理影响的方法。

## 实践活动

### 一、实训目的

1. 学会根据具体的服务业务绘制出服务蓝图。
2. 探索服务流程再造的方法。
3. 深入理解服务蓝图对服务管理的重要性。

### 二、实训内容

1. 各小组自行选择一家熟悉的服务机构（例如餐馆、商店、理发店、银行和快递公司），前往服务现场对该企业的服务流程进行观察。

2. 画出这家服务机构的服务流程图。

3. 访问这家服务机构的 5 名顾客，调查这些顾客对其服务过程的感受和批评意见。

4. 结合调查资料，研究是否所有的步骤都是必需的，失误点是否能从服务流程中剔除以及应采取哪些服务补救措施，并提出改进服务流程的意见，以便改善顾客的服务经历。

5. 根据服务蓝图理论对该企业的服务流程重新进行设计，为该企业绘制一张服务蓝图，在服务蓝图中标出顾客行为、员工行为、有形展示、服务过程中的失误点及其补救措施。

## 三、实训组织

1. 教师提前布置实训项目，指出实训的要点和注意事项。

2. 以小组为单位完成实训，每组人数控制在 4～6 人。采用组长负责制，组员合理分工，团结协作。

3. 各组在组长的组织下，明确实训任务及分工，制订执行方案，执行时间为 1 周。

4. 以小组为单位在班级内进行成果交流，可由小组代表向全班同学报告该小组的实训情况和成果。

## 四、实训步骤

1. 各小组制订实训执行计划，并做相关准备。

2. 小组成员分工合作，分别按计划完成所承担的任务。

3. 组长组织小组成员讨论，并按实训内容要求完成报告文本和演示 PPT 的制作。

4. 教师根据可安排的课时，在 1～2 课时内组织部分小组向全班同学交流其成果。发言代表需说明各小组实训执行情况以及各位小组成员的贡献。

5. 每一小组报告完毕后，教师应组织其他同学发表意见和建议。

6. 教师进行点评，并记录实训成绩。

# 第8章
# 有形展示

## 学习目标

本章介绍了服务的有形展示和服务场景，具体阐述了服务场景对顾客的影响以及服务场景设计的影响因素和步骤。通过本章的学习应该能够：

1. 了解服务有形展示和服务场景的概念。
2. 掌握服务场景的功能。
3. 理解刺激—有机体—反应模型和服务场景模型。
4. 认识影响服务场景设计的因素。
5. 了解服务场景设计的步骤。

## 本章结构

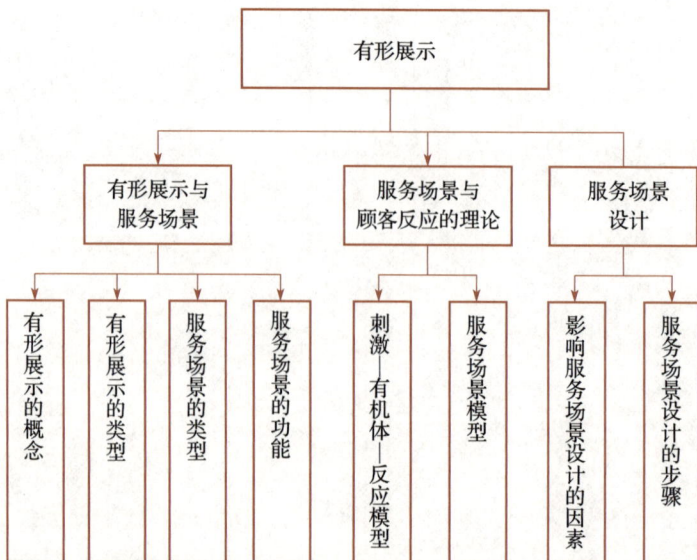

## 导入案例

# 全聚德以店铺设计优化顾客体验

2022 年开始，在北京的全聚德门店前悄然出现了一个 2 米高的卡通鸭，它手捧饱满的绿色食材，迎接着过往来客，如图 8-1 所示。这只小鸭还同时出现在全聚德门店的内部场景中。来全聚德打卡的食客纷纷与小鸭合影留念……别小看了这只卡通鸭，据说这是全聚德打通与年轻消费者沟通渠道的人设，在全聚德品牌年轻化转型中扮演了重要角色。

图 8-1  全聚德门店

### 全聚德的年轻化转型

随着年轻消费者日益成为餐饮市场的消费主力，拓展年轻消费者市场成为全聚德的重要战略。2021 年全聚德提出了"致力于成为更多人依赖和喜爱的美食生活服务商"的定位。

2021 年 7 月 15 日，全聚德在 157 周年庆典中，举办了隆重的仪式。活动现场发布了《厨行堂训》及"全聚德 VI+SI 推介片"。推介片中，一只憨态可掬的小鸭成为中华美食的守护者。随后，全新 IP 形象——萌宝鸭正式推出。全聚德以全新 IP 形象萌宝鸭为造型推出的萌宝棒棒冰成为"爆品"。除了萌宝冰棍、萌宝山楂条等休闲食品，全聚德陆续推出了很多萌宝鸭文创衍生品，包括环球系列徽章、冰箱贴、暖手宝、杯子、围裙、毛绒玩偶、雨伞等周边产品，借助萌宝鸭元素在年轻消费群体中进行推广。

2021 年，全聚德集团完成旗下四个品牌的 VIS 视觉形象系统更新和环境视觉系统（SI）升级。更新后的品牌 Logo 字体经过优化，更加具有时代感和艺术感，也更加符合现代审美。新店环境布局将融入更多文化元素并进行视觉传达。全聚德认为，消费者来就餐不仅是为了品尝正宗的北京烤鸭，还希望体验全聚德的文化。因此，全聚德以古都文化、京味文化、红色文化、创新文化为依托，针对拥有不同历史文化和背景的门店进行设计。

### 品·味光影餐厅的设计

全聚德的起源店前门店以老店文化为特色。古色古香的木制门扇、楼梯、台阶和廊柱，柱子上还雕刻着沙画图案，展现了全聚德起源店曾经的繁荣景象。店内还有斑驳的老墙，其古朴的灰色砖墙体现了浓重的历史气息。前门店封存了百年炉火，采用了与奥运火炬同样的技术，象征全聚德的炉火生生不息。

前门店在突出老店特色的基础上，结合了新兴技术，于 2020 年设计并打造了品·味光影餐厅，这是老字号在全息投影体验餐厅的首次尝试。该餐厅采用先进的投影技术，在餐厅周围和桌面进行激光投影的同时，运用 Unity、3D MAX 设计建模，展现出高清的效果，形成二维和三维的主题场景动画，复刻出当年全聚德起源店二层小楼的经营场景，虚实结合地展现出全聚德老店和北京文化特色。

品·味光影主题餐厅的开篇为"京之老铺"，一幅动态的画卷，配合古朴悠扬的背景音乐，画卷上挑着担子缓缓行走的伙计，将顾客带入老店最初的场景，餐桌上还有金鱼缓缓游过。北京春夏秋冬四季更迭也成为场景元素。顾客还可以拿着电子遥控器，将鸭子放入荧幕的盘子中。

### 环球影城主题餐厅的设计

伴随着环球影城的开放，全聚德环球影城分店同步开业。环球影城店开设的初衷是希望融合街边小食、简约用餐、正餐堂食、露天餐吧等用餐方式，构建智能化、管理平台化、品牌数字化新模式。该餐厅在体现全聚德年轻化姿态的同时，融入"经典"元素，将怀旧与创新结合起来，活化这一老字号品牌。

该门店是全聚德第一家乐园主题餐厅，"全聚时刻"四个大字即使是在夜间也非常醒目。店铺一层是堂食区和文创销售区。堂食区的操作台上有山楂糕条、紫甘蓝、红黄彩椒等配菜，供游客 DIY 自制烤鸭卷；还配有各种口味的酱料。全聚德还创新鸭饼的材质和色彩，如红色的火龙果饼、绿色的菠菜汁饼和黑色的竹炭饼。"寰球喜卷"是环球店的专属菜，顾客可以根据自己的意愿和喜好自行搭配。在文创销售区陈列着毛绒玩具、马克杯、钥匙链、冰箱贴、小书包等萌宝鸭 IP 产品。二层开设了露天餐吧，便于前往环球影城大道游玩的顾客观看风景，还有调酒师现场调制鸡尾酒。

随着数字化转型的加快，元宇宙、虚拟现实场景将应用于餐饮场景体验中。全聚德如何充分利用这一机会，营造年轻人喜欢的新场景，实现流量转化，是下一步要考虑的问题。

资料来源：张景云，等. 萌宝鸭：如何叩响年轻人的心扉？——全聚德萌宝鸭 IP 运营 [DB]. 中国管理案例共享中心，（2022-10-19）. 内容有改动。

# 引言

有形展示是服务营销组合的一大要素。商品营销注重创造抽象的联系，而服务营销则强调利用有形的物证来显示无形的服务。服务营销者可以通过对一切有形的要素的管理来弥补服务质量差距模型中的差距 2。本章介绍了有形展示和服务场景的概念与类型，阐述了服务场景是如何对顾客产生影响的，叙述了服务场景设计的影响因素与步骤。

## 8.1　有形展示与服务场景

### 8.1.1　有形展示

#### 1. 有形展示的概念

有形展示是指为进行服务传递，企业与顾客进行交互所处的实际有形设施以及利于服务执行或传播交流的任何有形要素。有形展示包括内外部有形设施（服务场景）和其他有形要素，见表 8-1。

表 8-1 有形展示的具体要素

| 有形展示 | 具体要素 |
|---|---|
| 外部有形设施 | 外部设计、标志或标记、停车场、周围景色、周围环境 |
| 内部有形设施 | 内部设计、标志、设备、布局、空气质量、温度、噪声、音乐、气味、色彩 |
| 其他有形要素 | 名片、办公用品、账单、报告、手册、员工着装、网页、虚拟服务场景 |

服务本身是无形的，顾客很难了解和评价服务质量。因此，顾客往往在购买服务前依赖围绕在服务周围的有形线索来帮助他们做出判断。服务企业通过有形展示可以使无形的服务更具体、更明确，从而影响消费者的行为。设计良好的有形展示对缩小差距很重要。值得一提的是，随着近年来电子商务的快速发展，APP 的界面设计、网店的店面设计以及产品的包装设计等也无时无刻不在体现出有形展示的重要性。有形展示的作用体现在以下方面：通过感官刺激，让顾客感受到服务产品给自己带来的利益；引导顾客对服务产品产生合理的期望；会影响顾客对企业形象和地位的感知；可以塑造顾客的体验与行为。

有形展示的应用广泛性与服务企业的类型相关。有形展示通常在医院、旅馆、度假村和幼儿园等服务组织中得到了广泛应用，而在保险公司、邮政快递公司和干洗店等则应用较为有限，具体见表 8-2。

表 8-2 不同行业的有形展示示例

| 服务企业类型 | 有形展示 | |
|---|---|---|
| | 服务场景 | 其他有形物 |
| 医院 | 建筑外观、停车场、指示标志、候诊区、护理室、医疗设备 | 制服、检验报告单、收费单、处方单、病历本 |
| 旅馆 | 建筑外观、停车场、大厅、前台、走廊、电梯、房间 | 登记表、钥匙、菜单、制服、留言簿 |
| 保险 | 不适用 | 保险单、收费单、宣传手册、名片 |
| 邮政快递 | 不适用 | 包裹包装、运输车辆、制服、运输单据、网站 |

**应用练习 8-1**

选择一家服务组织（如学校门口的奶茶店），收集并说明该组织用来与消费者交流的所有有形展示材料。

## 2. 有形展示的类型

对有形展示可以从不同的角度进行分类。不同类型的有形展示对顾客的心理及其判断服务产品质量的过程有不同程度的影响。

（1）核心展示与边缘展示　根据有形展示能否被顾客拥有可分为以下两类。

1）核心展示是指在购买服务的过程中不能为顾客所拥有却会影响顾客购买决策的展示。核心展示比边缘展示更重要，因为通常只有这些核心展示符合顾客需求时，顾客才会做出购买决定。例如，宾馆的级别、银行的形象、出租汽车的品牌等，都是顾客在购买这些服务时首先要考虑的核心展示。

2）边缘展示是指顾客在购买过程中能够实际拥有的展示。这种展示很少或几乎没有价值，例如，电影院的入场券，它只是一种使观众接受服务的凭证；宾馆客房里的牙刷、牙膏、拖鞋等一次性用品都属于边缘展示。这些代表服务的实物的设计，都是以顾客的需要为出发点的，它们是对企业核心服务的补充。

### 🖩 小案例 8-1　　　　　　　DQ 冷饮店的有形展示

DQ（冰雪皇后）这家来自美国的冷饮店在嘉兴的店面开在江南摩尔附近，距离一些消费群体的所在地是很远的。但很多人认为，能吃到一顿凉爽的冷饮，距离并不是问题。

DQ 的店面大概有 120 平方米，不是很大，但对于一般的冷饮店来说，享用冷饮的空间起码不显得拥挤。首先，进门给人的感觉是很舒服的，干净、有序，氛围很好。服务人员比较专业，穿戴整齐，打扮得体。服务人员具有一定的服务素养，能理性地为顾客考虑，推荐顾客喜欢的产品口味以及附加的服务，无强迫性。受到服务环境的影响，顾客也显得井然有序，无插队、抢购的情况。

关于价格，在 12～200 元之间，顾客可选取自己需要的产品。DQ 的消费人群主要是学生和年轻白领，对于这些消费群体，价格还是比较合理的。对于潜在的顾客来说，价格不是吸引顾客的唯一因素，优秀的服务、良好的环境以及产品的特色才是这些潜在顾客选择 DQ 的主要因素。而相比哈根达斯的一个 28 元的甜筒来说，DQ 的冷饮算是便宜的。从顾客所获得的服务、享用的环境、DQ 冷饮自身的口味以及特色（做好之后的冷饮是倒不出来的）等方面来说，DQ 的性价比是较高的。

DQ 在信息沟通展示方面也是比较成功的，从顾客对 DQ 的赞赏，我们就能看出这一点。DQ 的广告内容也是很吸引顾客的。最重要的一点是，DQ 非常重视顾客的信息回馈，顾客在购买或者消费 DQ 的产品后，服务人员总会向顾客提供一张产品服务满意度回馈表，DQ 会从这个表得到反馈信息，以进一步完善服务。

DQ 产品的有形展示突出了其产品的特色，即 DQ 的冷饮做好之后是倒不出来的。这是吸引大多数顾客的重要因素之一。在服务人员完成一杯冷饮的制作后，都会现场将冷饮向下倒，如有倒出，那么服务人员会为顾客重新制作一个。这一点不仅仅是 DQ 的一个特色，也是其优秀服务的体现，是对产品质量的现场保证。而它的这一特色，也为 DQ 吸引了更多的顾客。

资料来源：根据百度文库资料整理 http://wenku.baidu.com/view/41a67886b9d528ea81c779f5.html.

问题：DQ 冷饮店有形展示的构成要素有哪些？

（2）物质环境、信息沟通和价格　这是按照有形展示的构成要素来划分的。这些类型并非相互排斥。例如，价格可能会通过物质环境、信息沟通传递给顾客。服务企业通过对这三类要素的综合运用，可以使服务产品有形化、具体化。

1）物质环境。物质环境主要包括周围因素、设计因素和社会因素。周围因素包括温度、照明、声音和气味等，这类因素不易引起顾客的注意，也不会让顾客感到特别兴奋，但缺少顾客所需要的某种背景因素则会让顾客感到不快。设计因素包括美学因素（建筑物风格、网页的排版与构图等）与功能因素（陈设、舒适和企业标识等），是顾客最容易注意到的刺激因素，这类因素被用于改善服务的包装，使服务的功能更为明显，从而建立起有形的、良好的服务形象。社会因素是指参与服务过程的所有人员，包括服务人员和出现在服务场景的其他顾客，他们的态度及行为都会影响顾客对服务质量的期望与评价。

2）信息沟通。信息沟通也是服务有形展示中的一种，那些来自服务企业本身以及其他引人注意的信息可以通过多种媒体传播来展示服务。从赞扬性的评论到广告，从顾客口头传播到公司手册，这些不同形式的信息沟通都传递了有关服务的信息，影响着顾客的购买行为。服务企业可以通过强调现有的服务展示并创造新的展示来有效地进行信息沟通管理，从而使服务有形化。

3）价格。价格是一种对服务水平和服务质量的可见性展示，这是因为在购买服务时顾客通常会将价格看作有关服务的一个线索。在服务行业，定价很重要，服务是无形的，价格成为消费者判断服务水平和服务质量的重要依据，从而使价格这一有形要素在顾客的服务购买决定中发挥着重要的作用。

## 8.1.2　服务场景

服务场景是指服务企业与顾客进行交互所处的环境，包括服务执行、传递与消费所处的外部设施和内部设施，即有形展示中的全部有形设施。服务场景在树立企业形象、创造顾客体验和实现服务企业的差异化等方面发挥着重要的作用。

### 1. 服务场景的类型

由于服务生产和服务消费的性质不同，有形环境对顾客或员工的重要性存在着差异。有形环境对一些服务企业实现其目标有重要的意义，而对另一些组织则意义不大。比特纳根据服务场景的用途和复杂性两个因素，将服务企业划分成几种类型，见表 8-3。

表 8-3　基于服务场景的用途和复杂性的差异划分服务企业的类型

| 服务场景的用途 | 服务场景的复杂性 | |
| --- | --- | --- |
| | 复杂的服务场景 | 精简的服务场景 |
| 自助服务场景<br>（只有顾客） | • 高尔夫球场<br>• 冲浪现场 | • ATM<br>• 大型购物中心的信息咨询处<br>• 邮局<br>• 互联网服务处<br>• 快件递送 |
| 交互性服务场景<br>（顾客与员工） | • 饭店<br>• 餐厅<br>• 保健所<br>• 银行<br>• 航班<br>• 学校 | • 干洗店<br>• 美发厅 |
| 远程服务场景<br>（只有员工） | • 电话公司<br>• 保险公司<br>• 公共事业部门<br>• 众多的专业服务场景 | • 电话邮购服务台<br>• 以自助语音信息服务场景 |

资料来源：BITNER M J. Servicescapes: the impact of physical surroundings on customers and employees [J]. The journal of marketing, 1992, 56(2): 59.

服务场景会影响到服务中的顾客与员工的感知及行为，不同服务企业的服务场景的影响对象各不相同，表8-3的第一列表明基于服务场景的用途这一维度有三种类型的服务场景。

（1）自助服务场景　在自助服务环境中，往往是顾客自己完成服务。服务企业设计服务场景时，要专注于营销目标。例如，进行适当的市场细分，使设施能吸引顾客并便于使用，营造顾客需要的服务体验等。由于员工不在现场，在自助服务场景中使用标志（如超市中各区域的标志）和界面的直观设计（如网站首页的导航）有助于引导顾客行为。

（2）交互性服务场景　交互性服务场景介于自助服务场景与远程服务场景之间，代表了顾客和员工都需要置身于服务场景中的情形。例如，饭店、餐厅、医院、教育机构及银行等都属于交互性服务场景。对于此类型的服务，服务场景的设计必须能够同时吸引、满足、便于顾客和员工两者的活动。对于服务场景如何影响顾客之间、员工之间及顾客和员工之间的社会性交互的属性和质量，也应当给予特别关注。

（3）远程服务场景　在此类型的服务场景中，顾客很少或根本没有卷入服务场景中。例如，通信服务、公共服务、金融咨询、邮购服务等都是在顾客不能直接看到服务设施的情况下提供服务的。在这些远程服务中，服务设施的设计可以专注于员工的需要和爱好，其服务场所的设计应当以能够激励员工、有利于加强团队合作、提高工作效率为目标。

### 专栏　　　　　未来元宇宙图书馆的服务场景

元宇宙引发了图书馆界的高度关注和重视，势必会打造出一种新型图书馆形态——元宇宙图书馆。它将秉承元宇宙的特征，突破现实物理空间和资源的限制，为读者用户提供即时连接、动态交互、虚实相映的沉浸式虚拟空间和服务，切实推动图书馆服务业态转型升级，有效拓展图书馆服务的领域和边界、模式和效果。元宇宙图书馆的最终应用展示和价值彰显，主要体现为深沉浸、多体验、强互动的服务场景。

#### 虚拟建筑场景

在元宇宙环境下，图书馆可以依托虚拟仿真技术、数字孪生技术、人工智能技术等构建"孪生图书馆"，打造立体式、沉浸式的虚拟图书馆建筑。元宇宙图书馆可以拥有与现实图书馆相同的建筑构造、空间布局、家具设置、文献摆放位置，也可以在原有现实图书馆建筑的基础上适当延伸和拓展，构建理想化的服务空间，呈现虚拟化的服务场景。

#### 阅读推广场景

结合AI视觉、智能交互、虚拟现实等技术打造全景视频，通过构建这种超现实的虚拟阅读空间，元宇宙用沉浸式的展现方法来延伸阅读的边界。元宇宙图书馆所呈现的虚拟阅读场景能提供多样化的阅读载体，除了纸质图书外，读者还可以通过竹简、锦帛、兽皮等载体进行阅读。此外，读者能够以"虚拟化身"形式融入文学作品中，通过"穿越"古代场景或"进入"虚幻世界达到"身临其境"的效果。

#### 参考咨询场景

不同于人工时代的线下咨询和互联网时代的线上咨询，元宇宙时代给图书馆带来更加智慧化、可视化、专业化的虚拟参考咨询场景。图书馆工作人员以及各行业领域专业人士都可以在元宇宙图书馆中担任"虚拟馆员"，并提供具有专业服务和情感交互的虚拟咨询服务。也就是说，当用户有咨询需求的时候，可以随时进入元宇宙图书馆申请一对一服务，并与"虚拟馆员"开展"面对面"的咨询和交谈。

### 信息供给场景

在元宇宙环境下，人工智能等技术可以帮助普通人获得提升自己的能力，区块链等技术可以让用户参与取得更多的回报，从而激励更多人参与其中，最终使参与信息生产的成果变得极为丰富。信息场景从物理空间拓展到虚拟空间，如果要扩大服务需求，就要增加服务场景，而数字世界不会受到空间和物理上供应稀缺性的限制，这样信息供给场景就会扩展，也会带来服务需求的扩大。

### 社交互动场景

读者用户凭借自己的"虚拟化身"进入元宇宙图书馆，在接近真实的共同体验中，与其他用户一起进行互动交流，建立新的社交连接并产生协作、创造价值。比如，读者用户阅读完一本书之后，可以在图书馆的"社交元宇宙"以座谈或演讲的方式分享读书心得和体会，大家彼此进行思想交流和情感互动。人们通过三维视觉来实现"面对面"的高效交流，甚至能实现集体交互的社交场景，推动社交范围不断扩大，促进群体智慧不断涌现。

资料来源：张磊. 元宇宙图书馆：理论研究、服务场景与发展思考 [J]. 图书馆学研究，2022（6）:9-17. 内容有删减。

问题：1. 元宇宙图书馆属于哪种服务场景类型？
2. 元宇宙图书馆的服务场景有哪些功能？

### 2. 服务场景的功能

服务场景在整个服务营销管理中起着贯穿始终的作用。服务场景具有以下四个方面的功能。

（1）包装功能　与有形商品的包装相似，服务场景是服务的"包装"，并以其外在形象向消费者传递内在的信息。商品包装可以树立某种特殊形象，也能引发顾客某种特殊的视觉或情感上的反应，服务场景也能起到同样的作用。服务场景是无形服务的有形表现，向顾客传达了服务信息和服务质量，在塑造企业形象、吸引顾客的注意力与创造顾客的服务体验方面发挥着重要的作用。对于刚开业的服务企业来说，这种包装功能尤为明显。

（2）使用功能　服务场景能作为辅助物为身处其中的顾客提供帮助，具有提供给顾客使用的功能。这类似于有形产品的包装的使用功能。例如，香水瓶子不仅仅是香水的包装，而且顾客在使用香水时具有喷雾功能。服务场景也是存放服务的"瓶子"，不仅能包装和提示其中的服务，而且能在顾客享用服务时发挥各种功能。如银行的 ATM、证券公司的计算机查询和交易设施等，既具有明显的使用功能，又方便了服务活动的进行。服务场景的设计可以促进或阻碍服务活动的开展，使顾客与员工更容易或者更难达到目标。例如，顾客逛商场时发现通风不好、气味难闻、没有出口指示牌，他们就会不满意，而在此工作的员工也会缺乏工作积极性。

（3）交际功能　服务场景的有效设计可以促进服务人员与顾客之间的交流，帮助传递企业所期望的作用、行为和关系等。例如，恒生银行的非现金服务甚至采取开放式的岛形设计，顾客和服务人员可以面对面地坐在沙发上交流，与过去那种齐胸高的柜台和厚厚的玻璃相比，这种服务场景促进了顾客和银行员工之间平等友好的交流，鼓励双方培养关系。设施的设计还可以使顾客了解服务场景，以及他们在该场景下的职责和行为应该如何。例如，有些咖啡厅播放舒缓的音乐，配备舒适的桌椅，以鼓励顾客之间进行交际活动并在此停留更长时间。

（4）区分功能    服务场景的设计可以将一家企业与其竞争者区分开来。独特的服务场景能使企业与竞争者截然不同，更能吸引目标市场的顾客。例如，在智利首都圣地亚哥有一座双蜗牛商场，该商场就是靠环境设计来体现特色的。该商场的建筑是连在一起的"两只蜗牛"，这样既科学又实用，顾客走进其中一个商场，沿着坡面选购商品的过程中，不知不觉地从顶层走到底层，然后经由过道通向另一个蜗牛商场，又在不知不觉中从顶层走到底层。由于其建筑形式新颖、独特，顾客不必走回头路，这样既能使该商场与其他商场区别开来，又因服务场景新颖独特而吸引了不少顾客光顾。服务场景的设置还可以让一家服务企业中的一个区域区别于另一个区域。例如，酒店可以通过设计的不同服务场景来提供不同档次的餐饮服务。

---

**应用练习8-2**
参观几家服务机构（如花店、咖啡店和超市），说明其服务场景的功能有哪些。

---

## 8.2    服务场景与顾客反应的理论

环境心理学主要研究人们对特定环境会产生怎样的反应，将环境心理学的相关理论应用于服务营销中，可以更好地理解顾客对不同服务场景的反应，从而营造特定的服务场景，使顾客和员工出现服务企业所期望的行为。关于顾客对服务场景的反应，主要有下列几种理论。

### 8.2.1    刺激—有机体—反应模型

刺激—有机体—反应模型说明了环境刺激、有机体的情绪状态和反应行为之间的关系。该模型认为，消费者会对环境刺激产生情绪反应，情绪会影响人们对环境的反应，即情绪能驱动消费者对服务环境产生趋近还是回避的反应行为。该模型用于帮助解释服务环境对消费者行为的影响。刺激—有机体—反应模型由环境刺激、有机体的情绪状态和反应行为三个部分组成，如图8-2所示。环境要素构成了一系列刺激物，顾客与员工是有机体，他们对刺激物的反应受到三种情绪状态的影响：愉悦—不愉悦、唤醒—不唤醒和支配—顺从，这些情绪影响着顾客和员工对服务环境的反应。其中，愉悦—不愉悦情绪状态反映了个人在服务环境中的满意程度；唤醒—不唤醒情绪状态反映了个人感到兴奋的程度；支配—顺从情绪状态则反映了个人对服务环境的控制感与自由行动的能力。在设计服务场景时，服务企业要尽量避免营造顺从的氛围，应努力创建能带来愉悦和唤醒情绪状态的服务场景。

图8-2    刺激—有机体—反应模型

从结果变量来看，顾客和员工对环境刺激物的反应是接近或回避服务场景。顾客和员工的接近行为或回避行为表现如下。[⊖]

1）停留在（接近）或离开（回避）服务设施的愿望。

2）同服务环境相互作用（接近）或倾向于忽视它（回避）的愿望。

3）与服务人员交流（接近）或拒绝与服务人员交流（回避）的愿望。

4）对服务体验满意的情感（接近）或失望的情感（回避）。

## 8.2.2　服务场景模型

在环境心理学理论模型的基础上，比特纳（1992）提出了服务场景模型，如图 8-3 所示。通过这个模型可以更加全面、细致地理解服务场景对消费者的影响模式。

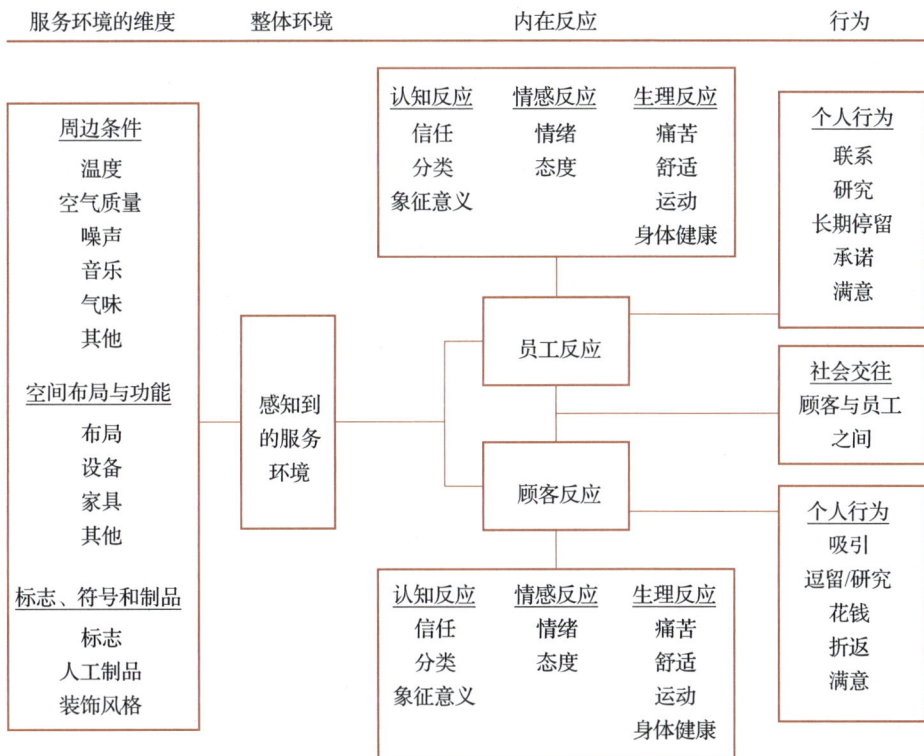

**图 8-3　服务场景模型**

资料来源：BITNER M J. Servicescapes: the impact of physical surroundings on customers and employees ［J］. The journal of marketing, 1992, 56(2): 57-71.

服务场景模型遵循着刺激—有机体—反应模型理论，在模型中构成服务场景的多维环境要素是刺激，顾客和员工是对刺激做出反应的有机体，在该环境下产生的行为是反应，包括接近行为或回避行为。服务场景模型认为，服务场景的要素会对顾客和员工产生影响，他们对环境刺激的内在反应（认知、情感和生理）将决定其行为方式。

---

　⊖　CHOSH A. Retail management ［M］. 2nd ed.Tex: The Dryden Press, 1994.

### 1. 服务环境的维度

服务环境的维度包括所有能被企业控制来强化或约束员工和顾客行为的有形要素。这些要素相互作用，共同影响人们对环境做出反应。为了设计出理想的服务场景，这些要素必须协调统一，要从整体角度上创建一个能够被顾客感知和解释的环境。在服务场景模型中，服务环境的维度包括周边条件，空间布局与功能，标志、符号和制品三类。

（1）周边条件　包括温度、空气质量、噪声、音乐、气味等。所有这些因素都会影响人们对某个特定服务场景的感知、想法和反应，好的环境设计会引发顾客做出企业所期望的行为。虽然顾客可以单独感知周边条件中的某些因素，但是他们更倾向于从整体上感知整个环境，包括灯光和颜色搭配、噪声和音乐、温度和气味等。因此，服务企业应该从全局上来协调这些因素以创造出一个理想的服务场景。

（2）空间布局与功能　空间布局是指家具陈设、设备和设施的摆放，它们的大小形状以及它们之间的空间关系。功能是指这些项目方便顾客和员工使用的能力。由于服务场景的存在一般是为了满足顾客某种特殊的目的或要求，环境的空间布局与功能就显得非常重要。空间布局与功能为服务提供构建了视觉及功能的服务环境，两者共同决定了服务设施为顾客提供服务的便利性，会影响到服务的效率和顾客的体验。例如，难以打开的网页、缺乏隐私保护的医院诊室、停车位不足都可能影响顾客的服务体验和企业的业绩。在自我服务的场景中，顾客不能依赖工作人员的帮助，一切都要靠他们自己完成，设备使用的功能性和易用性对于顾客独立完成活动是非常重要的。因此，自动柜员机、自助餐厅和互联网购物等场景的功能设计是使顾客满意和服务成功的关键。对于零售店来说，灵活布局更为重要，研究表明，环境布局可以影响到顾客的寻找行为、顾客满意和商店经营绩效。

### 📖 小案例 8-2　　　　　　　　苏州吴中万达美华酒店

一曲评弹声入心，一块苏点甜入心，一片苏绣美入心，苏州的文化魅力，论谁都要称赞一番，更遑论这是一个文化复古与现代时尚充分结合的完美城市。古与今的文化交融，让城市绽放出别样的气质和魅力，而坐落在苏州吴中区、临近苏州吴中万达广场和世茂生活广场的苏州吴中万达美华酒店同样传承了这样的气质，复古时髦，气势恢宏，空间丰富。

#### 近距离感受吴越之风　游历隐舍间

在酒店附近有非常多的苏州经典美景。以吴越遗迹和田园风光见称的石湖风景区，是太湖国家级风景名胜区的组成部分，酒店距此不到 2 千米，宋代田园派诗人范成大晚年便定居于此，拥有渔庄、天镜阁、行春桥、石湖串月等人文景色；距离集生态、游览、休闲、科普等为一体的上方山国家森林公园也不足 4 千米；还有与拙政园齐名、始于明万历年间的中国大型古典私家园林——留园；除此之外，距离吴都八门之一的盘门、大型摩尔式购物中心、东太湖苏州滨湖新城高端商业中心——吴中永旺梦乐城均在 5 千米左右的圈内。

#### 与过往接续的复古时髦

苏州吴中万达美华酒店保留了原有建筑石材，将时光印记融入 **Art Deco**（装饰艺术）风格，彰显着历史赋予的韵味，也展现了时尚的复古特质。置身其中，便能感受到大堂空间大气包容、悠扬且摩登。

秉承打造共享空间的核心设计理念，大堂中央是造型精妙的共享服务岛台，以铁艺勾勒"舞台剧"造型，延伸至头顶如花一般散开。极具艺术感的椭圆形中岛台装置，通过变化有度的弧度及优雅的造型，消融了铁艺的冷峻，出落成极有故事感的"中心舞台"，轻易便可捕获住客的视线。

服务岛台的外侧，则以绿色亚克力砖镶嵌，增添了一丝复古与华贵。在多功能服务岛台的背后，是一扇金属屏风，呈现出巨大的金属门造型，寓意为"穿越时空之门"，在大理石的映衬下，稳重的空间质感传递了美华的设计风貌。兼具早餐及咖啡的休闲区，长桌、皮椅，书架环绕，而在酒店大堂的另一侧，被打造成了相对安静的阅读书吧，呈半圆形的书架甚是独特，午后闲时，可将时光付诸对一本书籍的研磨，体察书面文字的温度，感受岁月凝练的包容。

### 梦醒十里洋场的低调奢华

酒店的客房带着催眠的温柔，仿佛天鹅绒的质地，予人浓墨重彩的记忆。客房空间线条明朗，轻装修重装饰的设计理念，更彰显一些温度与居家感；蓝色系地毯及森绿色窗帘，呼应着大堂时尚复古的基调，烘托了空间的高级与品质。客房浴室内均配有意大利高端小众洗护品牌Acca Kappa（艾克卡帕）白苔系列洗浴、洗发和护肤用品，并配合热带雨林式沐浴体验。床具精选美标棉织品、知名品牌床垫，多维度确保顾客舒适入住体验。此外，客房内配有TCL 50英寸超清液晶电视，一键投屏，畅想完美视觉体验，智能机器人依旧是美华的标配，扫描客房内的二维码，就能为宾客速递多种小食及洗漱用品。除了标准的大床房和双床房外，美华还有套房和行政套房两种房型可供亲子家庭选择。

漫步姑苏，探寻吴越之迹，游历江南田园山水。青砖素瓦，书不尽岁月沧桑，城墙往事，诉说历史烟云，三千年吴文化根基，两千五百年的盛世文明，镌刻着姑苏悠悠时光。

资料来源：https://www.sohu.com/a/635615822_121283956. 有改动。

问题：1.结合案例分析苏州吴中万达美华酒店的服务环境维度。
　　　2.对苏州吴中万达美华酒店的服务环境设计进行评价。

（3）标志、符号和制品　服务场景中有很多事物可以作为显性或隐性的信号将信息传递给顾客。例如，类似于"禁止吸烟"这样的标志表示行为的准则。地板、艺术品以及装修的质量构成了访问者的全面印象以及令员工愉快的工作环境。专业服务企业可以使用内部装修表现能力并且加强其专业形象。例如，在办公室里，桌子的摆放、墙壁的颜色和海报的选择、办公室的整洁程度都会影响大家对办公室员工的看法。

标志可以清楚地传递信息，它们可以是标签（如公司Logo）、方向指示（如出口、卫生间的指示）、行为准则（如禁止喧哗）、传递服务的脚本（如取号排队）。其他环境象征和制品不像标志那样可以直接交流，但它就地点和准则以及在此环境中所希望的行为给使用者以暗示。建筑的物质材料、艺术作品、出席证和墙上的照片以及在环境中所展示的材料都能表现出象征的意思，并创造出一个整体美学的印象。环境象征和制品的含义通常以文化的特点嵌入其中。例如，餐厅的白色台布和柔和的灯光暗示着全套服务与相对较高的价格，而自助的柜台服务、塑料餐具和明亮的灯光暗示的含义则恰恰相反。

**应用练习 8-3**

选择一个你比较熟悉的自助服务场景，分析服务环境设计的各个维度是如何引导你完成服务流程的。你认为哪些因素有效？哪些因素无效？你觉得应该如何改进服务场景设计以使顾客更易完成服务流程？

### 2. 服务场景引起的内在反应

服务环境中的周边条件，空间布局与功能，标志、符号和制品等一系列刺激物会使顾客和员工对服务场景在认知、情感和生理上产生许多反应，这些反应是相互关联的，认知反应会影响到情感反应，而情感反应也会影响到认知反应。

（1）认知反应　认知反应是个人的思考过程，它包括信任、分类和象征意义。在信任的形成中，服务企业的环境充当着某种非口头的传播形式，同时影响到顾客对服务提供者能力的看法。例如，如果学生跟不上教授在课堂上的演讲，学生就可能把原因归咎于这个教授的无能或者可能责怪自己没有能力学习这门课程。因此，有形展示支持了顾客对提供者能力或者对个人能力的看法。员工在整体感知服务场景的基础上也会对企业形成类似的看法。

分类是认知反应的另一种类型。消费者评估有形展示而且通常迅速地将新服务设备分成现有的一些运营类型，然后他们会根据这种类型的运营模式而采取合适的行为方式。个人还会从服务企业的有形展示方面来推断其象征意义。在某些情形下，有形展示可能变成许多象征，如个性、梦想或其他意义等。服务企业可以通过有形展示的象征意义来实现差异化和定位。

（2）情感反应　感知到的服务场景除了影响顾客的认知以外，还能引起顾客的情感反应。情感反应不涉及思考，它通常是无法解释和突然发生的。例如，独特的歌声可能使某个人感到愉悦、轻松；气味对一些人也有类似的影响。显然，有效的有形展示管理的目标是激发一种积极的情感，营造出一种员工在工作中乐在其中和顾客想身处其中的氛围。

（3）生理反应　典型的生理反应包括痛苦和舒适。例如：音乐声太大的环境可能导致员工和顾客感到不舒适并远离这个噪声源；空气质量不好会使人呼吸困难；光照过于强烈会减弱视力并造成身体不适的感觉。所有这些生理反应都会直接影响人们对某个服务场景的喜欢程度和停留于其中的时间。

### 3. 服务场景中的行为

服务场景引起的内在反应会外化为顾客的行为，从而引发顾客的个人行为与社会交往。

（1）个人行为　正如刺激—有机体—反应模型的基本原则所表述的那样，对环境刺激物的个人反应被称为接近行为和回避行为。接近行为包括所有的可在某一个地点产生的正面行为，如逗留的愿望、研究、操作使用以及发生联系。回避行为则反映了一个相反的过程：不愿意逗留的愿望，不愿意研究，不愿意操作使用及发生联系等。

（2）社会交往　由于人际关系式服务内在的不可分割性，公司的服务场景还影响到员工与顾客之间、顾客与顾客之间及员工与员工之间的交流。创造这样一种环境的挑战在于：员工通常漠视顾客的要求，这样他们能够在最少的顾客参与下完成任务。诸如身体上的接近、座位设置安排、设施大小和灵活性之类的环境变量在改变服务场景构造过程中决定了社交的可能性与限度。

# 8.3  服务场景设计

## 8.3.1  影响服务场景设计的因素

服务场景会对顾客、员工以及服务企业的运营产生影响。因此，服务企业应该重视服务场景的设计，在设计时要考虑到以下因素。

### 1. 服务企业的性质与目标

服务企业的性质和目标在很大程度上决定了服务场景设计参数。例如，物流公司必须有足够的场地来放置车辆和货物；银行必须要设计合适的保管库以容纳各种型号的保险柜等。除了这些基本的需要，服务场景设计还能对定义服务做出进一步的贡献。它可以形成直接的认同，如麦当劳的"M"字母设计就是如此。外部设计也可以为服务的内在性质提供暗示，如装修豪华的高级酒店等。

### 2. 柔性

那些能适应需求数量和性质变化的动态组织往往容易获得成功。服务对需求的适应能力在很大程度上取决于企业最初设计时赋予它的柔性。柔性也可以称为"对未来的设计"。在设计阶段服务企业就应该着眼于未来，考虑如何设计才能有利于将来提供新的服务。例如，原先为进店消费的顾客所设计的快餐店可能面临如何改造设施以适应驾车的顾客通过窗口时的服务需求。面对未来的设计起初可能会增加一些额外费用，但从长期来看有利于减少服务企业的财务支出。

### 3. 顾客与员工的需求

服务场景是面向顾客的，在设计时要有利于顾客和员工的服务交互活动。因此，服务场景的设计要考虑到顾客和员工的需求。值得注意的是，服务场景必须从顾客的角度来设计，了解顾客对服务场景的看法和偏好是非常重要的。服务场景的设计要综合运用心理学、美学、人体工程等学科的理论知识，充分考虑服务过程中顾客和员工的需求，以设计出合适的服务场景，提升顾客满意度。

### 4. 社会与环境

设计服务场景时要考虑到其对社会和环境的影响。例如，社区中的干洗店应该在其设计中保证有害的化学物质不会影响到当地环境；舞厅在设计时要考虑音响对周围人员的影响。企业在设计服务场景时，要综合考虑服务场景对伦理、社会整体利益与环境的影响，尽量通过服务场景设计对社会长远利益和环境改善产生有利的影响。

### 🔲 小案例 8-3　　　　　先锋书店造出"全球最美书店"

在互联网的冲击下，越来越多的传统书店开始在经营模式、业务拓展、文化沙龙、装饰设计等方面转型升级，而南京先锋书店早已一骑绝尘，成为行业内的重要标杆。

先锋书店是国内知名的民营学术书店，从徽州古村落到浙江山区，从福建屏南到云南大理，从城市到山野，每一家书店都是根据原本建筑的特点进行装修设计的，风格各异、主题鲜明。在不断探索下，先锋书店逐渐树立起"好书在先锋"和"人比利润重要"的理念，并创立出以"学术、文化沙龙、咖啡、艺术、画廊、电影、音乐、创意、生活、时尚"为主题的文化创意品牌经营模式，其中人文关怀、建筑元素等构造的阅读空间，吸引了众多国内外的读者。

先锋书店在成立之初，便确立了人文社科专业化图书经营的路线，也确立了面向大学生及知识分子阶层服务这一市场目标。"大地上的异乡者"是先锋书店的标识，取自奥地利诗人特拉克尔（Trakl）的诗句，寓意"人的精神永远在寻觅一个无所在的故乡"。在读者心中，先锋就是这样一个精神家园，既能看见人类文明的源远流长，也能感受到心灵的慰藉。先锋书店创始人钱小华曾说："先锋存在的意义不仅是卖书，更在于为读者搭建一座可供开放、探讨、分享的公共性平台。"

但与其他书店不同的是，先锋书店的十余家分店中，大多选址偏僻、门可罗雀，经营主题和店铺建筑各不相同，其建筑更是蕴含了各个地方重要的历史片段。以先锋·骏慧书屋为例，该书屋位于南京秦淮区老门东历史文化街区，是一幢典型的苏派古建筑，两层木质构造，散发着古色古香的风韵。沿着窄窄的楼梯踏步而上，木板咯吱作响，雕花窗棂，拙朴精美。屋顶上方嵌着一盏盏小射灯，如同一颗颗繁星，围绕在巨大的玻璃藻井四周，当光柱倾泻而下时，早已让人忘记了墨香的世界。经过 20 多年的发展，先锋书店荣誉满身，被 CNN、BBC 等国际媒体评为"中国最美书店""全球十大最美书店"。

"先锋"式阅读美学，进军文化创意产业，开创"独立先锋"系列。南京先锋书店设计了"书店＋文创"模式，并与地方资源的创意结合，是包含了书店、文化创意馆、艺术咖啡馆、文化大讲堂、画廊、网上书店等多种业态的"复合式书店"。先锋书店不仅仅是零售的场所，而且未来要寻找到从根本上为读者创造美好体验和新价值的模式。先锋书店在为读者提供大量优质人文社科类专业图书的同时，还开发了"独立先锋"系列文化创意产品共 5 000 多种。在每一家先锋的连锁门店里均开设了独立先锋创意馆，其中，手绘地图、手绘明信片、纸质笔记本、南京特色文创等产品琳琅满目、创意十足。当前先锋书店的创意产品的销售额已经占到书店总销售额的 30%，利润则达到书店利润总额的 40% 以上。

人性化服务为读者提供精神关怀，会员制优惠吸引读者消费购物。先锋书店采用人性化的服务策略，体现一种人文关怀。首先，宽敞的店堂、温馨的沙发、舒服的坐椅、免费的茶水和一次性水杯，都为读者创造出舒适的环境。其次，在书籍陈列方面，书架上的图书陈列是"上不到顶，下不到地"，只取其中间五档，而且书籍都是面对读者摆放的，这样读者不需要弯腰或者举高手臂就可以很轻松地拿到图书。同时，考虑到读者买书较多时拿书太吃力，书店还像超市一样为读者提供提篮和小推车。再次，先锋书店的连锁店的所有书籍共享，如果读者求购的书在一家店买不到，可以通过其他分店来协调，以满足读者的需要。最后，在先锋书店，读者还可以利用计算机系统方便快捷地查询所需书目。书店的会员制的销售策略开创了先锋模式。会员制通过不同折扣、对师生优惠的政策，吸引了更多的人来店光顾。除了采用直营店这种传统的售书方式，先锋书店还利用了日益发达的网络，建立和完善自己的网站，以方便读者直接订书，并提供送货上门服务。

在这个碎片化时代，先锋书店作为行业内的佼佼者，一直走在时代前沿，并树立起传统书店发展模式的重要标杆以及建设城市精神文明的文化导向。除了南京的分店之外，先锋书店还有江苏无锡的慧山书局、安徽黟县的碧山书局、浙江桐庐的云夕书馆等，业务拓展所蕴含的文化传播使命，折射出传统书店艰苦的拼搏精神，诚如宣传语所言——大地上的异乡者。

资料来源：https://www.sohu.com/a/516308202_120689081. 有改动。

**问题：** 先锋书店在进行服务场景设计时，考虑了哪些影响因素？

## 8.3.2　服务场景设计的步骤

在设计服务场景时，服务企业需要调查服务环境，在此基础上设立服务场景设计的目标，在服务蓝图中描绘出服务场景中的实物证据，通过组建跨职能小组更好地传递一致的信息。

### 1. 调查服务环境

服务场景设计的前提是进行服务环境调查，来了解顾客对不同类型环境的偏好和反应。任何服务营销决策都必须坚持顾客导向的观点，只有建立在顾客感知基础上的场景设计才能达到预期的效果。常用的调查方法有下列几种。

（1）问卷调查　服务企业可以通过调查问卷收集顾客或员工对服务场景设计的反馈与意见。这种方法的优点在于方便管理和理解结果。一般情况下，相关数据通过标准化问卷获得并输入计算机中，整个过程比较容易管理。问卷调查也存在着一些缺陷，主要表现在问卷的结果可能不如其他实验方法得出的结果有效，不一定能反映人们真实的感觉和行为。

（2）直接观察　管理者和一线员工可以观察并记录服务场景中顾客的行为与反应。这种方法的优点在于所获得的信息具有一定的深度和准确性。使用这种方法，观察人员可以将整个服务环境中各个因素的相互关系，以及反映参与者之间相互影响和相互关系的因素记录下来，这样更能提高调查结果的准确性。直接观察的缺点在于其时间和经济成本较高。

（3）实验法　可以通过控制环境中的一些要素，观察顾客在不同环境中的反应。例如，测试顾客未享受到之前餐厅承诺的折扣价的反应。再如，让第一组顾客观看一家服务环境整洁有序的餐厅的照片，而让第二组顾客观看混乱无序的餐厅的照片，实验结果表明，第一组顾客对于餐厅的错误更加宽容，第二组顾客对于餐厅的错误则显得不能容忍。实验法的主要优点是调查结果的可信度更高，缺点是成本高和时间耗费多。

### 2. 确定设计目标

在设计服务场景之前，首先要明确服务场景的设计目标。服务场景的设计目标要根据企业的总体目标和营销目标来制定，设计者要知道各级目标分别是什么，还要明确基本的服务概念及目标市场，了解未来的构思。这是因为许多有形展示的决定与时间和费用有关，所以需要专门制订计划和认真执行。

### 3. 绘制服务蓝图

在明确设计目标后，可以在服务蓝图中描绘出服务场景中的实物证据。服务蓝图可以把人、过程和有形展示明显地表示出来，通过服务蓝图可以看出服务传递所涉及的行为、过程的复杂性、人员交互作用的点，这些点提供了展示的机会和每一步的表示方法。顾客在服务传递过程中的每一步都可以利用设计元素和有形的线索记录下来。例如，使用照片或视频能让设计图更为生动逼真。

### 4. 组建跨职能小组

服务场景具有整体性，因此，服务场景必须从整体的角度来设计，需要由企业的多个职能部门做出相应决策。例如，有关员工制服的决定由人力资源部门做出，服务场景设计的决定由设备管理部门做出，广告和定价决定由营销部门做出。在设计服务场景时，各职能部门之间的协调工作非常重要，否则会造成信息不一致，进而误导顾客形成不合理的期望和判断。为此，有必要组建一个关于服务场景设计的跨职能小组，尤其是在对服务场景做出决策的时候，以便对各职能部门进行协调，通过各种形式的展示传递一致的信息，传播顾客所期望的企业形象。

## 本章小结

有形展示是指为进行服务传递，企业与顾客进行交互所处的实际有形设施以及利于服务执行或传播交流的任何有形要素。根据有形展示能否被顾客拥有，可将其分为核心展示和边缘展示；从有形展示的构成要素进行划分，可将其分为物质环境、信息沟通和价格。

服务场景是指服务企业与顾客进行交互所处的环境，包括服务执行、传递与消费所处的外部设施和内部设施，即有形展示中的所有有形设施。服务场景具有包装功能、使用功能、交际功能和区分功能。

环境心理学主要研究人们对特定环境会产生怎样的反应，将环境心理学中的相关理论应用于服务营销中，可以更好地理解顾客对不同服务场景的反应，从而营造特定的服务场景，使顾客和员工出现服务企业所期望的行为。关于顾客对服务场景的反应，主要有刺激—有机体—反应模型和服务场景模型等理论。

服务场景会对顾客、员工及服务企业的运营产生影响。因此，服务企业应该重视服务场景的设计，在设计时要考虑服务企业的性质与目标、柔性、顾客与员工的需求，社会与环境等因素对服务场景的影响。在设计服务场景时，服务企业需要调查服务环境，在此基础上设立服务场景设计的目标，在服务蓝图中描绘出服务场景中的实物证据，通过组建跨职能小组更好地传递一致的信息。

## 思考题

1. 什么是有形展示？
2. 有形展示有哪些类型？其含义分别是什么？
3. 什么是服务场景？它有哪些功能？

4. 如何理解刺激—有机体—反应模型？

5. 简述服务场景模型中服务环境的维度。

6. 影响服务场景设计的因素有哪些？

7. 简述服务场景设计的步骤。

## 案例分析

## 新中式茶馆 tea's tone 得到中国"Z 世代"的青睐

　　成立于 2018 年的新中式茶馆品牌 tea's tone 在 2021 年连续完成两轮千万级融资。目前，该品牌已在上海、深圳、武汉等地共开设 11 家直营店，单店面积在 200 ～ 400 平方米之间。其深圳万象天地店开业三个月，月销售额近 150 万元，其中外带商品的零售收入占比达 30%。虽然目前市场规模还不大，但品牌潜能已经获得资本方的认可，2021 年 3 月，tea's tone 完成数千万元 A 轮融资，由麦星投资和曾鸣联合投资。

### 1. 主题环境

　　饮茶是中国人几千年以来的习惯，在全球范围内拥有足够广阔的市场。近几年，不少年轻人在社交平台上为新中式茶馆贴上了时尚标签。以小红书为例，搜索"新中式茶馆"关键词，就有上万条涉及全国各地的打卡笔记。tea's tone 团队认为纯茶饮品本身并不会因为社会的进步而消失，只是需要采用当代的表达适应消费群体变化的需求。tea's tone 的目标用户是居住在一线及新一线城市且年龄在 20 ～ 35 岁之间的新中产人群，他们追求有品质、有态度、健康向上的生活，积极探索释放压力的方式和渠道，也有较强的消费能力。相较于传统奶茶，中式茶饮契合年轻人低脂、低糖、低卡的健康需求；不同于老式茶楼，新中式茶馆在延续传统的同时，为消费者打开了一扇体验中国茶文化的新大门。在空间设计上，新中式茶馆以互联网思维，着力营造适合拍照打卡、自媒体传播的高颜值和强氛围感的服务场景。一席一物，一隅宁静，用年轻化的视觉语言诠释中国文化特有的清雅格调和"偷得浮生半日闲"的人文意境。在产品体验上，新中式茶馆也在努力消除传统茶道口味和审美的门槛，打破年轻人对品茶的刻板印象。消费者可以根据喜好自行挑选茶叶，之后一边在席间休息，一边近距离观赏洗杯、落茶、注水、洗茶等制作过程，省去自行泡制的烦琐流程，同时保有使用茶具的权利，整个消费体验轻松又不失仪式感。此外，与新茶饮即买即走的快消模式相比，新中式茶馆更注重营造文化氛围和社交场景，兼具休闲属性和轻商务社交功能。

　　基于此，tea's tone 定位中国纯茶消费新零售品牌，在中国茶文化基础上，tea's tone 团队结合现代美学设计理论体系，创新推出了围绕纯茶消费的沉浸式体验新零售模式，对中国茶从喝法、器具、包装，到环境、体验、营销各个环节进行了创新设计，诠释中式生活美学，打造茶文化第三空间。tea's tone 首席运营官胡跃曾表示，很多年轻人的第一杯纯茶是在 tea's tone 开始的，希望 tea's tone 品牌能够陪伴消费者完成从茶小白到老茶客的进阶之路，把茶文化真正带入年轻人的生活里。

　　"一个温暖的会客厅"是 tea's tone 对所构建的茶空间的定义，也是其对所提倡的茶美学生活的表达之一。tea'stone 团队有着深厚的空间美学造诣，利用门店视觉将中国传统文化元素以现代美学设计再造，在传统的基础上做减法，在沉浸式的开放空间，选取东方美学的核心要素，以传统梁柱、斗拱和椽檩，勾勒出当代简约的茶空间，呈现出精致温暖的格调，家私、橱窗、花艺凡此种种皆散发着和谐雅致的美感。简洁、现代、精致、温暖，精准狙击流行审美，再结合"一人一席"的饮茶方式，创新地将独享式的喝茶场景交给客人。这种根据现代生活重构的饮茶仪式，拉近了现代人与中国茶之间的距离，使喝茶这件事完整灵动，并且称得上具有美感的生活方式。店内还设有零售区，摆放茶叶器皿及品牌周边，进一步完成生活方式化的第三空间体验，也有越来越多的人抱着笔记本坐在 tea'stone 里面独处、办公、会友。现代中国人的"第三空间"从此又有了新的选择。

　　门店的空间美学是一方面，而与消费场景的适配性则是另一个重要方面。胡跃介绍道："tea'stone 的营业时间是从早上 10 点到凌晨 1 点，夜间生意很好，朋友们聚会吃完饭后往往需要一个场所再聊聊，而酒吧不太适合聊天，茶水适合慢饮，这也正是茶的独特优势，中国人对茶的接受度总是更高的。"

　　tea'stone 产品设计更加年轻化，不仅局限于茶叶产品以及包装设计，还包括产品呈现形式、饮茶方式的创新。在选品方面，团队从中国各大茶叶原产地进行直选，精选出 108 款茶叶呈现给消费者，涵盖绿茶、白茶、乌龙茶、红茶、黑茶、花草茶等品类。胡跃表示："我们选品的首要标准是健康安全，其次是口感舒适且性价比合理。通过我们的专业冲泡，最大化释放茶的滋味，让'小白'茶客能够认识茶、爱上茶。同时我们也有'喝一泡，少一泡'系列，是让资深老茶客垂涎的好茶。优质的茶叶是前提，而具有美感的产品设计以及品牌叙述所营造的氛围意境，是提升顾客的饮茶美好体验的关键。口味香浓馥郁的'炭火煮茶'系列很受欢迎，精选几款年份老茶，用炭火现煮，茶艺师煮好茶后会将其盛入一人份的茶器端上客座，遵循一人一席的传统喝茶仪式。杯顶有绵密泡沫的'啤啤tea'系列，杯身造型如同一杯精酿，但产品不含酒精，由纯茶制作，入口还有淡淡的烘焙麦芽香，口感十分新奇。0 糖 0 添加的'盐边乳茶'系列，先喝一口乳茶，再用舌尖轻点一下杯沿的盐边，不同于街头巷尾的改良茶饮，tea'stone 的产品完全无糖，能够体验到风味交融的传统乳茶滋味。"值得一提的是，tea'stone 店内的每一款茶叶以及使用的每一件茶具均可以在零售区域内购买到同款，皆 50 克便可起售，哪怕是比较贵的饼茶也可以撬开少量购入，让每个人都能轻松喝到心爱的茶饮，包装的形式也颇具美感和文创精神。中国茶，作为一种非常生活化的产品，用户黏性强，生命周期长，喜欢喝茶的茶客更容易在店内实现直接的零售转化，据介绍，tea'stone 门店销售中，会员复购贡献达到 70% 以上。

## 2. 无缝衔接

　　增强用户体验是营销思考的一个新方向，只有以消费者为主体，从消费者的生活与情境出发，塑造消费者所追求生活方式的感官体验环境，创造消费者的情绪抒发方式，激发消费者的创造灵感，鼓励其参与行动改变现状，让其感受到的是一个连续的过程，最终让消费者找到相同生活方式群体的归属感，才能使消费者的情感受到尊重、思想得到激发。消费者获得的不只是产品或服务方面的满足，还有生活方式的解决方案，他们甚至愿意为感性需求的满足而付出更高的代价。tea'stone 在体验的连续性上做到了无缝衔接。

### 明确消费者要什么

体验式调查。模拟顾客体验过程进行调查。调查感觉：tea'stone 是否让我在感官上有特别的感受。调查情感：走进 tea'stone，我是否有一种心情愉悦的感觉。调查行动：tea'stone 是否有意在引导我与其进行互动交流。调查思考：tea'stone 是否有意刺激我对人文生活的联想。调查关联：购买 tea'stone 产品的消费者是否和我属于同一类人。通过体验式调查，快速掌握消费者对 tea'stone 的喜爱程度以及消费者所追求生活方式的变化，从而激发更新更好的创意。

### 接触点设计

所谓接触点，即分别在售前、售中、售后分解消费者的体验过程，运用不同的工具，让消费者感受到一个连续的体验过程。tea'stone 在售前利用网络让消费者感知到精致愉悦生活的主题。走进 tea'stone，则从灯光、气味、色彩、音乐、文字、摆件等逐步在消费者心目中构建起 tea'stone 的主题氛围，譬如在寒冷冬日，当你步入 tea'stone 时，鼻子嗅到清新茶香，映入眼帘的并不是多么奢华的金碧辉煌的环境，而是简约时尚却又充满古典美的设计和清新舒适的风格。暖色调的灯光，全店木质风格，吧台上空的横木梁平直、错落，将狭长空间的边界延展开来，超长吧台上展现了从下订单到茶饮制作的全过程，可全程观看数位茶艺师的制茶操作，他们身后是一大面茶柜，此时寻找一木桌入座，点一壶牡丹茶，店员会端上来一壶茶水和精致茶点，一朵牡丹花在透明的玻璃碗里盛开，这时候可以拍照打卡记录生活。绿植，沉木，暖调的灯光；茶具、糕点，充满禅意的造景，整个空间散发出亲切安宁的生活气息。手捧一杯鲜茶，三五好友围炉而坐，恬静的氛围引发源自文化基因里的极度舒适感。想买些茶叶或者茶具时，只需要移步到店内零售区，木质架上摆放着一排排精致礼盒，旁边的店员会亲切地帮助顾客挑选合适的茶叶和茶具。当和挚友走出 tea'stone 时，手里拿着精美的茶叶或茶具，回味着茶香中与朋友共度的美好时光，遐想下一次光临的轻松舒适。tea'stone 以服务为舞台，以产品为道具，以工作人员作为演员，精心设计无缝衔接的美好生活体验。

## 3. 自我实现

### 提供全套与茶相关的生活方式的解决方案

目前大多数饮品相关品牌都知道消费者想要什么，但遗憾的是，它们卖的仍然是产品和服务。若把产品仅当产品卖，只能考虑到消费者理性的需求。体验营销中的"体验"是要消费者经过自我思考与尝试去获得解决方案。这种方案是独特的，是一种生活方式与消费者个人喜好的结合。商家要做的，是帮助他们找到最适合自己的方案。茶行业的现状是有品类无品牌，国内市场缺乏面向大众消费者的品牌，尤其是面向年轻消费群体的国货茶叶品牌。比其他茶叶品牌更胜一筹的是，tea'stone 区别于传统茶馆氛围，线下营造饮茶场景，为消费者提供一个温暖的"会客厅"，还在店内和线上店铺小程序商城提供同款茶叶、特色茶礼、原创茶具及茶生活周边零售，线下线上同步提供全套与茶相关的生活方式的解决方案。

### 人员沟通促进消费者关联体验

要满足顾客思考、行动、关联的需求，服务企业必须有销售解决方案，并通过与顾客的互动沟通彰显主题所要表达的生活方式。关联体验是体验的最高层次，让消费者找到群体归属感并实现自我价值，它是所有体验策略的结果。在服务业中，人员沟通能够对关联体验起到很大的促进作用。体验沟通的内容不仅包括产品本身和解决方案，更重要的是要了解消费者的心情、交流生活的方式、促进消费者间的沟通。tea'stone 的员工对待顾客像对待自己的朋友，他们不会主动跟你推销，但却在顾客需要咨询时，提供专业的解决方案。店内除清洁阿姨外每名店员都掌握秤茶、洗茶、煮茶、泡茶等所有工序知识。经过 tea'stone 培训并且通过考试才可上岗。约 80% 的店员精通茶文化，零售区的店员对每款茶的起源、制作手法、口感、饮茶方式等介绍得非常详细。店内吧台、桌椅的摆设、色彩也非常便于消费者结交朋友，加以"品茶"主题基础上的交流，顾客与顾客间的沟通也变得很自然。值得一提的是，服务人员、管理人员的挑选首先要符合企业的价值文化，在培训时必须加上"目标群体生活方式"一课，保证能够理解顾客感受，并有沟通的话题。胡跃表示，对于很多年轻人来说，喝纯茶是"老气"的行为，甚至在很多人的印象中，纯茶的口味就是苦与涩，他们一直希望唤起年轻人日益兴起的审美观，以及流淌在基因里的茶和文化之间的连接，破解让年轻人爱上中国茶的难题，这应该就是体验营销的体现之一。

资料来源：根据网络资料整理，https://36kr.com/p/1068377715074947.

### 案例思考

1. tea'stone 的服务场景是什么？ tea'stone 属于什么服务场景类型？
2. tea'stone 的服务场景功能有哪些？
3. 请运用服务场景模型分析顾客对 tea'stone 的服务场景的反应。
4. 请结合案例阐述服务场景的设计步骤。

## 实践活动

### 一、实训目的

1. 通过观察，理解服务场景及有形展示。
2. 感受服务有形展示对顾客的影响。
3. 探索服务场景设计改进或创新的方法。

### 二、实训内容

1. 选择一家餐厅，前往服务现场观察其服务场景设计的特点。
2. 访问、观察其他顾客对该餐厅的服务场景和有形展示的感知，并做好记录。
3. 访问该服务企业的管理者、员工，了解他们对该餐厅服务场景和有形展示的感知以及对其自身的影响，并做好记录。
4. 对该服务企业的有形展示和服务场景做出评价，并提出你的改进建议。
5. 完成一份书面报告，并制作 PPT 演示文件。书面报告应包含以下内容：①所选定的餐厅及其地理位置简介；②该餐厅的有形展示和服务场景及你的体验、观察和访问情况总结；③你对该服务企业的有形展示和服务场景的评价；④你的建议方案；⑤说明你完成本次实训的时间、地点。

### 三、实训组织

1. 教师提前布置实训项目，指出实训的要点和注意事项。

2. 以小组为单位完成实训，每组人数控制在 4～6 人。采用组长负责制，组员合理分工，团结协作。

3. 各组在组长的组织下，明确实训任务及分工，制订执行方案。执行时间为 1 周。

4. 以小组为单位在班级内进行成果交流，可由小组代表向全班同学报告该小组的实训情况和成果。

### 四、实训步骤

1. 各小组制订实训执行计划，并做相关准备。

2. 小组成员分工合作，分别按计划完成所承担的任务。

3. 组长组织小组成员讨论，并按实训内容要求完成报告文本和演示 PPT 的制作。

4. 教师根据可安排的课时，在 1～2 课时内组织部分小组向全班同学交流其成果。发言代表需要说明各小组实训执行情况以及各位小组成员的贡献。

5. 每一小组报告完毕后，教师应组织其他同学发表意见和建议。

6. 教师进行点评，并记录实训成绩。

# 第4篇

# 有效地传递服务

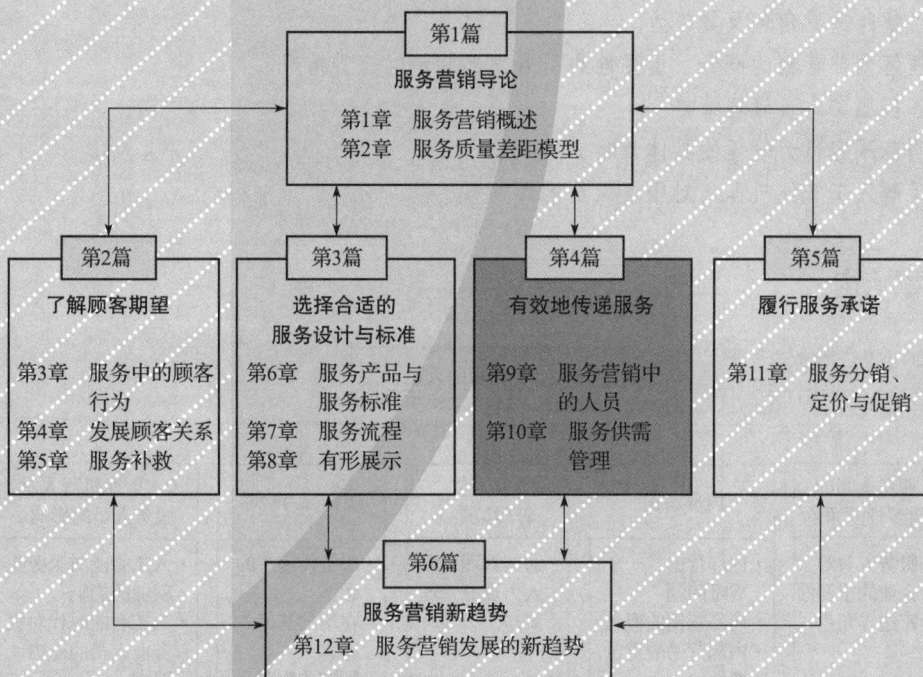

```
┌─────────────────────────────────┐
│            第1篇                 │
│         服务营销导论             │
│   第1章   服务营销概述           │
│   第2章   服务质量差距模型       │
└─────────────────────────────────┘
```

| 第2篇 | 第3篇 | 第4篇 | 第5篇 |
|---|---|---|---|
| 了解顾客期望 | 选择合适的<br>服务设计与标准 | 有效地传递服务 | 履行服务承诺 |
| 第3章　服务中的顾客<br>　　　　行为<br>第4章　发展顾客关系<br>第5章　服务补救 | 第6章　服务产品与<br>　　　　服务标准<br>第7章　服务流程<br>第8章　有形展示 | 第9章　服务营销中<br>　　　　的人员<br>第10章　服务供需<br>　　　　管理 | 第11章　服务分销、<br>　　　　定价与促销 |

```
┌─────────────────────────────────┐
│            第6篇                 │
│        服务营销新趋势            │
│   第12章   服务营销发展的新趋势  │
└─────────────────────────────────┘
```

图Ⅳ　服务营销学的理论框架

# 第9章
# 服务营销中的人员

## 学习目标

本章将讨论服务人员和消费者在服务营销中的管理问题。通过本章的学习应该能够：

1. 认识服务人员在服务提供中的重要作用。

2. 了解跨边界角色及其压力。

3. 理解内部营销的概念、重要性和引入内部营销的三种情况。

4. 掌握服务人员管理策略。

5. 明确顾客行为管理的具体策略。

6. 了解人工智能机器人对服务人员的影响。

## 本章结构

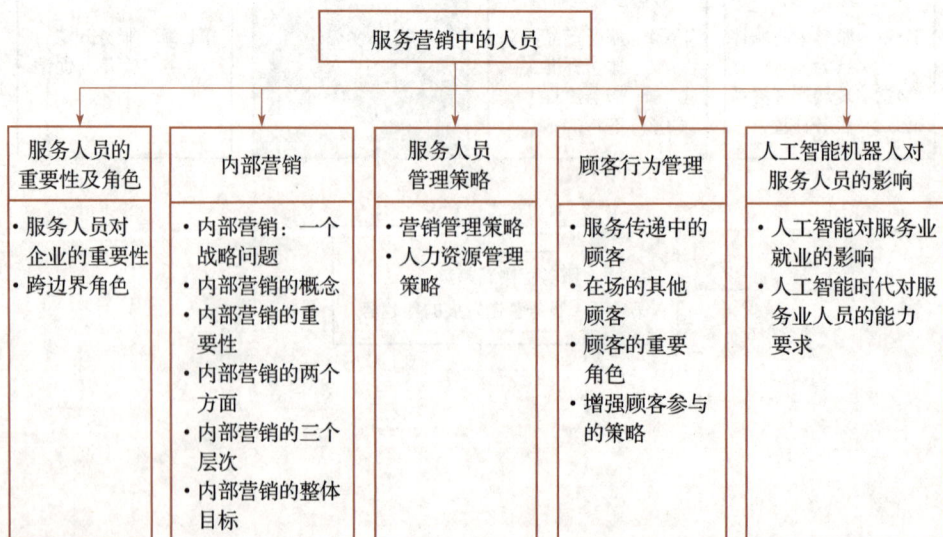

## 导入案例

### 胖东来的员工管理之道

胖东来，全称为胖东来商贸集团有限公司，旗下涵盖专业百货、电器、超市等业态，是河南商界知名度、美誉度非常高的零售企业巨头。历经 20 余年的发展，胖东来用持之以恒的努力将优质的服务与商品做成了自己的特色和王牌。在此过程中，胖东来也形成了"公平、自由、快乐、博爱"的企业文化。如今，胖东来已构建起自己的核心竞争力：丰富的商品、合理的价格、温馨的环境以及完善的服务。胖东来的成功经营与于东来个人的经营理念、领导特质有密切的关系，尤其是其有效的员工管理。

#### 满足员工的需要

他充分满足员工的物质需求，让员工们没有后顾之忧。据 2020 年河南统计年鉴，2019 年全省批发和零售业就业人员平均工资约为 3 430 元 / 月，但胖东来一名普通售货员每月的工资最低为 5 000 元，这还没算上销售抽成，并且公司会给交五险一金；胖东来按照"三三三"的比例进行利润分配，第一个 30% 的利润捐赠给社会，第二个 30% 的利润用于下一年的垫付成本，第三个 30% 的利润按照级别分给所有员工，于东来自己仅留 10%；在股权分配上，胖东来实行"岗位持股制"，股份的额度并不是固定不变的，而是随着员工岗位、能力的变动而变动的，这样的设置便可让股权始终掌握在能够为企业创造较大利益的核心员工手中，从而保证胖东来旺盛的生命力。

于东来说："能干会玩是生命的平衡，是生命质量的提升，也是向着健康人生的进化和进步。"对于"玩"，于东来还进行了成功的实践，从时间安排、资金保证到组织机构、硬件设施，他都有全面的考虑和安排，保证员工在努力工作之余玩得开心、玩得尽兴。2021 年，胖东来将原本 30 天的带薪年假延长至 40 天，其中 10 天必须进行长途旅行，还要将旅行途中的感悟在公司系统上分享。除此之外，每周二胖东来所有门店都会关闭门店休息（除了禹州店和金三角店），春节从大年三十到大年初四不营业，打破了零售业过节不放假的传统。在平时下班之后，员工们也可以去胖东来的健康娱乐中心，里面的设备都是一流的。

于东来倡导"工匠"精神，让员工们热爱和专注于自己的工作。胖东来通过"星级评定"的方式设置员工成长通道，要求员工通过努力学习成为本岗位或品类的专家。员工有 4 种晋升通道：管理人员、星级营业人员（一线管理人员）、星级员工（一线服务人员）以及技术明星（后勤技术保障人员），各种类型的员工都有因努力而晋升的机会。

对于优秀的员工，胖东来还会为他们举办表彰大会，号召其他员工向他们学习从而激发其他员工前进的动力。胖东来会为员工做职业发展规划，帮助员工做人生规划、理财规划，带领员工追求个性、自由、乐观、自信的人生。

于东来充分信任员工，给他们足够的权力。胖东来实施权力下放策略，而于东来只做政策上的决断。从第一家分店——五一店开始，于东来就让新开的店自主经营，怎么经营、卖什么货、用什么人……都由店长决定，根据经营情况获取报酬，当时分店店长的年薪就已经有十几万元了。

#### 员工：其身正，不令而行

于东来的理念是："顾客"于他而言是最重要的资产，这种"顾客"既包含外部消费者，也包含内部员工，老板只有服务好内部员工，他们才能对外部顾客服务得尽善尽美。正是因为员工感受到了于东来的"爱、舍得、善良"，他们在对待顾客时也能做到这样。

胖东来员工的行为极具鲜明的胖东来特征——热情、阳光、开朗、有爱心。从胖东来的《文化理念手册》中也会看到许许多多的事迹，员工和顾客之间的关系融洽得像一家人：大嫂带钱少了，营业员会帮忙先垫上；老人上电梯，年轻保安会上前搀扶一把；老人提不动东西，营业员会帮着把货送到家……此外，员工也有着很高的敬业精神，走进胖东来任何一家店，有两个很难在其他商店发现的现象：一个是营业员时不时地在擦自己的柜台；另一个是保洁员趴在地上卖力地擦地，仿佛就在自己家里那样。这种敬业精神的来源便是于东来对他们的尊重与爱。

资料来源：于建朝，等. 胖东来：本真营销缔造商业传奇 [DB]. 中国管理案例共享中心，（2022-03-01）. 内容有删减。

## 引言

在服务营销的 8P 要素中，人员这一要素显得异常重要。大多数服务需要由员工提供，由顾客进行感知，服务质量会因提供者或消费者的差异而有所变化。因此，企业管理好服务营销中的员工和顾客，能够有效提升服务质量，增加顾客的服务感知价值，促进服务绩效的提高。

## 9.1  服务人员的重要性及角色

全球企业如迪士尼、李维斯和英国航空，都在致力于发展"全面客户体验"（Total Customer Experience）计划。比如，搭乘飞机旅行的"体验"是从乘客考虑出行开始，一直到旅行归来向别人谈论这件事为止。在这次服务经历中，从飞机驾驶员到地勤人员、空中服务员都占有一席之地。沿途的每个"关键时刻"，不只是这个极复杂的产品服务体系中的一环，更是这一连串沟通过程中的一个重点。如果稍有变化，就有可能对整个体验过程产生负面影响。所以，在体验过程中，谁是顾客的对象？答案是每个人。又是谁构建了这种体验？答案仍是每个人。这样一来，传统的客户服务理念无法适应新的要求，企业需要以新的思路来提供品质优良的产品及服务，以便满足当下精明而又非常在意品质的顾客。那么，这种新的思路和想法又从哪儿来呢？答案是来自企业的服务人员。

### 9.1.1  服务人员对企业的重要性

在顾客眼中，提供服务的员工也是服务产品的一部分，企业员工的形象和举止处于顾客的密切注视之下，顾客对服务企业的感知受到服务人员的极大影响。对于服务企业来说，对服务人员的管理，包括服务态度、服务技巧、服务质量以及相关的培训等，都是提高顾客服务体验的有效手段。因此，对服务人员进行有效管理是服务企业成功的重要保障。服务人员对企业的重要性主要体现在以下几方面。

#### 1. 员工对于企业信守承诺具有重要作用

著名的服务营销专家格罗斯提出了服务营销三角形理论，如图 9-1 所示。服务营销三角形理论认为，企业、顾客和员工是三个关键的参与者，服务企业要想在竞争中获得成功，就必须在三者之间开展外部营销、内部营销和互动营销，这三种类型的营销活动相互影响、相互联系，共同构成了一个有机的整体。从三者的功能来看，外部营销是企业对所传递服务或产品设定顾客期望，并向顾客做出承诺；内部营销是企业要保证员工有履行承诺的能力，保证员工能够按照外部营销做出的承诺提供服务或产品；互动营销是指顾客与组织相互作用，以及服务被生产和消费的一瞬间，企业员工必须遵守向顾客所做出的承诺。从服务营销三角形理论可以看出，在企业向顾客做出承诺后，承诺的实现必须依赖于企业的员工，只有员工积极地为顾客提供服务，才能持续不断地信守承诺，实现顾客满意，确保企业获得顾客的青睐。

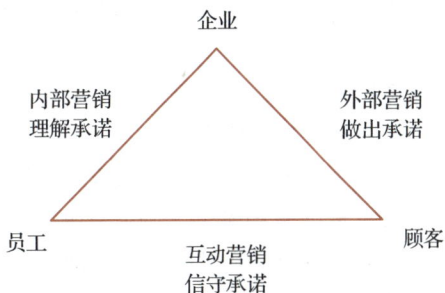

图 9-1 服务营销三角形理论

资料来源：GRONROOS C. Relationship marketing logic [J]. Asia-Australia marketing journal, 1996, 4(1): 10.

### 2. 员工影响到顾客满意度和企业利润

1994 年，哈佛商学院的赫斯克特（Heskett）和他的同事们组成的服务治理课题组在经历了20 多年对上千家服务企业追踪、考察与研究的基础上，提出了服务利润链理论，如图 9-2 所示。该理论指出了员工满意、顾客满意和企业利润之间存在的逻辑关系。

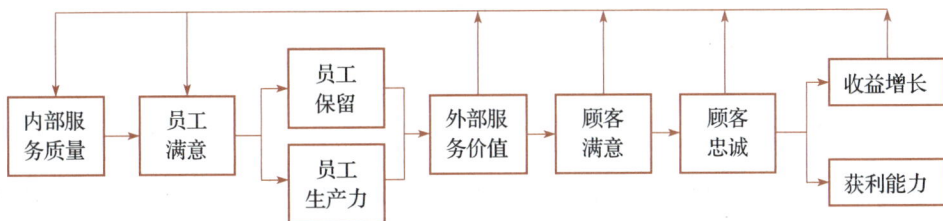

图 9-2 服务利润链理论

资料来源：HESKETT J L, JONES T O, LOVEMAN G W, et al. Putting the service-profit chain to work [J]. Harvard business review, 1994, 72(2): 164-174.

服务利润链理论的逻辑内涵是：企业获利能力的增强主要来自顾客忠诚度的提高；顾客忠诚度是由顾客满意度决定的；顾客满意度则是由顾客认为所获得的价值大小决定的；顾客所认同的价值大小最终要靠公司员工来创造。所以，追根溯源，员工才是企业竞争力的核心。服务利润链理论明确地指出了员工满意能够促进顾客满意，所以，企业的员工影响到顾客满意度和企业的最终利润。

### 🖱 小案例 9-1　　西贝莜面村的事业理论：成就人

餐饮业一到忙时就会出现不能及时上菜或者菜品质量出问题的状况，顾客一旦开始较真，店员只能道歉。西贝莜面村（以下简称西贝）是国内最大的正餐连锁品牌之一，它的管理层大概学过丽思卡尔顿酒店的经验，知道什么人可以服务什么人。所以要员工体面，客户才体面。

"西贝只有一项真正的资源：人。西贝内部有一个事业理论，3个字：成就人。"这就是其品牌的表达了。

西贝面试时经常会问到的问题是：你在西贝想得到什么？

西贝坚信，只有服务好员工，给予员工充分的爱和工作"权力"，员工才能服务好顾客，创造愉悦的顾客体验。在西贝就餐结束后，服务员如果看到桌上有一盘菜品没被享用，他会问你是不是不喜欢吃？然后会帮你把菜退了。这时候你会不会感到惊喜和感动？于是，这种服务就创造了一种超乎预期的体验。

西贝的负责人会经常做"微服私访"，会问员工做好这份工作，需要什么样的支持。曾经有个员工反映，他的鞋不舒服，从早到晚在店里走动，脚会疼。于是西贝管理层迅速展开行动，指定专人负责此次"选鞋子行动"：从联系专业的制鞋公司，到专门设计适合工作中步伐量大的鞋子，再经过几次改样，广泛试穿，然后听取伙伴意见，再改进。负责这项工作的伙伴每天奔跑在制鞋厂、门店，全身心投入。最后，在《西贝品味报》仍然以《小题大做》栏目报道伙伴对新工鞋的舒适度进行的反馈。因为，这不是一双鞋的问题，西贝的核心价值观是"真实、负责任、荣耀承诺"，他们对伙伴鞋的态度，就是检验是不是真实、负责任地兑现了西贝关爱员工的承诺，而且，是不是能在体制上切实保障与支持员工做好自己的本职工作。

西贝总裁贾国慧曾在采访中说："一开始，我告诉大家，我们西贝是开饭馆的。其实，我们不只是开饭馆的。我们所干的就是一件事——一件成就人的事。"

资料来源：智能机器 ABC. 员工第一还是顾客第一？这是一个价值观的问题［EB/OL］.（2022-01-31）［2024-03-10］. https://www.sohu.com/a/520085163_121124360.

**问题：** 1.运用服务利润链理论对西贝的员工管理进行分析。

2.西贝的员工管理有何特色？

### 3.员工行为直接影响到服务质量

1）服务人员直接影响服务的可靠性。在以人为基础的服务中，服务人员的可靠性就意味着服务的可靠性。如果一位医生精神恍惚，那么他的诊断质量在病人看来就很不可靠。所以服务企业应该重视员工状态的稳定性，并加强对员工服务行为的监督、控制。

2）服务人员直接影响服务的响应性。一名反应迟钝的西餐厅服务员，往往无法适应不同顾客多变和多样化的需求。服务企业应该筛选出头脑灵活、反应快的一线服务人员，并向他们适当授权，使他们有能力及时解决顾客的问题。

3）服务人员直接影响服务的安全性。若一名律师缺乏经验并对委托人流露出不耐烦的态度，会使客户对律师事务所的服务质量感到不放心、不信任，甚至敬而远之。服务企业应该选择具有一定服务资质、经验和能力的员工为顾客服务，并且培养他们对顾客的谦恭态度。

4）服务人员直接影响服务的移情性。除了投入脑力和体力外，服务工作还要求服务人员投入感情。热情、敏锐和富于同情心的员工，将使顾客感觉到自己是独特的个体。因此，服务企业应尽量招募和筛选出感情细腻型劳动者，让他们承担一线服务工作。

5）服务人员直接影响服务的有形性。服务人员本身就是服务的一种有形表现。服务人员的仪表、穿着、打扮、表情、姿势、动作乃至化妆品的气味等，都会影响顾客对服务质量的感知。服务人员应具有整洁的仪表和优雅的风度。

### 4. 服务人员是服务营销的人格化

第一，服务人员就是服务本身。许多服务组织主要就是向顾客提供人员，如家政公司、美容机构、律师事务所、学校、医院等。这些服务机构的服务质量在很大程度上取决于服务人员。即使对于那些不直接提供人员的服务组织来说，人员因素也是重要的，如银行的自动取款机要保持正常的服务，必须有人加以维护。

第二，服务人员是服务机构的化身。在顾客眼里，服务人员就是服务机构本身，服务人员代表着服务机构，服务人员的行为、素质和形象直接影响顾客对服务企业的感知，服务人员的一言一行都影响到整个服务企业的形象，客观上具有整体意义。同时，由于服务的无形性和同步性，顾客经常把服务人员的表现作为评价服务质量的重要依据。因此，服务人员本身就是服务的一部分，也是企业服务营销的人格化。

## 9.1.2 跨边界角色

### 1. 跨边界角色的定义

跨边界角色是指连接组织和外部环境的人。扮演跨边界角色的员工通过与非组织成员的交往就创造了组织的这种联结。跨边界角色具有两个重要的作用，即信息的传输者和组织的代表。

跨边界人员从外部环境收集信息并把它反馈给组织，他们代表组织与环境沟通。跨边界人员也是组织的代表。可以根据从辅助服务角色到专业性服务角色的连续谱对跨边界人员进行分类，如图9-3所示。这个连续谱的一端是辅助服务角色，传统上，他们存在于组织的底层。以这种角色工作的人所在的公司是顾客能完全自主决定其购买决策的公司，因而，他们附属于组织和顾客。辅助服务角色的例子包括服务员、汽车司机，以及接待外部来访者的接待人员。

专业性服务角色处于这个连续谱的另一端。专业人员也是跨边界人员，但他们的状况与辅助服务提供者有着较大的不同。由于他们的专业资

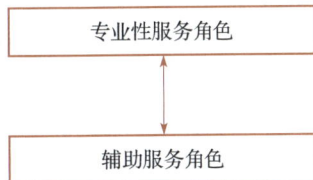

**图 9-3 跨边界角色的连续谱**
资料来源：霍夫曼，彼得森. 服务营销精要：概念、策略和案例 第 3 版［M］. 胡介埙，译. 大连：东北财经大学出版社，2009.

格，专业性服务提供者拥有独立于组织的地位。顾客并不比专业人员优越，因为顾客承认专业人员拥有他们所需要的专业知识。

### 2. 跨边界角色会遇到的压力

作为跨边界角色，无论其有多高的技术水平，享有多高的薪酬待遇，在工作中都会面临较大的压力。在这些岗位不仅要付出体力、脑力和工作技能，还要付出大量的个人情感。他们经常处理个人之间以及组织之间的冲突。同时，对他们来说，如何处理实际工作中服务质量与服务效率之间的平衡关系也很重要。

（1）需要付出大量的情感 在工作中，为了能够给顾客提供优质服务，一线员工除了付出体力、脑力以及相应的技能之外，还得付出自己的情感。在付出的过程中，即便一线员工明知道有的顾客可能今后永远不会再见面，但他们还是得向顾客微笑，保持视线接触，与顾客友好

交谈，这些都要求一线员工付出大量的情感劳动。

（2）经常要面对各种冲突　在服务工作中，一线员工经常会面对很多个人之间或组织之间的冲突。如果忽略了这些冲突或对冲突处理不当，他们就会产生工作压力，对工作不满意，服务能力随之下降。一线员工在提供服务过程中代表的是组织，不得不与许多顾客打交道，因此必然会遇到各种冲突。这些冲突包括以下几种。

1）个人与角色之间的冲突。企业要求员工扮演的角色与员工本人的价值观、性格和自我认识有冲突。企业通常会要求一线员工按工作要求行事，而员工可能会感到这些要求不符合他们的理念与个性，从而造成个人与角色的冲突。个人与角色之间的冲突也会由于要求员工的着装或改变其他方面的形象以适应工作要求而产生。另一种产生冲突的原因来自员工对于服务互动过程中与顾客关系之间相对弱势的控制能力：顾客基本上决定服务活动的开始与终结，而在自然发生的关系中，双方控制互动的权力均等。

2）企业与顾客之间的冲突。一线员工经常面临着两难问题：是遵守公司的规则还是满足顾客的要求。通常来说，企业制定了相应的规章和程序，并要求服务人员遵守。但是企业所制定的标准、规章与顾客的服务需求或许会存在不一致，在这种情况下，员工就需要处理顾客要求与企业的服务规章、标准和程序之间的冲突。这种问题在不以顾客为中心的公司中十分常见。

3）顾客内部的冲突。当两个或更多的顾客有不同的服务期望时，很容易引发顾客之间的冲突。顾客间的冲突在很多服务中很常见，如超市结账时有人插队、在公共场所有人大声喧哗、在禁烟区吸烟、在餐馆中高声打电话、在公交车上抢座位等。当出现这些情况时，顾客往往要求服务人员介入，去纠正不守规则的顾客的行为，并解决双方之间的纠纷。

（3）难以在服务质量与服务效率之间实现平衡　在服务提供过程中，一线员工不仅要考虑工作的效率，还要考虑服务的效果。企业通常要求一线员工高效率地工作，为尽可能多的顾客提供服务，以确保企业的经济效益。顾客则要求员工热情周到地为自己提供优质的服务。要有效地平衡服务的数量与质量，既让企业获益又让顾客满意，对一线员工来说是非常困难的，这会给其带来很大的工作压力。尤其是在顾客要求一线员工提供个性化服务时，服务效率和服务质量之间更是难以达到平衡。

## ◉ 专栏　　　想要留住年轻人，公司务必谨记的入职培训建议

年轻员工是企业发展的主力军，但年轻员工期待更高的起薪，在受过基础培训、积累一定经验后，他们往往跳槽去找薪水更高的工作，企业不可避免地要承担日益高企的人员流动成本，并且这种成本已经超出很多雇主的预期，甚至可能影响到企业正常运营。

为了招聘并留住那些核心岗位的年轻人，雇主可以从哪些方面下功夫？目前来看，许多公司正在提高薪资待遇，还有些公司转而设置全职受益人的职位，甚至提供签约奖金。这些的确都有必要，但想要留住年轻人，更重要的是社会招聘方面要尽可能地营造相互尊重和信任的氛围。人力资源研究学者通过研究，总结了以下重要的经验。

### 1. 设立对口的职业岗位

在我们今天所处的时代，人们对于好的工作期望值越来越高。那些收入略高于最低工资线的工作并不难找，甚至随处可见。但是，一份好的工作不单单如此，而是要设立对口的职业岗

位，让年轻人感到有价值，对未来有所规划。

### 2. 沟通职业发展前景

在受雇于公司前，许多年轻人有过工作经历。因此，雇主从一开始就要和新员工讲清楚：招聘意味着你们将建立一种长期关系，而入职后的培训期更是为了将这种关系保持下去。如果不能明确地让年轻员工认识到这一点，他们会认为这和过去的工作经历差不多，过段时间很可能就会选择离开，另找一份自己认为有长远发展的工作。

### 3. 在招聘前主动进行宣传

如果你不知道如何创建高质量的求职人才库，那么可以考虑在招聘前进行一些宣传。年轻员工往往需要对工作场所、同事和工作内容有些具体的了解，雇主也需要尽可能全面地传达企业文化，而这些都可以通过模拟面试、线上或视频培训来实现。比如，参观工作场所、提供工作实习机会可以有效地帮助求职者代入自己的角色。

### 4. 入职第一天给予积极的引导

在入职新的工作场所时，人们难免会有些紧张，年轻员工尤其会感到不自在。这时，雇主犯的最大错误之一就是想当然地认为新员工已经进入工作状态，并且能领会工作上的安排。对于有工作经验的员工来说，这的确不是难事，但对新人来说可能难以适应，认为公司不在意他们的感受，甚至做出离开的决定。

这种情况的极端场景就是当一个新员工出现在工作岗位上时，每个人看到他们似乎都很惊讶。从雇主的角度来看，这可能是由于人力资源部门和部门主管之间沟通不畅。但是站在新员工的角度，却容易理解为自己不受关注。因此，第一印象对于留住员工来说至关重要，雇主有必要在他们入职第一天给予积极的引导，向他们介绍有关同事、主管、支持部门和老板的基本情况。

### 5. 为新员工指定一个导师

员工需要熟悉工作技能和工作场所的社交文化。如果对其不闻不问，一些员工会主动去想办法，一些员工可能会很幸运地被老员工接纳，但是还有一些人则会束手无策。以至于产生一种看法，认为埋头工作是一种被动的回避。事实上，更多时候他们只是没有得到充分的指导，需要有人帮他们厘清事情的脉络而已。

导师则可以帮新员工及时了解信息，融入工作场所的社交生活中。尤其是对年轻员工来说，指定一位导师尤其重要。当然，许多公司为其管理和专业人员建立了完善的导师制度，但对较低级别的新入职员工却听之任之。这是一个错误，因为这些人往往是你的核心团队成员。

### 6. 沟通清晰，解释到位

对于员工的预期行为，每个工作场所都有其成文或不成文的规定，许多人通过观察周围同事来了解这些规定。但是，有些规定的重要性对主管而言可能是不言而喻的。比如在工作中不能使用手机，如果不能按时上班就要请假等。而这些规定对年轻员工来说却有些不近人情。例如，手机里往往存着年轻员工最重要的身份资料和关系"资源库"，对父母来说手机是他们与孩子联系的重要通信工具。

当然，在一些制造业环境中，查看手机可能存在危险。在服务行业，不停查看手机会被客户视为无礼行为，主管也会对此感到不满。因此，一个有意义的规定本身没有错，但雇主需要做的不仅是要发布规定，还要说明为什么设立这样的规定，要与员工关于规定的内容沟通清晰，解释到位，才有助于得到员工的认同，留住员工。

### 7. 鼓励年轻员工提问

年轻员工往往犹豫不定或害怕被拒绝，不敢大声提问并寻求帮助。因此当他们遇到问题时，往往不习惯去求助。只有当新员工知道即便他们暴露自己的无知，依然会得到理解和尊重时，才会在第一时间去求助，更快、更有效地掌握事情的进展情况。相反，在一个不被尊重的氛围中，人们当然倾向于隐藏自己的需求和想法。所以，要鼓励年轻员工提出问题，并让他们看到这样做是有成效的。

### 8. 了解员工业余生活

在生活上，年轻员工和老员工往往存在差异。公司需要深入了解各类员工的业余生活，想员工之所想，行员工之所需，让员工感受到自己是被关注到的，是被重视的，自己的情感需要是被满足的，才极有可能留下来为公司做贡献。

### 9. 营造平等尊重的工作氛围

员工所处的工作环境对其去留很重要。公司应积极主动地营造一种平等尊重的工作氛围，让员工快乐地工作，并实现个人价值，往往能留住员工。所以，具备以平等、尊重为基调的工作环境的公司在招聘时会更受欢迎，并且更容易赢得年轻员工的认可。

资料来源：TOMASKOVIC-DEVEY D, ORELLANA R. The key to retaining young workers? better onboarding [J]. Club management, 2023: 58-61.

## 9.2   内部营销

内部营销是一种把员工当成消费者、取悦员工的哲学。企业在内部营销上花的每分钱和每分钟对其外部关系都会产生倍增的价值。内部营销的实质是：在企业能够达到有关外部市场的目标之前，必须有效地运作企业和员工间的内部交换，使员工认同企业的价值观，使企业为员工提供内部服务。

### 9.2.1   内部营销：一个战略问题

内部营销这一术语始于内部市场的概念。因为营销者在真正开始对外部现有顾客或潜在顾客实施营销前，必须确保他们理解并接受外部营销活动以及企业提供的服务内容。

如果企业的员工没有获得充分培训，他们对工作及内部顾客、外部顾客的态度就会变得恶劣，或者无法得到来自内部系统、技术、内部服务提供者及其经理的足够支持，这种企业根本没有办法成功。因此，尽管信息技术的开发和高技术含量的服务的成长势头正猛，内部营销仍然是一个战略问题。如果高层管理者认识不到内部营销的战略作用，那么内部营销方面的投资就会被浪费。

内部营销的重点在于组织中各个层级之间应建立良好的内部关系，这样，在与顾客接触的员工、参与内部服务过程的支持员工、团队领导以及各级经理的头脑中才会有服务导向和顾客导向思维。但仅有这种思维方式是不够的，还要有足够的技能和支持系统，因为它们也是内部营销的一部分。

## 9.2.2 内部营销的概念

对内部营销日益增加的需求要归结于企业中人的因素日益受到重视。在服务竞争中，制造业中的方法已不再有效，取而代之的是服务业中的方法。服务的重要性日益增强，企业认识到训练有素并且具有服务导向的员工比原材料、生产技术或产品本身重要并成为企业的关键资源。随着服务过程中信息技术、自动化和自我服务的系统的引入，服务的技术化似乎是理所当然的。但时至今日，员工在服务中的重要性并未减少。面对冰冷的技术，员工与顾客的频繁接触更能让顾客持续地对服务感到满意。

在互动营销过程以及顾客关系管理中，员工非常重要。专职营销人员并不是营销工作中唯一的人力资源，有时甚至不是最重要的。在顾客关系中，肩负其他责任（生产作业、送货、技术服务、索赔管理或其他不被视为营销过程的职能）的员工数量常常超过专职营销人员的数量。然而，这些员工的顾客导向、服务意识在顾客对企业的理解以及今后顾客对企业的惠顾中起着关键作用。因此，对于实施营销导向并为顾客提供满意服务的组织，每个部门都必须具备顾客导向和服务顾客的意愿。

内部营销的概念是：在服务意识的驱动下，通过一种积极的、目标导向的方法为创造顾客导向的企业绩效做准备，并在组织内部采取各种积极的、具有营销特征与协作方式的活动和过程，在这个过程中，处于不同部门和过程中的员工的内部关系得以巩固，并共同地以高度的服务导向为外部顾客和利益相关者提供最优质的服务。<sup>⊖</sup>

## 9.2.3 内部营销的重要性

内部营销措施通常是指那些为了取得某一特定目标而采取的短期的、具有针对性的举措。这些内部营销举措可以帮助企业完成重要的工作，如实施新方案、适应变化、克服困难、应对公司被并购后的生存问题等。

但更重要的是，内部营销是一个不断与员工分享信息，并且认可他们所做出的贡献的过程。这一持续的过程是构建健康企业文化的基础，员工在这种文化氛围内遵循"我为人人，人人为客户"的理念。持续不断的内部营销也是创建世界一流公司的基石。

### 📖 小案例 9-2  Tiffany 的迪士尼实习之旅

在香港中文大学读书的 Tiffany，大一暑假时曾经到美国佛罗里达州的迪士尼实习了两个月，这段时光让她经历了从心存怀疑到相信快乐的蜕变。Tiffany 在迪士尼的实习工作主要就是打扫和清洁。如果是你的公司，一个员工只是暑假来实习两个月，你会花多少心力培训他 / 她？

迪士尼的实习旅程从第一天开始就很不一样，培训的地方叫作 Disney University（迪士尼

---

⊖ 格罗鲁斯. 服务管理与营销：服务竞争中的顾客管理　第 3 版［M］. 韦福祥，等译. 北京：电子工业出版社，2008.

大学)。培训不是大家排排坐听讲,而是像一个典礼一样,你会领到自己的专属名牌、一个米老鼠耳朵的帽子。等到实习离开时,原本的那顶帽子会挂上帽穗,就像毕业一样。

迪士尼的企业理念是 Create Happiness(创造欢乐)。培训的时候,迪士尼让实习生观看很多的影片及图片,还有家长寄来的信,写着他们在迪士尼美好的体验,或是特别要感谢某个员工。Tiffany 说,看一两封时,可能还没有感觉,但是一口气给你看很多,你就会觉得真的有这么一回事。

培训的课程包含很多部分,最令 Tiffany 期待的是与游客互动的课程,因为她感觉最好玩。但是迪士尼却迟迟不教这一课程,而是等到最后一天,带实习生到园区走一趟。

为什么不教? Tiffany 发现,因为这种东西是教不来的,跟游客互动、解决游客的需求永远没有正确的答案。从世界各地来的游客永远会有千百种问题,一本标准的培训手册根本写不完,你必须靠实际经验去判断、回答、处理。

迪士尼从培训开始,就让你真心相信,这里是个创造魔法的乐园。对你来说,这是一份两个月的实习工作,到最后做的事大同小异。但是对游客来说,来到迪士尼可能是一次非常难得的机会,你要创造什么体验给他们,要发挥多大的影响力,则取决于员工服务时的表现。因此迪士尼才会花这么多的时间与心力在训练。

从 Tiffany 的故事中我们可以看出,为什么常常在媒体上看到迪士尼的暖心故事,还有收到客户感激的回信,因为全体员工都相信并遵循着迪士尼的企业理念——Create Happiness。在感动客户之前,你先感动自己的员工了吗?如果连员工都不相信企业的价值,怎么可能传递热情给顾客呢?

资料来源:李胤. 内部营销:营销的隐秘角落 [EB/OL].(2020-07-19)[2024-03-17]. https://zhuanlan.zhihu.com/p/161615253.

问题:你从 Tiffany 的迪士尼实习之旅得到了什么启示?

总体而言,内部营销的重要性可概括为 4 个方面。

1)内部营销有助于激发创新精神。服务企业通过提高对内部顾客——员工的服务,激发员工对服务工作的热爱与对外部顾客服务的热情,使员工从被动工作变为主动工作,从单纯地被管理变为积极参与管理过程,这会提高员工主动服务的意识,充分发挥自身主观能动性,致力于改进服务流程和进行服务创新工作。

2)内部营销有助于减少内部矛盾。服务营销需要不同部门的共同协作,各个部门处于工作流程的不同环节,内部营销通过有效沟通可以减少工作中的误解,从而减少内部各部门之间的矛盾。

3)内部营销有助于提高工作效率。内部营销要求企业内部的管理人员像为外部顾客提供服务那样为一线员工提供内部服务,这会使各部门员工提高内部服务意识,营造出平等、和谐、互助的工作氛围,减少人际关系摩擦及不同服务环节的推诿扯皮现象,从而提高整体工作效率。

4)内部营销有助于推进企业文化建设。内部营销强调员工满意度的重要性,强调对员工价值的认同,这会增强员工的荣誉感和归属感,自觉维护企业的对外形象,并信守企业的对外承诺。内部营销的信息沟通还可以使员工及时了解企业的经营战略,当所有员工都能响应企业的经营战略并相互合作时,企业文化才能真正深入人心。

### 9.2.4　内部营销的两个方面

内部营销涉及两个具体的管理过程，分别是态度管理和沟通管理。

#### 1. 态度管理

服务企业必须管理所有员工的态度，以及他们的顾客意识和服务意识产生的动机。这是在一个致力于在服务战略中占得先机的组织中实施内部营销的先决条件。

#### 2. 沟通管理

经理、主管、与顾客接触的员工和支持人员需要各种信息以完成他们的工作。这些信息包括工作规定、产品和服务特征以及对顾客的承诺（如在广告中做出的承诺和销售人员做出的承诺）等。他们同样需要与管理层就其需要、要求、对提高业绩的看法及顾客需要等内容进行沟通，这是内部营销的沟通管理。

如果企业想有良好的业绩，态度管理和沟通管理是必需的。企业可以展开沟通管理，但经常将其视为单向发生的。在此种情况下，内部营销管理通常以活动的形式进行。企业会给员工派发内部宣传品和小册子，并举办内部会议，在会上向与会者提供口头或文字的信息，但基本上没有什么沟通。大多数经理和主管并不认为他们有必要进行反馈或做双向式沟通而对员工认同或鼓励。员工虽然得到了许多信息，但其中很少有鼓励。当然，这意味着他们接收的大量信息对他们本身没有什么重要的影响。组织内部缺乏态度上的必要转变和针对优质服务及顾客意识的激励措施，因此员工无法得到有益的信息。

如果识别出并考虑到内部营销中关于态度管理的实质和需求，内部营销就成为一个持续的过程而不是一次或一系列活动，每个层级的经理和主管就要发挥更加积极的作用，这样公司就会取得更好的营销效果。

总之，一个成功的内部营销过程需要态度管理和沟通管理的支持。态度管理是一个持续的过程，而沟通管理更像是一个包括在恰当时机出现的信息活动的独立过程。但是内部营销的这两个方面也存在相互影响的关系。从本质上说，员工可以共享的大多数信息对态度均有重要影响。例如，与顾客接触的员工在事先得到广告活动通知后，对于兑现广告做的承诺会有更积极的态度。总经理和各个部门经理、主管和团队领导的任务就是一起进行态度管理和沟通管理。

### 9.2.5　内部营销的三个层次

理论上讲，在下列三种情况下，企业需要引入内部营销。[○]

#### 1. 当需要在企业创建服务文化和服务导向时

当服务导向和对顾客的关注成为组织中最重要的行为规范时，企业中就有服务文化存在。将内部营销和其他活动一起应用是一种培育服务文化的有力手段。在此种情况下，内部营销的目标有：

1）帮助各类员工理解和接受企业目标、战略、战术，以及产品、服务、外部营销活动和

---

○　格罗鲁斯. 服务管理与营销：服务竞争中的顾客管理　第 3 版［M］. 韦福祥，等译. 北京：电子工业出版社，2008.

企业的流程。

2）形成员工之间良好的关系。

3）帮助经理和主管建立服务导向型的领导与管理风格。

4）向所有员工传授服务导向的沟通和互动技巧。

实现第一个目标是至关重要的，因为员工必须认识到服务、服务导向、顾客意识及自己承担兼职营销人员职责的重要性。做不到这一点，员工就无法了解企业所要达到的目标。第二个目标同样重要，因为建立与顾客及其他方面良好的外部关系的基础是组织内部的和谐气氛。由于服务导向管理的手段，以及沟通、互动的技巧是建设服务文化的基础，因此第三个和第四个目标也是非常重要的。

### 2.当需要员工保持服务文化和服务导向时

内部营销在保持服务文化方面十分重要。服务文化一旦建立，企业就必须以积极的方式去维护，否则员工的态度很容易发生转变。在保持服务导向时，内部营销的目标包括：

1）确保管理手段能够鼓励和强化员工的服务意识与顾客导向。

2）确保良好的内部关系能够得到保持。

3）确保内部对话能够得到保持并使员工收到持续的信息和反馈。

4）在推出新产品、新服务及营销活动和过程之前，要将其推销给员工。

这里最重要的内部营销事项莫过于每一个经理和主管的管理支持，他们的管理风格和手段至关重要。当主管把目光集中在为顾客解决问题而不是强调企业的规章制度时，员工会觉得十分满意。

由于管理层无法直接控制服务过程和服务接触中的关键时刻，企业必须开发和保持中间控制。例如，可以通过创造让员工感到能指导自己的思想和行为的企业文化来实行间接控制。在这个持续不断的过程中，每一个经理和主管都要参与进来。如果他们想鼓励自己的员工，可采用公开沟通渠道（正式的和非正式的）并确保能反馈到员工那里，这样服务文化就有可能持续下去。同时，经理和主管有责任维系良好的内部关系。

### 3.当需要向员工进行服务及营销相关内容的介绍时

在企业规划和推出新产品、服务或营销活动时，如果没有在内部员工中开展足够的宣传工作，就需要开展内部营销以便系统地解决问题。相反，员工如果无法知道企业发生了什么，对新产品、服务或营销活动不甚了解，或者要从报纸、电视广告甚至顾客那里才能得知企业新服务及广告活动时，无论是与顾客接触的员工还是提供支持性服务的员工都无法良好表现。有利于新产品、服务和外部营销活动及过程的内部营销目标包括：

1）使员工意识到并接受即将开发以及推向市场的新产品和新服务。

2）使员工意识到并确保接受新的外部营销活动。

3）使员工意识到并接受新方式，即应用新的技术、系统、程序来控制或影响内部和外部关系及公司互动营销业绩的不同任务。

## 9.2.6 内部营销的整体目标

从关系的角度看，内部营销的目的在于创造、维护和强化组织中员工（不管他们是与顾客接触的员工还是支持人员、团队领导、主管或经理）的内部关系，更好地促使他们以顾客导向和服务意识为内部顾客与外部顾客提供服务。而实现上述目标的前提是员工要拥有所需的知识和技能，并能够获得来自经理、主管、内部服务提供者、系统和技术方面的支持。

当员工感觉彼此信任，并首先相信企业及管理层可以持续以顾客导向和服务意识提供他们所需的物质和思想支持时，企业良好的内部关系才可以实现。我们可以将这种信任的感觉描述成"心理契约"，这种契约在管理者和员工之间、支持员工和顾客接触的员工之间以协议方式存在，他们可以感知彼此在内部关系中的付出和收获。

从关系导向的内部营销的目标来看，内部营销可以有四个特定的整体目标。[⊖]

1）确保员工所做的具有顾客导向和服务意识的工作能够得到激励，并可以在互动营销过程中成功地履行自己作为兼职营销人员的职责。

2）吸引和留住好员工。

3）确保在组织内部及网络组织中，与合作伙伴相互提供顾客导向式的内部服务。

4）为提供内部服务、外部服务的人员提供充足的管理和技术上的支持，使他们可以作为兼职营销人员充分地履行职责。

当然，内部营销最主要的目标是创造内部环境和实施内部活动，以使员工更加乐于从事兼职营销工作。但是，第二个目标和第一个目标是相辅相成的，内部营销工作越彻底，企业对于员工就越有吸引力；第三个目标是第一个目标的延伸；第四个目标是维持顾客导向的行为方式及使兼职营销人员在实践中表现良好的必要前提。这些整体目标可以根据当前环境的特点发展成更加具体的目标。

## 9.3　服务人员管理策略

任何服务企业的管理者都希望服务人员能够为顾客提供卓越的服务，从而使企业在日常经营中获得持续的成功。那么企业应该如何对服务人员进行管理呢？从内部营销文献来看，企业在管理服务人员时，使用的管理策略主要有以下两种。一是营销管理策略。企业将员工视为内部顾客，将针对外部顾客所使用的一整套营销技术和手段用来管理员工，包括引入市场营销观念，对内部员工进行市场调研，运用STP（市场细分，目标市场，市场定位）战略对所有员工进行市场细分、内部定位，采用营销组合来满足不同内部目标市场的需求，使员工满意。二是人力资源管理策略。企业主要通过雇用合适的人员，对这些人员进行培训、激励和授权，以及提供员工服务传递中所需的设备、技术和管理支持等来让员工有能力并愿意提供优质的服务，使企业能够兑现其服务承诺。

### 9.3.1　营销管理策略

一些国外学者受到运用于外部顾客市场的市场营销技术和方法的启发，将市场细分、营销组合等营销工具引入服务人员管理中，强调如何对企业的内部顾客进行营销管理。他们建议将市场营销技术和手段作为管理服务人员的工具来使用。本书主要介绍营销管理中的营销理念、

⊖　格罗鲁斯. 服务管理与营销：服务竞争中的顾客管理　第 3 版 [M]. 韦福祥，等译. 北京：电子工业出版社，2008.

市场调研和市场细分。

### 1. 树立内部营销理念

营销理念对企业的成败起到决定性的作用，国外的学者认识到营销理念对企业发展的重要性，率先将市场营销理念引入企业内部管理中，把这种理念运用到企业与员工关系的处理上，形成了内部营销理念。内部营销理念就是要把员工视为企业内部的顾客，重视员工需求，通过满足员工需求来提升员工的满意度，使员工能够主动地向顾客传递优质的服务，从而实现顾客满意。企业要把员工当作顾客般对待，使员工满意，这就要求企业以人为中心，重视员工，要在了解员工心理需求和行为特征的基础上，灵活地运用各种非强制性的管理方式，对员工进行人性化的管理，以满足员工需求，提高员工士气，进而使员工自觉自愿地实现企业目标。

### 2. 开展市场调研

企业开展内部营销，要把员工当作顾客一样善待，使员工满意，就必须了解员工的需求，这就需要进行内部市场调研。对员工的调查研究是内部营销不可缺少的重要环节之一，它既能体现出企业对员工的重视和关心，也能了解到员工情感和需求的情况。企业可以借用外部市场调查的各种方法对员工展开调查，如采取现场观察、小组座谈、会议、设立意见箱、网上交流等方法来了解员工素质、员工生产力、员工士气、员工满意度等情况。

### 3. 进行市场细分

进行市场细分的理论依据是顾客需求偏好存在差异性，同样，企业中员工的需求是有差异的，通过市场细分，企业将所有的员工划分为不同的群体，有利于按照不同群体的需求特点采取差异性营销战略，有效地提升人力资源管理的效果。在对内部市场进行细分时，企业可以借鉴外部顾客市场细分的做法，采用人口变量、地理变量、心理变量和行为变量等细分依据把内部市场划分为不同的细分市场。通常，企业使用年龄、性别、受教育程度、职位等人口变量对内部市场进行细分，操作起来比较简便，但由于员工对企业的奉献程度主要取决于员工的动机、情绪、实际工作行为，因此，在对内部市场进行细分时，企业应该侧重于以心理变量或行为变量作为细分依据来划分内部市场。

## 9.3.2　人力资源管理策略

有些学者认为，在开展内部营销的过程中，企业可以运用人力资源管理工具来实现特定的内部营销目的。格罗鲁斯（2008）提出，内部营销实施的工具包括招聘工作的支持、培训员工、参与式管理、授权和信息沟通，通过在内部营销中运用这些人力资源管理工具，使员工具有顾客导向意识和主动销售意识，从而使企业在顾客满意的基础上实现目标。泽丝曼尔和比特纳（2015）提出，如果企业要成功实现以顾客为导向的服务承诺，就需要进行人力资源决策和制定人力资源策略。企业必须要雇用合适的人员，培训员工并向员工授权、衡量内部服务质量和留住最好的员工，这样才能组建一支以顾客为导向、以服务为理念的员工队伍，实现内部营销的基本目标。从这些学者的研究成果来看，企业可以使用招聘、培训、授权、激励等人力资源管理策略对服务人员进行管理。

### 📠 小案例 9-3　　DHL 快递连续七年蝉联"大中华区最佳职场"殊荣，
### 关键在于"以人为本"

2021 年 12 月，全球权威职场文化与人力资源管理咨询公司——卓越职场研究所发布了"2021 年大中华区最佳职场"榜单。DHL（敦豪）快递位列第三，连续七年入选。

据调查结果显示，DHL 快递在企业公平、信誉、自豪感、文化氛围等维度均获得了员工的高度评价，更是在"对所取得的成就感到自豪"和"希望在此长期工作"两个维度获得满分。

DHL 快递中国区人力资源副总裁郑贵红表示，DHL 快递始终以建设"员工首选"为目标，在职场建设和人员发展方面持续深耕，围绕人力资源数字化、多样化与包容性、女性领导力发展、职场健康及员工幸福感等方面开展了一系列富有成效的工作。连续多年荣登榜单体现了员工对公司的持续认可，也将激励公司做得更多、更好、更用心。

随着越来越多的新生代进入职场，DHL 快递中国区充分践行以"尊重和结果"为导向的价值观和可持续的人才发展战略，并通过"代际领导力"系列培训，帮助一线管理者了解代际差异，加强新生代员工的融入。通过多元化激励和包容性发展，致力于不断提升新生代员工的归属感和认同感，实现多代际员工共同发展。同时，公司还积极赋能职场女性，通过明确的组织保障不断提升女性员工的职业发展，并提供弹性工作时间、同等薪酬以及有竞争力的企业政策支持，帮助女性员工实现工作和生活的平衡。

DHL 快递中国区始终积极落实母公司德国邮政敦豪集团致力于成为"员工、客户和投资者首选"的目标，强调为员工赋能，并陆续推出了多个推动员工发展的举措，包括"国际认证专家"和"卓越主管"等课程以及"六项领导力特质"体系等，旨在为不同阶段的员工提供在专业力、执行力和领导力方面的培训与助力，推动员工个人发展，并通过对员工进行表彰、认可和奖励等正向激励手段，推动全体员工通过自我驱动和管理，以积极乐观的心态面对困难和挑战，让每个人都通过自我发展成为专注、富有热情和勇气的领导者，适应不断变化的社会和时代需求，实现可持续的职业发展。

资料来源：网易. DHL 快递连续七年蝉联"大中华区最佳职场"殊荣［EB/OL］.（2021-12-01）［2024-03-18］. https://www.163.com/dy/article/GQ5LS44Q051494RM.html.

问题：DHL 快递是如何对员工进行管理的？

### 1. 雇用合适的人

员工努力是提升顾客满意度的重要驱动力，所以，保持员工乐于奉献和努力的意愿是很重要的。正如吉姆·柯林斯（Jim Collins）所说："古语说'人是最重要的资产'，其实是不对的。合适的人才是最重要的资产。要想把事情做对，就要从雇用合适的人开始。"众多成功的企业在员工招聘中都极为审慎，他们对员工都设定了高标准的要求，为选择一位合格员工可能要考察数十位应聘者。

尽管前台员工和后台员工都要进行深度考察，但对一线服务岗位，服务企业要重点考察应聘者是否具有交际能力、合作能力、销售能力、观察能力和自我控制能力等方面。招聘服务人员时，服务企业需要在劳动力市场中吸引最优秀的人才，并从这些候选人中挑选出最适合担任某一职位的人。在对应聘者进行考察的过程中，应兼顾应聘者的服务能力和服务意愿。服务能力是指从事服务工作所必需的技能和知识，包括业务技能和社交技能。服务意愿主要反映员工对服务的态度以及在某个岗位上为顾客服务的观念。

### 2. 积极地培训服务人员

杰出的服务企业在员工培训上投入了大量的时间、资金和精力，并积极地开展培训活动。服务企业需要从以下三个方面培训服务人员。

（1）组织文化、目标和战略　培训和指导必须要让员工对公司的核心战略产生情感认同，并能促进核心价值观的发展。服务企业要强调"是什么""为什么"和"如何达到"。例如，迪士尼公司的新员工需要参加"迪士尼大学集训"，即了解迪士尼公司的历史和经营理念、一线员工的服务标准以及迪士尼的运营情况。

（2）人际技巧和技术技能　人际技巧是服务工作的关键，它包括可视的沟通技巧，如延伸接触、认真倾听、身体语言，甚至是面部表情。技术技能包括所有与工作流程（如怎样处理商品退货）和设备（如怎样运行终端设备或现金设备）有关的必要知识，以及设计顾客服务流程的规则制度。人际技巧与技术技能都非常重要，缺少其一，服务工作表现都会受到影响。

（3）产品和服务知识　员工必须对企业的产品或服务了如指掌，否则就不能有效地向顾客解释产品或服务的属性。服务企业需要将其产品与竞争产品进行比较，并帮助顾客做出正确选择。很多时候，知识丰富的员工是影响服务质量的关键一环。

培训的最终目的是使员工达到和维持理想的工作表现。为了达到这一目的，实践和提醒是必不可少的。例如，监督者可以与员工一起探讨近期的顾客抱怨和表扬并总结经验。培训和学习使一线员工更加专业化。例如，通过培训，一个知晓食物、料理、品酒、用餐礼仪，以及能与顾客（甚至是那些爱抱怨的顾客）进行有效互动的餐饮服务生是非常专业的，他们会表现出高度的自信，也会得到顾客的尊敬。因此，培训可以帮助员工减轻个人或角色压力。

### 3. 进行合理的授权

高授权与高顾客满意度相联系。[⊖]事实上，几乎所有的服务企业的员工都会面临同样的问题，如补救服务工作中的失误、步行数千米去访问顾客或者为顾客挽回重要损失。为了能顺利处理这些问题，员工需要获得授权。研究表明，授权在组织及其服务场景出现以下情形时显得极为重要。

- 企业提供个性化、定制化的服务，并致力于创造服务产品的竞争性差异。
- 企业拓展与顾客的伙伴关系，而非短期交易关系。
- 企业使用复杂多变的技术。
- 服务失败的情形多种多样，且无法脱离系统加以改进，一线员工不得不快速反应，实施服务补救措施。

⊖　BRADLEY G L. SPARKS B A. Customer reactions to staff empowerment: mediators and moderators [J]. Journal of applied social psychology, 2000, 30(5): 991-1012.

- 商业环境不可预知，且可能出现突发情况。
- 为了组织及其客户的利益，当前的管理者愿意放手让员工自行处理一些情况。
- 员工对于提升和强化其工作环境中的技术具有迫切的需求，愿意与他人合作，并掌握良好的人际沟通和群体工作技巧。

合适的授权可以为企业带来以下几项重大收益。

1）迅速对顾客做出反应。在服务提供过程中，得到授权的员工在顾客需要帮助时能够更快地做出决策，从而避免过程冗长的命令链，无须过多地向上级请示。一旦识别到顾客的需求，员工可迅速采取行动，为顾客提供个性化服务。

2）增加员工的工作满意度和角色自豪感。允许员工对他们的服务工作拥有更大的自主权，这不仅可以提高员工的工作满意度，还可以增强员工的自信心。给予员工决策的权力会使员工感到自己可以对顾客的满意度负责并掌握服务过程的主动权，员工会产生角色自豪感，感到自己的工作有意义，而不仅仅是服务生产过程中的一个不知名的、被动的角色。

3）员工更加热情地对待顾客。由于员工得到授权，因而对自己和服务工作产生更好的感觉，他们往往会将这种感觉倾注到对顾客的感情之中。感到满意且拥有权力的员工会更多地表示出对顾客的关心。被授权的员工能独立解决那些曾经认为很可怕却又无法回避的问题，顾客不再被员工视为讨厌又必须忍受的人，而是真正像贵宾一样受到欢迎。

4）激发服务创新思想。被授权的员工经常会及时地提出一些新思想和新建议，因为他们具备一种强烈的主人翁意识。另外，由于被授权员工经常出现在一线岗位，他们是特别好的服务创新思想的来源。借助这些思想，服务企业可改善对顾客的服务并提高服务生产效率。

5）正面口碑与顾客的保留。授权可以使员工表现出色，也能提高顾客对组织的忠诚度，并促使顾客正面宣传服务企业。顾客如果从被授权员工那儿得到出色的服务，他通常会与其他人分享其经历，甚至有可能成为联系组织与其他顾客的纽带。

### 4. 建立高绩效的服务团队

团队被定义为"一小群具有互补性技能的个体，他们肩负着共同的目标，拥有一致的绩效目标，在工作中彼此支持"。一些服务需要人们的团队协作。为了实现有效的服务传递，通常需要进行跨职能协作，特别是当每一个个体都扮演着特殊角色时。研究表明，一线员工认为如果成员间缺乏相互的支持，将阻碍他们满足顾客的需求。在一些行业中，公司需要建立跨职能团队，并明确其权利与义务，从而给顾客提供连贯的服务。

### 5. 激励员工

不成功的服务企业通常没有有效利用各种奖励办法。仅以金钱的方式是不能实现有效奖励的——支付高于合理水平的工资只是一种短期激励方式。员工希望获得持续的基于绩效表现的奖励，因此，对员工的激励措施应该是持续性的。除了以金钱为主要形式的奖励外，企业可以采用的持续性奖励员工的手段还包括工作内容本身、反馈与认可以及目标的实现等。

### 6. 持续性的监督和评估

管理者应当对员工的表现进行连续不断的监督，监督包括指引和评估两个部分。一方面，服务企业可以通过设计服务蓝图、规定服务行为标准，对员工的服务工作提供指引；另一方面，服务企业可选择正式或非正式的信息收集方法，对员工行为做出评估。例如，顾客意见卡和"走动式"管理都是服务企业经常采用的评估方法。服务企业也可以通过"秘密采购"（委托调查人假扮顾客去评价服务人员的服务表现）、偷偷观察、顾客反馈电话等方式，尽可能地运用多种信息来源来评价员工的业务技能和社交技能。

### 7. 重视员工着装

许多服务企业面临是否统一其员工着装的问题。员工着装类似于制造品的包装，二者皆肩负着重要的信息传递任务。参照迈克尔·R. 所罗门（Michael R. Solomon）在 1985 年的论述，统一员工着装有以下好处。

（1）提供有形证据　在服务消费过程中，顾客可以获取的用于评估服务质量的有形证据明显少于有形产品，而统一的工作服为服务企业提供了增加服务有形证据的机会。

（2）传递信息　工作服可以向顾客传递一些信息，帮助企业塑造符合服务特征和顾客期望的形象。员工着装可表明服务企业及其所提供的服务是正式的还是非正式的，是时髦的还是传统的，是奔放的还是安静的，是超出期望的还是与人们的期望相符的。因此，服务人员的着装也是服务企业表达其市场定位的重要工具。

（3）降低风险　统一的着装使服务人员易于辨认，从而增加服务企业的可信度。当顾客寻找提供服务的人员时，服务人员身着统一的工作服会降低顾客寻找服务人员的难度。统一的着装还可以暗示服务企业提供服务的目的，进而降低顾客的感知风险。

（4）保证统一的形象　统一的工作服的另一个功能是使服务企业的员工显得整齐划一。相似的款式、颜色和造型，能为顾客提供一种稳定和可信赖的感觉。

### 8. 强化员工对职业伦理与道德的认知

美国伦理学者弗兰克纳（Frankena，1963）认为，伦理是一个社会的道德规范系统，赋予人们在动机上或行为上的是非善恶判断基准。加拿大学者查尔斯·泰勒（Charles Taylor，1975）认为，伦理是对于道德本质及其背景的探索。因此，伦理与道德在本质上有着密切的联系。我国古代儒家归纳出了"仁义礼智信"五个最基本的伦理道德范畴。时至今日，"仁义礼智信"作为中国古人归纳的五个高度概括和抽象的道德范畴名称，仍然具有意义和价值。

在服务业中，服务人员在进行服务管理决策或提供服务时，必然会面临道德与伦理决策的情景。例如，媒体曾曝光出一些酒店的服务人员用脏毛巾擦完马桶后接着擦拭口杯；同一把刷子，先刷面盆、后刷马桶等乱象。这些漠视他人的卫生与健康的做法，反映出的是服务人员道德与伦理缺失的问题。服务业中的道德与伦理缺失现象较多，所存在的问题不一而足。因此，服务人员必须强化对伦理与道德的认知，以合乎道德与伦理的行为为顾客提供服务。

服务企业要强化员工对伦理与道德的认知，可以从以下几方面入手：一是制定员工应该做什么和不应该做什么的标准，用以调整人们生活行为的规范；二是利用社会舆论、传统习惯和个人内心信念来调节人们之间的关系，它包括义务、良心、荣誉、节操、幸福等内容；三是以善和恶、好与坏、正义与非正义等来确定员工行为的标准。鉴于服务业业态以及职业岗位的多样性，对于服务人员伦理与道德认知的提升，不仅需要企业做出更多的努力，还需要形成社会共识，共建美好的服务道德与伦理生态。

## 9.4　顾客行为管理

服务是典型的生产和消费同时进行的活动。在服务传递过程中，一定程度的顾客参与是必不可少的。顾客行为会对服务消费的过程和结果带来一定的影响。

### 9.4.1　服务传递中的顾客

在服务提供和传递过程中，顾客会不同程度地参与其中，并通过自己的行为影响服务的过程和结果。根据服务的特点和顾客参与的水平，可将顾客参与服务传递的水平划分为三种类型，即低水平的顾客参与、中等水平的顾客参与和高水平的顾客参与。不同的参与水平有着不同的特点，具体见表 9-1。

表 9-1　服务传递中的顾客参与水平分类及其特点

| 项目 | • 低水平的顾客参与 | • 中等水平的顾客参与 | • 高水平的顾客参与 |
|---|---|---|---|
| 特点 | • 产品标准化<br>• 提供服务时不考虑顾客的购买<br>• 付款可能是唯一要求的顾客投入 | • 顾客投入使标准产品定制化<br>• 提供服务要求顾客购买<br>• 顾客投入是必需的，但由服务企业提供服务 | • 积极的顾客参与指导定制化服务<br>• 离开顾客的购买和积极参与不能完成服务<br>• 顾客投入是必需的，并由顾客来创造共同结果 |
| 服务举例 | • 航空旅行<br>• 汽车旅馆<br>• 快餐店 | • 理发<br>• 年度体检<br>• 提供全方位服务的餐厅 | • 婚姻咨询<br>• 个人培训<br>• 减肥计划<br>• 重大疾病或手术 |
| 企业顾客举例 | • 统一的清洁服务<br>• 虫害控制<br>• 室内草木维护服务 | • 创造性的广告代理活动<br>• 工资代发<br>• 货物运输 | • 管理咨询<br>• 行政管理培训<br>• 计算机网络安全 |

资料来源：HUBBERT A R. Customer co-creation of service outcomes: Effects of locus of causality attributions [D]. Phoenix City: Arizona State University, 1995.

### 9.4.2　在场的其他顾客

在大多数服务中，顾客或者与在场的其他顾客同时接受服务，或者与其他顾客先后接受服务。在这两种情况下，其他顾客有可能影响服务过程或结果，并对顾客的服务体验产生积极或消极影响。

有时，某些顾客的行为可能会对接受服务的顾客产生积极影响，即"其他顾客"的出现就会增加顾客的服务体验。例如，在体育比赛现场、电影院和其他一些娱乐地点，其他顾客的出现会带来情感互动的氛围，会对顾客产生积极影响。在一些情况下，其他顾客为服务体验提供了一个有利的空间。例如，在健康俱乐部、教堂，其他顾客提供了社交和建立友谊的机会，通过老顾客为新顾客讲授有关的服务和如何使用服务，可以使新顾客更快地适应。在一些情形下，如教学、小组评议和减肥计划，顾客实际上应彼此相互帮助，以达到服务的目的和效果。

但是，其他顾客也可能引发破坏性行为、造成服务耽搁、出现过度拥挤、产生明显不兼容的需要，从而对顾客服务体验造成消极影响。例如，在餐厅、飞机上和其他的环境里，顾客接受服务时紧挨在一起，哭泣的婴儿、抽烟的同伴及高声喧哗且不守秩序的群体，都会破坏或减损其他顾客的服务体验。服务提供商没有直接的过错，但顾客是失望的。另外，如果服务人员满足部分顾客的过分要求，或者在某位顾客身上花费太多时间，将导致其他顾客觉得自己被忽视而产生不满。此外，当不同类型的顾客同时接受服务时，由于顾客对服务的需求和个性差异很大，会产生众口难调的局面。例如，在习惯被动听课和喜欢积极发表意见的学生面前，教师往往感到难以兼顾。

### 9.4.3　顾客的重要角色

在服务传递中，顾客通常扮演的角色是生产资源、服务质量和满意的贡献者、竞争者等。

#### 1. 顾客作为生产资源

如果顾客为服务提供付出了努力、时间或其他资源，他们应该被认为是生产资源的一部分。他们的付出使服务企业节省了本来应该雇用的员工，所以也可以将其视为"兼职员工"。

通过把顾客作为各种生产资源，服务企业可以提高服务生产力。美国西南航空公司依靠顾客扮演的重要角色，全面提高了公司的服务生产力。它们要求顾客在乘坐本公司的航班时，自己搬运行李，自带食物，按照登机先后顺序自己就座。

由于顾客的行为难以控制，顾客参与服务生产也引起了一些争议，因为顾客的表现可能会对服务产品的质量和数量造成影响。一些学者甚至认为，顾客是服务结果不确定性的一个重要来源。

#### 2. 顾客作为服务质量和满意的贡献者

服务质量和满意的贡献者是顾客在服务生产过程中所扮演的另一角色。研究显示，随着顾客参与水平的提高，顾客感知的服务质量也随之提高，如参与俱乐部活动较多的顾客比参与俱乐部活动较少的顾客对俱乐部的服务质量打分更高。合理的顾客参与还可以更好地满足顾客需要，提高顾客对服务的满意度。顾客也许不关心他们的参与是否有助于提高服务企业的生产力，但是，他们可能非常在意他们自己的需要能否得到充分满足，而有效地满足顾客需要必须依赖于顾客的积极参与。例如，保健、教育和减肥等服务企业，要想获得良好的结果就必须高度依赖顾客的参与，即顾客必须有效地扮演其角色，否则，顾客就不可能得到预期的服务结果，其满意度也不会得到提高。

相关研究表明，以下三种顾客的态度和参与行为对感知服务质量与满意度的贡献较大。<sup>○</sup>一是向服务企业或服务提供人员提问的顾客。顾客提问主要是因为自己对"做什么"和"怎么做"不清楚。而确定顾客在服务中应该做什么（顾客投入的技术质量）和怎么做（顾客投入的

---

○　泽丝曼尔，比特纳. 服务营销：第 6 版［M］. 张金成，白长虹，等译. 北京：机械工业出版社，2015.

功能质量）是顾客参与的核心问题，它直接关系到服务质量的好坏。二是表现出对服务质量有责任感的顾客。责任感强的顾客，对服务失误带来的不满意程度较低。一般情况下，顾客的责任感与服务企业或服务人员的责任感有一定的关系。三是有抱怨行为的顾客。顾客抱怨对服务企业在保证和改进感知服务质量与顾客满意度等方面具有重要价值。服务企业的产品改进、创新，服务质量的保证和提高大多源于顾客抱怨。

### 3. 顾客作为竞争者

顾客扮演的第三个角色是服务企业的潜在竞争者。在一些情况下，顾客可以部分或者全部为自己提供服务以满足自己需要，而无须通过服务企业或服务人员来提供服务。这样，在一定程度上顾客就成为提供服务的企业的竞争者。顾客经常面临这样的选择，是自己为自己服务（内部交换），如照顾孩子、维修房屋、修理汽车等，还是请他人为自己提供这些服务。

企业组织也经常面临这样类似的抉择，是选择在企业内部完成服务生产还是外包完成服务生产。一般而言，企业更倾向于集中精力做好核心业务，而把一些基本的辅助性服务工作交给具有更强专业技能的个人或组织，即资源外取。

### 小案例 9-4　　利用游戏化（Gamification）营销来增强顾客参与

游戏化并非指真正的游戏，而是将游戏中有趣的元素与机制提取出来应用于你想要开发的内容与领域，以激起人们主动参与的动机，乐于加入互动过程。在营销领域，各种新的营销方法总是不断涌现，又逐渐消退被人们遗忘。游戏化就是其中之一，对于许多营销人员和企业家来说，它可能只是几年前的炒作。但实际上，对于那些知道如何很好地部署游戏化的人来说，它已经成为一种非常有效的营销方式，对于增强顾客参与的作用不容小觑。让我们看看一些真实的游戏化营销的例子。

一个案例是语言学习应用 Duolingo（多邻国）。Duolingo 希望增强用户使用黏性，而用户希望以一种有效的、有吸引力的方式学习语言。Duolingo 本可以直接展示出所有的课程，让用户自己来决定如何学习、何时学习。但恰恰相反，Duolingo 将这些语言学习课程放在了一个游戏化环境中。以下是令它取得成功的一些特点。

1）可以选择合适的难度。当你开始玩一个新的视频游戏时，你通常可以根据你的经验水平和想要挑战的难易程度，在简单/中等/困难三个模式之间进行选择。Duolingo 也提供了类似的选择：如果用户想跳过简单的模块，就必须先通过测试，以证明他们可以应付更难的模块。这样既可以防止过于简单的课程使高水平学生感到厌烦，又可以避免初学者过早地尝试太有挑战性的内容而受挫放弃。

2）升级打怪。用户希望在学习语言的过程中收获成就感，而 Duolingo 就在用户升级之前对他们进行测试来提供这种成就感。在击败怪物之前，你无法进入下一个级别，即击败怪物的感觉很好！ Duolingo 的用户知道他们取得了进步，因为他们利用课程里学到的东西通过了测试，解锁了下一个阶段的课程（并为下一次测试做准备）。

3）有意义的徽章。用户在 Duolingo 上完成每个模块/课程都会获得一个相应的徽章，这些徽章展示了自他们开始学习以来所取得的成就和学到的东西。而且这些徽章会随着时间的推移而"退化"，也就是说，如果用户不持续练习他们在课程中学到的技能/单词，就会失去他们已经获得的徽章，从而使这些徽章具有了更多的意义。

另一个案例是健康和保健领域的 Nuffield Health（纳菲尔德医疗健康）。Nuffield Health 是一家在英国经营连锁健身房和健身中心的公司，它需要其会员保持去健身房的黏性，并不断续费。他们的会员也希望在健身房有更多的参与感，并希望感觉到他们正在不断接近自己的健身目标。因此 Nuffield Health 通过以下方式建立了这种参与感。

1）相关点。Nuffield 的应用程序可以让会员把他们的手机与健身房的设备相连接，这意味着他们可以准确、自动地记录和查看他们的锻炼情况。更重要的是，通过锻炼他们还可以获得积分。对用户来说积分没多大用处，但 Nuffield 会利用这些积分为会员提供长期的统计数据，以帮助他们看到自己的锻炼对促进健康的效果。不仅如此，Nuffield 的应用程序还能随时记录和及时庆祝（这非常重要）用户取得了新的好成绩。

2）每周挑战。Nuffield 的应用程序会向用户显示每周和每月的挑战。既有个人锻炼的挑战，目的是鼓励会员尝试用新的设备锻炼，也有多个会员可以报名参加的团队挑战。一个典型例子是划船挑战，它的排行榜会显示每个会员做了多少次划船动作，还会有健身房的排名，从中可以看到哪些健身房的总划船动作数量在全国最高。对于认为自己是健身房团体一份子的用户来说，这无疑是一个强大的激励因素。

许多世界知名品牌都在营销中成功地使用了游戏化来吸引他们的客户。这通常并不需要花费很多钱，无论规模大小、预算多少、何种行业都可以使用游戏化营销。因此，在游戏化营销蓬勃发展的同时，我们发现，那些对在其营销计划中加入积分和徽章持怀疑态度的企业，他们对游戏化营销的运作方式的了解也较少。但是，当你了解到 Duolingo 和 Nuffield Health 等公司所采用的更深入、更有效的营销方法时，是否可以重新认识到，游戏化营销在保持和激励用户的参与度方面具有多大的潜力呢？

资料来源：诸葛 io 数据教练. 游戏化营销很有效，但是很多企业都用错了［EB/OL］.（2021-10-29）［2024-03-19］. https://www.bilibili.com/read/cv13773405/. 有改动。

问题：1. 在该案例中，顾客扮演了什么角色？
　　　2. 在该案例中，增强顾客参与的策略有哪些？

## 9.4.4　增强顾客参与的策略

服务企业在制定顾客参与策略时，应重点考虑参与服务生产和传递的顾客类型及目前顾客参与的水平。一般来说，服务企业增强顾客有效参与服务生产和传递的营销策略主要有：①发展顾客自助服务；②选择、教育和奖励顾客；③管理顾客组合。

### 1. 发展顾客自助服务

顾客自助服务是指服务由顾客自行生产，没有公司员工的直接介入或与公司员工之间的互动。也就是说，服务企业通过向顾客提供某些服务设施、工具或用品来让顾客自行生产和消费其所需的服务。科学技术的迅速发展，特别是信息技术的发展，为服务企业更大范围地开发顾客自助服务提供了技术支持和保证。许多企业为了提高生产效益或满足自助顾客群体的需要，都或多或少地制定和实施顾客自助服务策略，如超市、便利店、自助餐厅、公交车的无人售票及银行的自动取款机等。

### 2. 选择、教育和奖励顾客

1）定义顾客的角色。要使顾客参与更有效，服务企业应确定参与的顾客类型、参与水平和顾客承担的工作。顾客承担的工作包括帮助自己、帮助他人和为企业促销。如果顾客的角色在某些方面被定义为服务企业的"兼职员工"，服务企业就可以用类似针对正式员工的做法来影响顾客。

2）让顾客预知自己的角色和责任。服务企业应该在外部营销沟通中界定希望顾客扮演的角色和相应的责任。比如，减肥俱乐部在招收成员时，传达了顾客必须节食以配合减肥过程的信息。顾客通过预知他们的角色和在服务过程中对他们的要求，可以自行选择是否接受服务。顾客的选择减少了服务过程中的不确定性，有利于企业吸引到符合角色要求的顾客。

3）向顾客提供服务预览。服务预览是指事先向顾客传递有关服务过程和结果的信息。服务预览可以减少顾客的焦虑和担忧，增强顾客对服务过程的控制感。例如，医疗机构通过音像资料和图片，向患者介绍某种手术的过程和治理效果，减少顾客对手术风险的担忧，并促使顾客对服务形成合理的期望。

4）教育顾客。教育顾客能有效地使顾客扮演其在服务中的角色。例如：许多大学常对新生进行入学教育，使其预知学校的文化、规则、对学生的期望；健身中心配备专业教练，训练会员如何跳健身操，并向会员示范如何正确使用健身器械。

5）在服务过程中为顾客提供指引。在服务现场，顾客需要方位指引（如我在哪里，我怎么从这里到那里）和功能指引（如服务过程是什么，我应该做什么）。

6）对顾客的贡献进行奖励。对有效参与的顾客给予回报，以激励其继续积极参与。例如，一些会计师事务所会在客户和会计师会面之前，让客户填写各种表格，对于正确完成了这些表格的顾客，事务所将减少服务收费以回报顾客。

7）避免不恰当的顾客参与带来的消极后果。如果顾客对服务系统或服务传递过程不了解，就会导致服务过程缓慢，对自己、服务人员和其他顾客产生消极影响。例如，顾客第一次去西餐厅，由于对西餐品种和用餐器具不了解，导致点菜过程大费周折，顾客甚至可能因为受挫而对一线员工发泄不满，对员工情绪造成消极影响。顾客不能有效完成自己的角色，也会导致服务人员无法提供令顾客满意的服务结果。例如，如果民事诉讼委托人不能向律师提供必要的真实信息和证据，就可能会影响诉讼的结果。

### 3. 管理顾客组合

管理顾客组合，有时也被称为顾客兼容性管理，如酒店同时为商务会议参与者、度假者和旅游团队服务。"兼容性管理首先是一个吸引同类型顾客进入服务环境的过程，其次，对有形环境及顾客之间的接触进行主动管理，以此来增加令人满意的服务接触，减少令人不满意的服务接触"。⊖

对顾客组合进行有效的管理，也是加强与激励顾客有效参与服务生产和传递的重要策略之一。由于服务的生产与消费具有同步性，顾客作为服务生产的合作者，更多地出现在服务过程中。因此，同时接受服务的顾客之间，以及接触服务的顾客与等待接受服务的顾客之间在很大

---

⊖　MARTIN C I, PRANTER C A. Compatibility management: customer-to-customer relationships in service environments［J］. Journal of service marketing, 1989, 3(3): 5-15.

程度上会相互影响，他们之间的相互影响或积极或消极。针对一些消极影响现象，如果服务企业或服务人员不能有效地加以控制和管理，势必降低顾客服务接触的感知质量，最终可能降低顾客的满意度。

实现顾客组合有效管理的方法之一是求同存异。所谓求同，就是服务企业通过认真的市场细分，最大限度地确定相似的顾客群体，以增加顾客间的兼容性。求同策略类似于传统营销中的市场细分策略。所谓存异，就是服务企业或服务人员把具有相似性的顾客群体安排在一起接受服务，或把差异性大的顾客分开接受服务。

对顾客组合实施有效管理的另一种方法是服务企业制定顾客的"行为规则"，约束某些顾客行为，减少顾客之间的消极影响。例如，在医生为顾客提供服务时，要求顾客积极与医生进行配合。另外，提高服务提供人员的组织和协调能力也是有效管理顾客组合的一种方法。服务提供人员在服务生产和传递过程中，要具有对不同顾客需要进行观察和协调的能力。一线服务员必须善于观察顾客之间是否相互兼容、相互影响，并对潜在的顾客冲突具有敏感性，能协调好顾客之间的关系，在特定的服务环境下，能主动促进顾客间的积极接触。

## 9.5 人工智能机器人对服务人员的影响

### 9.5.1 人工智能对服务业就业的影响

人工智能（Artificial Intelligence，AI）的概念自 1956 年首次被提出以来，已经发展成为一个多学科综合交叉的宽泛概念。理论界普遍认为，人工智能是"一门关于如何表述、获取和使用知识的科学"[⊖]，研究"如何使计算机去做过去只有人类才能完成的智能工作"。[⊜]近年来，在服务业中使用人工智能机器人的热潮正慢慢兴起。随之而来的是人工智能对服务人员的影响问题，即未来是否会因服务企业大规模采用人工智能技术提供服务，导致服务人员大量被机器取代而失业。目前来看，人工智能技术较为成熟的应用主要集中于大数据分析、聊天机器人、机器视觉、自动驾驶等领域，因而类似出租车司机、资料输入人员、银行柜台窗口服务人员、零售业店员、服务生等职业，被人工智能取代的概率高达 99%；而需要创意或高度沟通技巧的职业，如医学专家、心理学家、教育机构高级专家、企业家等被取代的概率则低很多。[⊜]著名创新科技企业家李开复根据牛津大学、麦肯锡、普华永道、创新工场等机构的研究报告综合梳理了当今社会 365 种职业被人工智能取代的概率（见表 9-2），他通过系统比较后认为，在未来的15 年之内大部分职业都会被人工智能取代，而关爱型和创意型的职业则很难被取代。[⊛]

表 9-2  被人工智能替代可能性最低和最高的 10 种职业

| 排名 | 职业种类 | 被替代的可能性 |
| --- | --- | --- |
| 1 | 人工智能科学家 | 0.1% |
| 2 | 创业者 | 0.1% |

⊖ SCHALKOFF R J. Artificial intelligence: an engineering approach [M]. New York: McGraw-Hill, 1990.
⊜ NILSSON N J. Artificial intelligence: a new synthesis [M]. San Francisco: Morgan Kaufmann, 1998.
⊜ FREY C B, OSBORNE M A. The future of employment: how susceptible are jobs to computerisation [J]. Technological forecasting and social change, 2017(114): 254-280.
⊛ 唐波，李志. 人工智能对人力资源的替代影响研究 [J]. 重庆大学学报（社会科学版），2021，27（1）：203-214.

（续）

| 排名 | 职业种类 | 被替代的可能性 |
|---|---|---|
| 3 | 心理学家 | 0.1% |
| 4 | 宗教教职人员 | 0.1% |
| 5 | 酒店与住宿经理或业主 | 0.1% |
| 6 | 首席执行官 | 0.1% |
| 7 | 首席营销官 | 0.1% |
| 8 | 卫生服务与公共卫生管理或主管 | 0.1% |
| 9 | 教育机构高级专家 | 0.1% |
| 10 | 特殊教育教师 | 0.1% |
| 356 | 纸料和木料机操作工 | 96.5% |
| 357 | 装配工和常规程序操作工 | 96.7% |
| 358 | 财务类行政人员 | 96.9% |
| 359 | 银行或邮局职员 | 97.1% |
| 360 | 簿记员、票据管理员或工资结算员 | 97.3% |
| 361 | 流水线质检员 | 97.5% |
| 362 | 常规程序检查员和测试员 | 97.7% |
| 363 | 过秤员、评级员或分类员 | 97.9% |
| 364 | 打字员或相关键盘工作者 | 98.1% |
| 365 | 电话销售员/市场 | 98.3% |

资料来源：唐波，李志. 人工智能对人力资源的替代影响研究［J］. 重庆大学学报（社会科学版），2021，27（1）：203-214.

《日本经济新闻》和英国《金融时报》合作，针对制造、管理、医疗、教育、交通运输等23个产业领域中的共2 000项工作或业务，调查人工智能带来的冲击（见表9-3）。调查结果显示，人工智能最新进展使它在技术上可以自动完成许多以前只能由人类完成的任务，未来有超过三成比率的工作/业务存在被机器人取代的风险，其中制造业的工作或业务被取代的比率最高。在制造业的688项工作或业务中，有552项能够被人工智能技术取代。这表示有高达80.2%的工作或业务在未来都不需要人类员工，包括像焊接、装配组装、裁缝、制鞋等原本需要大量人力的工作，在未来都将由机器人或自动化设备完成。因此，制造领域的劳动者在未来最有可能因人工智能技术的引进而失业。被取代比率次高的是餐饮业的68.5%，该产业被调查的140项工作或业务中，有96项可以被自动化设备取代，这类工作包含餐桌服务、柜台点餐、食材准备、食物与饮料服务、餐桌与餐具摆设等。未来，厨师必须精进烹饪技巧，提高料理水平，增加自己不被人工智能取代的筹码。

表9-3 不同产业被人工智能取代的比率

| 产业类型 | 被人工智能取代的比率（%） |
|---|---|
| 制造业 | 80.2 |
| 餐饮业 | 68.5 |
| 运输业 | 48.4 |
| 建筑和开采业 | 42.5 |
| 农林渔牧业 | 41.0 |
| 医疗照护支援业 | 25.2 |

## 小案例 9-5　　　　　　　机器人带你入住阿里无人酒店

2018 年 12 月 18 日，筹备两年的阿里首家未来酒店——菲住布渴（FlyZoo Hotel）开业。这家酒店位于杭州西溪园区旁，其最大特点在于依托阿里强大的技术与生态支持，实现了全场景身份识别响应和大面积的 AI 智能服务，是真正的无人酒店。这里不仅没有服务柜台、没有客服经理，甚至连打扫清洁人员都没有。房客抵达酒店后，一个 1 米高的机器人取代了传统的人工接待，机器人会透过人脸辨识系统记住客人的样貌。

登记入住时，客人只需在大堂自助机刷一次脸，后端就会对接公安系统确定住户身份信息。随后，客人的个人信息就会覆盖整个酒店所有系统。也就是说，房客的脸就是酒店内的通行证，只需"刷脸"就能享受酒店所有服务。

登记完毕后，电梯会启动等候系统，此时机器人引领客人去房间可直接乘坐电梯。电梯通过无感体控系统，识别房客身份即可判断需要送至哪个楼层。到达房间门口后，摄像头完成身份辨识后，房门会自动开启。

相较于传统酒店进门必须插卡才能通电，而在阿里巴巴的未来酒店，进门无须插卡，灯光会自动进入欢迎模式，电视机也会自动开启，房间内的空调、灯光、窗帘等设备全部无须手工操作，客人只要对着语音助理"天猫精灵"下达指令，一切就可以"动口不动手"。

由于登记入住时酒店系统已记住房客身份，因此房客入住后无论是去餐厅用餐，还是去健身房、游泳池只要靠着自己的一张脸就行。例如，当房客走进餐厅，人脸识别系统就会识别出其身份和房间号，所点的菜品将自动记录到消费列表，用完餐或健完身，房客不需要再结账或签单，直接离开即可。

传统酒店退房时，柜台会派服务员去查房，但在未来酒店，客人只需在手机上退房，系统就会弹出客人的所有消费金额，点击确认后就能离开。而在房客离开房间的一瞬间，电梯也已经启动程序等候客人。此时，房间会自动生成一张打扫订单，酒店附近的清洁人员接到订单就会前来打扫房间。因此，酒店无须聘雇固定的清洁人员。

资料来源：政军. 体验阿里首家无人酒店：全部服务交由人工智能完成 [EB/OL].（2018-11-04）[2024-03-21]. https://tech.sina.com.cn/roll/2018-11-04/doc-ihmutuea6857887.shtml.

但是，随着人工智能技术的精进及改良，这类预测的结果也充满了变数。而且，也有一些研究认为，人工智能对服务人员的影响并不见得是负面的。著名创新科技企业家李开复认为，在科技快速发展的情况下，部分工作将被人工智能取代；不过，强调人际情感的服务业是人工智能替代不了的。李开复强调，随着人工智能的出现，职场金字塔结构将会重组。位于金字塔顶端的是创新者，虽然人工智能可优化特定领域的精确度，但人工智能"不会创新"。因此，从事创新型工作的人几乎不可能被人工智能取代。位于金字塔第二层的是各行各业的专家。人工智能或许可在炒股方面打败多数股市名师与"名嘴"，却无法取代对趋势进行预测的专家，以及早期投资的眼光；同样地，顶尖律师也不容易被人工智能取代，人工智能可以搜寻数据、筛选证据，甚至梳理辩证逻辑，但在展现绝佳口才、犀利审问证人等方面，人工智能仍无法做到。至于金字塔底层，将有 80% ～ 90% 的就业机会落在服务业。服务业从业人员在人类生活中扮演不可或缺的黏着剂角色，服务、参与、联系、情感，这些都是人工智能做不了的。

近期一些机器人被炒鱿鱼现象也能说明目前人工智能并不能非常可靠地替代服务业员工完

成工作。日本 Henn-na（海茵娜）酒店在开业时，以机械人服务员作为卖点，不过时隔 3 年多，酒店发现机器人的表现不如预期。每个房间内的 Churi 娃娃造型语音助理原本用来减少酒店人手，但它们无法像语音助手 Siri、Google Assistant 般回答旅客查询的有关当地商号的营业时间。至于负责为旅客办理入住手续的两个速龙造型机器人，则因为无法影印住客的护照，需要人类员工帮手而被解雇。两个行李搬运机器人则因为行动力有问题，只能够前往 100 间房间中的 24 间，加上在下雨或落雪时无法工作而被炒鱿鱼。就连原本在酒店大堂负责迎宾的机器人，亦因无法解答旅客有关航班时间表和旅游景点的问题而被解雇。机器人员工被炒鱿鱼后，它们的工作则由人类员工负责。类似的机器人被炒鱿鱼现象在广州一些采用机器人的大众餐饮企业也曾出现过。因此，即使人工智能的发展趋势无法改变，但至少在目前人工智能只能从事一些机械而简单的工作，对服务业中很多具有"人性"需求的工作尚无法胜任。

## 9.5.2 人工智能时代对服务业人员的能力要求

尽管人工智能的发展存在冲击服务业就业的潜在风险，但也会创造新的就业机会和就业岗位，而且，人类相较于人工智能也具有不可取代的优势，具体表现在以下三个方面。服务业从业人员应该提升下列三个方面的能力。

第一，社交能力和人际沟通能力。人类活动，包括服务业活动中必然会涉及大量的社会交往和人际沟通，尤其在复杂的情况下，社交能力和人际沟通能力就显得更为重要。相较于人工智能，人类的社交和人际沟通能力能更有效地根据实际情况进行调整和变化。当然，这也说明在人工智能时代，服务业从业人员必须培养与提高自身社交和人际沟通能力。服务业从业人员要能简明扼要地说明目的，开诚布公地寻求理解与帮助，诚实守信地与人合作。社交能力和人际沟通能力的基础是情感，所以人在情绪、意志等方面的情商以及对于文化艺术的审美都非常重要。

第二，创造力。这也是人工智能最难解决的部分。创造力是否能够自动化呢？我们先谈谈原创力和创造力之间的差异。比如，人类给机器人植入关于创作交响乐过程的大数据，机器人在一定时间内进行深度学习、数据分析，然后可能很快就能够开始创造出音乐。但是，机器人永远不能像肖邦那样谱写出伟大的交响乐，因为原创能力是来源于人类自身的。

第三，协同感觉、认知和操作的能力。大家想象一下，在家里面到处走的一个场景，人类可以捡起一个垃圾，先确定它是不是垃圾，然后把它扔掉，甚至可以把它分类放在不同的垃圾桶里，人类在整个过程中可以辨认不同的东西并熟练地操作。而对于机器人来说，这个认知的过程非常困难。

国外学者弗雷（Frey）和奥斯本（Osborne）从 O* NET<sup>⊖</sup>选取了 702 种职业的任务技能进行分析，发现人工智能的技能短板主要表现在感知操控力、创造能力和社交智慧 3 大技能的 9 个方面（见表 9-4），除此之外，人工智能的其他劳动技能都无限接近或超越现有人力资源水平。也有学者认为，未来的技能不再是单一取向的，而是多种技能融会贯通的。多尔蒂（Daugherty）和威尔森（Wilson）在其著作《人类＋机器：重新构想 AI 时代的工作》中提出，未来工作场景中所需要的 8 种融合技能，主要包括：创造性增强、规范重塑、整合判断、智慧

---

⊖ O* NET 是由美国劳工组织开发的职位分析系统，也是一个较全面的职业信息数据库，其中对各职业定义、工作任务、知识、技能与工作能力等进行了详细描述。

化提问、机器赋能、全面融合、互相学习、持续变革。<sup>⊖</sup>

表 9-4　人工智能的技能短板

| 技能 | | 人工智能的技能短板描述 |
|---|---|---|
| 感知操控力 | 手指灵敏性 | 能精确协调手指抓住、操纵或组装非常小的物体 |
| | 手控灵敏度 | 能快速移动手及手臂或者用双手操纵组装物体 |
| 创造能力 | 不规则空间的工作能力 | 在拥挤、不规则的异形空间中完成工作任务 |
| | 原创力 | 有能力产生一个不寻常的聪明想法，在给定的话题或情景中创造性地解决问题 |
| | 精细工艺 | 文艺类的理论和技术，如作曲、制造、表演、音乐、舞蹈、视觉艺术、戏剧和雕塑等 |
| 社交智慧 | 社会敏锐意识 | 意识到他人的反应，并理解他们为什么会做出反应 |
| | 谈判力 | 将众人聚集在一起，并调和分歧 |
| | 说服力 | 说服他人改变想法或行为 |
| | 照顾他人 | 向他人提供帮助，包括医疗关注、情感支持、个体关怀等 |

资料来源：唐波，李志. 人工智能对人力资源的替代影响研究［J］. 重庆大学学报（社会科学版），2021，27（1）：203-214.

---

**■ 专栏**　　　　　　　　**ChatGPT 对劳动力与就业的影响**

　　ChatGPT（Chat Generative Pre-trained Transformer）的中文全称为生成型预训练变换模型。它是美国人工智能研究实验室 Open AI 于 2022 年 11 月 30 日发布研发的聊天机器人程序，使用了 Transformer 神经网络架构（GPT-3.5 架构）。ChatGPT 是一款人工智能技术驱动的自然语言处理工具，通过海量数据存储和高效设计架构，理解与解读用户请求，可以以近乎人类自然语言的方式生成具有"较高复杂度的回应文本"，甚至能完成撰写文案、机器翻译、分类、代码生成、对话 AI 等任务。ChatGPT 的推出被视为人工智能技术历史上的重要里程碑，其以强大的算力为支撑，从量变走向质变，达到了当前 AI 技术的巅峰水平。正是由于 ChatGPT 所具有的重要意义，国内外巨头纷纷加快了针对以 ChatGPT 为代表的生成式 AI 的布局，加速了 AI 智能化时代的进一步发展。ChatGPT 的推出对劳动力与就业的影响如何呢？

　　随着人工智能技术的迅速发展，AI 逐渐在一些具有简单规则性、应用经济性、技术实现性的工作领域替代了人类。ChatGPT 的出现对于那些只依靠旧有技能和方法工作的人可能产生巨大挑战。同时，ChatGPT 的出现对不同技能的劳动者的影响也是不同的。其中，中等技能劳动者受到的影响较大，而高等和低等技能劳动者受到的影响相对较小。

**1. ChatGPT 的出现将不断加快人工智能对人类常规工作的替代**

　　从既往路径来看，AI 可以替代的工作通常具有简单规则性、应用经济性和技术实现性的特点。简单规则性的工作是指一些通常需要执行重复性的任务，并且具有清晰的指导原则和明确步骤的工作，在很大程度上可以由 AI 代替。例如，在文档撰写中，AI 可应用于类似完成"填空题"的自然灾害快报。在确定好时间、地点、事件类型、伤亡人数等固定信息的情况下，AI 可以根据预先设置的规则快速准确地填写。应用经济性的工作是指那些应用人工智能技术涉及

---

⊖　DAUGHERTY P R, WILSON H J. Human + machine: reimagining work in the age of AI［J］. Harvard Business School Press Books, 2018.

的机器成本小于人工成本的工作，从而使人工智能技术成为越来越经济划算的选择。例如，工厂可以使用智能机器来完成一些简单的、重复性的工作，从而减少成本，进而提高企业的竞争力和盈利能力。技术实现性的工作是指具有规则性的、简单的工作，AI 可以通过算法和模型来实现自动化代替。例如，在外卖配送中，根据客户的地址信息和订单内容，AI 可以计算出最优配送路线和时间。

ChatGPT 的出现会不断地"蚕食"人类的工作领域。一方面，大规模预训练模型的发展让人工智能进入了更为复杂的规则阶段。人类的思维和行为模式受到所谓的"规则"控制，这些规则数量庞大但并非无限。然而，现在构建的千亿、万亿级别的"参数"实际上就是这些"规则"，它让人工智能不断接近人类掌握的"规则"数量。因此，那些仅仅依靠遵循旧有规则而工作的人将面临越来越大的竞争压力。另一方面，经济性的提高使 AI 朝着商用正循环的方向发展。从供给侧来看，算力设施和数据的丰富以及单位成本的几何下降，使得人工智能成为"有本之木"，而预训练模型参数的数量和所使用的数据量也随着技术的进步在不断增长。从需求侧来看，ChatGPT 等 AI 应用逐渐摆脱了"最后一公里"的状态，受到了个人和企业用户的欢迎与支持，因此他们愿意为这些应用付费。这也意味着，那些仅依靠旧有技能和方法工作的人将面临着更为严峻的挑战。

## 2. ChatGPT 对未来不同技能劳动者的就业影响

首先，ChatGPT 对低技能的劳动者就业难以构成威胁。人工智能的普及和广泛应用会增加高技能和低技能的工作岗位，而导致中等技能工作岗位的减少。从技术与人的竞争来看，低技能的体力劳动者的竞争对象是终端、机械，当前尚无切实有效的替代方案，如搬运、清洁等需要身体力量的工作。这些任务需要人类的身体能力和灵活性，而 ChatGPT 目前无法具备体力劳动能力。阿西莫格鲁（Acemoglu）等（2011）通过研究也发现，随着人工智能的不断发展，美国劳动力市场中岗位极化趋势主要表现为低技能服务业岗位与就业人数的增加。

其次，ChatGPT 将对中等技能脑力劳动者就业构成越来越大的挑战和威胁。随着人工智能技术的发展，ChatGPT 等基于巨量数据资源和强大学习能力的人工智能，可能会对人类脑力劳动者造成威胁。从技术角度来看，人工智能的优势主要在于它强大的数据处理能力、极度的专注力和高效的多任务处理能力。Chat GPT 作为一种新兴的人工智能，它可以比人类更高效地完成数据整理、文稿编辑、机械重复类工作，实现数据的及时收集和分析。它能够快速地利用已有的知识和成熟的框架完成工作，使许多中等技能的脑力劳动者的工作可能会被取代。因此，ChatGPT 可能会对从事软件技术类人员、新闻媒体类人员、法律工作类人员、市场研究分析师、一般教师、金融分析类人员、交易员、平面设计师、会计师、客服等造成威胁。Chat GPT 相比人类具有更高的准确率和更低的成本，它可以利用已有的知识和成熟的框架，轻松地完成这些工作。例如，金融分析师可以使用 ChatGPT 分析市场走势和交易数据，而教师可以使用 ChatGPT 来自动批改作业。因此，ChatGPT 在这些领域中的应用，可能会导致大量中端脑力劳动者失去就业机会。

此外，ChatGPT 对高技能劳动者就业替代的可能性比较小。相比之下，高社交频率和创造性强的高技能劳动者，如工程师、设计师、心理医生等，在他们的专业领域中拥有着丰富的知识和经验，并且具备创造力和创新思维。他们通常需要在"无规则"的情况下进行创新和解决问题。这些情况可能包括未知的挑战、不确定的需求、不确定的信息来源等。然而，AI 目前尚难以渗透这些领域。这是因为 AI 往往需要有大量的数据支撑和标准化的问题才能发挥作用。在"无规则"的情况下，数据可能不够充分或者存在太多的不确定性，这就使 AI 很难做出准确的决策或者提供有用的建议。

最后，ChatGPT 最终难以替代人类社交、沟通、创新、思想创造类等工作。虽然 ChatGPT 已经在生活和工作中展现了高超的技术和能力，但这绝不意味着它具有绝对的优势称霸职场。与人类相比，AI 也有做不到的事情。首先是情感共鸣，AI 和人最大的区别在于人有情感、会思考。然而，AI 与人的交流依托的是大数据和理论，即便有简单的情绪感知能力，也很难与人类产生情感共鸣。其次是创新。虽然 AI 可以通过学习和储存大量数据来模仿人类的思维过程，但它并没有自主思考和创造的能力。AI 的创新依赖于人类，只能通过学习人类的思考方式来生成新的想法。虽然 ChatGPT 可以通过大量数据分析来撰写文章、新闻稿等，但这些信息都是人类灌输进去的，AI 本身并没有创新性和自主性，无法对某个时刻的思考转化成意识。

综上所述，ChatGPT 的出现，可能会深层次改变劳动力市场的就业结构，导致不同技能岗位的数量和比例发生较大变化，也使劳动者技能和知识的更新变得越来越重要。对于那些从事中等技能的脑力劳动者来说，需要不断地学习新的技能，以适应新的工作环境。而高技能劳动者则需要不断提升自己的专业水平和创新能力，以保持竞争优势。在这个过程中，人类需要和 AI 共同进步，发挥各自的优势，逐步推动实现万物互联和万事协同，促使全面智能成为可能。

资料来源：郑世林，姚守宇，王春峰. ChatGPT 新一代人工智能技术发展的经济和社会影响［J］. 产业经济评论. 2023（3）: 5-21. 内容有删减。

### 🐚 本章小结

对于服务企业而言，由于服务自身特性的存在，使服务过程中的人员显得异常重要。在成功的服务企业中，员工被视为企业的内部顾客受到重视和对待。顾客是企业的"外部顾客"，员工则是企业的"内部顾客"，只有兼顾内外，不顾此失彼，企业才能获得最终的成功。

基于内部顾客的视角，内部营销的概念应运而生，其实质是在企业能够成功地达到有关外部市场的目标之前，必须有效地运作企业和员工间的内部交换，使员工认同企业的价值观，使企业为员工提供内部服务。内部营销有助于激发创新精神，减少内部矛盾，提高工作效率，也有助于推进企业文化建设。在内部营销实施过程中，对服务人员进行管理也是服务企业必须考虑的重要问题。采取有效的措施对企业的服务人员进行管理，是关注顾客营销体验的有效手段，也是服务企业成功的重要保障。

服务是典型的生产和消费同时进行的活动。在服务传递过程中，一定程度的顾客参与是必不可少的。顾客行为会对服务消费的过程和结果带来一定的影响。因此，为了提升服务的效果，服务企业也有必要采取措施对顾客行为进行管理。

人工智能的发展方兴未艾，科技的进步大大提高了我们的生产效率，通过机器人来完成某些工作时，它的准确度与效率是非常具有优势的。但在服务业，一些需要与顾客进行较为复杂的互动或者处理突发状况时，人工智能依然无能为力。总而言之，人工智能是否会取代服务业的员工，主要取决于它能带来的顾客体验。

## 思考题

1. 服务人员的重要性体现在哪些方面？
2. 什么是跨边界角色？跨边界角色的压力有哪些？如何克服这些压力？
3. 什么是内部营销？内部营销的重要性体现在哪些方面？
4. 服务企业在哪些情况下应该引入内部营销？
5. 对服务人员进行管理可以采取哪些人力资源管理策略？
6. 在服务营销中，应该如何对顾客行为进行管理？
7. 你认为人工智能未来将如何影响服务业中的员工？

## 案例分析

### 感动员工比感动顾客重要：海底捞的制胜之道

　　火锅在我国已有 2000 多年的历史，但在海底捞出现之前，可能你很少听说过路人皆知的火锅连锁店品牌。创办海底捞的张勇，仅仅技校毕业。成功后，他登上了北大的讲台。1988 年，18 岁的张勇技校毕业后，进入四川拖拉机厂。"靠双手改变命运"，是张勇常说的话之一。这位出生在四川简阳的 70 后，儿时最深刻的记忆就是贫穷。初中毕业后，他在父母的要求下，进了简阳一所包分配的技工学校学电焊。这件事让张勇感觉很不好，时至今日，他仍然以初中毕业来介绍自己。18 岁，张勇技校毕业，分配到了他父亲当厨师的国营四川拖拉机厂。但在他眼里，父亲辛苦了一辈子，也没能改变贫穷的命运，工厂显然不是他施展抱负的地方。1994 年，经历了几次失败后，张勇决定正正规规开家火锅店，就在他为取名而烦恼时，一旁打麻将的老婆，正好和了把"海底捞"，于是一家具有传奇色彩的火锅店诞生了……1994 年，第一家"海底捞火锅"正式开业。经过 20 年的发展，海底捞已成长为中式餐饮行业中增长快速并极具特色标签的火锅连锁品牌。截至 2023 年12 月，海底捞在中国的门店数量为 1 374 家，年服务顾客超过 3.9 亿人次，这意味着每年有上亿人选择在海底捞吃火锅。海底捞凭什么能如此火爆？秘诀之一就在于公司所形成的良好的企业与员工之间的关系。

　　网上流传着很多关于海底捞为顾客服务的故事，甚至有人用"地球人无法阻止海底捞了""人类不可战胜的海底捞"造句，创造各种夸张的"海底捞体"。海底捞的特色服务贯穿于顾客从进店到离店的整个过程中：顾客等候过程中有免费上网、棋牌、擦皮鞋、美甲等服务，以及免费饮料和免费的水果、爆米花、虾片等；就餐过程中，服务员发自内心的微笑和为顾客擦拭油滴，提供扎头发的皮筋、擦眼镜布、15 分钟一次的热毛巾，上饮料，帮助看管孩子、喂孩子吃饭，拉面师傅现场表演等；店里还设有供小孩玩耍的游乐园；洗手间增设了美发、护肤等用品，还有免费的牙膏牙刷。甚至顾客打个喷嚏，就有服务员送来一碗姜汤。服务的关键在于人，海底捞是如何让员工发自内心地主动为顾客提供个性化服务体验的呢？海底捞创始人张勇曾说过，人心都是肉长的，你对人家好，人家也就对你好；只要想办法让员工把公司当成家，员工就会把心放在顾客身上。这些道理可能很多人都懂，但真正能实践的企业可能寥寥无几。而海底捞在员工管理方面的做法却很值得管理者细细品味。

## 1. 尊重员工

把人当人看，看似简单，但却知易行难，如此朴素，但这却是海底捞创始人张勇总结出来的，可见，这句话在海底捞员工管理中的地位。那么，海底捞是如何践行的呢？海底捞的员工绝大部分来自农村，背井离乡，远离家人，并且他们渴望过上和城里人一样的生活，这一点，绝大多数服务行业人员所想都是一样的。在具体做法上，有的形成了制度，有的融入了企业文化。比如，新员工入职关爱、高标准的宿舍和员工餐、各种各样的后勤和福利保障，就是用制度的形式固化下来，必须照做的，而上级对下属的关爱、工作上的指导帮助及支持，以及员工的培训、内部的晋升、一线员工的授权等都是通过企业文化传承下去了。以住宿为例，海底捞规定必须给所有员工租住配有空调的正式住宅小区的两三居室，不能是地下室，而且距离门店走路不能超过 20 分钟，每套房子还配有上网的计算机和负责卫生的宿舍管理员。其实很多一些餐饮企业也和海底捞有同样的认识，并且认为这么做虽然要多付出成本却是非常值得的，但真正做下去的企业还是非常少的，所谓知易行难是也。

## 2. 让员工能赚到钱

很多人发现，海底捞的员工是发自内心的有热情，很用心地工作着，都感到非常神奇，认为海底捞有比较神秘的企业文化，甚至对员工"洗了脑"，于是很多人去学海底捞的企业文化，去了解海底捞员工的工作氛围。但其实让员工赚到钱才是基础，没有这个，所有的企业文化、工作氛围等都难以长久。海底捞的餐厅大多开在一二线城市，但大多数服务人员都来自三四线城市及农村，但海底捞给员工的工作确实按照一二线城市的标准来的，并且比餐饮同行稍高一些，即海底捞是在用一线城市的中等工资，吸引四线城市的农民打工者。根据马斯洛的需求层次理论，在第一层次的需求没有被满足之前，第二层次、第三层次的需求的意义是非常有限的。可以说，比一般餐饮同行高的工资，是海底捞招工最直接的号召力之一。另外，海底捞建立了完善的内部员工晋升机制，员工层层提拔，随着职级的提升，员工的收入也随之涨高，更为重要的是，这满足了员工更高层级的需求。

## 3. 激发员工主动性

海底捞会激发员工的主动性，激发员工的自我管理。比如，为了激励员工的工作积极性，海底捞每个月会给大堂经理、店长以上干部、优秀员工的父母寄几百元钱。更为重要的是，在保证员工能挣钱的基础上，海底捞做了另外一个事情：公平。公平公正的工作环境和通过双手改变命运的价值观激发了员工主人翁意识和创新精神，让每一个去海底捞的顾客都享受到了发自内心的微笑和真诚的服务。北京一位海底捞大堂经理曾分享了如何在海底捞改变自己的命运："我是张大哥（张勇）的老乡，以前不敢想的名牌产品，我现在也可以购买了，以后还打算在北京买房。"为了确保文化的传承，海底捞很早就强调在开新店时必须保证 30% 的老员工压阵。

海底捞鼓励员工和食客交流，提供个性化的服务，并且运用互联网技术，让食客对服务人员的服务进行评价打赏，鼓励员工和食客之间的互动交流，让海底捞的员工感到自己受到了食客的尊重和肯定，这更激发出员工提供更好服务的动力和热情，而员工提供更好的服务，又使得海底捞的服务声名远播。

### 4. 基于用户导向的员工绩效考核

海底捞非常重视客户的满意度，以及客人的口碑，并且海底捞是把用户满意当作核心战略，并且把客户的满意度纳入员工的考核体系，不仅当作核心战略，还当作行动战略来考核。海底捞对每个店长的考核，只有两项指标：一是顾客的满意度，二是员工的工作积极性。员工的积极性高，客人的满意度也不会低，但如何衡量顾客的满意度确实是服务行业面临的大问题。即使这两项指标也没有量化的标准，一般都是由分区总经理到店里通过走动式管理转上 10 分钟来做出基本判断。当然，海底捞也积极运用现代化的技术来完善员工的绩效评价。例如，海底捞通过云软件平台，可以根据员工获得客人评价、打赏、投诉等进行计分排名，把客户满意度纳入员工的绩效考核，这些数据在提升服务管理方面有着不可或缺的作用。

### 5. 把管理搬到手机上

海底捞董事长张勇认为，顾客满意度是由员工来保证和实现的，而无论是顾客还是员工，手机及移动互联网都成为一个必备的东西。因此，海底捞除了率先将互联网创新引入餐饮行业，创造出个性化的特色服务外，还将企业的管理搬到了手机上，实现了移动办公。目前，海底捞通过微信，可以实现业务报表的汇总、查阅，以及工作进度的跟踪，并且员工可以自助进行工资、考试成绩、电子名片、个人信息的查看及设置。另外，通讯录、新闻、知识库、会议室管理等通过手机也可实现；还有，通过手机端可以进行员工互动，如意见调查、问卷调查、报名、投诉、咨询、内部招聘等；而且，很多办公都可通过手机端进行操作，如财务报销、任务管理、在线培训、考试等。比如，海底捞开发了一个"电子名片"的应用，2 万多员工每个月居然有好几千人在使用。而通过把管理搬到手机上，海底捞每月平均能收到几万条的员工意见反馈，实现企业与员工之间的良性沟通互动。总之，传统服务行业一定要开阔眼界、不断创新。伴随着移动互联发展，企业与消费者、与员工的接触场景都在发生变化。只有通过社交、互动、个性化、娱乐化这些概念真正抓住年轻人的需求，在各种场景中提供他们喜爱的选择，才能提升消费者黏性，以及提升管理水平，最终在竞争中领先一步。

### 6. 大胆授权

海底捞公平公正对待员工的一个体现就是信任和尊重员工。在海底捞，副总、财务总监和大区经理有 100 万元以下开支的签字权，大宗采购部长、工程部长和小区经理有 30 万元的审批权，店长则有 3 万元以下的签字权。而对于海底捞的一线员工来说，他们也同样有权力，那就是免单权，他们只要认为有必要，就可以给顾客免费送一些菜，甚至有权免掉一餐的费用。海底捞的创始人张勇曾说："海底捞现在十几亿元的产值，你不可能每个东西都自己去买，即使自己去买也难免有错。每个决策，不管谁做，其实都有风险，企业犯错很正常，我们能容忍，而且必须容忍。如果没有安全感，通常是因为过于看重自己了。"对此，张勇是这样解释的："如果亲姐妹代你去买菜，你还会派人跟着监督吗？当然不会。"把解决问题的权力交给一线员工，才能最大限度地、快速地消除顾客的不满之处。

## 7. 创建创新委员会和奖励创新

在海底捞，员工只要有新想法、新点子都可以上报，只要门店试用就可立即获得 50 ～ 100 元的奖励。为鼓励创新，海底捞在总部还专门设置了创新管理委员会，负责各门店筛选后提交上来的创意的评选，确定哪些创意可以在区域或全国加以推广。

在海底捞火锅店，员工的服务创意或菜品创意一旦被采纳，就会以员工的名字来命名，并根据产生的经济效益给予一定数额的奖金。"包丹袋"就是典型的一例。这是一个防止顾客手机被溅湿的塑封袋子。由于是一名叫包丹的员工最早提出了这个创意，即用该员工的名字命名。

如此一来，对于海底捞的员工来说不但得到了尊重，还给了更多员工以鼓励。张勇曾说："创新在海底捞不是刻意推行的，我们只是努力创造让员工愿意工作的环境，结果创新就不断涌出来了。"

海底捞每天都会涌现出大量的新点子，小到如何区分红酒和酸梅汤，大到牛肉丸、万能架等菜品、服务工具、服务方式的创新。

## 8. 积极倾听员工的心声

为了倾听员工心声、维护员工权益，公司成立了员工调用中心，员工可以拨打 24 小时免费热线电话向公司反映问题，并有专人解决、回复。与此同时，公司早在 2008 年就组建了工会组织，各片区、各门店都设有工会专员。张勇认为："每一个工会会员都必须明白一个基本道理，我们不是在执行公司命令去关心员工，而是真正意识到我们都是人，每个人都需要关心与被关心，而这个关心基于一种信念，那就是'人生而平等'。"

因此，解决员工困惑，关心员工成长成为工会工作的重中之重。另外，创办多年的《海底捞文化月刊》也致力于"暴露管理问题，维护员工权益"，切实为员工服务。

资料来源：1. http://www.topbiz360.com/web/html/newscenter/Catering/245194.html?fx=2491.
2. https://www.163.com/dy/article/CSHR8AK70514CPIL.html.
3. 佚名. 海底捞董事长张勇：我们的核心竞争力从来都不是服务 [J]. 现代营销 (经营版)，2017
（12）：42-43.

**案例思考**

1. 海底捞的员工策略对公司的发展起到了什么样的作用？
2. 结合海底捞的案例，谈谈新技术对于服务人员的管理有哪些帮助。
3. 你认为海底捞对于服务人员的管理策略有何优劣势？

### 🌀 实践活动

## 一、实训目的

通过实践活动，加深学生对人员招聘理论的理解，使学生掌握应聘的技巧，增强学生的沟通能力与应变能力。

## 二、实训内容

两组同学配对，分别扮演招聘方的工作人员和求职者，对企业的人员招聘活动进行情景模拟。

## 三、实训组织

1. 教师提前 1 周布置表演任务，说明实训要求与注意事项。

2. 将同学分成不同的小组，每组人数 4～6 人，并选一位担任组长。

3. 以小组为单位组织实训，由组长负责进行分工协作。

4. 由教师根据情况安排部分小组在班级内进行表演。

## 四、实训步骤

1. 各小组根据实训目的与内容进行准备。

2. 由组长负责组织小组讨论，撰写脚本。

3. 安排小组成员分别扮演不同角色（如招聘方的工作人员、求职者、其他角色），并进行排练。

4. 教师组织部分小组在班级内进行表演。

5. 未参与表演的小组代表对各组表现进行打分和评价。

6. 教师综合各组表现进行总结，记录实训成绩，并对本章知识进行梳理。

# 第 10 章
# 服务供需管理

## 🜨 学习目标

本章主要介绍一系列使服务供需相匹配的管理策略，以及排队管理策略。通过本章的学习应该能够：

1. 认识服务能力及其限制因素。
2. 理解服务需求的波动性。
3. 掌握服务能力管理与需求管理的策略。
4. 掌握排队管理策略。
5. 了解排队结构与排队规则。

## 🜨 本章结构

```
                          ┌─────────────────┐
                          │   服务供需管理    │
                          └─────────────────┘
```

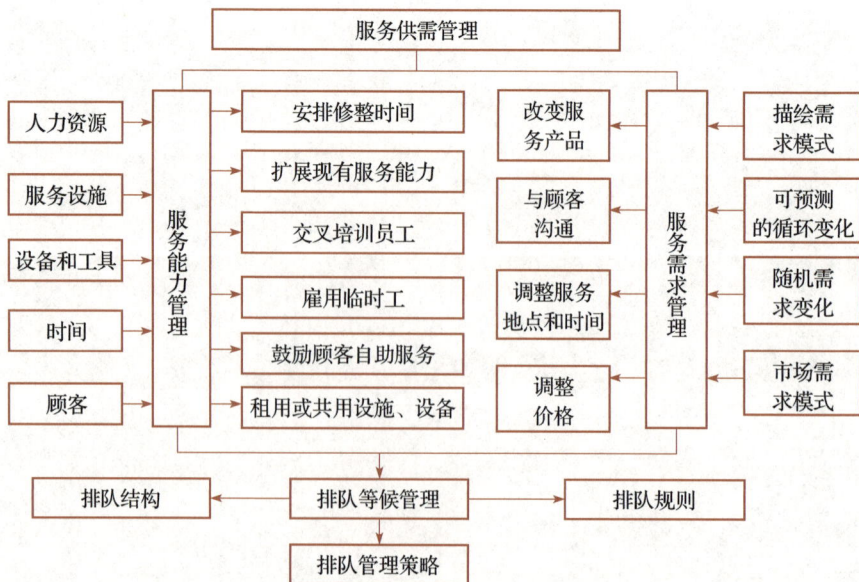

| | | |
|---|---|---|
| 人力资源 | 安排修整时间 | 改变服务产品 | 描绘需求模式 |
| 服务设施 | 扩展现有服务能力 | 与顾客沟通 | 可预测的循环变化 |
| 设备和工具 | 交叉培训员工 | 调整服务地点和时间 | 随机需求变化 |
| 时间 | 雇用临时工 | 调整价格 | 市场需求模式 |
| 顾客 | 鼓励顾客自助服务 | | |
| | 租用或共用设施、设备 | | |

服务能力管理 / 服务需求管理

排队结构 ← 排队等候管理 → 排队规则

排队管理策略

## 导入案例

# "双 11" 期间各大快递公司各显神通

### 顺丰：自动上架及拣货机器人上岗

顺丰快递表示，在自动化、大数据的加持下，使得分钟级配送在"双 11"期间成为现实。2019 年，顺丰首次在业务高峰中投入自动称重仪和自动上架及拣货机器人。顺丰还顺应电商平台预售趋势，创新推出智慧供应链产品"极效前置"：通过强大的大数据预测能力，以及覆盖全国的服务网络，提前将个人化妆品、服装服饰、母婴用品、3C 家电等商品放置到离消费者最近的场所。当用户在"双 11"零点过后支付完尾款后，顺丰快递员就能以最快的速度将商品送到家门口，从而在北京、上海、深圳等城市全部实现 2 小时送达。对于快件流转过程中可能出现的快件和用户信息安全风险，顺丰也推出了全套解决方案。

### 中通：全网投入车辆超万辆

中通快递表示，"双 11"期间，仅就运力方面而言，中通快递在全网投入车辆就已超万辆，其中自营干线车辆 6 750 辆，包括高运力卡车超过 4 000 辆。其中，最新的 1 000 多辆带有 L2.5 自动驾驶辅助系统的沃尔沃高运力卡车投入"双 11"，可实现动态转向、碰撞预警等功能，降低司机疲劳程度，提升安全性。

### 韵达：量身定制快递员 APP

韵达快递方面表示，为了提升客户体验，"双 11"期间全网发力，增加人员、车辆储备，进行设备升级，在诸多环节以科技助力。快递员可以通过一款量身订造的 APP 实现智能接单、短信电话联系客户、收件和派送提醒、即时查询等功能。

### 申通：末端快递员奖金超千万元

2019 年"双 11"前，申通快递 60 余个大型转运枢纽项目就已全部升级完成并投入使用，产能建设投入超过 15 亿元，产能提升超过 1 倍。2019 年"双 11"期间，申通启用全新的客服数字化管理系统，AI 智能客服电话机器人上线，可实现非工作时间托管，形成 24 小时服务机制。同时，奖励高峰期间末端快递员的优质服务，总奖励金额超过 1 000 万元。同时针对揽收、配送、客户服务质量等指标也设置了专项激励计划，奖励金额超过 6 000 万元。

### 圆通：不断完善航空运输网络

据统计，自 2019 年"双 11"开始，圆通全网就有 100 余套自动化设备陆续投入使用，另外还有其他自动化辅助设备，如摆臂、上车扫描仪等 2 000 余台设备，全面提升中转操作的效率。作为第二家拥有自有全货机的民营快递企业，圆通航空投入运营的自有全货机数量已达 12 架，基本搭建起覆盖各大区域的航线网络，航空货运的航线总数超千条，覆盖国内城市 120 多个。

## 引言

由于服务的易逝性和需求的波动特性，使得服务企业的生产能力与服务需求难以匹配。生产能力的闲置意味着利润的减少，而超负荷使用服务企业的生产能力不仅会使员工和设备超负荷运转，而且会影响到服务质量。因此，服务企业中存在一种内在的供需平衡的动力。本章主要讨论服务能力的概念和限制因素、服务需求的波动性和需求模式等问题，进而介绍一系列使服务供需相匹配的管理策略，以及排队管理策略。

# 10.1　服务能力管理

## 10.1.1　服务需求与服务能力的关系

在很多情况下，服务的供给能力是固定不变的或者在短期内很难改变，而消费者的服务需求却经常波动，难以准确预测。当消费者的需求不足时，服务企业的供应能力得不到充分的应用，会造成资源闲置，出现浪费现象；而当消费者的需求超过企业提供服务的能力时，服务业中特有的排队等待现象就出现了。因此，服务企业应该关注服务能力与服务需求的均衡匹配问题，从而提高服务质量和服务效率。

服务具有无形性、生产与消费同步性的特征，这使得服务供给与需求管理因缺乏库存能力而成为服务供应商面临的一个基本问题。不同于制造业，服务企业无法在需求淡季建立库存以备需求陡增时使用。例如，某一航班上未被销售出去的座位不可能在第二天继续出售。

服务库存能力的缺乏与需求的波动导致了潜在结果的变化，如图 10-1 所示，图中水平线表示服务能力，曲线表示顾客对服务的需求。许多企业的服务能力是固定的，服务能力在一定时间内用水平线表示，而服务需求却是经常变化的，如图中曲线所示。最上面的水平线代表最大供给能力，第二条水平线与第三条水平线之间的区域代表最佳供给能力，第三条水平线以下区域代表服务的利用率较低。服务需求与服务能力的关系可能出现 4 种情况：需求过剩、需求超过最佳供给能力、供求平衡以及能力过剩。

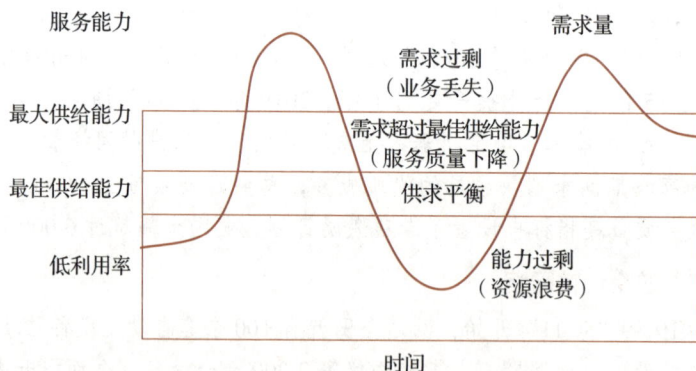

图 10-1　服务需求与服务能力的关系

（1）需求过剩　当需求远远超过最大供给能力的时候，会出现需求过剩的现象。在服务行业中，当这种情况出现时，一些顾客因得不到服务而选择离开，从而导致服务企业的业务丢失。同时，服务质量也会因为顾客过多和服务设施的超负荷运行而无法达到事先承诺的水平，引起接受服务的顾客的不满。这种现象在服务的高峰期，如餐厅的就餐高峰期、知名景点的旅游旺季等，表现尤为突出。

（2）需求超过最佳供给能力　当需求超过服务最佳供给能力但还在最大供给能力范围之内时，虽然不会出现顾客离开的情况，但由于设备被过度使用，顾客拥挤或者员工过于忙碌，会导致服务质量下降。

（3）供求平衡　服务的供求平衡是一种最理想的状态，服务设施和员工均处于理想水平，没有超负荷运转的情况，此时顾客不需要等待，并且可以得到高质量的服务。

（4）能力过剩　当需求低于最佳供给能力时就会出现能力过剩的现象。此时服务人员、设施和设备等生产资源未得到充分利用，导致生产力和利润都降低。对顾客而言，他们不需要等待就可以得到服务，也可以自由地使用设备。但是，如果服务质量与其他顾客有关，顾客可能会产生不满意。例如，顾客到达一个冷冷清清的游乐场后可能会觉得玩得没劲。

许多服务企业都面临着供给与需求管理的挑战，但并不是所有的服务企业都是如此，这主要取决于需求波动的程度以及供给受限制的程度。有些类型的服务企业面临广泛的需求变化，如电信、医院、运输和餐厅等；而另外一些类型的服务企业的需求变化比较微小，如保险、洗衣店及银行等。在一些服务企业中，即使需求发生变化，在需求高峰期，顾客也可以得到满足，比如供电、电话等；而其他服务企业的需求高峰可能会超过其供给能力，如电影院、餐厅、旅游景点等。

## 10.1.2　服务能力的概念

服务能力也称为服务生产能力，是指一个企业能够拥有的用来创造产品和服务的资源或资产。服务能力包括三方面的内容：一是服务设施，如银行、酒店、飞机场等；二是劳动力，如医生、发型师、教师等；三是工具和设备，如手术刀、计算机、电影放映设备等。

服务企业的总体服务能力依其所具备的相应服务设施、劳动力以及工具和设备而定。一架飞机，仅能负载一定数量的旅客；一个旅馆，仅能同时供有限数量的顾客居住；一个医生，仅能为有限的患者提供诊疗服务。换而言之，在服务生产过程中，场地、支持性的设备和服务人员的能力通常是固定的。

确定合理的生产能力包含以下两个层面。一是较长期的、重大的生产能力扩大。当需求持续超过企业的服务能力时，企业需要考虑能力扩大问题。长期的能力扩大通常由最高管理者决定，它涉及多个方面的费用开支，对公司的战略和竞争力有直接影响。二是采取一些短期措施来提高服务企业的生产能力。在服务需求周期的高峰期，企业经常采取加班、倒班、临时修改作业计划等措施，这些措施只适用于短期内使用，这些短期措施可以在几周内确定好，其中只牵涉到有限的资金问题，通常由运作部门层次的人员来决策。

## 10.1.3　服务能力的限制因素

服务企业可以在短期或者长期内扩展或收缩服务能力，但在某一给定的时刻，其服务能力是固定的。服务能力的限制因素包括人力资源、服务设施、设备和工具、时间、顾客，见表 10-1。

表 10-1　服务能力的限制因素

| 限制因素 | 服务示例 |
| --- | --- |
| 人力资源 | 咨询公司、医疗诊所、律师事务所、会计师事务所 |
| 服务设施 | 酒店、餐馆、剧院、电影院、医院、学校 |
| 设备和工具 | 快递服务、通信服务、网络服务、公共事业服务 |
| 时间 | 咨询服务、会计服务、法律服务、医疗服务 |
| 顾客 | 自助餐厅服务、ATM 服务、自动售货服务 |

### 1. 人力资源

人力资源与服务总产出有直接的关系。服务人员的数量、技能以及相互之间的技能整合是人力资源的主要因素，它对高接触服务或低接触服务的生产能力都有着重要影响，是限制服务能力的根本因素。专业性服务和基于信息与知识的服务产出尤其依赖于具有高技术水平的专业人员。

有效整合高技能的服务人员，形成高效的团队，同时配备先进的设备，这对服务企业的服务能力会产生积极影响。如果服务企业具备良好的员工激励机制，将进一步提高服务能力。此外，人力资源也是一个具有高度灵活性的能力要素。员工可以是专职的、兼职的，也可以要求员工加班加点，或通过培训使员工具备多种技能，以适应不同的工作。

### 2. 服务设施

服务设施是指安置设备、容纳员工和顾客的场所。服务设施的限制是造成服务生产能力有限的重要因素。服务设施主要包括：①基础设施，许多服务企业依靠其基础设施为顾客提供服务，因此，基础设施的能力决定了服务企业的生产能力，如酒店的容量、高速公路可容纳的交通流量等；②用于容纳顾客和提供服务的物质设施，该设施主要用于传递人体服务或精神服务，如医疗诊所、飞机、电影院、酒店和大学教室等，其生产能力的限制主要表现为设施数量的有限性，如医院的床位、电影院的座椅、酒店的房间数量等；③用于储存或处理货物的物质设施，如超市货架、仓库、停车场等，它们往往有一定的容量限制。

### 3. 设备和工具

设备和工具是服务过程中用于处理人、物与信息的实体设备。如果没有设备和工具，服务可能无法进行。

虽然在服务供给系统的设计阶段已经决定了大部分的设备购置计划，但一些简单的、花费不多的设备的添置和调整还是可以提高生产能力，进而增加企业的服务规模。例如，我国每年到了春运期间，旅客陡增，铁路运输部门对于客流量较大的线路会增开一些临时列车，以保证旅客的出行需求。

### 4. 时间

大多数服务企业的主要限制因素是时间，如心理咨询师、律师和理发师等服务人员出售的就是他们的时间。如果这些服务人员的时间不能得到充分利用，将会使企业利润减少。相反，如果需求过剩，时间也无法被创造出来以满足更多客户的需求。从这些服务提供者的角度来看，时间成为限制性因素。

时间对服务生产能力的限制通常表现在两个方面：第一，改变时间的配置或者改变服务的时间，则可能会改变服务的供给量，在服务需求的高峰期尤其如此；第二，从广义来说，延长服务时间，可以在一个特定的时段增加总的供给量。

### 5. 顾客

在一些服务领域中，服务的完成依赖于顾客在服务提供期间的参与度，因此顾客参与成为服务能力的重要影响因素。例如，顾客从 ATM 中取款的工作全部由自己完成；在自助餐厅中顾客会参与部分服务。顾客参与的效率和质量会影响上述服务的生产能力。

**⊡ 小案例 10-1**　　　　　　　　　　　　**无人零售遇到的问题**

　　进店—选择商品—扫码付款—离店，在没有收银员和店员的情况下，凭借一部手机，就可以顺利完成购物全过程。疫情期间，无人零售的特殊场景优势得到充分发挥，极大地降低了用户交易成本，迎来了全新的发展机遇。据天眼查专业版数据显示，2020 年 1 月至 5 月，我国共新增成立无人零售相关企业 1 827 家，与 2019 年同期相比增长 37.27%。无人零售或许有巨大潜力，但是究根到底，技术及市场的不成熟，以及发展过程中遇到的以下问题，限制了无人零售业的进一步发展。

　　**高昂的运营成本**

　　与大众想象中不同的是，无人零售虽然降低了收银员这一人力成本，但是营销、补货、整理货架、清洁等工作仍需要人工操作，再加上无人店技术成本高昂，使无人超市并不比普通零售店的运营成本低。而 Amazon Go、淘咖啡事实上更是不计成本进行试验，之所以还未大规模推广，除了技术还需要完善之外，高成本是其主要制约因素。

　　**技术不达标**

　　无人便利店行业在技术方面仍处于技术探索早期，在人流量密集时，更容易出现识别不准确的问题，淘咖啡受到网络的影响，有时也无法识别人脸。体验过缤果盒子的顾客会发现，其商品是靠贴上 RFID 来感应的，如果消费者避开摄像头，将商品上的 RFID 贴纸撕掉，盒子是无法感应出用户手里的商品的，门也会自动打开。

　　**售卖商品品类限制**

　　从目前无人便利店的主营商品来看，还是以饮料、零食、日用品、鲜食为主。由于无人便利店面积小且没有员工运营，意味着一部分鲜食商品无法销售。用户在不同时间走进便利店，具有不同的购物需求，传统便利店会根据早晚和午餐高峰时段，在货架上摆放不同的产品，无人便利店选择的种类则需要高度标准化。

　　**用户体验**

　　最后也是最重要的一点，无人零售并没有提升用户体验。在传统社区便利店中，用户会因为高频率地购买商品而与售货员产生类似熟人社交的情感联系，这种温度感是无人超市永远无法带来的。抛除温度感，购物是否便捷和商品是否便宜才是消费者最关心的问题。商家如果不能做到以消费者的需求为核心提供服务，只是为了追求无人而无人，那么一切的创新都是在做无用功。

　　资料来源：https://www.hishop.com.cn/hixls/show_53544.html.

　　**问题**：对无人零售店来说，服务能力的限制因素主要有哪些？

## 10.1.4　服务能力管理策略

　　服务企业要实现服务供给与服务需求相匹配的目标，可以通过调整能力来满足顾客不断变化的需求。服务营销学者泽丝曼尔指出，在服务需求的高峰期，服务企业应当尽可能地扩大服务生产能力；在服务需求的低谷期，服务企业应当努力压缩服务能力，从而避免造成资源的浪费。改变服务能力以适应需求的策略如图 10-2 所示。

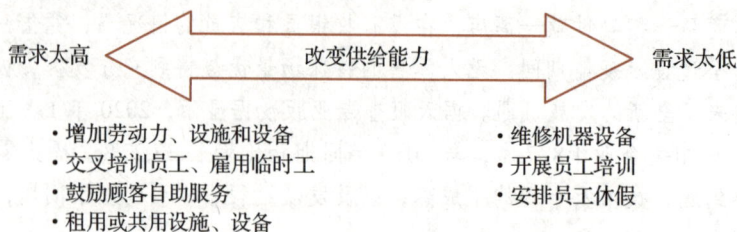

图 10-2    改变服务能力以适应需求的策略

服务企业可以从时间、劳动力、设施和设备等方面来调节服务生产能力的总体水平，以适应顾客需求的变化。一般来说，服务能力管理的策略主要有以下几种。

### 1. 需求低迷时安排修整时间

在服务需求的低谷期，服务企业可以充分利用这段时间，进行机器设备的保养、维修和更新等工作，以保证这些资源在需求高峰期处于最好状态。在此期间，可以安排员工进行培训或休假。

### 2. 扩展现有服务能力

在服务需求的高峰期，企业可以增加设备和设施，如餐馆可以增加桌子或椅子。企业也可以在不增加资源的情况下来提高服务能力，使劳动力、设施和设备工作时间更长、强度更大，来适应增加的需求，这都是常见的做法。服务企业在高峰期往往要求员工延长其工作时间、增大工作强度。例如，餐厅在高峰期一般会要求服务人员加班。延长服务设施或设备的操作时间也是服务企业应对服务需求高峰期的一个常见方法。例如，使电脑、网络设备和通信设备在最大能力范围内短期增加负荷，以满足顾客在服务高峰期增加的需求。

### 📰 小案例 10-2    数字化为消费高峰保驾护航

2023 年春节，淮阳肯德基餐厅开业后迎来了第一个春节高峰期，久违的团圆让淮阳车水马龙，充满了人间烟火气。从大年初一早上开始，肯德基餐厅就挤满了顾客，他们当中有返乡的年轻人，有带着孩子走亲戚的，也有从周边过来旅游的游客。餐厅经理在点餐区片刻不停地接待顾客，员工们在厨房马不停蹄地准备各种菜品、打包。尽管餐厅员工在高峰期前已做好了充足准备，但面对全时段的客流爆满，还是低估了淮阳人民对肯德基的热爱。仅在大年初一当天，单店就实现了平时 3 倍的营业额。

实际上，在春节前，随着外出务工人员大量返乡，周口淮阳龙华肯德基的顾客人流量就已经激增。肯德基市场团队和餐厅经理共同制定了多种预案，从人力、产品、外送、数字化等多个方面充分准备应对春节需求高峰。

在人力方面，餐厅提早通过多渠道招募返乡务工人员作为兼职员工，全力保障餐厅人力充足。通过强化操作标准、做好食品安全保障，提升供餐速度和服务品质，保证顾客用餐体验。

在产品方面，每年肯德基的"新春桶套餐"因为实惠的价格、丰富的品类而大受消费者追捧，2023 年又特别在"新春金桶套餐"中增加了肯德基畅销产品"秘汁全鸡"以满足家庭聚餐的需求。据淮阳肯德基餐厅经理介绍，春节期间，餐厅顾客以返乡的外出务工人员居多，他们往往带着孩子、父母一起来县城购物、观光，这种"新春金桶套餐"最适合春节家庭消费的场景。极具性价比的"新春金桶套餐"推出后就大受消费者欢迎，人们在门店外排起了长队。

在外送方面，公司的智能商圈系统进一步提高了外送的覆盖率和灵活性，专属骑手让公司能够牢牢把握每一个订单，尽力满足每一位顾客的用餐需求。值得注意的是，虽然堂食客流回升，外卖销售仍然保持持续增长，外卖销售占比为 36%，与去年同期持平。

此外，数字化在助力百胜中国提升运营卓越性上功不可没。百胜中国运用 AI 优化销量预测、存货备货以及员工排班。订单智能交付系统可以优化堂食及非堂食的准备各种菜品的流程，提升效率，这在春节这种餐饮高峰期中尤为重要。实际上，像淮阳肯德基餐厅这样远在五六线的地区，也同样享受到了数字化带来的红利，依托于百胜中国强大的端到端数字化平台，用数据分析、用户运营等方式，促进精细化的运营管理，并不断完善线上线下服务。

资料来源：https://t.cj.sina.com.cn/articles/view/5993531560/1653e08a802001a9ra?finpagefr=p_104. 有改动。

**问题**：在春节消费高峰期，淮阳肯德基餐厅采取了哪些措施来平衡服务供需？

### 3. 交叉培训员工

一些服务系统由多种不同的服务环节构成，当其中某一个环节繁忙时，另一个环节可能处于闲置状态。交叉培训可以使员工胜任多种工作，当某个服务环节的顾客服务需求过多时，可以将他们转移到服务的瓶颈点，从而提高整个服务系统的能力。例如，当超市的收银台前排起了长队，超市经理会让负责管理货架的员工来临时充当收银员，以缩短顾客的等待时间，当结账的顾客不多时，一些收银员被要求帮忙整理货架。这种方法有助于建立团队精神，还可以将员工从单调乏味的工作中解脱出来。

### 4. 雇用临时工

在服务需求的高峰期，很多企业会雇用临时工。如果要求的技能和培训是很少的，那么就很容易找到合适的临时工。比如，有些企业雇用勤工俭学的大学生来做兼职，这样能帮助企业应付节假日的需求高峰期。

### 5. 鼓励顾客自助服务

在旺季，可以鼓励顾客自行完成某些工作。在服务过程中，顾客作为生产合作者会增加企业服务能力。例如，餐厅可以请顾客自己取餐具、倒茶、取菜，以及在用餐后将餐具放到指定的地方，这样不仅减轻了餐厅服务员的劳动负担，服务企业还能从中受益，可以减少服务人员，从而降低成本。在顾客参与的情况下，企业的服务能力不再是固定不变的，而是会随着需求的变化而改变。

### 6. 租用或共用设施、设备

租用或共用设施、设备可以扩展服务能力。例如，节假日时，一些酒店会互借房间或者设备。在高峰期，服务传递系统的设施和设备往往显得不足，难以满足顾客需求。如果要购买这些设施或设备，服务企业通常需要进行大量的投资。为了减少在这些资产上的投资，服务企业可以在高峰期向其他企业租用设施和设备，或者与相关企业签订协议，彼此共享服务场地和机器，这样既能应对旺季增加的服务需求，又不需要大量投资采购相关的设施和设备，从而节省成本。

> **应用练习 10-1**
> 选择一家你熟悉的服务机构，思考下列问题：
> 1. 该服务机构服务能力的限制因素有哪些？
> 2. 为平衡服务供求，该服务机构使用的服务能力管理的策略有哪些？

### 🌐 知识链接　　　2021 年中国共享经济发展现状及未来发展趋势分析

#### 1. 共享经济

共享经济是指拥有闲置资源的机构或个人，将资源使用权有偿让渡给他人，让渡者获取回报，分享者通过分享他人的闲置资源创造价值。共享经济的正常运行需要两个重要的条件——空闲资源的获取和自由贸易网络的建立。在产能过剩的环境下，大量的资源闲置而无法得到充分的利用。共享经济利用互联网等现代信息技术，可以将这些大量分散的资源整合起来，满足多样化需求，实现供给和需求快速、准确地匹配。共享经济作为一个开放的系统，不同于传统的商业模式，在广泛共享经济发展的情况下，充分利用闲置的资源，可以有效地减少社会剩余福利，促进充分就业，更好地实现资源的有效分配，促进社会收入和利润的增加。作为近年来新兴的经济模式，共享经济已经很好地适应了中国当前的经济环境并得到了快速发展，为人们的生活提供了很多便利。

#### 2. 发展现状

共享经济已经成为中国经济发展的一个重要的形式，成为各行各业发展创新性思路的方向。近年来，我国共享经济飞速递增，2021 年中国共享经济市场规模达 3.69 万亿元，较 2020 年增加了 0.31 万亿元，同比增长 9.2%，虽然我国共享经济增速放缓，但共享经济仍保持着巨大的韧性和发展潜力，未来我国共享经济仍有很大的提升空间。

其中，2021 年生活服务领域交易额达 17 118 亿元，较 2020 年增加了 943 亿元；生产能力领域交易额达 12 368 亿元，较 2020 年增加了 1 520 亿元；知识技能领域交易额达 4 540 亿元，较 2020 年增加了 530 亿元；交通出行领域交易额达 2 344 亿元，较 2020 年增加了 68 亿元；共享办公领域交易额达 212 亿元，较 2020 年增加了 44 亿元；共享住宿领域交易额为 152 亿元，较 2020 年减少了 6 亿元；共享医疗领域交易额达 147 亿元，较 2020 年增加了 9 亿元。

从主要领域共享市场交易规模的变化来看，除共享住宿领域外，其余领域在 2021 年都实现同比正增长。其中，办公空间、生产能力、知识技能领域的增速较快，分别为 26.2%、14.0% 和 13.2%。共享住宿领域市场交易规模同比下降 3.8%，主要受两大因素影响。一是疫情影响。国内几次区域性疫情爆发均发生在旅游旺季，造成旅游住宿业恢复速度放缓。文化和旅游部抽样调查统计结果显示，2021 年国内旅游总收入仅恢复到 2019 年的 51.0%。同时国外疫情形势堪忧，跨国出行的需求仍被严重抑制，一些平台业务结构调整成效尚未显现。二是监管政策影响。除了平台经济领域强化数据监管的共性政策外，部分过去市场需求和交易规模较大的城市出台了更为严格的短租房监管政策。

从市场结构来看，生活服务、生产能力、知识技能三个领域共享经济市场规模位居前三，在 2021 年中国共享经济市场规模中，生活服务占 46.41%，较 2020 年减少了 1.48%；生产能力占 33.53%，较 2020 年增长了 1.41%；知识技能占 12.31%，较 2020 年增长了 0.44%。

随着中国共享住宿市场的高速发展，吸引了一大批投资者的青睐，2021 年中国共享经济直接融资规模达 2 137 亿元，较 2020 年增加了 952 亿元，同比增长 80.34%。

受企业上市、行业监管政策和疫情变化等多种因素影响，各领域融资情况呈现较大差异。2021 年生活服务领域直接融资规模达 750 亿元，较 2020 年增加了 490 亿元；交通出行领域直接融资规模达 485 亿元，较 2020 年增加了 370 亿元；共享医疗领域直接融资规模达 372 亿元，较 2020 年增加了 284 亿元；生产能力领域直接融资规模达 270 亿元，较 2020 年增加了 84 亿元；知识技能领域直接融资规模达 253 亿元，较 2020 年减少了 214 亿元；共享住宿领域直接融资规模达 6 亿元，较 2020 年增加了 5 亿元；共享办公领域直接融资规模达 1 亿元，较 2020 年减少了 67 亿元。

随着共享平台企业规模的扩大和商业模式的成熟，通过上市和公开市场募集资金成为平台越来越重要的融资途径。2021 年，生活服务领域直接融资规模占全国共享经济直接融资总规模的 35.10%，较 2020 年增长了 13.16%，占比最大；交通出行领域直接融资规模占全国共享经济直接融资总规模的 22.70%，较 2020 年增长了 12.99%；共享医疗领域直接融资规模占全国共享经济直接融资总规模的 17.41%，较 2020 年增长了 9.98%；生产能力领域直接融资规模占全国共享经济直接融资总规模的 12.63%，较 2020 年减少了 3.06%；知识技能领域直接融资规模占全国共享经济直接融资总规模的 11.84%，较 2020 年减少了 27.57%；共享住宿领域直接融资规模占全国共享经济直接融资总规模的 0.28%，较 2020 年增长了 0.20%；共享办公领域直接融资规模占全国共享经济直接融资总规模的 0.05%，较 2020 年减少了 5.69%。

### 3. 发展趋势

共享模式的创新发展及互联网的日益普及和快速发展，促进了共享经济的迅猛发展。政府对共享经济也越来越重视，并制定了相关政策和标准来支持共享经济的发展，这为共享经济的发展提供了很大的便利和动力支持。我国《国民经济和社会发展第十四个五年规划和 2035 年远景目标纲要》明确提出"促进共享经济、平台经济健康发展""健全共享经济、平台经济和新个体经济管理规范，清理不合理的行政许可、资质资格事项，支持平台企业创新发展、增强国际竞争力。"在"打造数字经济新优势"部分，在推动制造业、服务业等产业数字化转型方面，提出了培育发展个性定制、柔性制造等新模式，培育众包设计、智慧物流、新零售等新增长点。我国发展共享经济的力度总的来说还有很大的提升空间。但与此同时，政府和社会也要注意监督监管，从而保障我国的共享经济健康发展，实现我国的经济转型，为我国的经济建设贡献力量。

资料来源：智研咨询，2021 年中国共享经济发展现状及未来发展趋势分析：市场规模达 3.69 万亿元 [EB/OL].（2020-03-20）[2024-03-23]. https://www.chyxx.com/industry/1102113.html.

## 10.2 服务需求管理

服务需求与生产能力之间普遍存在不匹配问题，这是由服务的不可储存性和需求的波动特性造成的。如何调节服务需求，以适应服务生产能力，是服务企业获取竞争优势的关键。

### 10.2.1 服务需求的波动性

在服务业中，服务消费需求的波动性较大。服务需求的波动特性主要由以下几方面的因素造成。

#### 1. 服务的易逝性

大多数服务具有易逝性，同时服务的生产与消费又是同步进行的，这使得服务提供商无法用存储的方法来平衡服务供给。例如，一些热门旅游景点的酒店，在旅游旺季总是游客爆满，以至于无法满足部分未预订到客房的游客；而在旅游的淡季，酒店的空房率则较高。

#### 2. 服务企业的最大供应量无弹性

宾馆、餐厅、剧院、医院等有生产能力限制的服务企业，在生产能力饱和的情况下，即使加班加点地工作，也很难向顾客增加服务供给能力。

#### 3. 服务需求难以预测

服务需求的变化大，且大多在短时间内发生，随机性较强。例如，突然生病看医生、外出就餐等服务活动经常是临时性发生的，以至于无法提供稳定的服务供给。

#### 4. 服务时间具有不确定性

服务时间的不确定性是由服务提供的多样性、服务的个性化以及顾客需求的多样性造成的。因此，预测为一定数目的顾客提供服务所需的时间是很困难的。

#### 5. 大多数服务的提供受到地域的限制

服务大多都不可运输，因此只能在一定的时间、一定的地点提供服务。多地点服务提供商往往会遇到某一地点的服务供不应求，而另一地点的服务无人问津的状况，此时无法像实体产品那样，将服务由一地运往另一地来满足不平衡的服务需求。

### 10.2.2 了解需求模式

有效管理服务需求波动的前提是了解需求模式，这就需要描绘需求模式，明确属于何种变化及其变化原因，以及分辨出各细分市场的需求模式。

#### 1. 描绘需求模式

服务企业需要描绘相关时间段的需求水平。信息化程度较高的组织可以较好地完成这项工作，部分组织则只能粗略地描述需求模式。跟踪并描绘不同时段内的需求水平曲线，如年度、季度、每月、每周、每天甚至每小时。有些服务企业的需求模式非常明显，而有些企业的则不明显，企业应尽量描绘出需求水平曲线，才可能显露出来需求模式。

### 2. 可预测的循环变化

观察需求水平曲线，看是否存在有规律的需求周期变化。如果是的话，判断需求周期是以下哪种：日周期（变化按小时计）、周周期（变化按天计）、月周期（变化按周或日计）、季周期（变化按月计）或年周期（变化按月或季度计）。例如，零售行业和电信服务业在假期、每周的某些天、每天的某一特定时段可能会处于需求高峰期。在一些情况下，可预计的规律可能在任何时刻都发生。例如，餐馆的需求每月、每周、每天甚至每小时都可能发生变化。

当存在可预测的循环变化时，要弄清楚变化的原因。例如，酒店的需求变化与季节性、假期和气候变化有关。不同的服务行业需求波动的原因可能不同，同一行业在不同时间周期内的需求变化也有其特定的原因。例如，公共交通一天内需求周期性波动是由不同人群的上下班或上下学时间的差异造成的，如早上 8 点、晚上 5 点是上下班的高峰期，易引起交通堵塞；而在一周内需求周期性波动的原因则可能是工作日和公休日更替、郊区住房等造成周五下班后开往城外的车多和周一开往城里的车多，易引起交通堵塞。

### 3. 随机需求的变化

有时候，需求的变化表现是随机的、不可预测的。在这种情况下，服务营销者应尽可能地找到原因。例如，天气变化可能会影响娱乐、商场或休闲设施的业务。然而对于长期的天气状况，服务企业是无法预测的，仅可能预测短期内的天气情况及其对相关服务业务的影响。自然灾害，像洪水、暴风雨、火灾等可能突然发生，会使人们对保险、医疗等服务的需求增加。服务企业可以通过组织控制、人力资源的开发和采用先进的信息控制技术使顾客变动的需求与受限制的能力相匹配，现在如火如荼的快递、外卖行业正是基于这一点获得了快速的发展。

### 4. 各细分市场的需求模式

如果企业有相关的顾客交易的详细记录，就可以识别出不同细分市场的需求，揭示出细分市场的需求模式。有些细分市场的需求是可以预测的，有些细分市场的需求可能是随机的。例如，银行业中，企业账户的服务需求可以预测，个人账户的服务需求却是随机的；医院经常发现未预约的患者或者急诊病人会集中在星期一就诊，根据这种需求模式，医院可以将预约安排在一周的其他几天内。

## 10.2.3　需求管理策略

面对服务需求的波动，服务企业可以改变需求来适应现有的服务能力，即管理需求水平。需求管理包括降低顾客的服务需求与增加顾客的服务需求，在需求太高与需求太低时改变需求以适应能力的策略如图 10-3 所示。

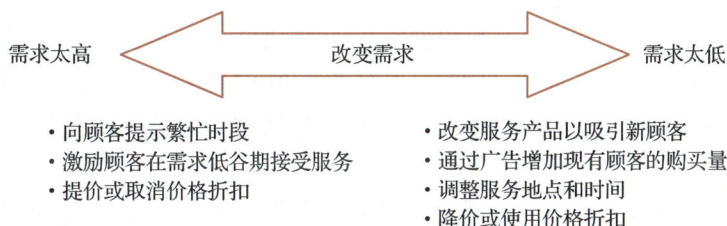

需求太高　←　改变需求　→　需求太低

· 向顾客提示繁忙时段
· 激励顾客在需求低谷期接受服务
· 提价或取消价格折扣

· 改变服务产品以吸引新顾客
· 通过广告增加现有顾客的购买量
· 调整服务地点和时间
· 降价或使用价格折扣

**图 10-3　改变需求以适应能力的策略**

总体而言，服务企业可以采用营销组合要素来调节需求，通过对价格、产品、配送和沟通等一个或多个要素的使用，在产能不足时降低需求，在产能过剩时刺激需求，从而实现服务的供需平衡。常见的需求管理策略包括改变服务产品、与顾客沟通、调整服务地点和时间、调整价格等。

### 1. 改变服务产品

服务企业可以通过改变服务产品或创新服务来吸引新的顾客，从而促进对非高峰期服务能力的创造性使用。例如，航空公司为满足不同细分市场的需求而改变飞机上的设施；一些院校除了为全日制在校生开课外，还为成年人提供短期培训。在服务需求的淡季开发一种新的服务产品来提供给另一细分市场的顾客，有利于提高服务设施在需求淡季的利用率，这样避免了资源的闲置和浪费，同时也使服务企业更好地保持正常运转。

服务企业可以根据一年中的某个季节、一周中的某一天、一天中的不同时刻来改变服务供给。例如，滑雪场在冬天作为滑雪的场所，而在夏天则可成为滑草场，或者将其场地改为飞行跳伞表演的场所。再如，餐馆可以在一天中的不同时段提供不同的菜品，除中午和傍晚的几小时正餐服务外，早上还可以提供早点，下午也可以提供茶点服务等。

此外，提供多功能服务也能刺激顾客需求。例如，加油站除了提供加油服务外，还提供商品零售服务和餐饮服务，这种多功能服务可以刺激和满足顾客的多种服务需求。

### 2. 与顾客沟通

与顾客沟通也能调整需求。通过信息沟通预先提醒顾客企业的繁忙时间段，促使顾客选择其他时段获得服务，以均衡不同时段的服务需求。标识、广告、宣传和销售信息都可以用来告知顾客高峰期的情况，鼓励他们将需求转移到其他时段。例如，超市、游乐场和剧院等服务机构经常通过各种形式的信息沟通来强调顾客在非高峰时期接受提供的服务会有很多好处，包括不拥挤、更舒适的乘坐或观赏等，有助于引导顾客在非高峰期接受服务。当然，营销沟通也可以伴随其他的优惠和推广活动，以激励顾客在需求低谷期接受服务，如网店在淡季向老顾客发送电子折价券。此外，通过有效的广告宣传，还可以增加现有顾客的购买量。

### 3. 调整服务地点和时间

服务企业也可以通过改变提供服务的地点和时间来应对市场需求，主要有以下三种策略。

（1）改变服务地点　在靠近顾客的新地点提供服务，将服务带给顾客。例如，移动快餐车、移动图书馆、上门定做衣装服务等都属于这种情况。另外，生产设备可移动的服务企业可以随市场而移动。例如，汽车租赁公司在旅游胜地建立季节性的分支机构，以使乘坐飞机、火车和游船到达的顾客能快速租赁到汽车。

（2）调整服务时间　服务企业可以根据服务需求状况，改变提供服务的时间来应对顾客对不同季节、不同时间的偏好。例如，剧院可以在周末的白天举行音乐会，因为周末人们一般一整天都有休闲时间；夏季咖啡馆和餐厅可以将营业时间延长到很晚，因为夏季人们更愿意享受户外的夜晚。

（3）同时调整服务地点与时间　服务企业可以利用新技术同时改变提供服务的时间和地点。例如，无论顾客身在何处，银行可以利用互联网为顾客提供 24 小时的服务。

#### 4. 调整价格

服务企业可以直接使用价格来调整顾客的服务需求，以降低服务供需不平衡的程度。服务企业可以在需求高峰期提高服务的价格或减少服务优惠，在需求低谷期降价或者打折。例如，酒店通常会在国庆节期间提高房价，航空公司愿意在旅游淡季为乘客提供低价机票。

为了达到预期的效果，服务企业采用价格策略调整需求时，要对产品需求曲线和顾客对价格的敏感度有所了解。例如，与商务旅行者相比，个人休闲旅行者的价格敏感度更高。因此，对高档商务型饭店而言，在需求低谷期的价格折扣几乎不会增加商务旅行者的需求，却会吸引大量的个人旅游者，因为他们能以较低价格就享受到高档豪华的服务。

服务企业过分依赖价格策略来调整需求会带来风险。一是易引发价格战，使整个行业的利润下降。二是会让顾客习惯于低价格，使顾客在其他时间只愿意支付同样的低价。三是可能会对企业形象和目标市场造成潜在风险。

---

**应用练习 10-2**

选择一家你熟悉的服务机构，思考下列问题：

1. 在需求低谷期，该服务机构为了刺激需求而采取了哪些需求管理策略？
2. 根据平衡服务供求的策略，你认为该服务机构还可以采用哪些策略？

---

## 10.3　排队等候管理

### 10.3.1　排队管理策略

在服务需求大于服务能力或平衡两者的成本过高的情况下，企业需要对排队等待进行管理。当到达其设施的顾客数量超过该设施的系统处理能力时，就会出现排队等候现象。从根本上看，排队是产能管理问题未被解决的表现。现实生活中的排队等待随处可见，如超市里的顾客等待结账、银行里的人群等待办理金融业务、医院里的病人等待就诊等，等候已经成为服务业中的一种普遍现象。

对于服务企业来说，顾客等待可以让有限的服务能力得到更充分的利用，因此，可以将顾客等待视作对生产力的贡献。顾客排队接受服务的情况类似于制造企业的存货，在服务企业中就是将顾客作为存货来提高服务过程的整体效率。例如，在大医院这一利用率高的机构总是会排着长长的队伍。但是，对于顾客而言，等待的成本则是放弃在此期间可做的其他事情，以及焦虑和其他心理方面的成本。

顾客等待经常不可避免，因此，服务企业要采取有效措施解决顾客排队等待问题，具体策略如图 10-4 所示。

| | |
|---|---|
| 策略1：<br>建立预订系统 | 策略2：<br>区分排队等候的顾客 |
| 策略3：<br>让排队等候时间显得更短 | 策略4：<br>采用运营原理 |

图 10-4　排队管理策略

#### 1. 建立预订系统

当顾客等候不可避免时，可以利用预

订系统来管理服务需求。例如，医院、餐厅、电影院、运输公司和其他服务提供商都可以通过预订系统来避免排队等候。建立预订系统具有下列优点。

1）可以避免顾客因过度等待而引发的不满。预订系统可以通过减少等候时间和保证顾客在到来时获得及时服务而使顾客受益，进而减少了顾客因过度等待而不满的现象。

2）预约使得需求控制与调节更容易实施。预订系统可以将服务需求从高峰期转移到其他适宜的服务时段，从顾客选择的地点转移到其他地点，从而可以更好地控制和调节服务需求。

3）有助于管理收入。预订系统可以将需求转移到低谷期而获得潜在利润，也可以为不同的顾客群体预售服务以增加收入。

4）预订系统的数据能为服务企业今后的服务运营和财务保障提供参考。

然而，如果顾客未能履行服务预订，问题就会出现。对于顾客未能履行服务预订的情况，有些服务企业会采用超额预订（Overbooking）的方法来解决。例如，因为经常会遇到一些未能履行服务预订的顾客，酒店就会接受超过其客房数量的预订客户，以减少客房空置率。但是，如果企业接受了太多的预订，就可能出现已经预订的顾客无法得到服务的风险。这时企业可能需要向那些已经预订却未得到服务的顾客进行补偿，如将顾客安排到其他宾馆并免费送达。因此，一个好的超额预订策略应该既能最大限度地降低由服务设施空闲产生的机会成本，又能最大限度地降低由于未能提供预订服务而带来的成本。总之，在顾客未能履行服务预订或者企业过量预订的情况下，服务企业可以采用预交保证金、超过规定时间未付款即取消预订、对因过量预订给顾客造成的损失进行补偿等营销策略。

**应用练习 10-3**
请根据你自身的经验，举一个服务预订的例子，说明其成功或失败的原因，并提出改进或者进一步提升预订系统的相关建议。

### 2. 区分排队等候的顾客

服务企业可以根据顾客需求或顾客优先级，将顾客分成不同群体，允许一些顾客等候的时间比其他顾客等候的时间短。服务企业通常按照以下标准来区分顾客群体。

1）顾客的重要程度。对那些经常光顾企业的老顾客或对企业经营有重要贡献的顾客，服务企业可以为他们提供特殊的排队区域给予优先处理。例如，银行为一些大额存款的顾客办理贵宾卡，持贵宾卡的顾客可以不用排队而直接去专门的窗口接受服务。

2）服务需求的紧迫性。对急需获得服务的特殊顾客，可以优先安排。例如，医院优先为急诊病人治疗。

3）服务时间的长短。对于那些所需服务时间较短的顾客，服务企业可以开辟专门的区域为他们服务，减少这些顾客的等待时间。在零售服务领域，有些企业为时间更短、不复杂的工作设立了快速通道。

4）支付价格的高低。那些支付高价的顾客可以享受优先服务，例如，相较于经济舱旅客，航班上的头等舱旅客会获得优先权，有专门的检票窗口为他们服务。

服务企业的排队系统可以根据市场细分进行研究调整，但要注意的是，在为优先级别高的顾客提供优先服务时，要将服务柜台设在远离普通服务队列的地方，以隐藏这种优先对待，否则可能引起正常排队顾客的不满。

### 3. 让排队等候时间显得更短

当一项服务要求顾客必须等候时，服务企业最好使顾客在等候期间有一段愉快的经历，并且让顾客感觉等候时间很短。顾客在等候期间的满意度主要取决于顾客对等候的心理感受，它比顾客等候的实际时间长度更重要。因此，服务营销者要了解顾客在等待过程中的心理特点，并采取有效措施加以应对。

1）空闲时间比忙碌时间感觉要长。当人们无所事事时，就会感觉时间过得很慢。顾客在空闲时间内很容易产生厌倦心理。因此，服务企业的任务就是在等待期间给顾客一些事做或分散他们的注意力，以使等待时间显得不那么漫长。填充空闲时间的方法有很多，如读物、电视、Wi-Fi、广告、玩具、饮料和水果等。再如，银行可以提供财经类的报纸和杂志供顾客阅览，这些活动可以分散顾客的注意力，有助于改善等候顾客的服务感知。

**应用练习 10-4**
在班级中找两个人来做排队等候的实验，在给定的几分钟时间内，其中一个人可以与别人聊天或者讲笑话，另一个人只能独处且不允许与其他人说话。从计时者宣布开始到停止，让两人猜猜自己等待的时间有多长。

2）服务前的等待比服务过程中的等待感觉时间更长。等待买票进入公园与在公园内等待坐车，两者的感觉是不同的。如果等候时间被与服务相关的活动占用，顾客可能会感觉服务已经开始，这会使顾客感到等候的时间更短。因此，服务企业可以通过尽快地与顾客沟通并尽早让顾客进入"服务过程"来缩短其感觉到的等待时间。例如，餐厅将菜单或者饮品递给等候的顾客，让他们感觉已经进入了服务过程。

3）焦虑使等候时间感觉更长。顾客感觉被遗忘、不确定的或未做解释的等待时间都会使其感到焦虑。不知道对方是否接到订单、不知道所排队列是否正确、不知道排到自己时是否还能得到服务等，这些担心都会使顾客感到等待时间更漫长。服务企业可以通过员工、显示屏和指示牌等各种形式来提供关于等候时间长度的信息，或者使用单队列排队，以减轻顾客的焦虑情绪。

4）不确定的等候时间比确定的等候时间感觉更长。当顾客不清楚还要等候多长时间时，会紧张不安甚至很愤怒。因此，服务企业应该及时与顾客沟通，向他们提供关于预期等待的时间长度或在队列中的相关位置等信息。

5）没有解释的等候时间比有解释的等候时间感觉更长。当顾客能理解等候原因时，将有更多的耐心等候，尤其是等候理由合情合理时。相反，不知等候原因的顾客会感到无助、沮丧甚至被激怒。因此，在需要顾客等候时，服务企业要及时向顾客说明等候的原因。

6）不公平的等候时间比公平的等候时间感觉更长。不公平的等候（如优先接待其他人）将会使顾客感觉等候时间更长，这通常发生在没有明确规则的等待场所以及有大量顾客都在等待服务的情况下。合理的排队结构与排队规则是处理不公平服务的最好办法，区分不同顾客群体并且"隐藏"优先对待也是可行的解决办法。

7）服务越有价值，顾客愿意等候的时间越长。获得的服务越有价值，顾客愿意等待的时间就越长。因此，服务企业要了解所提供的服务对于顾客而言价值有多高，并不断提高服务价值。

8）单独等候的时间比集体等候的时间感觉更长。一群人等候时，可以通过交谈来消磨时间。例如，购买电影票的顾客之间虽然是陌生人，但是因为共同的兴趣爱好而开始交谈，这种等候体验可以使等候变得有趣，并成为顾客服务体验的一部分。

### 4. 采用运营原理

如果顾客等待的情况很普遍，那么服务企业首先应当分析运营过程以消除所有无效率的工作。服务企业可以重新设计服务系统或服务流程，以缩短服务交易的时间，使顾客能尽快获得所需的服务。例如，在芝加哥第一国家银行，为减少顾客排队等待时间和改善服务，该银行开发了基于计算机的顾客信息系统，以便出纳员能够更加快速地回答问题，该银行实施了电子排队系统，雇用"高峰期"出纳员，延长服务时间，同时为顾客提供可选的服务传递渠道。这些措施共同减少了顾客的等待时间，增加了生产力，提高了顾客满意度。

### ▣ 小案例 10-3　　　　　　　　　服务企业的排队等候管理

#### 假日集团的预订最优化系统

假日集团为了实现每个饭店入住率和收入最大化，实现顾客、特许经营者和内部员工的全面满意等目标，开发了假日集团预订最优化系统。最大化的入住率和收入意味着，在市场能够承受的范围内，以最佳的价格出租尽可能多的房间。该集团拥有 50 多万间客房，因此，通过收益管理优化预订系统可以全面增加集团的收入。

假日集团的预订最优化系统非常类似于美洲航空公司的 SABRE（半自动商务研究平台），它使用历史和当前的预订行为来分析每个饭店的房间需求。收益管理优化预订系统包括客房入住率的季节性变动模式、当地的重大事件、每周周期和当前趋势等，并以此形成最低预期价格，该价格是针对特定饭店房间预订的最低价格。系统还预测饭店全部住满的情况，并过滤掉折扣。系统也使用超额预订的方式，来应对取消预订或未履行预订的情况。假日集团的预订最优化系统有助于提升每一家饭店的经理估计对每一间客房收取全价的能力，同时又保持了饭店忠实顾客的满意。

#### 餐馆中的订餐软件

餐馆中的订餐软件应用于餐饮业可以保证昂贵的厨房设备的高效使用。在餐馆预期就餐不足的时候，可以通过增加外卖或上门服务订餐，从而提高总体的利润率。同时，餐馆可以基于需求波动对价格进行调整，如餐馆可以通过降低价格来增加顾客人数和总收入；同样在旺季，通过提高价格增加平均账单收入。订餐软件通过估计需求与供给能力不平衡的时间，可以缓解餐饮业需求的波动。

#### 美洲航空公司的预订管理

美洲航空公司使用的计算机预订系统是 SABRE，通过该系统可以及时更新所有受到影响的航班的预订库存，只有在收益管理控制允许的条件下，新的预订才能被接受。

　　美洲航空公司采用超额预订来应对顾客取消预订带来的后果。没有超额预订时，大约15%的售出座位在离港时没有被使用，在离港前没有被使用的座位更多。该公司还提供折扣以刺激需求，售出那些可能会空置的座位。对一些热门航班的折扣票的数量进行限制，以便为迟来的乘客保留一定的座位。公司将预订座位视为一种稀缺资源，在不同的折扣价格间进行合理分配。另外，该公司根据乘客的起点和终点来控制预订以实现组合市场（转机市场和单航班市场）收入的最大化，为了使整个航班系统收入最大化，对一个航班预订库存的控制要考虑乘客对转机航班的需求。

　　资料来源：https://www.doc88.com/p-534790996936.html?s=rel&id=5. 内容有改动。

　　**问题**：这些服务机构是如何对顾客排队等候进行管理的？

## 10.3.2　排队结构

　　排队结构是指排队的数量、位置、空间要求及其对顾客行为的影响。研究表明，合适的排队结构对顾客满意度十分重要。在服务业中，诸如在银行、游乐场、餐厅或机场的检票口等设置多个服务柜台的地方，常见的可供企业选择的 3 种排队结构如图 10-5 所示。

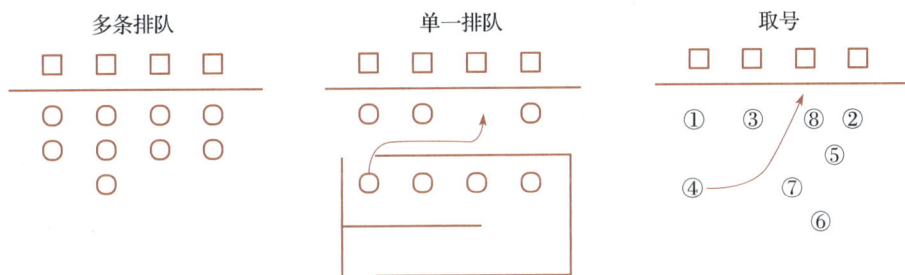

**图 10-5　等待区域的 3 种排队结构**

资料来源：菲茨西蒙斯 J A，菲茨西蒙斯 M J. 服务管理：运作、战略与信息技术　第 7 版［M］. 张金成，范秀成，杨坤，译. 北京：机械工业出版社，2013：273.

### 1. 多条排队

　　服务供应商提供多个服务柜台，顾客从多排队伍中自由选择要等待的队伍排队。大型超市收银台和售票处通常都采用这种排队结构。在多条排队结构中，到达的顾客需要考虑加入哪一条队伍。多条排队的缺点是各条队伍的移动速度可能不同，先到的顾客不一定能先得到服务。看到自己排的这条队伍不如旁边的队伍移动得快，顾客可能会转移到另一条队伍的尾端。但多条排队的结构具有以下优点。

　　1）可以提供差别服务。例如，有些飞机场为头等舱与经济舱的乘客设置不同的柜台。

　　2）顾客可以选择自己喜欢的某一特定服务台。

　　3）有助于减少顾客不加入队伍的现象。若顾客到达时，看到只有一个服务台并排了一条长队，他们会认为要等待很长时间而决定不加入队伍，这样无疑会因顾客流失而造成企业的利益受损，而多条队伍分散了排队人群，更能留住等待的顾客。

### 2. 单一排队

虽然有多个服务柜台，但顾客都排成一条蛇形的队伍，一旦某个服务柜台出现空闲，队列的第一位顾客就上前接受服务。这种排队方式在游乐场或购物收银台很常见。这种排队结构具有以下优点。

1）所有顾客都遵循先到达者先服务的规则，保证了公平性。

2）在只有一条队伍的情况下，顾客不会因为发现其他队伍移动得更快而着急。

3）只在队伍的尾端有一个入口，这使得插队和退出队伍变得困难。

### 3. 取号

到达的顾客在排队叫号机上领取一个号码，这样顾客无须站着排队就可以按照号码的先后顺序来接受服务。取号排队的方式常见于银行、餐厅和医院门诊处。顾客可以在等候期间坐在椅子上休息或者做其他事情。但是，顾客需要随时关注自己的号码何时被叫到，否则就有可能错过接受服务的机会。近年来，随着互联网技术的发展，消费者可以利用移动终端关注排队进程，在一定程度上缓解了顾客排队等待中的焦虑。

总之，服务企业需要选择出最合适的排队形式。服务企业对排队形式的选择取决于其业务的性质、服务效率、顾客偏好和经营者的观念。例如，许多银行以前都采用多条队伍的排队结构，现在开始使用取号的排队结构，这在很大程度上缓解了顾客等待的心理压力和体力消耗，同时也提升了银行自身的服务效率。另外，服务企业要利用具有指示作用的道具或标志，使顾客知道其所采用的排队结构方案并维持排队秩序。例如，可以用索链连接在铜柱之间形成队列区域，在大厅入口处放置取号机，在各个窗口标明业务类型来区别单一队列或多条队列等。

## 10.3.3　排队规则

排队规则是由服务企业制定的从排队顾客中挑选下一位顾客接受服务的管理规则。根据服务营销领域知名学者菲茨西蒙斯（Fitzsimmons）的理论，排队规则可以分为两大类：静态规则和动态规则。静态规则是以固定规则选择接受服务的下一位顾客，它不考虑排队的状况或顾客特征，如先到达者先服务属于静态排队规则。动态规则是根据顾客某一特征或等待队伍的状况选择接受服务的下一位顾客的规则。这种规则的一般做法是：先根据顾客的某一特征对到达的顾客进行优先级的分类，再在每个优先级别中使用"先到者先服务"的规则。例如，某些银行将存款达到一定金额的顾客定为 VIP 客户，持有 VIP 卡的客户不需要排队，有专门的单独窗口和客户经理为其服务，但是同为持有 VIP 卡的客户需要根据先来后到的顺序接受服务。常见的排队规则有以下几种。

### 1. 先到先服务

先到先服务规则是指先到达服务窗口的顾客先获得服务的排队规则。它是根据顾客在队伍中的位置确定接受服务的顾客，而不需要其他信息，因此，它是一种静态规则。先到先服务的规则是服务企业最常用的排队规则，即通常所说的"先来后到"规则。

### 2. 后来先服务

后来先服务是指后来者先获得服务的排队规则。这一规则恰好与先到先服务规则相反，在许多库存系统中会出现这种情况。例如，在搭乘长途汽车时，最后在存储仓存放行李的顾客会先取到行李。

### 3. 紧急优先

紧急优先是指根据服务的紧急程度提供服务的规则。紧急服务通常有最高优先级，一项正在进行中的服务会被中断，而为刚刚到达但有最高优先权的顾客服务。例如，消防车在执行救援任务时不受红灯限制，优先通行。

### 4. 最短服务时间

最短服务时间规则是指服务企业为服务时间较短的顾客单独设立队列。例如，有些超市为购物量不超过 5 件的顾客设立专门的收银台。

### 5. 预约优先

预约优先是指对做过预约的客户优先服务的原则。这一规则在酒店等服务企业中常常被用到，酒店会为已预约的顾客预留客房或座位，在顾客来到时优先为其提供服务。

### 6. 最大赢利顾客优先

这一规则是指对那些能给服务企业带来最大赢利的顾客提供优先服务。例如，银行为大额存款客户、航空公司为头等舱顾客提供优先服务。

### 7. 随机服务

随机服务是指对到达服务场所不成形队伍的顾客，随机选取下一位顾客提供服务的无秩序排队规则。在这种规则下，每位等待的顾客被选取进行服务的概率都相等。例如，程控交换机系统接通呼叫电话是随机的，没有优先次序。

## 本章小结

由于服务的易逝性和需求的波动特性，使得服务企业的生产能力与服务需求难以匹配。平衡服务供给能力与顾客服务需求有两种方法：一是调整服务能力来适应需求的波动，服务能力管理的策略主要有需求低迷时安排修整时间、扩展现有服务能力、交叉培训员工、雇用临时工、鼓励顾客自助服务，以及租用或共用设施、设备等；二是改变服务需求来适应现有的服务能力。常见的需求管理策略包括改变服务产品、与顾客沟通、调整服务地点和时间及调整价格等。很多服务企业同时使用两种方法实现供需平衡。

在服务需求大于服务能力或平衡两者的成本过高的情况下，企业需要对排队等待进行管理。排队管理策略包括建立预订系统、区分排队等候的顾客、让排队等候时间显得更短、采用运营原理。服务企业还要选择合理的排队结构和排队规则，对排队系统进行有效的设计。排队结构是指排队的数量、位置、空间要求及其对顾客行为的影响，有单一排队、多条排队和取号三种排队结构可供选择。排队规则会影响等待中的顾客是否会离开队伍。因此，服务企业应当根据实际情况选择合适的排队规则，最大限度地留住等待的顾客。

## 思考题

1. 服务能力的限制因素有哪些?
2. 服务能力管理的策略有哪些?
3. 造成服务需求的波动性的原因是什么?
4. 服务需求管理的策略有哪些?
5. 试述排队等待策略的基本内容。
6. 如何让顾客等待时间显得更短?
7. 排队规则有哪些?

## 案例分析

### 中国工商银行南充茧市街支行缩短顾客等待时间

　　到银行办理业务,如遇上长时间排队等候,不少人心中会很不爽。四川省南充市闹市区五星花园的工行南充茧市街支行,位于南充市中心,人流较为密集,以前容易出现网点排队等候时间过长的问题。对此,该支行制定了多项措施来缩短排队等候时间,使办业务的市民感到很温馨。

　　首先,做好柜面服务人员和大堂工作人员的内外联动。一是工作人员在为客户取号之后,进行一次分流,将能够在自助机具办理的业务尽快办理,既减少了客户的等候时间,又让客户体验了工行的自助机具服务。二是对于只能在柜面办理的业务,大堂的客服经理提前审核客户填写的单据,尽量避免因单据填写错误或单据不齐全而延长柜面业务办理时间。三是客户等待时间,适时开展网点现场沙龙,由客户经理宣讲推荐理财、存款及其他产品,介绍反假防假以及防范网络电信诈骗等知识,既分散了客户等待时的注意力,又宣传和营销了工行的相关产品。

　　其次,加强自助机具的使用率,为客户提供全新便捷的服务体验。加强大堂工作人员对机具的排查工作,提高自助机具的使用率,紧盯机具的运行情况,如出现异常及时上报,确保机具的正常使用。加强对自助机具的培训和考核,要求每名大堂工作人员均要熟练掌握其操作方法,以便对客户进行指导,尽量让客户在自助机具上办理相关业务,释放更多的柜台资源。

　　最后,加强实时监测,随时关注客户的等候时间。网点设有零币兑换、残损币兑换的专用窗口,客户无须取号就可以快速办理。每月月底前后,由于社保工资发放,办理业务的客户相对集中,为了解决排队问题,网点会安排休假人员加班临柜,调增现金窗口数量,缩短客户的等候时间。此外,对于特殊情况,网点设立了机动的应急工作窗口,及时进行补位。

　　资料来源:https://baijiahao.baidu.com/s?id=1695254413158275002&wfr=spider&for=pc.

**案例思考**

1. 该支行是如何对顾客排队等候进行管理的?
2. 你对国内银行中的顾客等待问题有什么建议?

## 实践活动

### 一、实训目的

1. 通过体验，理解排队等待对顾客情绪的影响。

2. 感受等待的心理学规则是否实际发生作用。

3. 体会并解决排队等待给服务企业带来的负面影响。

### 二、实训内容

1. 以自己的开户银行、美发店、餐厅或其他服务企业为对象，选择在高峰时段前往体验排队等待。

2. 访问、观察其他顾客的排队等待体验，并做好记录。

3. 访问该服务企业的管理者、员工，了解他们对顾客排队等待的看法，以及所采取的解决措施及其效果。

4. 对该服务企业的现行排队等待策略做出评价，并提出你的改善建议。

5. 完成一份书面报告，并制作演示文稿。书面报告应包含以下内容：①说明你完成本次实训的时间、地点；②简单介绍所选定的服务企业及其业务；③描述该服务企业的排队等待情况，说明你的体验、观察和访问情况；④做出你对该服务企业的排队等待系统、规则及其效果的评价；⑤提出你的建议方案。

### 三、实训组织

1. 提前一次课布置任务，在学生进行充分的课外准备的基础上，根据本课程课时总量安排 1～2 课时进行课堂讨论。

2. 在班级内，以学生个体为单位发表体验报告。

3. 鼓励学生使用任何能够充分表现其服务等待体验的方式进行展示、发言。

### 四、实训步骤

1. 根据可安排的课时量，确定在课堂交流发言的学生数量，其他学生以书面形式进行报告。

2. 依次安排课堂发言，学生进行交流发言。

3. 对每一轮发言，教师应鼓励并安排具有不同见解的同学或小组之间展开相互交流。

4. 教师对发言过程和观点、证据进行评价，并根据学生在整个讨论过程中的表现记录实训成绩。

# PART 5
## 第 5 篇

# 履行服务承诺

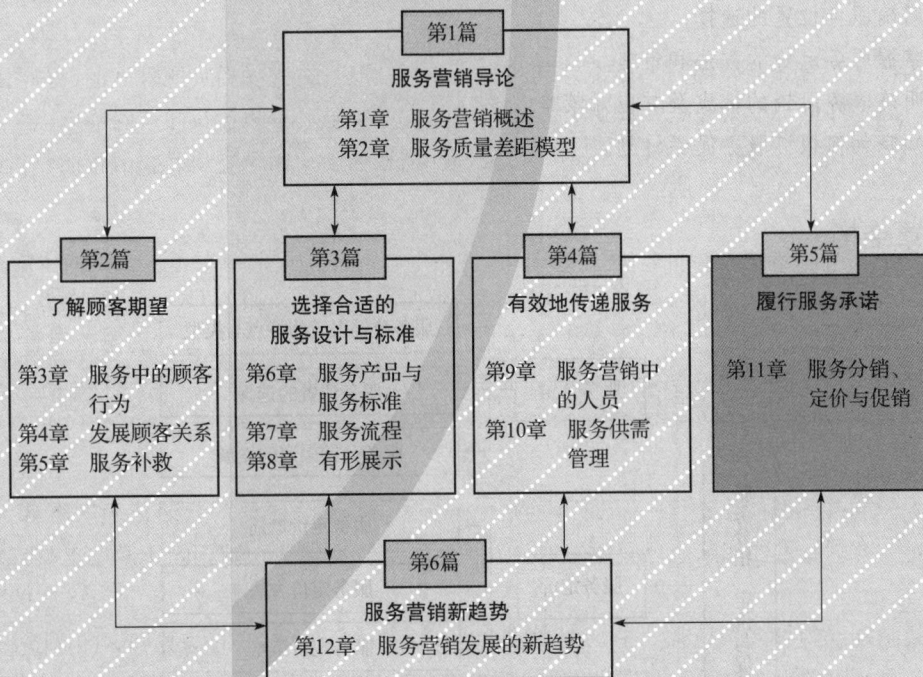

```
                        ┌─────────────────────┐
                        │        第1篇          │
                        │                      │
                        │     服务营销导论       │
                        │  第1章  服务营销概述    │
                        │  第2章  服务质量差距模型 │
                        └─────────────────────┘
```

| 第2篇 | 第3篇 | 第4篇 | 第5篇 |
|---|---|---|---|
| **了解顾客期望** | **选择合适的服务设计与标准** | **有效地传递服务** | **履行服务承诺** |
| 第3章  服务中的顾客行为 | 第6章  服务产品与服务标准 | 第9章  服务营销中的人员 | 第11章  服务分销、定价与促销 |
| 第4章  发展顾客关系 | 第7章  服务流程 | 第10章  服务供需管理 | |
| 第5章  服务补救 | 第8章  有形展示 | | |

```
                ┌─────────────────────┐
                │        第6篇          │
                │                      │
                │     服务营销新趋势      │
                │  第12章  服务营销发展的新趋势 │
                └─────────────────────┘
```

图 V　服务营销学的理论框架

# 第 11 章
# 服务分销、定价与促销

## 学习目标

本章对服务分销、服务定价和服务促销进行介绍。通过本章的学习应该能够：

1. 认识服务分销渠道的特点与类型。
2. 明确服务位置的选择。
3. 掌握服务定价的方法和策略。
4. 明确服务促销的挑战及其应对策略。
5. 知晓如何拟订服务促销计划。

## 本章结构

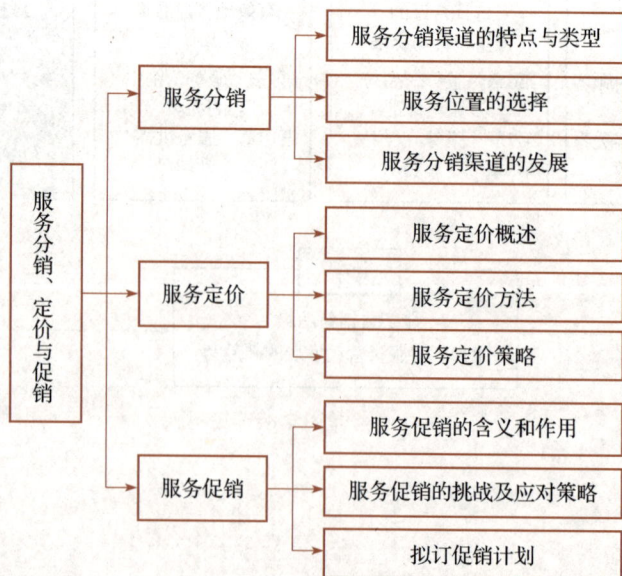

## 🌀 导入案例

## 美团优选的新型社区电商探索

2020 年初，各个小区的团购微信群热火朝天，顾客在群里接龙要买的商品，而运营微信群的宝妈团长们还在拉动自己的亲朋好友加入，每发展一个团长奖励不菲……整个社区团购行业遽然火爆，也进入了美团决策层的视野。

美团作为本地生活服务龙头，业务布局覆盖"吃、喝、玩、乐"各个生活层面，涵盖餐饮、外卖、出行、酒店、旅行、票务、休闲娱乐等 200 多个服务品类。2020 年，美团开始布局社区团购业务，组建美团优选事业部。目前，美团优选可通过在新城市稳定增加设立社团点的数量来提升渠道渗透率，从而提升日均订单。美团优选运营数据显示，截至 2021 年第二季度末，美团优选覆盖城市超过 2 600 个；截至 2021 年底，每日平均订单数量超过 3 500 万单，美团优选覆盖范围、订单量均列各社区团购平台之首。

### 采购：规模采集，账期短

为了实现最低的采购成本，美团优选逐渐采用"拍卖制"选择单品供应商。每日竞价后，只有报价最低的供应商能够获得供应权，并获得部分推广资源。美团优选每日销量巨大，且给予供货商 T+3（结算日在交易日的第 3 天）的极短结账周期，这样的采购方式其实就相当于以规模换取价格折扣。

为了保证单品的销售规模以及中心仓、网格站的分拣效率，每日提供商品种类数量被设定不超过 3 000 个，商品丰富度低于便利店、大型商超以及一些电商。但通过"档期制"，即约 30% 的商品每日轮流上新，社区电商模式可以利用较少的商品种类数量满足消费者的日常生活需求。

在生鲜品方面，美团优选已将产地直采视为长期发展方向，并开始了"直接采购"计划，期待从源头减少流通环节，降低采购成本。但在当前，本地供应商仍是最主要的货源，即产地采购模式的商品供给占据主要地位。一方面，生鲜品的体积和重量单位价值相对较低，高速流转的社区电商平台难以在库存成本、货损和时效性三方面实现平衡；另一方面，出于规模考虑，产地直采一般对接大生产基地，未必比当前供应商下沉收货更有价格优势。

### 仓储配送：一体化的仓储配送体系

基于"预售"的低库存、"次日达"的时效性和"自提"的低频配送三个特点，美团优选打造了"共享仓库＋中心仓库＋网格仓库＋团长所在门店自提"的仓储配送体系。

通过"拍卖制"择定的商品通常先进入共享仓库暂时存储，这一环节主要是为满足平台对上游供货时效性的较高要求。美团优选以销定采，供应商在每日晚上 11 点截单后才能得知当天的实际需求量，但在次日下午 2 点前就需要保证所有货品送达中心仓库。中心门店是社区电商模式的物流枢纽，成为各平台履约能力的主要差异来源。基于此，和共享仓库一样，中心仓库这一环节由美团优选自营。目前，建成的中心仓库有 100 个左右，这是美团优选履约能力的关键。在网格仓库，一排排周转筐被整齐地码在地上，每个筐都装着各个区域的顾客所订购的商品，配送员将这些不同的筐送到各个团长所在门店。

### 团长：引流、运营和自提点

在团长选择上，美团优选致力于转化实体店店主成为团长。相比于宝妈群体，实体店主具有明显的优势：他们拥有丰富的商品管理经验和较强的服务能力，同时，门店也方便团长分拣商品与消费者提货，能够给消费者带来更好的购物体验，进而促进复购。团长在管理社群、推荐商品、提醒提货和售后咨询等用户运营方面也发挥着积极的作用。

### 消费者的"多、快、好、省"

"多"来自美团优选对商品品类结构做进一步的细化运营，持续完善品类供给，尤其是将传统社区小店无法销售的额外品类纳入平台，如水产品、葡萄酒/洋酒、花卉绿植等，以此增加平台在产品丰富度方面的优势。以保定市某县城一家超市为例，平台提供的产品种类数量为2 797个，远超门店自己的584个，同时，属于额外品类的产品种类数量超过500个。

适度的"快"来自"预售+次日自提"的消费模式。消费者可以直接在APP或小程序中下单，或点击团长分享的商品链接下单，当日晚上11点停止下单，次日下午4点前货品就会被统一配送至团长处，之后消费者便可到团长处提货。"次日自提"的履约时效性虽不如30～60分钟的即时配送模式，却明显优于传统电商平台的2～3天的配送模式。

适度的"好"则来自较优的商品供给与购物体验。美团优选的质控能力和集中采购为消费者增添了保障，消除了买到劣质产品的风险，带来了低线市场的消费平权。完善的售后机制使低线市场的退换货方便快捷，同时团长作为履约链条中接触消费者的环节，也能够为其提供良好的服务。

"省"来自美团优选商品相比线下商超便宜约20%的价格优势。监管风暴之后，超低价引流已成为过去式，平台商品价格虽然回归常态但仍极具吸引力。例如在河南省南阳市社旗县，美团优选上0.5千克小龙虾尾仅售8.29元，6罐330ml雪碧仅售9.99元。通过绕开流通链条的冗余环节降低商品成本，通过规模效应获取采购时的价格折扣，通过高效履约模式减少物流损耗成本等，美团优选社区电商能够最大化地让利消费者。

2021年底，美团优选日单量最高达4 500万，全年共完成约1 200亿元成交总额，用户激增超过1.5亿，各方面稳居行业第一名。2021年第三季度，美团新业务（包括美团优选、美团买菜、美团闪购等）及其他收入为137.23亿元，同比增长66.7%。到年底美团营收1 791.3亿元，同比增长56%，公司新业务及其他分部的收入为503亿元，同比增长84.4%。

资料来源：1. http://www.cmcc-dlut.cn/Cases/Detail/6712.
　　　　　2. 王馨怡. 社区团购电商平台运营模式分析：以美团优选为例 [J]. 对外经贸，2022（8）：33-36.
　　　　　3. 袁来. 社区团购业务商业模式研究：以美团优选为例 [J]. 内蒙古科技与经济，2022（14）：69-70，73.

# 引言

在服务营销中，分销渠道关系到企业是否能将服务顺利地传递给顾客，而价格和促销则是导致服务供应商差距出现的关键因素，两者都有可能通过提高顾客期望而加大顾客差距。因此，企业要对服务的分销、定价和促销进行有效的管理。虽然实体商品的分销策略、定价策略与促销策略也可以用于服务之中，但是，服务毕竟不同于实体商品，服务的分销、定价与促销有其特殊性，本章主要对服务的分销、定价与促销进行介绍。

# 11.1　服务分销

## 11.1.1　服务分销渠道的特点

### 1.服务分销渠道较短

在大多数情况下，由于服务生产与消费同时进行，通常需要顾客参与到服务过程中，很多人员提供的服务是由企业直接提供给顾客的，因而服务分销主要是采用直销的形式来实现服务的直接传递。即使使用服务中间商来分销服务，服务分销渠道也很短。

### 2.服务分销渠道不涉及所有权的转移

在商品的分销过程中，商品所有权往往在不同渠道成员之间转移。然而，由于服务具有无形性的特征，顾客无法获得服务的所有权，企业或服务中间商也只能对服务的使用权进行转移。因此，服务分销渠道并不涉及所有权的转移，实际上是将服务传递给顾客。

### 3.管理中间商时面临着特定的问题

如果企业使用中间商来分销服务产品，与服务中间商有关的主要问题包括对各商店质量控制的困难、授权和控制之间的紧张关系，以及渠道冲突等问题，企业需要对中间商进行管理，可以使用渠道控制、向中间商授权、与中间商合作等管理措施，使其能将服务有效地提供给消费者。

## 11.1.2　服务分销渠道的类型

服务分销渠道是指促使某种服务产品能够被消费的一系列相互依赖的组织。根据企业是否使用中间商，可以将服务分销渠道划分为直接服务渠道和间接服务渠道，如图 11-1 所示。

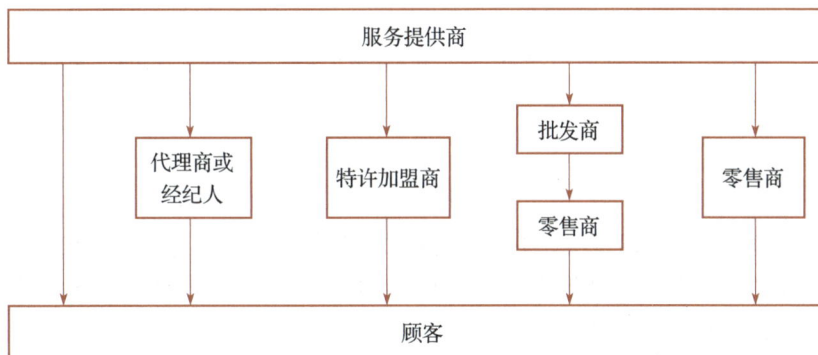

图 11-1　服务分销渠道的类型

### 1.直接服务渠道

直接服务渠道是指企业直接将服务产品销售给顾客的渠道模式。它最适合服务产品的分销。企业采用直接服务渠道具有以下营销优势。

（1）对分销渠道的控制性强　企业使用自有渠道，可以自主决定聘用、激励、解雇员工，可以对服务质量保持较好的控制以实现服务供给的一致性，还可以完全控制顾客关系。

（2）能及时获取市场信息 在与顾客接触时，可以直接了解顾客的需求及其变化趋势，以及顾客的意见和竞争者的信息，使企业能对市场需求进行快速响应。

（3）有助于实现服务差异化 企业直接向顾客提供服务，对顾客的了解较为深入，可以根据顾客的需求偏好灵活地提供真正个性化的服务，形成服务差异化，与竞争者区分开来，进而获得竞争优势。

企业使用直接服务渠道具有以下劣势。

（1）需要大量投资 向顾客直接销售服务，需要由企业自筹资金开设或增加店面。对于大多数企业而言，这不但加重了企业的负担，还需要企业为此承担所有的财务风险。

（2）地域的局限性 在人的因素所占比重较大的服务产品中，如著名律师提供的法律服务，服务提供者的不可复制性使企业难以开拓新的市场，直销可能意味着企业会局限于某个地区性市场。

### 🐾 知识链接 　　　　　　　　　　消费者需要的便利

贝里等人认为，顾客所强调的便利包括服务进入便利和服务交易便利。服务进入非常重要，因为服务的特性决定了顾客必须参与服务的生产，而且服务的生产过程就是服务的消费过程。他们认为，可以通过以下方式来改进服务进入的便利性。

- 为顾客提供不同的服务接受方式，包括自助服务技术。
- 对很多过去必须到柜台办理的服务进行改革，如为顾客提供网上预订服务。
- 把服务传递给顾客，而不是让顾客来接受服务。
- 通过为顾客提供支持性服务和便利性服务，来强化核心服务。如顾客购买房屋时，为顾客提供贷款和保险服务等。

服务交易的便利性也非常重要，因为顾客会将时间的耗费视为一种成本或投资，过长时间的等待无疑会降低顾客的满意度。

资料来源：卡斯帕尔，赫尔希丁根，加伯特，等. 服务营销与管理：基于战略的视角 第2版［M］. 北京：人民邮电出版社，2008.

### 2. 间接服务渠道

间接服务渠道是指企业通过服务中介机构向顾客提供服务的渠道模式。服务中介机构的形式有很多，常见的服务中介机构类型见表11-1。企业可以使用一种服务中介机构销售服务，也可以综合使用多种服务中介机构分销服务。

表 11-1 　常见的服务中介机构类型

| 常见的服务中介机构 | 含义 |
| --- | --- |
| 代理商 | 根据合同规定代表委托人从事某项服务活动的一方，如保险代理人 |
| 经纪人 | 为促进他人交易并收取佣金的组织或个人，如房地产经纪人、证券经纪人 |
| 特许加盟商 | 专门提供一项服务，然后以特许权的方式销售该服务，常见于快餐行业 |
| 批发商 | 从事批发业务的服务中介机构，如旅游承办商、投资银行等 |
| 零售商 | 直接向顾客提供服务的中介机构，如电影院、干洗店 |

**小案例 11-1**  中国电信的服务渠道

中国电信以客户为中心，建立了三类服务渠道：第一是实体服务渠道，主要包括实体营业厅和直销渠道；第二是电子化服务渠道，以网上客户服务中心、呼叫中心、短信邮件等电子业务为主；第三是社会渠道，该渠道包括合作伙伴、代理商及资源性渠道。具体如下：

### 1. 实体服务渠道

中国电信的实体服务渠道主要有体验店、社区店、直销渠道三种。体验店面积大，销售环境好，能带给用户更好的体验，是中国电信进行品牌推广的重要窗口。社区店面积较小，位置靠近居民区，主要负责融合业务的体验展示以及用户的维系和服务。直销渠道以个人为单位，配备移动设备，即"移动受理门店"，该渠道针对的是大客户。

### 2. 电子化服务渠道

电子化服务渠道主要有热线服务、短信服务、网上营业厅和电信营业厅等。热线服务主要是指顾客可以通过拨打 10000 查询或咨询中国电信的基本政策、业务知识、相关新业务、计费标准等问题，也可对服务质量和服务业务提出意见。短信服务是指顾客通过发送短信进行话费查询、业务办理等操作。网上营业厅是通过中国电信的官方网站，向各地顾客提供业务咨询和办理服务等服务。电信营业厅将网上营业厅现有功能集成在 APP 中，通过下载电信营业厅 APP，顾客可随时监控套餐和话费的使用情况，随时随地查询和定制最新的业务与功能。

### 3. 社会渠道

社会渠道主要是通过合作营业厅来为顾客提供服务。合作营业厅属于业务分销渠道中的中间商，是合作者自己投资建立的专门经销各种电信业务的经营场所。合作营业厅的所有者买进电信提供产品的所有权，然后直接销售给顾客。

资料来源：http://www.chinatelecom.com.cn/.

**问题**：中国电信的服务渠道有哪些类型？

## 11.1.3 服务位置的选择

### 1. 顾客与企业的互动方式和服务位置的关系

服务位置的选择是企业就它在什么地方经营与服务人员身处何地所做出的决策。服务位置会对企业的服务营销产生影响，不少零售店非常强调店面的位置。位置的重要性主要取决于顾客与企业互动的类型与程度，而二者互动的类型与程度和服务的性质有关。顾客与企业的互动方式和服务位置的重要性见表 11-2。

表 11-2　顾客与企业的互动方式和服务位置的重要性

| 顾客与企业的互动方式 | 常见例子 | 服务位置的重要性 |
|---|---|---|
| 顾客亲临服务场所 | 电影院、理发店、快餐店 | 最重要 |
| 服务提供者前往顾客所在地 | 家政服务、邮件递送 | 较不重要 |
| 远距离完成服务传递 | 电话公司、信用卡公司 | 最不重要 |

（1）顾客亲临服务场所　当顾客必须亲自到服务场所才能获得服务时，服务位置就显得特别重要，例如，餐馆所在地点的便利性就是顾客光顾的一个主要理由。因此，企业选择合理的服务位置非常关键，开展行人调查或交通调查可以帮助企业更好地确定店面所处位置。

（2）服务提供者前往顾客所在地　如果企业的员工能够到顾客所在地为其提供服务，那么服务位置就不是很重要了。在下列情况下，服务提供者适合到顾客所在地提供服务：一是服务对象无法移动，如需要装修的房屋、需要清洁的门窗；二是顾客愿意支付更高的服务费，企业可以从中获得更多收益，如为高端人士提供的量身定制的裁缝服务。

（3）远距离完成服务传递　当顾客与企业不直接接触而是彼此相距一段距离时，服务位置是最无关紧要的。顾客与企业之间在不需要相互接触的情况下通过电话或互联网就能完成服务交易，顾客不会与服务人员面对面地交流，也不会关心服务提供者的实际位置。

### 2. 服务位置选择的策略

（1）集中策略　即企业在众多提供相同服务的场所设立服务点的策略。餐饮业、汽修业的企业常使用这一策略。这是根据顾客在许多相互竞争的企业之间选择时表现出的消费者行为总结得出的。在同行业企业集中的地方开店，方便消费者识别与选择，容易实现共赢。例如，小吃一条街汇集了各种特色小吃，不同商家集中在一起生意反而会更好。

（2）分散策略　即企业使其服务网点广泛分布，采用多店面与多地点的策略。例如，某药店在各个社区建连锁店，某零售商在汽车站、火车站、加油站等处设立零售店。使用分散策略时，企业通过建立众多的服务点，可以提高知名度，扩大市场覆盖面。

（3）替代策略　即企业利用第三方的网点或技术手段来替代自身的服务网点的策略。这种策略的本质在于利用网点来获得市场先机，以最低成本为最大范围的消费者服务。企业可以通过与竞争者或服务中介合作，利用对方的网点来提供服务。如ATM联网使各银行都能更大范围地为顾客提供便利的服务。企业还可以通过通信和运输替代网点，如急救中心无须多处布点，只需通过电话就能调遣急救车送患者就医。

### 3. 服务位置的创新

（1）迷你小商店　一些覆盖范围很广的服务在每个服务网点的建设规模都很小。比如，快客饮品店从其他商家购买空间作为附加的销售场所；咪哒自助KTV通过在商场内部、影院附近及电玩城的布局为消费者提供了随时唱歌的空间。再如，银行的ATM可以放置在商店、医院、大学、飞机场或者办公楼的角落里，使顾客通过自主操作获得多种银行服务。成熟的信息系统使缩小店面、降低成本成为可能。

（2）位置的多重目的设计　企业的布局设计通常有多重目的，比如，靠近消费者居住和工作的地方，不仅提供办公或生活空间，同时还设有银行、小型超市、理发店、酒吧、美容院甚至健身俱乐部。在运输线路甚至公交车、火车和飞机航线的起点站及终点站附近设立小旅馆、钟点休息室、网吧、书店、名品零售点等。加油站的分布可以方便顾客一站式购买包括燃料、汽车用品、食品和家庭用品在内的多种产品。在高速公路旁提供给卡车停放的停车场设有自助洗衣店、洗手间、自动取款机、传真机、旅馆等，还提供多种汽车维修和卡车维修服务。总之，提供综合的满足消费者一站式需求的场所及布局设计越来越流行了。

（3）门到门服务　现在中国的消费者能够享受到很多上门服务，如快递、餐饮外卖、药店送药、美容及理疗家庭医生、家庭健身教练、电器维修、家庭教师、远程搬家等。电子商务的发展和平台经济的崛起为门到门服务提供了技术支持；人工智能也使得机器人在服务领域的应用越来越普遍，增加了门到门服务的便利性，如快递配送机器人和外卖配送机器人等。门到门服务的增加一方面来自供应商服务的策略或竞争环境下的必要选择，另一方面来自消费者足不出户的需求的增加且愿意支付上门服务的额外负担。

（4）电子渠道　随着大数据时代下的全渠道营销的发展，以大数据为依托的用户画像技术逐渐成熟，通过对顾客的相关数据分析，企业可以精准定位，并借助有效的数据支撑，满足消费者的需求，提供更优质的服务，进一步提升自身的收益与市场竞争力。电子渠道是宏观服务渠道发展的一种趋势，其本身的发展也经历着各种创新，移动商务就是电子渠道发展中的新模式。随着掌上电脑、智能手机等新技术产品的使用及成熟，电子渠道将不断出现新的供需交互模式。例如，已出现的 O2O、新零售，通过线下与线上相结合的方式打造了令消费者体验更佳的交易闭环。为此，大数据时代下的电子渠道设计将成为未来企业选址的重要依据。

### 11.1.4　服务分销渠道的发展

随着社会的进步和发展，近年来，创新了很多服务分销渠道，下面作简要的介绍。

#### 1. 综合服务渠道

综合服务是服务业增长的一个现象，即综合公司体系与综合性合同体系的持续发展，并已经开始主宰某些服务领域。在观光旅游方面，许多服务系统正在结合两种或两种以上的服务业，如航空公司、大饭店、汽车旅馆、汽车租赁、餐厅、订票和预订座位代理业、休闲娱乐区、滑雪游览区、轮船公司等进行合作联盟，一起为消费者提供旅游服务。目前有些大型的服务业公司，正通过垂直和水平的服务渠道系统，进而控制了整体的服务组合（Package），提供给旅游者和度假的人。以前，综合服务渠道一直被认为是一种制造业的体制，现在已经变成许多现代化服务业体系中的一种重要特色。

#### 2. 自助服务渠道

自助服务渠道是指消费者自己就可以完成相关服务产品的购买，不需要企业相关人员的参与。在银行旁边使用自动取款机，在加油站自己加油，在地铁站通过自动售票机购买车票，这些都是自助服务。科技进步、自助服务的低成本和低价格、自助服务给顾客带来的便利性、社会对自助服务的认可等因素都促进了顾客自助服务趋势的形成，现在自助服务也越来越多了。但自助服务的潜在危险是可能会使企业与顾客之间的关系疏远，顾客与员工之间互动的缺乏会导致顾客忠诚度降低。

**应用练习 11-1**
相对实体店而言，你所购买的通过互联网传递的服务（如手机费）有哪些优势？

#### 3. 网络服务渠道

网络服务渠道是指企业利用互联网与顾客进行交易并向顾客提供服务。例如，网络订餐服务，飞机票与火车票的网络购票服务以及中国移动的网上营业厅、短信营业厅、掌上营业厅等电子服务。网络服务渠道的优势包括：较强的互动性、成本低、服务更多顾客。网络服务渠道消除了时空限制，减少了市场交易壁垒，使交易更具公平性，同时还使消费者拥有更多的选择权，为消费者带来更大的便利。但网络服务渠道也存在一些问题：网络信息安全问题，有时消费者会担心银行账户个人信息泄露、黑客攻击事件发生；企业初期投资成本高；网络的虚拟化导致市场分析难度大等。目前，信息化和高科技正在从根本上改变服务分销渠道，网络服务渠道成为传统实体渠道的补充或替代性选择。

**◐ 专栏** 　　　　　　　　**技术推动服务传递方式变革**

不久前，服务企业的管理者开始利用互联网优势来传递服务，其中四种创新引人注目。
- 开发新型的智能手机和掌上电脑，以及随时随地都可以连接的无限高速互联网技术。
- 使用语音识别技术，让顾客对着电话或麦克风讲话就能获得相关信息和所需服务。
- 建立网站提供信息、处理订单，甚至成为提供信息服务的供货渠道。
- 智能卡的商业化，卡里含有微型芯片。自助银行的最终目标是顾客不仅能像用电子钱包一样用智能卡完成各种交易，还能通过与个人计算机相连接的读卡器进行充值。

无论是单独使用还是综合使用，在提供信息服务方面，电子渠道是传统实体渠道的补充或替代性选择。

资料来源：洛夫洛克，沃茨. 服务营销：原书第7版　全球版 [M]. 韦福祥，等译. 北京：机械工业出版社，2014.

## 11.2　服务定价

### 11.2.1　服务定价概述

由于服务产品的特殊性，服务产品的定价比有形产品的定价困难得多，需要考虑的因素也很多。服务企业定价是给服务产品制定一个合理的价格，更是给消费者一个识别服务质量的信号。因此，服务企业要重视服务产品的定价。

> **应用练习 11-2**
> 给出两张图片，并完成以下内容：
> 1. 给出一张瓶装水的图片，请你说出价格。
> 2. 给出一张女士发型的图片，请你猜测价格。

#### 1. 服务定价的特点

服务作为一种可供交换的无形产品，其价格既是服务产品提供者与购买者之间相互交换的媒介，也是反映生产这种服务产品劳动量耗费多少与产品效用程度的一个重要标志。由于服务的无形性等特点，也决定了服务价格与一般有形产品的价格有着特殊的差异。

1）服务的无形性使服务产品的定价比有形产品的定价更困难。顾客在购买有形产品时，可以根据产品的外观、做工的精致程度、产品的包装等方面判断产品的质量价格比；而在消费服务产品时，由于服务产品的无形性，实物产品只是服务这种特殊产品赖以存在的载体，顾客在购买服务产品之前是看不到、听不到、尝不到、摸不到、闻不到的，对产品只有一个抽象的概念，难以对服务产品形成一个准确的认识。为了减少消费的不确定性，他们将通过看到的服务环境、服务人员、服务设备、企业宣传资料和企业标志等与服务产品相联系的实体要素，来判断服务产品价格合理与否，从而在心目中形成一个模糊的价值概念，并将这个价值同企业确定的价格进行比较，判断是否物有所值。因此，所含实物成分越低的服务企业，在制定价格时就越需要更多地考虑顾客对该产品的心理评价，这就加大了服务企业的定价难度。

2）服务的易逝性及服务需求的不稳定性导致服务价格的差别较大。服务的易逝性使服务的供求始终难以平衡。当需求小于供给时，服务企业可能会更多地使用优惠价、降价等促销方式，以充分利用剩余生产资源。例如，在旅游淡季，酒店和航空公司实行折扣价、提供更多的服务内容等，以吸引更多的顾客。当需求大于供给时，服务企业可能更多地制定相对较高的价格，以调节过量的需求。但是，服务企业如果经常使用这种方式，会强化顾客对降价的预期心理，使他们可能会故意延迟对某种服务的消费时间。

3）更为激烈的价格竞争。服务产品的同质性，以及经营中存在的不规范化，会导致更为激烈的价格竞争。市场竞争状况直接影响着企业定价，一般来说，越是独特的服务产品，企业越具有定价的主动权。但服务市场上，许多同行业的企业提供的服务产品差异化程度较小，在这种情况下，顾客不太关心服务产品的提供者是谁，他们会从众多的服务企业中进行选择，若企业之间竞争激烈，此时价格就成为影响顾客购买决策的主要因素。

4）每一次服务的质量价格比各不相同。服务与服务提供者的不可分离性，使每一次服务的质量价格比各不相同。服务产品的质量很难以一个固定的标准来衡量，它要受到服务设备、服务提供者的技能、技术及情绪等因素的影响，这又增加了服务产品定价的不可确定性。

### 2. 服务定价的主要影响因素

影响服务产品定价的因素主要有服务产品成本、定价目标、市场需求和竞争者的价格，此外，政府的政策法规也是服务企业在产品定价时不可忽视的因素。服务产品成本决定了服务产品价格的下限，市场需求决定了服务产品价格的上限，而竞争者同类服务的价格则决定了企业应该在服务价格的上限和下限之间确定价格水平的高低。

（1）服务产品成本　一般来说，服务产品成本可以分为 3 部分，即固定成本、变动成本和准变动成本。

1）固定成本是指基础设施、折旧费、房租、利息、管理人员工资等相对固定的开支，一般不随服务产量的变化而变化。

2）变动成本则随着服务产出的变化而变化，如职员的工资、低值易耗品、电费、运输费、物料消费等。变动成本在总成本中所占的比重往往很低。比如，飞机上的座位未满员但仍要起飞时，再增加一位旅客，那么航空公司在人力资本、资源消耗方面增加的成本就很小。变动成本有时甚至接近于零，如电影院的座位。

3）准变动成本是介于固定成本和变动成本之间的那部分成本，它们既与顾客的数量有关，又与服务产品的数量有关，比如，清洁服务的费用、员工的加班费等。

在服务产出水平一定的情况下，服务产品的总成本等于固定成本、变动成本和准变动成本之和。服务企业在制定定价战略时必须考虑不同成本的变动趋势。

🌸 **知识链接**

酒店的成本构成见表 11-3。

**表 11-3　酒店的成本构成**

| 成本 | 内容 |
|---|---|
| 固定成本 | 建筑与设施的折旧（自建） |
| | 建筑和设施的租金（租用） |
| | 固定人员的酬金 |
| 变动成本 | 食品消耗费用 |
| | 易耗品的维修费用 |
| | 水电的消耗费用 |
| 准变动成本 | 员工的加班费 |
| | 清洁费用 |

资料来源：根据相关资料整理。

（2）定价目标　服务定价必须与服务机构的经营目标一致。如果服务企业将服务定位于高端市场，那么服务定价应符合高端市场的要求，即制定较高价格；如果服务企业将企业生存作为主要目标，为提高竞争力，企业服务定价需在高于成本的基础上尽可能地降低；如果企业的目标是短期内尽快收回成本，或者以利润最大化作为企业目标时，企业应当采取高价策略；如果企业的目标是短期内快速扩大市场占有率，企业应当采取低价策略。

（3）市场需求　影响服务定价的需求因素包括市场需求与供求关系。服务企业在制定服务产品的价格时要考虑市场需求，而市场需求会受到价格的影响。需求的价格弹性是指因价格变动而相应引起的需求变动比率，它反映了需求量对价格的敏感程度。需求的价格弹性通常用弹性系数来表示，该系数是需求量变动的百分比与价格变动的百分比的比值。当弹性系数小于1时，表示缺乏弹性；当弹性系数大于1时，表示富有弹性。

价格弹性对服务企业的收益有着重要影响。通常服务企业销售量的增加会产生边际收益，而边际收益的高低又取决于价格弹性的大小。在现实生活中，不同服务产品的需求弹性是不同的。例如，在某些市场（如市区公共交通服务、旅游娱乐等），需求受到价格变动的影响很大，而有些市场（如医疗、中小学教育等）则影响较小。因此，服务企业需根据服务产品的价格弹性与市场整体需求量进行合理定价。

市场需求在短时间内无较大波动，但供求关系会影响服务定价。当某种服务供大于求时，服务企业无法支持高价格的服务，甚至会进行服务促销或降低服务定价。当某种服务供不应求时（如在考试期间考点周围的宾馆、节假日旅游高峰期的机票等），则可以为该种服务制定较高的价格。

（4）竞争者的价格　所有服务企业都受整个竞争态势的影响，服务企业要考虑竞争对手的价格，这样才能制定出合理的价格。一般来说，对于服务产品之间区别很小而且竞争较强的市场，可以制定大体相似的价格。此外，在某些市场背景之下，传统和惯例可能影响到定价（如广告代理的佣金制度）。

（5）政府的政策法规　由于服务产品价格涉及服务企业和消费者的利益，同时对服务企业的健康发展产生了重要影响，所以政府会通过一些法律法规对某些服务产品价格实行政策干预。因而，服务企业在制定价格时，应该把政策法规纳入决策的范畴。服务企业的定价还必须遵守国家的有关政策法规。

## 11.2.2　服务定价方法

### 1. 成本导向定价法

成本导向定价法是指企业以其提供服务的成本为主要依据的定价方法。这是一种最简单的定价方法，即在服务产品单位成本的基础上，加上预期利润作为服务产品的销售价格。成本导向定价法主要有成本加成定价法和目标利润率定价法两种。

（1）成本加成定价法　成本加成定价法是指在计算出服务产品的成本后，再加上若干百分比的毛利，然后计算出服务产品的价格。

（2）目标利润率定价法　目标利润率定价法的要点是使服务产品的售价能保证服务企业达到预期的目标利润率。服务企业根据总成本和估计的总销售量，确定期望达到的目标收益率，然后推算价格。

成本导向定价法存在一定的局限。第一，成本导向定价法的基础是提供服务产品的价值消耗，而对于同一服务产品而言，其价值消耗在特定服务企业、特定配置下（生产能力、人员）往往不具可比性，不宜作为定价的基础；第二，成本导向定价法强调供给方的价值消耗的补偿和获利，忽略了对需求方利益的关注，不符合实现互利双赢的发展理念。

成本导向定价法是一种卖方定价导向，它忽视了市场需求、竞争和价格水平的变化，在有些时候与定价目标相脱节，不能很好地与之配合。此外，运用这一方法制定的价格是建立在对销量预测的基础上的，从而降低了价格制定的科学性。因此，在采用成本导向定价法时，服务企业还需要充分考虑需求和竞争状况，来确定最终的市场价格水平。

### 2. 需求导向定价法

需求导向定价法就是以消费者对服务产品价值的理解和市场需求强度差异为主要依据的定价方法。需求导向定价法主要包括两种定价方法：感知价值定价法和需求差异定价法。

（1）感知价值定价法　因为消费者购买服务产品时总会在同类服务产品之间进行比较，选购那些既能满足其消费需要，又符合其支付标准的服务产品。消费者对服务产品价值的理解不同，会形成不同的价格限度。这个限度就是消费者宁愿付款也不愿失去这次购买机会的价格。如果价格刚好定在这一限度内，消费者就会顺利购买。

（2）需求差异定价法　需求差异定价法以同种服务产品因条件变化而产生的需求强度差异作为定价的基本依据。引起需求强度变化的条件有销售时间、地点及对象的改变。以酒店服务产品为例，酒店可以按不同的时间（周末、节假日），甚至不同的钟点规定不同的价格；由于有的消费者喜欢高楼层，有的消费者喜欢低楼层，可以根据酒店客房所处楼层不同而制定不同的价格。采用需求差异定价法需要注意的是差价的大小要合适，并且要消费者相信这些差价是合理的，是物有所值的。

服务的需求导向定价法关注顾客需求，试图使价格与顾客的价值感受相一致，这一点与制定商品价格的原则相同。但是，服务与商品的需求导向定价法又有所不同，这表现在两方面。一是服务企业定价时必须考虑非货币成本，对货币价格进行调整。当顾客购买服务需要花费大量的时间、精力和体力时，企业应下调价格以补偿顾客。二是顾客不太了解服务的成本，因此，价格在初次购买服务时并不像在购买商品时那样重要。

### 3. 竞争导向定价法

竞争导向定价法是指以竞争者的价格作为定价的主要依据的定价方法。这种定价方法适用于以下两种情况：一是服务供应商提供的服务标准化，如干洗业；二是行业中只有少数大型企业，如航空业。

竞争导向定价法也存在一定的局限性。竞争导向定价法体现了同行业竞争者类比的思想，价格通常随着竞争对手的价格变动而变动，从观念上已超越了服务企业"自我"范围。这种方法仅适用于提供同质服务产品的服务企业进行定价，并不适用于寻求发展特色、提供特色服务产品的服务企业，因为特色服务产品的价格往往不具有可比性。

由于以上三种定价方法都具有其局限性，因此，各个服务企业应根据自己的实际情况选择适合自己的定价方法。

🔗 **知识链接**　　　　　　　　　　　**服务定价的自由度**

定价的自由度受价格透明度和质量透明度的影响很大。当价格和质量的透明度都高时，说明每个顾客都了解价格和质量的有关信息，那么定价的自由度就小；当价格和质量的透明度都很低时，说明顾客不了解价格和质量的有关信息，那么定价的自由度就大。

服务的特性使得服务价格和服务质量的透明度都低。也就是说，顾客难以把握服务的价格信息和质量信息。所以，一般情况下，服务定价的自由度还是比较大的。但是，定价的自由度大并不意味着可以随意定价，顾客的价值感受将对服务定价产生重要影响。此外，互联网等信息技术的发展也会使信息更加透明，从而可能会降低服务定价的自由度。

长期来看，服务价格的下限由服务机构所提供服务的成本来决定，服务价格的上限由市场需求和顾客价值感受来决定，而竞争对手的定价调节着服务价格在上限和下限之间波动。一般而言，市场竞争者越多，服务机构在定价方面的自由度就越小。

资料来源：苏朝晖. 服务营销管理 [M]. 北京：清华大学出版社，2016.

**应用练习 11-3**
从你日常光顾的小店（如餐馆、干洗店和理发店）中，找出三种服务的价格表，说明每种服务的定价方法及其所采用的定价策略，以及你的看法与建议。

## 11.2.3　服务定价策略

### 1. 新产品定价策略

新的服务产品定价的难点在于无法确定消费者对于新产品的理解价值。如果价格定高了，难以被消费者接受，则影响新产品顺利进入市场；如果价格定低了，则会影响服务企业的经营效益。新产品定价一般具有不确定性的特点。

（1）撇脂定价　撇脂定价是为新产品制定高价，以获得最大利润的定价策略。这种定价策略类似于从鲜奶中撇取奶油（精华）而得名。撇脂定价策略是指服务产品上市之初，服务企业利用部分消费者的求新心理、炫耀心理，以高价刺激消费者，以便在短期内尽量获得最大利润。这种定价策略适用于初期没有竞争对手，而且容易开辟市场的新服务产品。采用这种定价策略时应注意必须以高质量的服务产品为基础，如果质量差、定价高，会给消费者留下不好的印象，有损服务企业的良好形象，不利于服务企业的长远发展。

（2）渗透定价　渗透定价是将新产品价格定得相对较低，以吸引顾客，提高市场占有率。渗透定价需要具备以下条件：消费者对服务产品的价格非常敏感，低价可以带来市场需求的迅速增长；服务企业的生产成本和经营费用会随着生产经营经验的增加而下降；低价不会引起实际和潜在的过度竞争。

（3）满意定价　满意定价是一种介于撇脂定价和渗透定价之间的价格策略。撇脂定价的价格较高，对消费者不利，易引起消费者的不满；渗透定价的价格较低，对消费者有利，但不利于服务企业初期获取利润。满意定价介于二者之间，在新服务产品投放市场时制定适中的价格，既保证服务企业获得一定的初期利润，又能为广大消费者所接受，可以使服务企业和消费者都较为满意。

### 2. 心理定价策略

心理定价策略是针对顾客心理而采用的一种定价策略。企业在定价时可以利用消费者的心理因素，有意识地将产品价格定得高些或低些，以满足消费者生理的和心理的多方面需求。通过消费者对企业产品的偏爱或忠诚，服务企业可以扩大市场销售，获得最大效益。心理定价策略的形式主要有以下几种。

（1）尾数定价　尾数定价是指企业利用顾客数字认知的心理为服务产品定一个以零头结尾的价格。这种定价策略会使消费者在心理上产生便宜的感觉，也会认为服务企业较为认真而对其价格产生信任感。

（2）整数定价　整数定价与尾数定价正好相反，企业有意将产品价格定为整数，以显示产品的质量。整数定价多用于价格较贵的耐用品或礼品，以及消费者不太了解的产品。对于价格较贵的高档产品，顾客对质量较为重视，往往把价格高低作为衡量产品质量的标准之一，容易产生"一分价钱一分货"的感觉，从而有利于服务产品的销售。

（3）声望定价　即对在消费者心目中享有一定声望且具有较高信誉的服务产品制定高价。"凭借声望定高价，以高价扬声望"是该声望定价的基本要领，这种定价方法，主要抓住了部分消费者崇尚名牌的心理。该定价方法的主要有两种目的：一是能提高服务产品的形象；二是能满足某些消费者对地位和自我价值的追求。这种定价策略既补偿了提供优质服务产品的服务企业的必要耗费，也有利于满足不同层次的消费需求。

（4）习惯定价　某些服务产品需要经常购买，因此这类商品的价格在消费者心理上已经定格，成为一种习惯性的价格。以理发服务为例，如果某个理发店突然提高价格，那么该理发店往往会瞬间失去大量消费者，因为提高价格打破了一些消费者的心理平衡，让他们产生了不满情绪，导致购买的转移。

（5）招徕定价　这是利用消费者求廉的心理，将某些产品定价较低以吸引顾客、扩大销售的一种定价策略。采用这种策略时，虽然几种低价产品不赚钱，甚至亏本，但从总的经济效益看，由于低价产品带动了其他产品的销售，企业还是有利可图的。

### 3. 折扣定价策略

折扣定价策略是指服务企业在基本价格的基础上，根据交易对象、成交数量、交货时间、付款条件等情况，采用不同方式给购买者以一定比例的价格减让，以促进服务产品销售的一种策略。折扣定价策略主要有以下几种。

（1）现金折扣　现金折扣是指服务企业为了鼓励消费者及时付清货款而采取的一种定价策略。这种定价策略可以鼓励消费者尽早付款，加速服务企业的资金周转率，降低财务风险。

（2）数量折扣　数量折扣是指企业给大量购买某种服务的消费者的一种价格折扣，通常包括累计数量折扣和一次性数量折扣两种。累计数量折扣规定消费者在一定时间内，购买服务产品若达到一定数量或金额，则按其总量给予一定折扣，其目的是鼓励顾客经常从本企业购买，成为可信赖的长期客户。例如，某酒店规定对累计入住 8 次及以上的顾客给予房价九折的优惠待遇。一次性数量折扣通常规定一次购买某种服务产品达到一定数量或购买多种服务产品达到一定金额，则给予折扣优惠，其目的是鼓励顾客大批量购买，促进产品多销、快销。例如，某景点推出的通用年票平均每次的价格低于单次的价格。

（3）季节折扣　季节折扣是指服务企业在淡季时给购买服务产品的顾客的一种减价策略。季节折扣比例的确定，应考虑成本、储存费用、基价和资金利息等因素。服务企业采用季节折扣方式，有利于迅速收回资金，促进均衡生产，充分发挥生产和销售潜力，避免因季节需求变化而带来的市场风险。

### 4. 收益管理

收益管理是以市场为导向，通过市场细分和建立实时预测模型，对各个子市场的需求行为进行分析、预测，确定最优价格和最佳存量分配模型，实现收益最大化的过程。收益管理的目的是以合适的价格，为最适合的顾客分配最佳服务能力，进而实现最大的财务回报。收益管理的评估方法是特定时期内实际回报与潜在回报的比值，其公式为：

$$收益 = 实际回报 / 潜在回报$$

其中，实际回报 = 实际使用能力 × 实际平均价格，潜在回报 = 全能能力 × 最高价格。可见，收益是价格与实际使用能力的函数，本质是企业的资源能力获得全部潜在回报的程度。通常情况下，企业短期内的潜在回报是不变的，当实际使用能力增加或者对给定能力收取更高的价格时，收益上升。收益管理的复杂性在于价格的变化同时会影响到实际使用能力的变化，因此往往会涉及复杂的数学模型和计算机程序。随着大数据、机器学习、人工智能等技术的发展，收益管理在航空、零售、电商等领域得到了广泛应用。

🔴 **专栏**　　　　　　　　　　**如何给产品定出最优价格**

价格优化是一项重要而复杂的工作。随着内外部数据越来越容易获得，机器学习在持续发展，运算速度在不断加快，价格优化法得到了更广泛的应用。

Groupon（高朋）每天都会限时推出成千上万种新优惠。一方面是庞大的产品数量，另一方面是有限的销售时间，这两者的结合使得需求预测异常困难。为解决这个问题，公司网站推出一个新的优惠商品时，做出了多种预测，然后在学习阶段采用测试价格，观察消费者的决定，学习阶段结束时，知道了具体的销量，从而可以识别出和测试价格的销售水平最接近的需求函数。实测结果显示，降价对于销量低的商品影响巨大。对于每天订购量低于一般水平的商品而言，平均收入增幅达到 116%，而对于每天订购量高于一般水平的商品而言，平均收入增幅仅达到 14%。

B2W Digital 是巴西的一家大型网上零售商，竞争对手包括亚马逊和沃尔玛。这家公司拥有海量产品，其历史销售数据可供查询，同时具备一天之内多次调价的能力，这样就可以将预测、学习和优化三个阶段有效结合起来。研究测试结束后，B2W 公司反映，新的价格优化技术不仅提高了收入、利润和市场份额，而且拓展了所销售产品的种类。和对照组相比，测试组卖出了更多的产品，尤其是独特的产品。

在以上两家零售电商关于定价技术的测试中，每家电商的收入、市场份额以及指定产品的利润都实现了两位数增长。价格优化法不仅适用于网上零售商，还适用于实体零售商。

资料来源：西姆奇 - 莱维，张宇. 如何给产品定出最优价格 [J]. 商业评论，2018（1）：116-121.

## 11.3　服务促销

在服务促销过程中，企业可以利用人员沟通、服务承诺等可控因素来缩小实际传递的服务与宣传的服务之间的差距，并对顾客期望和顾客感知产生正面影响，从而达到缩小顾客差距的目的。

### 11.3.1　服务促销的含义和作用

#### 1. 服务促销的含义

服务促销是服务企业将产品或服务向目标顾客进行宣传、报道和说服，以引起他们的注意和兴趣，激起他们的购买欲，从而促使其购买的行为。在服务促销过程中，服务企业综合运用各种服务促销工具，向消费者宣传报道本企业及其服务的信息，引起消费者的关注，激发消费者的购买欲望，促进和影响消费者的购买行为，从而达到扩大销售的目的。

服务促销的实质是卖方和买方之间的信息沟通。沟通在营销中具有三种基本功能：告知、劝说和提醒。"告知"是让潜在顾客不仅可以知道企业某项服务的存在，还可以知道获取服务的地点、时间等。"劝说"是列举一名顾客应该购买和使用某项特定的服务，而非使用此类型的服务或购买竞争者的品牌。"提醒"是让顾客按企业的意愿购买某项特定服务。

#### 2. 服务促销的作用

（1）增加服务价值　从服务之花模型的角度来看，服务企业所提供的信息服务和咨询服务都能为顾客带来额外的价值。对于服务企业来说，在新服务面市之初或进入新市场时，服务企业会开展各种促销活动，向顾客提供服务的特点、服务的时间地点、服务成本以及可获得的服务利益等一系列信息与建议，因此，服务促销可以增加服务本身的附加价值。

（2）传递服务定位与差异　服务企业可以通过服务促销活动，向顾客介绍本企业的服务特色和优点，传达服务定位，说明本企业与竞争者的不同之处。在激烈的市场竞争中，类似的服务有很多，顾客很难区分各个企业提供的服务。服务企业在促销中可以利用各种线索向顾客宣传本企业的服务特色，使顾客相信本企业在服务重要属性上所具有的优越性，促使顾客形成品牌偏好。这些线索包括企业获得的荣誉，服务人员的资质证明、工作经验、敬业精神以及设备设施的质量等。例如，医院可以通过宣传医生的专业性和医疗设备的先进性来证明医院能提供高质量的医疗服务，打消患者的顾虑。

（3）强化顾客的参与　顾客往往会参与到服务的创造过程中，顾客的参与会影响服务效率与服务质量。服务企业通过各种宣传教育活动，可以让顾客明白在服务过程中他们应该扮演的角色和相应的行为规范，从而使企业获得良好的业绩。尤其是当企业采用新技术的服务系统或自助服务时，通常需要对顾客进行培训，这样顾客才能有效地参与到服务的过程之中。广告专家认为，通过电视、视频向顾客展示动态的服务过程是培训顾客的一种有效方法。

（4）调节服务供需　由于服务具有无形性、同步性和易逝性等特点，使得大多数服务产品不可储存。例如，酒店未出售的床位无法在第二天继续出售。在淡季，服务企业开展促销活动给予顾客一些优惠，可以刺激顾客的服务需求，如淘宝的"双11"促销活动；而在旺季，广告宣传则可以引导顾客在非高峰期接受企业所提供的服务。因此，企业利用服务促销，可以刺激低峰时段的服务需求或转移高峰时段的服务需求，从而有助于企业实现服务的供需平衡。

## 11.3.2　服务促销的挑战

由于服务本身所具有的特性，与实体商品的促销相比，服务促销面临着以下挑战。

### 1. 服务的无形性带来的问题

服务是一种绩效或行为，而不是实物，因此，服务企业无法像展示有形商品一样展示服务，很难将服务的利益传达给顾客。例如，医生不可能在手术前就向顾客展示手术的效果，让顾客体验到手术带来的好处。服务的无形性给营销者在促销服务属性和利益时带来了很多问题。具体而言，服务的无形性所导致的问题有以下5个方面。①无形的存在。服务产品不是物体，不会占据物理空间，因此，如果服务企业要向顾客展现服务的内涵，就会面临很大的难题。②抽象性。安全、健康等服务概念都比较抽象，缺乏具体的对象与内容，使顾客难以理解。③一般性。一般性是指同一类型的人员、物体与事件。同一行业中的很多企业在宣传时都是以一般性的言辞来描述服务和服务承诺的，这使得企业很难与竞争者区分开。例如，很多主题公园都宣称为顾客创造"难以忘怀的体验"，这样的宣传没有形成特殊性和差异性，难以引起顾客的注意。④不可搜寻性。由于服务的无形性，顾客在购买之前通常无法预览或预先检查。例如，向某培训机构交费学习英语，只有在亲身参与之后才能判断该机构的教学质量。⑤不可知性。很多服务是复杂的、多方面的或者非常新颖的，而且很难预知。那些初次接触或缺乏相关知识的顾客往往不知道服务之间的好坏与差异。

### 2. 市场沟通中存在过度承诺

为了吸引顾客购买，很多服务企业会向顾客做出过度承诺，这些承诺甚至已经远远超出了企业的能力范围。过度承诺是指承诺的内容是企业无法兑现的。虽然过度承诺可以在短期内增加企业的销售额，但是也会提高顾客期望。如果服务承诺不能兑现，顾客就会感到不满意，甚至会出现负面口碑，从而使员工产生受挫的感觉，低落的员工士气又会对顾客满意产生负面影响，形成恶性循环。即使服务承诺最终得以兑现，企业也会因此付出较高的服务成本，最终可能会得不偿失。例如，某餐厅为了促销菜品，向消费者承诺如果菜品不好吃双倍返还餐费，这无疑是一种过度承诺，因为每个消费者的口味和爱好都不尽相同，没有一家餐厅能完全迎合所有消费者的口味，无论这家餐厅是否兑现承诺，都会给餐厅带来不利的影响。

### 3. 顾客教育不充分

服务人员与顾客之间存在信息的不对称性，服务人员掌握的服务信息比顾客多。很多顾客在接受服务前并不清楚自己可以获得什么样的服务，以什么样的方式可以获得服务，自己应该在服务过程中扮演什么样的角色，服务潜在的风险有哪些，以及如何去判断自己是否获得了优质的服务。当遇到这些问题时，顾客往往会感到困惑，他们会将服务中出现的一些失误归咎于服务企业，即使是由他们自己造成的也是如此。出现这种情况的一个主要原因是缺乏对顾客的教育。顾客教育的缺失会对服务质量带来很大的影响。如果顾客在接受服务的过程中不知道如何配合服务人员，服务人员就无法从顾客那里获得所需要的信息，服务质量也就会大打折扣；如果顾客不了解服务可能带来的风险，对服务效果盲目乐观，一旦在接受服务的过程中出现问题，就容易产生受挫心理甚至难以接受，尽管服务人员已经尽力了但顾客仍然会感到不满意。

### 4. 企业内部沟通不足

为了向顾客提供服务，服务企业中的各个职能部门需要共同合作。在服务企业中，营销部门向顾客做出承诺，人力资源部门负责人员的管理，运营部门负责提供服务，要实现预定的目标，服务企业中的各部门就需要保持经常性的沟通。但是，在现实中有不少服务企业存在内部沟通不足的情况，这主要表现在两个方面。一是纵向沟通不足，即上下级之间沟通不够。一般来说，一线服务人员与顾客接触最多，对顾客最为了解，如果管理者与一线服务人员很少进行沟通交流，管理者就无法及时获得顾客的相关信息，也就很难制定出有效的促销策略。二是横向沟通不足，即企业内部各职能部门沟通不够。在企业内部，各个部门之间存在一定的差异，如果营销部门与运营部门、人力资源部门之间缺乏沟通或沟通不充分，就容易出现向顾客宣传的服务与企业实际传递的服务不一致的情况。

## 11.3.3 应对服务促销挑战的策略

面对服务促销带来的一系列挑战，为了确保企业传递的服务不低于所承诺的服务，服务企业可以根据具体情况采用以下策略。

### 1. 增加服务的有形性

服务的无形性增加了顾客购买服务的不确定性，提高了顾客的购买风险，因此，应对服务的无形性所带来的挑战是服务促销非常重要的内容。表 11-4 展示了服务营销者在应对服务无形性问题上可以采取的广告策略。一般来说，增加服务有形性的方法主要有下列几种。

1）使用有形线索。在促销时，服务企业可以使用品牌标志、人物形象、象征、有形资产、实物、服务手册、服务人员、服务流程展示、成功案例、证明、客观数据、企业声誉和服务保证等有形线索来使服务有形化。

2）使信息有形化。在服务广告中，以讲故事的形式描述服务经历、对信息加工使其生动化、使用比喻等都可以加深顾客对服务的理解和印象，拉近顾客与服务品牌之间的距离。

3）采用多种媒体传播信息。企业可以综合使用创造性的广告、充分利用社交媒体、鼓励顾客进行口碑传播以及通过员工进行口头传播，以提高信息传播的有效性。

表 11-4　应对服务无形性问题的广告策略

| 无形性导致的问题 | 广告策略 | 具体内容 |
| --- | --- | --- |
| 无形的存在 | 实体展示 | 呈现服务实体要素 |
| 抽象性 | 服务消费片段 | 介绍顾客获得服务的利益 |
| 一般性 | 服务绩效证明 | 展示以往服务绩效的证明与例子 |
| • 客观声明 | 服务系统证明 | 展示有形系统的服务能力的证明 |
| • 主观声明 | 服务表现片段 | 展示实际服务传递的片段 |
| 不可搜寻性 | 企业声誉证明<br>消费证明 | 提供第三方独立审计的证明<br>展示证书、奖状<br>让顾客现场体验<br>企业绩效的证明 |
| 不可知性 | 服务消费片段<br>服务流程片段<br>成功案例片段 | 生动地描述顾客的服务体验<br>通过纪录片来展现服务过程的步骤<br>向顾客提供以往的成功案例 |

资料来源：MITTAL B, BAKER J. Advertising strategies for hospitality services［J］. Cornelt hotel and restaurant administration quarterly, 2002, 43(2), 51-63.

### 2. 管理服务承诺

服务承诺会影响顾客期望，广告、个人销售以及其他促销方式中的过度承诺会使顾客得不到其预期的服务，最终会影响顾客对服务的满意程度，因此，要对服务承诺加以管理。

1）确保承诺具有可行性。很多企业为提高知名度而在营销传播中宣称拥有优质的服务，这种做法往往会提高顾客期望，顾客期望越高，要求企业提供的服务水平也越高，当实际服务水平达不到顾客期望时，这种做法只会适得其反。因此，在营销传播中所做出的承诺应该是可行的、合理的，一定要在企业的能力范围之内。为了确保做到这一点，营销部门在做出承诺之前应该了解企业提供服务的实际水平，在传播时要准确地说明顾客在服务接触中实际能得到的服务及其质量，并尽量向顾客提供正式的服务保证。

2）整合外部营销传播。整合营销传播（Integrated Marketing Communication，IMC）是由美国营销学家舒尔茨（Schultz）率先提出的，他认为整合营销传播的核心是向顾客传递一致的信息。美国广告协会认为，"整合营销传播是一个营销传播计划概念，要求充分认识用来制订综合计划时所使用的各种带来附加值的传播手段，如普通广告、直接反映广告、销售促进和公共关系，并将其结合，提供具有良好清晰度、连贯性的信息，使传播影响力最大化"。朱迪·斯特劳斯（Judy Strauss，2010）给出了整合营销传播的定义：整合营销传播是指企业为了品牌沟通规划、实施和监督所进行的跨部门合作，目的是吸引客户、维系客户，扩大客户规模，最终为企业创造收益。他认为，整合营销传播包括协调一致的促销组合和跨部门合作。从上述定义来看，营销者在进行服务整合营销传播时应该注意以下几个方面：一是要将各种传播媒体加以整合，尤其是在目前各种新媒体不断涌现的情况下更应该如此；二是要进行跨部门合作，服务企业中的各个职能部门应该相互协作，在与顾客沟通时应该发出同一个声音；三是对促销组合进行设计，运用多种促销方式传递一致的信息或形象。

### 3. 加强顾客教育

顾客教育的缺乏或者不充分会影响顾客对服务质量的感知和顾客的满意度。因此，服务企业在向顾客传播信息时要强化对顾客的教育。

1）让顾客为服务过程做好准备。在服务购买或者提供之前，向顾客介绍相关情况或提供服务手册，使顾客知道自己应该扮演的角色和遵守的行为规范，明白在服务过程中的每一步骤自己应该做的事情，这样有助于服务的顺利提供和顾客满意度的提高。

2）使顾客得到的服务符合服务标准与顾客期望。这就要求营销人员必须将实际服务接触时的情况准确地传递给顾客，而服务人员也必须按营销沟通时的承诺来提供服务。同时，在向顾客提供所承诺的服务后，服务企业还要与顾客进行适当的沟通，以提高服务的感知质量。当顾客因缺乏专业知识而难以评估服务的有效性时，要尽量使用顾客易于理解的语言或方式来传递信息，并告知顾客判断服务质量的标准。在服务对顾客来说是无形的情况下，服务企业要让顾客了解服务标准或为其提供服务所做出的努力，使企业的服务举措得到顾客的好评。

3）销售服务时阐明承诺。若服务涉及运营与销售之间的配合，服务人员在传递服务时应该向顾客说明企业的承诺，让顾客自行决定是否购买，以避免顾客将来失望。

4）教育顾客不要选择在高峰期接受服务。这种顾客教育主要是为了平衡服务供需，通过广告、销售促进等促销方式，引导顾客在非需求高峰期接受服务，或者让顾客做好在高峰期等待与面临服务质量下降的心理准备。

### 4. 做好企业内部沟通

为确保传递的服务与宣传的服务相一致，在进行外部营销沟通之前，企业必须要先管理好内部沟通，这包括纵向沟通和横向沟通。服务企业可以从这两个方面来做好内部沟通。

1）进行有效的纵向沟通。在向下沟通的情况下，上级要及时通过会议、电子邮件、企业内部宣传刊物等向下级传达各种信息。其中，让一线员工了解企业在外部营销沟通上向顾客传递的信息很重要，如果缺乏这种沟通，就很容易使顾客与员工在服务过程中受挫。此外，还要向员工提供相关信息和支持以帮助员工做好顾客服务工作。向上沟通也可以弥补沟通差距。一线员工与顾客接触多，更清楚顾客想了解的信息内容、偏好的传播方式以及服务失误的情况，因此，向上沟通可以增强促销的有效性和尽量防止服务负面问题的发生。

2）实施有效的横向沟通。横向沟通是企业各职能部门之间进行的沟通。做好部门之间的沟通，一方面，要加强运营部门与营销部门的沟通，使企业传递的服务符合所承诺的服务标准，从而缩小实际服务与顾客所期望的服务之间的差距。另一方面，要加强营销部门与人力资源部门的沟通，以便提高服务人员的能力，使其成为优秀的营销人员。进行横向沟通可以采取多种形式。例如：召开公司例会，让各部门的人有机会聚在一起共同研讨问题；进行培训，使各部门的人员一起学习，增加部门之间的沟通与了解；企业举办一些友谊赛或联谊活动，增加接触机会，拉近彼此之间的距离。

---

**应用练习 11-4**

浏览视频网站，选择一家服务企业的广告，对其广告进行评价，并阐述包含在广告中的信息是什么，企业希望由该信息激起的顾客反应是什么。

### 11.3.4　拟订促销计划

为了提高促销的有效性，服务企业应该拟订相应的促销计划，这一计划至少包括以下内容：向谁传递信息，要达到什么目标和传递什么信息，应该如何传递信息。

#### 1. 界定促销对象

服务企业首先要确定向谁传递信息。从广义的促销对象来看，服务企业的顾客、员工和中间商都是服务促销活动的受众；就狭义的促销对象而言，仅指顾客，包括潜在顾客与现有顾客。对于潜在顾客，服务企业通常使用广告、公共关系、人员推销和销售促进等传统的促销手段来吸引潜在顾客，了解这些顾客的基本情况；对于现有顾客，服务企业则可以通过一线员工或服务网点向顾客传递信息。如果企业采用会员制并且建立了顾客数据库，企业就可以实现精准营销，通过短信、邮件或者电话的方式向老顾客传递高度定制化的信息。

#### 2. 制定促销目标

在清楚了促销对象之后，服务企业需要确定所要达到的促销目标。有了明确的促销目标，服务企业才能选择合适的信息内容和传播工具。一般来说，服务企业的促销目标主要有：

1）帮助顾客形成对新服务的认知及兴趣。
2）教育顾客如何使用服务。
3）让顾客事先了解服务过程。
4）降低顾客的感知风险。
5）提供服务保证。
6）鼓励顾客试用服务。
7）识别并奖励重要的顾客。
8）沟通服务的差异化利益。
9）传递服务产品（重新）定位。
10）建立顾客的品牌偏好。
11）塑造品牌或企业形象。
12）刺激或者转移服务需求。

#### 3. 设计促销组合

服务促销组合又称营销传播组合，是企业在指定时期内综合运用广告、人员推销、公众宣传、营业推广等基本促销方式，激励和诱导目标市场消费者购买行为的策略。促销组合体现了整合营销传播的观念，即企业或其产品追求一种专一的市场定位理念，它依赖于计划、协调整合组织的所有沟通工作来实现，其核心就是把各个促销组合要素组合成一个声音。也就是说，不论信息来自广告、现场推销人员、宣传报道还是报纸上的优惠券，顾客收到的信息都应该是一致的。

在进行服务促销时，服务企业可以采用各种促销方式，这些促销方式的选择与运用统称为服务促销组合。一般情况下，服务促销组合包括人员沟通、广告、销售促进、宣传和公共关系、指导材料以及企业形象设计，具体内容见表11-5。

表 11-5　服务促销组合

| 人员沟通 | 广告 | 销售促进 | 宣传和公共关系 | 指导材料 | 企业形象设计 |
| --- | --- | --- | --- | --- | --- |
| 销售 | 印刷品 | 优惠券 | 新闻稿 | 网站 | 企业/品牌标志 |
| 顾客服务 | 广播 | 价格促销 | 媒体报道 | 宣传册 | 形象设计 |
| 培训 | 户外 | 试用 | 新闻发布会 | 服务手册 | 室内装潢 |
| 电话销售 | 直邮广告 | 注册返利 | 赞助 | 软件 | 交通工具 |
| 口碑 | 互联网 | 礼品赠送 | 展销展览会 | 光盘 | 设备和设施 |

#### 4. 选择传播媒体

在对服务进行促销时，服务企业可以选择电视、广播、报纸和杂志等传统的大众媒体，也可以使用微博、微信、QQ 等社交媒体。按照营销者对传播媒体的控制程度，可以将传播媒体划分为以下几种类型。

1）大众媒体。大众媒体是指那些具有大众传播作用但企业没有完全自主使用权的信息载体，如广告、公共关系和销售促进等。广告需要付费使用，媒体报道企业也难以控制，销售促进则取决于时间、价格和顾客群体。

2）自媒体。自媒体是指具有媒介性质且企业能够掌控的信息载体，如企业网站、内部刊物、手册和光盘等指导材料，以及微博、微信等社交媒体。官方网站作为一种自媒体，在进行信息传播时，要注意导入明确的品牌形象，使网页具有美观性和趣味性，还应该鼓励顾客参与互动。现在，越来越多的企业使用社交媒体进行信息传播，可以采用的方式有网络百科全书（如百度百科）、内容社区（如豆瓣网与优酷）、社交网络（如微博与 QQ 空间）、虚拟游戏等。企业在利用社交媒体时，巧用免费模式、抓住意见领袖者、提供优秀的内容和鼓励顾客参与都可以提高传播的有效性。

3）非媒体。非媒体是指那些本身并非作为传播媒介使用却具有传播信息的重要作用的信息载体，如企业家、员工、企业/品牌标志、室内装潢、交通工具、办公用品、设备和设施等。其中，企业家作为传播媒体，其个人形象会对企业形象产生影响。企业家传播的方式包括新闻报道、广告代言、事件营销、公共关系以及社交媒体等，如董明珠为格力空调品牌进行代言。

🌐 **知识链接**　　　　　　　**传统媒体与新媒体整合传播模式**

#### 1. 传统媒体引爆 – 传统媒体跟进 – 口碑扩散 – 现场高潮

具体指某一项目或活动被传统媒体报道后受到传统媒体的跟进采访，在大众范围内实现了口碑扩散，进而在活动现场达到高潮。

#### 2. 传统媒体引爆 – 新媒体跟进 – 传统媒体扩散 – 传统媒体揭秘

具体指某一项目或事件被传统媒体报道后受到新媒体的关注，进而实现传统媒体对事件的扩散，最后由传统媒体对事件进行揭秘。

#### 3. 新媒体引爆 – 新媒体跟进 – 传统媒体扩散 – 传统媒体揭秘

具体指某一项目或事件被新媒体报道后受到新媒体的持续关注，进而实现传统媒体扩散事件，最后由传统媒体对事件进行揭秘。

资料来源：戴鑫. 新媒体营销：网络营销新视角 [M]. 北京：机械工业出版社，2017.

## 本章小结

服务分销渠道是指促使某种服务产品能够被消费的一系列相互依赖的组织。与有形产品的分销渠道相比，服务分销渠道的特点是：服务分销渠道相对较短；服务分销渠道不涉及所有权的转移；管理中间商时面临着特定的问题。服务分销渠道的主要类型包括直接服务渠道和间接服务渠道。服务位置选择策略包括集中策略、分散策略和替代策略。创新的服务分销渠道主要有综合服务渠道、自助服务渠道和网络服务渠道。随着社会的不断发展，以后还会涌现出更多、更好的服务分销渠道。

服务定价方法包括成本导向定价法、需求导向定价法和竞争导向定价法。每种定价方法都有其优劣势，服务企业要选择适合自己的定价方法，来使企业得到长期的发展。服务定价策略主要包括新产品定价策略、心理定价策略、折扣定价策略、收益管理。

对于服务产品来说，促销具有增加服务价值、传递服务定位与差异、强化顾客的参与及调节服务供需等特殊作用。服务促销面临的挑战有：服务的无形性带来的问题；市场沟通中存在过度承诺；顾客教育不充分；企业内部沟通不足。面对服务促销带来的一系列挑战，为了确保企业传递的服务不低于所承诺的服务，服务企业可以采用增加服务的有形性、管理服务承诺、加强顾客教育和做好企业内部沟通等策略。为了提高促销的有效性，服务企业还应该拟订相应的促销计划，该计划包括界定促销对象、制定促销目标、设计促销组合和选择传播媒体等内容。

## 思考题

1. 服务分销渠道的特点是什么？
2. 服务位置选择策略有哪些？
3. 服务定价方法包括哪些？
4. 简述服务定价策略。
5. 论述服务促销的挑战及其应对策略。

## 案例分析

### 科技助力智能健身

随着传统健身房发展逐步进入瓶颈期，主打"小规模、月卡式付费、24小时营业"的互联网健身企业——杭州乐刻网络技术有限公司（以下简称乐刻）在健身行业低迷的形势中强势崛起。从2015年5月创立至2021年10月，乐刻总计获得7轮融资，投资方包括腾讯、高瓴集团、IDG、华兴、58产业基金等。2021年11月，乐刻成为估值超过10亿美元（约合63.7亿元人民币）的互联网企业。

#### 1. 行业困境：寻求转变

中国健身产业起步较晚，但随着市场经济发展，居民健康意识日渐提高，大量健身俱乐部应运而生，传统健身房的弊端也逐渐显露。

### 用户：健身门槛高，服务体验差

传统健身俱乐部为了快速收回成本，往往通过售卖年卡预收费用，再以"大型、豪华"为由，向用户推销"高端"健身卡，导致健身门槛很高。2014 年，某健身管理有限公司的会员价格为"普通年卡 2 099 元、两年普通年卡 3 099 元、十年 VIP 20 099 元"。要想去健身房健身，用户至少需要一次性支付 2 000 多元。用户担心健身房老板"跑路"，并且健身房由于短期内不必考虑用户为健身卡续费的情况，因此也不在意用户的健身体验。"与其花时间和精力提升服务质量，还不如多吸纳新会员赚点提成呢！"一些俱乐部这样想。用户在办卡后常常得不到预期消费体验，留存率极低。2019 年，传统健身房的年卡使用率低于 7%，并且《2019—2020 中国健身房市场发展白皮书》显示，中国健身房普遍用户留存率仅在 20% ～ 40%。

### 教练：兼职销售员，教学酬劳低

教练不仅要上课，还要推销健身卡。由于课时数有限，售卖健身卡的提成是其主要收入来源。为了保证健身房用户不断增长，很多健身房给教练较高比例的销售提成，而课时费抽成比例较低。这就导致大多数教练将重心放在推销健身卡上面，而对提供健身课程的服务质量并不重视。对多数消费者而言，健身更像是"一锤子买卖"：教练成功将健身卡卖出后，很少专注于提供高质量的健身服务，忽视其"帮助会员达到健身目的"的工作职责。

### 门店：成本攀升，营收受限

健身房一般与写字楼、社区或商铺合作，常以配套身份获取租金优势，但仍面临租金翻倍地上涨的情况。以青鸟健身为例：2002 年北京"青鸟健身"百盛店开业时场地年租金约 250 万元，2011 年上涨至 700 万元。另外，为了吸纳优秀教练，健身房人力成本不断上升：除了向教练支付固定底薪，还要提高销售提成以促进健身卡销售。还有，健身房面积较大，缺少智能操作系统，必须支付相应的费用给门店管理人员和保洁人员。

综合以上三方面的分析，传统健身房存在的问题使用户、教练、门店三方都不能获益，健身行业陷入僵局。随着经济发展和人均消费能力提高，居民健身意识越来越强，市场潜力巨大。健身企业必须打破困境，找到真正能为多方创造价值的运营模式。

## 2. 乐刻初创（2015—2016 年）

### 困境突破：模式初现

针对传统健身房的痛点，乐刻采取了两类措施。其一，通过"月卡制和极低的定价"吸引用户，扩大健身课程规模，增加教练课程收入，促进服务优化；同时，利用团体课的社交性质提高用户回购率。其二，取消教练售卡，降低平台对教练收入的抽成比例；利用数据驱动供需匹配，提高教练产能释放和教练收入。这一阶段，乐刻的经营模式主要体现在以下三方面。

（1）99 元 / 月的收费　　在乐刻的门店招牌上，99 元 / 月的收费模式十分醒目，这也是乐刻给用户的第一感受。对很多顾客来说，这是他们第一次见到按月付费的健身房，而且乐刻门店设立在小区或公司附近，许多顾客愿意注册体验。乐刻的线下场馆配备智能设备，结合乐刻 APP 可实现无人化自助服务，用户使用 APP 购买会员卡、预约健身课程、评价服务、设定及管理个人运动目标。

（2）多元化课程设计　乐刻设计推出了"免费团操课＋优质团课＋定制私教课"三位一体的课程体系，在互联网健身行业中脱颖而出。乐刻不仅提供数十种不同类型的团课，比如引进莱美（Les Mills）、Zumba（尊巴）等体系的课程，还进行课程的自主研发。依靠团课门槛低、社交属性强等特点，乐刻帮助用户养成运动习惯，实现用户留存。乐刻在 APP 中将线下门店与线上内容关联，打造健身的社群文化和多元社交圈，鼓励用户交流互动。同时，乐刻也为用户提供定制化私教课程。三位一体的课程体系如下。

1）免费团操课。团课的引入缘于乐刻对国内用户的健身水平和需求的深刻认识。经过调研，乐刻发现很多用户是第一次走进健身房的"小白"，很难坚持自主训练。针对此特点，乐刻先用免费团操课带动用户的健身兴趣，再吸引他们把注意力转移到其他项目。

2）优质团课。随着用户对课程质量的要求越来越高，乐刻集结平台上的优秀教练，并且和国际认证课程体系莱美、Zumba 等达成合作，引进优秀课程，将优质团课回馈给用户。

3）定制私教课。乐刻对私教课程承诺"严禁推销、专业教学、安全保障"。私教健身课程必须接受新人考核，通过后才会在 APP 上架。每个教练的主页显示其擅长的教学内容、教练生活、学员案例以及证书，还显示开放预约时间段、累计上课数、教练评分等。为了让用户更好地了解私教服务，乐刻推出了 19 元的超低价私人教练体验课。

（3）教练不再兼职"销售员"　乐刻依托自身的互联网基因进行线上宣传，大大降低了销售费用。同时，乐刻的平台签约教练不再只为某个固定健身房提供服务，而是可以在任意线下门店授课，课时数量不再受限。为了保证教练的收入水平，乐刻还降低了课时费抽成比例，不再让其兼职"销售员"，让教练有更多意愿和精力专注于提升课程质量，提供优质服务。

### 技术加持：智能健身

（1）前端：提升用户体验　乐刻通过大数据分析提升用户体验。用户通过 APP 或微信小程序注册成为会员，根据定位查看附近门店排课情况，并在线上预约团课、私人教练健身课程。用户可随时查看 APP 记录的运动情况。通过将用户操作全部转移到线上，乐刻将业务在线化，有效留存用户行为数据，以洞察用户健身需求并提供针对性服务。

（2）后端：改进数据管理　乐刻运动系统主要由用户验证、智能器械、科学健身、在线互动、消费、节能、安全监控等一系列子系统组成，将线下门店硬件设备、后台云服务、客户端大数据及智能应用打通，完成用户行为感知、数据采集传输、大数据分析、用户使用及反馈、资源优化的完整链路，打造真正智能化的系统。

通过自主开发的智能系统对用户和整体运营数据进行精准分析，乐刻可以优化用户课程安排并实施精准营销，提供智能化服务以精准满足用户需求。乐刻对人群分布、交通、客户需求、周边配套设施、车位等大数据进行精准分析。相较于传统健身房，乐刻运用自主研发的工具和系统可以实现更高效的管理。乐刻利用数据平台对资源进行优化整合，运营效率得到极大提升。乐刻提供的智能化服务流程如图 11-2 所示。

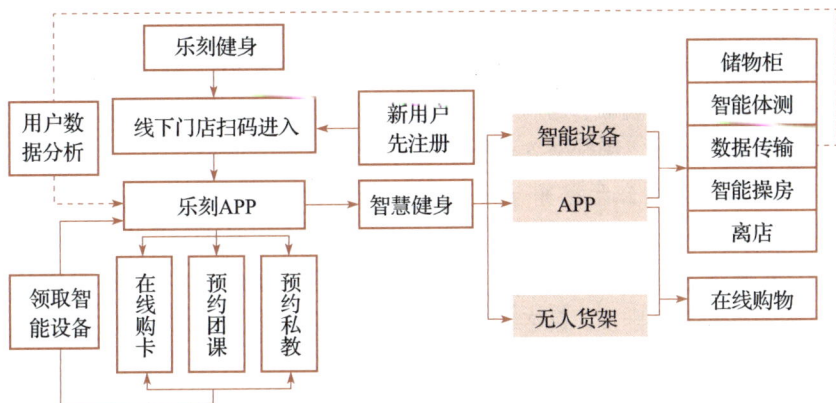

图 11-2　乐刻提供的智能化服务流程

## 3. 快速拓展：三管齐下（2017—2018 年）

### 共享场地，定制 toB（面向企业）服务

在确定了前期商业模式以及自主开发智能系统的基础上，乐刻开始实施"场地共享"战略，与各大房地产公司、物业公司等合作，由对方提供闲置场地，乐刻负责将其改造成健身场馆，输出配套健身服务。乐刻将这类门店称为"共享店"。这样的业务拓展早在乐刻的计划之中，之前乐刻就关注到商业建筑中的闲置场地以及现代上班族的健身需求，乐刻健身房不仅可以面向个体消费者（to Consumer，2C），还可以面向机构或企事业单位（to Business，2B），为其提供定制化服务。对合作方来说，健身房有助于为其盘活闲置资源，同时为其员工、顾客提供健身服务；对乐刻来说，这是低成本的推广模式。

### 携手物业，打造"一公里健身圈"

除了进行定制化服务，乐刻也寻求与物业、新零售连锁物业合作的机会。2017 年 5 月 10 日，乐刻宣布与国内新零售连锁物业如永辉、家乐福、YOU+ 等合作开店，共同推进"一公里健身圈"计划。合作双方共同设置分红条款，形成利益共同体。至 2024 年，乐刻在杭州、上海、北京、深圳、武汉等 27 座城市已布局超 1 500 家门店。乐刻搭建的基础运动健身场景服务半径覆盖全国 1 000 多个社区、7 000 多家企业、数百家商场，并以星火燎原之势，构建起"健康中国"数亿人新生活方式的生态系统。

乐刻的第一家共享店是与 YOU+ 合作的"杭州梦想小镇 YOU+ 公寓店"。YOU+ 免费提供场地，乐刻负责场馆建设并协助运营，为租户提供优质的生活环境。合作建立共享店的还有杭州联华超市，通过引入健身房完善了配套设施，提高了人气。2017 年 10 月 17 日，乐刻与绿地江苏举行战略合作发布会。该合作聚焦于"个体 + 家庭 + 社区"，由乐刻提供配套健身服务，与绿地共建便捷、健康、高品质的生活工作环境。除绿地集团之外，乐刻也与万科的多个项目达成合作，让住户在自家门口就能够实现全天候、全家庭、24 小时的健身服务。

### 开放平台，招募合伙人

线下健身房的开设如火如荼，但乐刻对未来商业空间的定义不再只是自有品牌的门店，而是任何适合健身的地方。2018 年，乐刻尝试对健身行业的"人、货、场"重新定义。5月，乐刻公众号发布推文，宣布招募合伙人。经历了创业之后的三年探索，乐刻建立起可盈利、可持续的商业模式——24小时开放、月支付制、300平方米小型健身房，有相应的系统支持和来自教练、器械供应商的支持。生态化、智能化、大数据化，乐刻开始成为运动健身赋能平台，随时准备给合伙人传递力量。

乐刻在全国范围内公开招募合伙人，"0经验也能开乐刻"。合伙人的加盟方式有两种：一是事业合伙人，向乐刻缴纳加盟费，并参与门店管理；二是投资合伙人，只需提供资金，门店运营等事务由乐刻负责。乐刻向合伙人提供专业选址评估、独家营运培训、全程开业指导、品牌流量导入、数字运营驱动、海量教练供应等服务，多维度赋能合伙人。

### 4. 持续扩张：行业赋能（2019—2024年）

2019—2024年，乐刻开启了平台化发展阶段，不仅兼有直营店、共享店和合伙人门店，而且拓展了经营边界，开始触及对行业的改造，力求最大限度地发挥自有平台的数字化赋能作用。除此之外，乐刻也受到新冠疫情影响而推出线上居家健身业务，与政府合作助力全民健身场地建设。

#### 改造模式，赋能传统健身房

发展多年，乐刻已拥有丰富的数字化运营经验。在总结数字化运营经验的基础上，乐刻孵化出产业赋能平台"17练"。乐刻最初链接的是健身用户和教练，从向传统健身房赋能开始，乐刻意欲成为"开放源"，整合产业内资源，以互联网思维和数字化技术优化资源配置，打破产业核心痛点，提升产业的整体造血能力。

乐刻运用自主研发的SaaS工具即基于互联网提供软件服务的应用模式、供应链、SOP（Standard Operating Procedure，标准运营流程）以及供应链管理体系，实现对场馆的高效管理。2020年，乐刻宣布将六年来积累的关于流量获客、选址营建、数字平台、运营体系、供应链生态等方面的平台能力全面向同行开放，助力传统健身房改造升级，推动健身产业数字化。这一新业务可以实现多方共赢：数字化改造传统健身房，改善其经营效率和供应链管理能力，帮助其解决获客难、成本高、复购率低的痛点，摆脱同质化经营和"重销售轻运营"的怪圈；帮助店铺利用数字化营销工具获得客户，实现在线化、智能化运营；为用户合理安排课程，提升用户的消费信心与运动健身体验。

借助"17练"，乐刻共实施了三类改造。第一类是全量改造，即其他品牌完全复制乐刻的经营模式；第二类是单点改造，只向合作方提供SaaS服务或教练或课程等单项资源支持；第三类是以"会员平台、教练平台、数据平台"为抓手，为其他品牌赋能。乐刻主要采用第三类模式对行业进行改造。具体而言，①在用户端，将用户操作智能化，全面收集并有效运用用户数据，测算用户行为，根据其需求提供相应的服务；②在门店端，运用"开店宝"查看门店各项运营数据，精准测算门店经营数据，增加门店营收；③在教练端，运用教练个人海报、"私人教练健身课程周报分析"等工具，在平台上公示教练的各项专业化信息和测评指数，吸引用户选择课程，并实现课程安排自主化、教练收入透明化。

传统健身房石家庄HELIALLSTAR全明星健身（中冶店）在入驻乐刻平台半年后，已能熟练利用平台工具并调整运营服务策略，实现会员数逾200%的增长。在良好的经营势头下，HELIALLSTAR全明星决定将旗下所有门店都入驻乐刻平台并完成数字化升级，实现与乐刻的全面合作。时至 2021 年，与"17 练"合作的商业健身房已遍布重庆、青岛、长沙、济南等 27 座城市，国内大型连锁健身房如银吉姆健身、全明星健身、威迪斯健身都与乐刻携手合作。经过乐刻的赋能改造，合作健身房提高了两倍以上的客流量。

### 开拓场景，切入居家健身业务

在对传统健身房赋能改造的同时，乐刻也关注到居家健身人群，开始将目光投射于线上居家健身业务。开设线下门店耗资巨大，即使通过场地共享压缩成本，也不可能将线下门店无限扩张。许多有健身需求的潜在用户所在地缺乏健身门店，对于这类人群，线上是实现其健身学习的最佳途径。通过线上服务让更多人享受健身，也符合乐刻创建的初衷。根据相关数据，居家健身人数较去健身房锻炼人数多出 66%，这在一定程度上说明居家健身业务有更大潜力。由于中国健身产业的市场渗透率比较低，乐刻原本计划在 2025 年推出线上业务，但新冠疫情的出现加速了乐刻的线上化进程。一方面，用户线上健身需求增加；另一方面，线下健身业务经营面临挑战。疫情让乐刻认识到：仅有线下运营能力的企业很"危险"，拥有"双栖能力"的企业才可能生存。

乐刻以视频直播 / 录播的方式切入线上居家健身业务。乐刻 APP 上线了直播课程，并推出"线上带练"年卡服务。尽管线上年卡的单价不高，但教练一次可以带 20 人、200 人甚至 200 000 人，有巨大的规模效应，这为盈利带来了可能。2021 年 5 月，乐刻正式发布居家健身品牌 LITTA，并推出家庭智能健身镜 LITTA MIRROR。截至 2021 年 6 月 9 日，LITTA 已拥有超过 25 万线上付费用户和 50 多名线上名人大咖教练，1 万多名储备教练，2 000 多个线上视频课程。

### 整合资源，搭建产业中台

2021 年，乐刻技术团队已拥有近两百名员工。六年来，乐刻致力于对产业的数字化改造，搭建健身产业中后台，运用数智中台提高产业整体运营效率和服务能力。无论是开设直营店、共享店、合伙人门店，还是改造传统健身房、服务居家健身人群，乐刻旨在实现"让每个人平等享有运动健康的资源和权利"的目标，这是乐刻在 2015 年创立之初的使命。

乐刻运用数字调配系统、线上运营系统、教练和课程标准化供应、用户数据资产等共同组成赋能平台，使健身服务像标准化产品一样质量可控，并与用户有效匹配。在供给端，乐刻将教练和课程供应标准化，提高教练专业能力和服务质量，并构建评价教练专业能力的数字模型，为教练规划未来发展路线。在需求端，乐刻努力实现"每天响应一亿人次的健身需求"的目标，运用数字技术聚焦于用户个性化需求的自主表达，有针对性地为消费者提供更加优质的服务和健身空间，让每一个人平等地享受运动的资源和权利。

### 结合公益，不忘创业初心

2020 年 4 月，乐刻与杭州市滨江区共联社区合作，共同建立"百姓健身房"。社区负责对场馆功能、设施、内容和收费方式进行调控，乐刻负责场馆的运营和托管。双方共同举办公益健身活动，乐刻每周向社区提供两节免费课程；建军节慰问社区退伍军人，提供强身健体指导意见；"全民健身日"向市民免费开放健身场馆……自建立至 2021 年 3 月，"百姓健身房"平均每月活跃用户 500 多人，累计开放各类健身课程 800 多节，满足居民健身多样化的需求。"全民健身"已逐渐上升为国家战略，乐刻不忘创业初心，助力全民健身场地建设，致力于构建百姓生活中的健康站点。

随着健身产业的发展，乐刻正继续搭建它的生态入口，试图将更多项目接入平台，让更多居民参与健身。作为新型健身房的代表，乐刻将搭建怎样的生态入口，能否持续创造辉煌战绩，让我们拭目以待。

资料来源：1. http://www.cmcc-dlut.cn/Cases/Detail/6417.
2. 万佳慧，钟丽萍，刘建武，等. 科技助力智能健身：发展机遇、实践经验与案例启示——基于乐刻运动的分析 [J]. 浙江体育科学，2022，44（2）：37-42.

**案例思考**

1. 请从服务分销渠道、服务定价和服务促销的角度分析传统健身行业的困境。
2. 乐刻健身的各发展阶段都采用了何种分销渠道和定价策略？
3. 乐刻健身是如何进行促销的？开展这些促销活动为乐刻带来了哪些收益？

## 实践活动

### 一、实训目的

1. 了解服务企业分销渠道。
2. 了解服务企业定价。
3. 了解服务企业促销。

### 二、实训内容

选择一家服务企业（如文具店、便利店、打印店、餐馆、酒店等），了解店主和营销人员关于该服务企业的分销、定价和促销策略，然后访问消费过该企业服务的5位顾客对其策略的意见，并完成以下任务：

1. 总结出该服务企业的分销、定价与促销策略。
2. 根据服务分销、定价与促销理论，评价该服务企业的相关营销策略。
3. 根据顾客意见与相关理论，为该服务企业提出改进营销策略的建议。

### 三、实训组织

1. 教师提前1～2周布置实训项目，说明实训要求及注意事项。
2. 将同学分成几个组，每组4～6人，并选一位担任组长。
3. 由组长对成员进行分工协作，共同完成实训任务。
4. 教师组织部分小组在课堂上交流，并进行点评。

### 四、实训步骤

1. 各小组按照实训目的与内容进行准备。
2. 各小组收集和整理相关资料，讨论并制作报告和演示文稿。
3. 教师安排1个课时，由部分小组的代表向全班同学交流其成果。
4. 在各小组陈述完毕后，教师可组织其他同学发表意见与建议。
5. 教师进行点评。
6. 各小组根据教师和同学意见进一步修改报告和课件并提交，教师记录实训成绩。

# PART 6
## 第 6 篇

# 服务营销新趋势

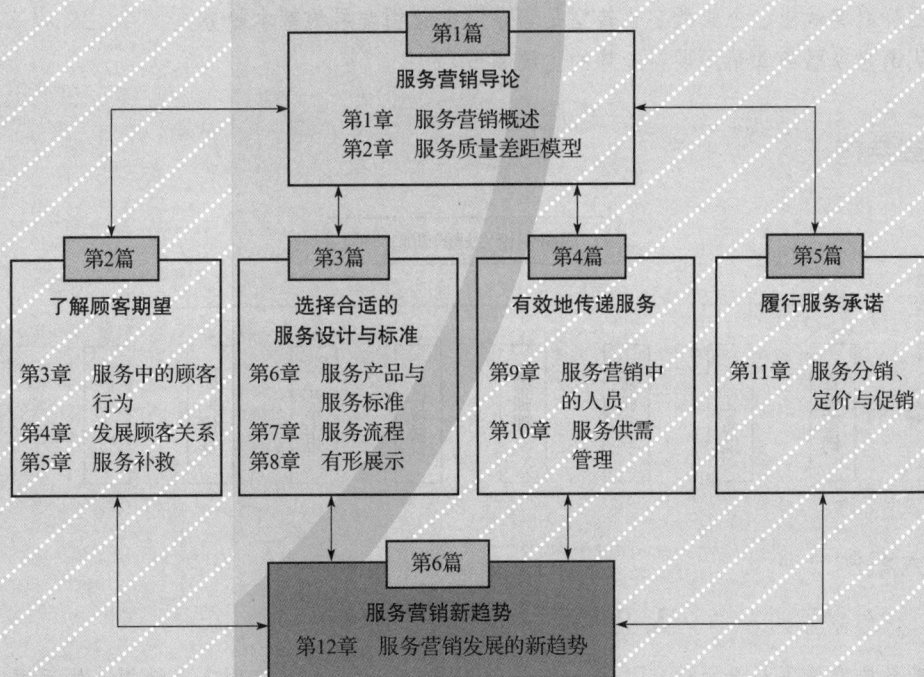

图Ⅵ　服务营销学的理论框架

# 第 12 章
# 服务营销发展的新趋势

🌀 **学习目标**

本章主要讨论服务营销发展的新趋势，重点介绍了直播营销、人工智能、虚拟现实、增强现实、区块链、元宇宙、虚拟化身等前沿知识。通过本章的学习应该能够：

1. 理解数智赋能、企业数字化转型是当今服务营销发展的基本趋势。

2. 认识当今服务营销发展新趋势的主要领域。

🌀 **本章结构**

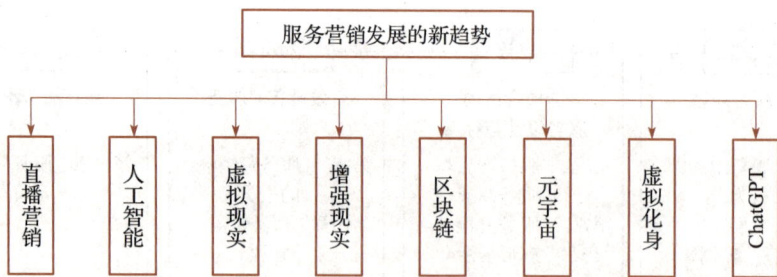

🌀 **导入案例**

### 人工智能在服务营销中的应用

随着科技发展不断升级迭代，当今最为突出的当属人工智能在服务营销领域的运用。人工智能应用越来越普及和深化，技术也在不断扩大创新应用领域，相关服务运用的广度和深度也在不断推进。下面是人工智能在服务营销方面的一些主要应用。

### 1. 对话式人工智能——聊天机器人

踩在巨人肩膀上的人工智能对话机器人 ChatGPT 自公开以来就成了热点：上线短短两个月

已获 1 亿月度活跃用户，成为史上增长最快的面向消费者的应用工具。与前辈微软小冰、苹果语音助手 Siri 不同，ChatGPT 的智能程度超乎想象：不仅可以用来写代码、找 Bug（程序错误）、写诗、写小说，还能完成过去被认为只能由人类完成的创造性工作，如图片再创作、法律服务等。

实际上，聊天机器人（如图 12-1 所示）早已在服务营销领域得到应用。例如，锦江 GIC（全球创新中心）联合竹间智能研发了一套针对酒店场景细分需求的共创语音系统，立足于 Bot Factory 对话式 AI 平台，锦江酒店（中国区）各门店都进行了试点。竹间智能语音系统最强大的创新点在于帮助管家实现了有温度、有人性的交互智能情感对话。以认知智能及情感智能驱动的虚拟数字人，不仅能听懂客户的每一句话，而且能串联上下文，在完整的语境中与酒店客户进行流畅的对话，在深度理解语义的基础上为客户提供周到的服务。

图 12-1　聊天机器人

毕竟，营销就是培养良好的客户关系并引导有意义的信息交互。聊天机器人现在可以处理这一任务，帮助企业在不同阶段与潜在客户进行互动。例如，Nordstrom 公司允许购物者在寻找适合的商品时与机器人互动。在询问了一系列主要问题后，现场助理会建议购买最合适的商品。

Hipmunk Messenger 通过旅客的位置来确定他们从哪里出发，然后进行适当的交易。聪明的助手还可以为即将到来的旅行策划旅行建议和管理酒店预订。一般来说，旅游行业在聊天机器人方面已经处于领先地位。

其他行业也在迎头赶上。事实上，考虑到开发聊天机器人的成本不断下降，全球聊天机器人的市场规模将会快速增长。根据 CMS Wire 公司的调查数据，为营销目的开发的 SME 信使聊天机器人的平均成本为 3 000 ～ 5 000 美元。

### 2. 个性化内容 / 产品推荐

利用人工智能可以实现个性化推荐。例如，在浏览网站时，亚马逊的人工智能掌握了顾客的购买记录，并在此基础上向其推荐产品。此外，它还知道与顾客类似的用户对什么感兴趣，这意味着它们可以据此向顾客提供购买建议。这种推荐更加个性化，针对性更强，转化率更高。此外，全球最大的音乐流媒体平台 Spotify 以及国内的音乐平台豆瓣 FM、网易云音乐等也在运用推荐算法。

那么人工智能对个性化的影响有多大？在分析了 35 亿次营销互动之后，BlueShift 公司对人工智能推动的个性化给出了结论：在客户参与中创造 3.1 ～ 7.2 倍的提升力；与电子邮件相比，移动通信的参与度提高了 2 倍；随着时间的推移，人工智能引擎可以在初始结果上提供额外 50% 的提升。

### 3. 预测市场

更好地利用数据进行受众细分和定位是大多数营销人员的首要任务。企业如果想要效仿，需要摆脱仅使用描述性分析的限制，并采用预测工具。预测性和最近的规范性分析可以帮助企业解决数据混乱问题，确定最有利可图的营销渠道和行动。机器学习算法已经为企业提供了以下帮助：预测并应对不断变化的消费者行为；在企业的客户关系管理（CRM）中为潜在客户评分，并提出满足销售数字的措施；优化企业的点击付费预算，以增加销售额，而不会影响企业的广告支出；识别和获取"相似"的潜在客户，与理想的买家角色紧密匹配；发现并追踪错失的关键字和内容营销机会。

### 4. 社交倾听和情绪分析

了解人们对企业或竞争对手的在线评价对于制定有效的社交媒体营销战略至关重要。但是，从同时发生的那些热门话题中解读见解时，使用人工智能比使用人工更好。

数据科学已经被积极地应用于社交媒体营销，用于微细分和定位、聆听社交媒体，以及影响着营销活动管理。基于人工智能的社交聆听进一步扩展了营销人员的能力，使他们能够：确定并且量化社交媒体上的消费者购买意图；了解购物者对企业的产品与竞争对手的产品的看法；了解推动行业对话的因素，以及这些对话的内容如何随着时间的推移而变化；实时注意并回答有关企业的产品／服务的问题；识别并与在社交媒体上寻求产品推荐／建议的买家互动。

英特尔也开发了关于情绪识别的插件。这款插件可以被用于在线课堂上，旨在通过分析学生面部表情获取实时情绪，帮助教师改善教学质量。例如，如果一个学生走神了，那么教师就可以实时提醒该学生注意听讲；当学生流露出无聊的表情时，教师也可以及时领会到学生的消极情绪，以便接下来改善教学内容。

资料来源：1. https://www.ydisp.cn/operator/111581.html.
　　　　　2. https://baijiahao.baidu.com/s?id=17344907566217968

## 引言

随着 21 世纪知识经济时代的来临，新科技技术的迅猛发展，更加彰显了服务业在世界经济中的重要作用。通过当前以数字化技术及其商业应用为核心的企业数智赋能，服务业新技术、新业态、新模式不断创新迭代，层出不穷的营销科技新趋势持续引领着服务营销的发展，而新领域的异军突起又极大地重塑着服务营销。

## 12.1　直播营销

直播营销（Live Marketing）是指在现场随着事件的发生、发展，同步在线实时制作播出内容的营销方式。其一般以直播平台为载体，来实现企业品牌或销量等方面的营销目标。直播营销的发展促进了相关理论的研究。目前，直播营销的研究主要集中于弹幕、网红直播、视频广告口号、直播场景氛围、直播与消费者偏好、直播消费者购买意向与行为等领域。从实践来看，新冠疫情的爆发，极大地促进了以直播营销等在线服务为代表的"宅经济"，直播营销的发展背后有其深刻的动因。

## 12.1.1　直播营销的发展动因

### 1. 移动网络和智能手机的普及

以"抖音"为代表的移动互联网时代的视频直播 APP 开始涌现，并受到全民的关注。这离不开以 5G 高速、广泛存在的移动网络的日益普及，以及套餐流量资费的相对降低，视频直播能够比以往更加流畅便宜地呈现至用户端，更为重要的是智能手机的普及，让人们逐渐摆脱了有线网络和计算机，可以直接通过智能手机进行视频等多媒体交互，这使得视频直播能够运用于众多的场景，从而让企业更加贴近客户，开创全新的营销机会，可以随时随地更加直接地与客户互动。

### 2. 企业需要更动态立体的营销场景平台

近几年，很多企业已经在微博、微信开通公众账号，形成以品牌为引领的企业虚拟社区，并日益成为企业营销的标配。然而，这些营销活动主要以静态的图文为主，与用户的互动可能远远不够，图文始终不够动态立体，用户看到的内容信息基本都是静止的，营销场景也非常局限，很难产生共情，难以提升用户购买行为转化率。在当今信息爆炸泛滥的时代，单纯的图文传播很可能被忽略，而视频内容直播营销新模式正好弥补了以前企业进行营销时的形式缺憾。在微博、微信之外，直播营销创建了一个更为动态立体生动即时的营销场景。

### 3. 用户观看直播视频内容行为习惯的形成

无论是移动互联网时代的来临，还是企业营销的需求驱动，直播营销最重要的动因是直播平台对"用户黏性"的日益增长，越来越多的用户愿意在视频平台上花费时间创造内容、浏览内容和进行消费，这都得益于用户行为习惯的形成。

## 12.1.2　直播营销的优势

直播营销作为一种营销模式上的重要创新，与其以下优势密不可分。

1）直播营销因其事件性、话题性，更易于引发关注传播效应。在当下的语境中，直播营销就是一种事件营销。除了本身的广告效应，直播内容的新闻效应往往更明显，传播引爆性也更强。相对其他形式而言，一个事件或者一个话题通过直播可以更容易地进行传播和引起关注。

2）精准匹配目标市场。在直播营销内容时，顾客需要在一个特定的时间共同进入播放页面，这种播出时间上的限制，也能够真正识别出并抓住这批具有忠诚度的目标顾客，构建良好的顾客关系。

3）更强的实时互动性。这种互动的真实性和立体性，在直播营销的时候能够得到有效展现。相较传统的电视，互联网视频直播营销的一大优势就是能够满足顾客更为多元化的互动需求。顾客不仅仅能单向地观看，还能实时互动，如发弹幕吐槽、献花打赏等，甚至还能影响受众，改变直播进程。

4）深入沟通，情感共鸣。在这个碎片化的时代里，在这个去中心化的语境下，人们在日常生活中的交集越来越少，尤其是情感层面的交流越来越浅。直播这种带有仪式感的内容播出形式，能让一批具有相同志趣的人聚集在一起，聚焦在共同的爱好上，享受情感气氛下的美好时刻。如果品牌能在这种氛围下做到恰到好处的推波助澜，其营销效果往往很好。

### 12.1.3    直播营销的流程

一般来说，无论是企业还是个人开展直播营销，直播营销的流程通常包括以下步骤。

#### 1. 精准的市场调研

直播也可以看作面向目标客户推销产品的一种方式，其前提条件离不开对于顾客需求的深刻洞察，了解到顾客真正的需要是什么，而企业能够提供的差异化产品是什么，与顾客实现价值共创，进而通过精准的市场调研，做出有效的直播营销方案，直播营销只有产生绩效，才有价值。因此，确立目标市场，选择目标受众，传播企业差异化品牌、产品等优势及特色，都离不开市场调研，这是做好直播营销的关键前提。

#### 2. 对企业自身优劣势的分析

对于大多数企业来说，资源要素约束明显，这时就需要扬长避短，明确企业直播营销存在的劣势，用自身专业化团队的优势来弥补。一个好的直播营销项目不仅仅是靠财力、人力和物力的简单拼凑堆积就可以达到预期的效果，而是通过充分发扬自身的优势及特色，来取得良好的效果。

#### 3. 直播平台的选择

当前的直播平台种类多样、不断演化，根据属性可以划分为多种类型。像电子消费品、服饰、化妆品、特色优质农产品都会选择多个平台开展直播营销，有些平台并非主力，却会带来意想不到的流量和销量，所以，如何选择合适的直播平台组合也非常重要。

#### 4. 直播营销方案的精心设计

直播营销成功的另一个关键之处就在于最后通过直播呈现给受众的场景方案。企业需要进行销售策划及广告策划，以使产品在营销和直播效果之间恰到好处。在直播过程中，过度营销易于引起受众反感，所以企业在设计直播营销方案时，要注重把握直播效果和营销内容事件呈现方式。

#### 5. 注重后期的反馈

直播营销效果最终是要落实在客户购买转化率上的，实时的营销反馈控制也很重要，有利于及时总结经验教训，不断优化迭代，避免增长瓶颈制约，企业才能长盛不衰。

## 12.2    人工智能

人工智能（Artificial Intelligence）是在算法与技术驱动下的智能机器表现出与人类相似的行为的能力。作为一门学科，人工智能是研究、开发用于模拟、延伸和扩展人的智能的理论、方法、技术及应用系统的一门新兴技术科学。人工智能最早作为计算机科学的一个分支出现，试图分析解释智能的实质，并形成一种新的以人类智能相似的方式做出反应的智能机器，该领域的研究包括机器人、语言识别、图像识别、自然语言处理和专家系统等。人工智能可以说是对人的意识、思维的信息过程的决策模拟，其主要目标是使机器能够胜任一些通常需要人类智能才能完成的复杂工作。人工智能从诞生以来，理论和技术日益成熟，应用领域也不断扩大，在服务营销领域也大显身手。

从知识创造和知识转移的角度看，当前人工智能在营销中，既有机遇，也存在挑战，其新趋势表现在以下三个方面：首先，引入人工智能应用与传统建模方法区分开来的"高阶学习"概念，在关注深度神经网络技术最新进展的同时，对其基础方法（多层感知器、卷积和递归神经网络）和学习范式（监督、非监督和强化学习）的营销决策应用；其次，营销经理在其组织中使用人工智能时需要注意的技术陷阱和危险，包括目标函数定义不当、不安全或不现实的学习环境、有偏见的人工智能、可解释的人工智能和可控制的人工智能等；最后，人工智能将对那些可以自动完成的、不需要解释的预测性任务产生深刻的影响。因此，如果不解决人工智能模型和营销组织之间的隐性知识转移的挑战，人工智能将在许多营销领域达不到其承诺的营销效果。⊖

### 专栏　　　　当 ChatGPT 遇上零售业时，会改变什么

#### 零售业迎来"多面手"

说起聊天机器人，人们很容易联想到客服岗位。而 ChatGPT 拥有强大的语言理解能力和生成能力，几乎可以实现自然、流畅的对话，让人以为自己是在跟一个真正的人聊天。与现实中的员工相比，ChatGPT 还有着"博学""敏捷""365 天不休息"等优势。无时无刻不在"学习"的智能客服，知识储备量远远超过任何一位经验丰富的人工客服，而且不会受到情绪、身体健康等因素影响，可以称得上"永远敬业"。米雅科技联合创始人杨德宏谈道："ChatGPT 可以 24 小时在线，为零售企业同时接待数不清的消费者，回答他们的问题。相比之下，人力是有限的，一个人或者一个团队即使尽最大的努力，也做不到马上回复消费者的一切问题。"在社交媒体平台上可以看到，越来越多的 ChatGPT 用户并不满足于"纯聊天"，而是纷纷要求 ChatGPT 为其生成各种各样的内容。"给我写一份以体验式消费为主题的演讲提纲""分析一下一线城市的年轻消费者喜欢什么样的营销活动""写几个适合百货商场的情人节营销文案"……满足人们这些五花八门要求的 ChatGPT 似乎可以胜任"助理"的角色，为零售从业者分担多方面的日常工作。"我让 ChatGPT 写了一段老顾客回馈活动的文案，感觉还挺不错，可以直接拿来用。"有网友表示。ChatGPT 可以满足日常的内容营销需求，"文案虽说没那么出彩，但已完全够用。"一些用 ChatGPT 生成提纲、演讲稿、统计表、电子邮件等内容的网友也持相似的观点，对 ChatGPT 的"工作能力"表示认可。还有不少网友尝试用 ChatGPT 写代码、定位并修改 Bug。一位体验了 ChatGPT 的程序员表示，至少在现阶段，人工智能的"理解"与"创造"仍有明显的局限性，只靠 ChatGPT 是做不出零售商想要的能领优惠券、能下单、能积分的线上商城的。

⊖　DE BRUYN A, VISWANATHAN V, BEH Y S, et al. Artificial intelligence and marketing: pitfalls and opportunities [J]. Journal of interactive marketing, 2020, 51(1): 91-105.

### ChatGPT 离企业还有多远

杨德宏说:"手机刚出来的时候也很'笨',只能用来通话,但现在其已经融入了人们的日常生活。所以说,研究 ChatGPT 在零售业的落地,不能只看它眼下能做哪些事,还需要我们充满想象地去思考未来可能实现的应用场景。"杨德宏表示:"ChatGPT 对零售商来说还是新物种,但有很多潜力可挖。""ChatGPT 现在这么火,被很多零售企业看在眼里,大家也意识到了其中的商业价值,但难点在于不知道怎么'为我所用',在零售场景中把 ChatGPT 的价值释放出来,转化成新的增长动能。"杨德宏认为,作为工具的 ChatGPT 目前并不能"主动"为零售企业提供帮助,还需要使用者的不断"训练"与进一步打磨。

随着百度、阿里、腾讯、京东、网易等多家互联网企业相继入局研发中国版 ChatGPT,零售企业距离"实用、好用、管用的 ChatGPT"又近了一步。正如当前市场上大量存在的零售数字化服务商一样,在不远的将来,互联网平台企业和零售技术企业也会帮助零售企业快速适应这项新技术,让 ChatGPT 在零售行业"遍地开花"。

此外,还有一些零售从业者对 ChatGPT 的安全性存在顾虑,在社交媒体平台上不乏"你无法处罚一个虚拟员工""人工智能造成的损失谁来买单"等质疑。

### 零售业或将开启新篇章

对于零售企业来说,提升消费者体验是永无止境的探索过程,而技术在这一过程中长期扮演着重要角色。杨德宏表示,体验创新是随着技术发展而不断迭代的,正如过去人们很难想象即时零售的便利性,未来 ChatGPT 与消费者的交互也会"打开新世界的大门"。

以常见的买菜场景为例,沃尔玛、乐购等多家国际连锁零售企业曾推出菜谱推荐功能,帮助消费者更轻松地做出购买选择。其中,沃尔玛的"AR 购物滤镜"支持消费者扫描食材,获取由烹饪网站提供的 10 份菜谱,并一键跳转到沃尔玛的在线购物页面,而 ChatGPT 则可以走得更远。但就现阶段而言,ChatGPT 还远远称不上"无所不知",杨德宏举了一个具体例子说:"如果你问 ChatGPT 三文鱼怎么做好吃,或者如何挑选新鲜的三文鱼,它可以回答得又快又好,但如果你想知道家附近的超市现在有没有三文鱼、是否新鲜,ChatGPT 就'爱莫能助'了。要回答这样的问题,ChatGPT 需要'学习'、掌握的并非某种知识、理论,而是这家超市的库存管理系统的实时数据。"

杨德宏认为,ChatGPT 作为新兴技术,落地应用尚不成熟,对零售行业的价值还需要进一步挖掘与验证,但相信这项技术的未来拥有无限可能。"就像我们如今常挂在嘴边的'互联网+'一样,以后很可能也会有'ChatGPT+',大数据、图像识别、增强现实、自动化库存管理等,或许都可以与 ChatGPT 有机结合起来,带来零售体验的变革升级。"杨德宏说道。

资料来源:https://baijiahao.baidu.com/s?id=1757698887256735942&wfr=spider&for=pc.

问题:当 ChatGPT 遇上零售业时,你认为可能会改变什么?

## 12.3 虚拟现实

虚拟现实(Virtual Reality,VR)是仿真技术与计算机图形学、人机接口技术、多媒体技术、传感技术、网络技术等多技术的融合。作为富有挑战性的交叉技术前沿学科和研究领域,虚拟现实主要包括模拟环境、感知、自然技能和传感设备等方面。模拟环境是由计算机生成的、实时动态的三维立体逼真图像。感知是指理想的 VR 应该具有人所具有的多感知形式。除计算机图形技术所生成的视觉感知外，还有听觉、触觉、运动等感知，甚至还包括嗅觉和味觉等。自然技能是指人的头部转动，眼睛、手势或其他人体行为的动作，由计算机来处理与参与者的动作相适应的数据，并对用户的输入做出实时响应，分别反馈到用户的五官。传感设备是指三维交互设备。

虚拟现实是用于替代感知现实的技术。随着消费级头戴式 VR 显示器的普及，一些行业已经开始意识到虚拟现实的潜力。在服务营销领域，目前处于采用这项技术的早期阶段，特别是在零售和购物场景中。VR 在购物中应用的研究主要涵盖了研究方法、理论、输出和输入设备、跟踪技术、产品和模拟环境、前因与后果、VR 和相关刺激物对消费者心理和购物行为的影响等。⊖

在虚拟现实中，Web 3D 技术主要有四大应用方向：商业、教育、娱乐和虚拟社区。从在商业中的应用来看，Web 3D 技术能够全方位地展现物体，具有二维平面图像不可比拟的优势。企业将它们的产品采用网上三维的形式发布，能够展现出产品外形的方方面面，加上互动操作，演示产品的功能和使用操作，可以充分利用互联网高速迅捷的传播优势来推广产品。对于电子商务，将销售产品展示做成在线三维形式，顾客通过对其进行观察和操作能够对产品有更加直观全面的认识，做出购买决策的可能性将大幅度提高，从而为企业带来更多的销量和利润。

当今教育行业的教学方式不再是传统的单纯地依靠书本、教师授课的形式。计算机辅助教学（CAI）的引入，弥补了传统教学的诸多不足。在表现一些空间立体化的知识，像原子、分子结构、分子结合过程、机械运动时，三维的展现形式使教学过程更加形象，学生更容易接受和掌握。实践经验表明，动手操作比听和说能接受更多的信息。使用具有交互功能的 3D 课件，学生可以在实际的动手操作中更好地掌握知识。

在游戏娱乐行业，娱乐站点可以在页面上建立三维虚拟主持角色来吸引浏览者。游戏公司除了以光盘发布 3D 游戏外，还在网络环境中运行在线三维游戏，利用互联网的优势，迅速扩张受众和市场。

对虚拟现实展示与虚拟社区使用 Web 3D 技术实现网络 VR 展示，只需要构建一个三维场景，人以第一视角在其中穿行，场景和控制者之间能产生交互，加上高质量的生成画面，使人产生身临其境的感觉，例如，可为网络虚拟展厅、建筑房地产虚拟漫游展示提供解决方案。如果建立起多用户可以互相传递信息的环境，就形成了所谓的虚拟社区。

虽然虚拟现实技术想要真正进入消费级市场，还有一段很长的路要走，开发者如何为用户提供一个真正身临其境的应用体验还存在比较大的技术局限性，但是虚拟现实技术未来将让企业营销与虚拟现实之间实现更加自然的交互，这离不开如何正确理解虚拟现实营销、虚拟现实营销的应用领域以及虚拟现实营销发挥绩效的深层机制这三个重要问题。⊖

从任务上看，服务营销要满足消费者的需求，并在适当的时间、适当的地点以适当的价格、适当的信息沟通手段，向消费者提供服务产品。研究消费者行为，与消费者用最有效的形式进行沟通，是营销管理的任务之一。而虚拟现实具有很强的沉浸感和交互性的特点。虚拟现实能

---

⊖　XI N N, HAMARI J. Shopping in virtual reality: a literature review and future agenda [J]. Journal of business research, 2021, 134(1): 37-58.

⊖　陈娟，奚楠楠，宁昌会，等. 虚拟现实营销研究综述和展望 [J]. 外国经济与管理，2019，41（10）：17-30.

以其超强的沉浸感和炫目的视觉效果，来传达服务品牌概念和服务质量，给予消费者理想的体验，使其产生共情；另外，虚拟现实能够更直接地实现与消费者之间的沟通和信息收集，更方便地实现对用户行为、消费习惯的研究和掌控。电视、广播、户外、杂志或网络等传播媒介所传播的内容因其硬植入性，易被消费者忽略或反感，而虚拟现实营销则是让消费者沉浸到商家设定的场景中，帮助消费者去接触真实场景、参与互动，以展现产品的魅力，引发消费者的购买行为。同时，虚拟现实对消费者而言是新兴事物，在一定程度上能激发消费者的好奇心理。现在，虚拟现实服务营销更多地体现在虚拟现实内容的输出上。例如，与传统广告相比，拍摄成本动辄数十万元，或数百万元的虚拟现实广告从创意策划到拍摄制作都会更精良。广大的潜在用户为虚拟现实服务营销提供了广阔的市场，服务品牌和服务产品都可以进行虚拟现实营销。

### 📱 小案例12-1　以"VR+教育科学课堂"打开VR设备使用新场景

随着我国教育现代化水平不断提升，各领域正在逐步探索深度融合，推动教育新发展。VR技术的高度沉浸感、可交互等特性与素质教育尤其是其中的STEAM（科学、技术、工程、艺术、数学）科学教育需求高度匹配，STEAM科学教育强调实地观察和求证，但大千世界中有一些小到无法用肉眼观察的微生物和细胞，也有大到无法想象的宇宙星辰，还有超过人类寿命极限的时间尺度，比如生物进化、恐龙灭绝等，这些难以在课堂中观察的科学探究场景是VR技术融入教育的绝佳切入点，它将带来前所未有的教育场景革新。

#### VR+教育开创沉浸式科学课堂

创智未来教育科技（北京）有限公司创立的玩创未来品牌（以下简称玩创未来），是儿童科学教育的一个品牌。在不断地打磨产品的过程中，如何提高科学课堂的教学效果，利用VR技术优势为科学课堂赋能，成为玩创未来课程研发的新方向。该公司经过3年多的布局和闭关研发，将自身优势体系课程与成熟的VR技术融合，推出了VR沉浸式科学教育解决方案——玩创未来VR实验室（如图12-2所示）。推动以VR沉浸式科学课堂为代表的创新型课堂教学形式的发展，开拓了科学教育新模式。

图12-2　玩创未来VR实验室

与常规科学教育坐在教室里听老师讲解不同，玩创未来VR实验室是软硬件结合的科学教育空间。通过VR主机、头盔显示器、互动设备，学生即可进行课程互动。配套体系课程软件，将课堂变为一个个不同的世界，孩子们以 VR 为媒介身临其境，可以不受任何时空限制，从而扩大探索世界的范围，让知识"活"起来。玩创未来 VR 实验室课程界面如图 12-3 所示。

**图 12-3　玩创未来 VR 实验室课程界面**

在课堂上，学生们既能重返白垩纪观察恐龙的生活，也能操控云朵的形成模拟雨水降落，甚至"走进人体"跟随食物旅行，了解每个器官的工作过程。将科学课堂上的复杂现象与抽象概念通过 VR 技术进行互动操作，明白晦涩难懂的知识，激发学生的学习兴趣和热情，提高学生的理解能力和课堂的趣味性。至今已在北京、大连、舟山、成都等多个地区进行实体场馆落地及开课。

好奇心是人的天性。研究者使用多功能核磁共振设备进行研究后发现：高水平的好奇心会激活我们大脑中负责记忆的海马体和控制多巴胺分泌的中脑区域。这意味着你一旦感兴趣，就会更容易产生探索的欲望，同时记得更牢。VR 技术丰富了科学教育的场景，这种身临其境的沉浸感和真实感更能进一步激发孩子们的好奇心，让他们想去主动收集更多的信息，让大脑进入更好的学习状态，从而解决疑惑，建立认知闭环，接着养成持续观察和思考的习惯，保持对世界的热情和探索欲，加强和真实世界的连接，不断发现和解决新问题。

### 多品类覆盖不同教育场景

该公司针对用户和使用场景，开发了不同种类的 VR 科学课程。面对学生集中上课、有专业老师授课的线下场景，玩创未来 VR 实验室提供 12 个大主题 36 个细分小主题的课程，课程内容覆盖工程设计、生命科学、物质科学、地球与空间科学等多个领域。针对家庭用户则开发了硬件配置要求更低、无设备限制的"恐龙时光机"科学课程礼盒，礼盒内置 AR 识别卡，使用平板计算机等设备，配合实体的白垩纪栖息地模型即可复原远古植物，还有三角龙和霸王龙在其间殊死搏斗。

资料来源：https://news.sina.com.cn/sx/2023-02-28/detail-imyifkrz4834885.shtml. 有改动。

问题：与传统教学相比，该公司利用 VR 技术能为学生带来哪些好处？

## 12.4　增强现实

增强现实（Augmented Reality）技术是一种将虚拟信息与真实世界巧妙融合的技术，广泛运用了多媒体、三维建模、实时跟踪及注册、智能交互、传感等多种技术手段，将计算机生成的文字、图像、三维模型、音乐、视频等虚拟信息模拟仿真后，应用到真实世界中，两种信息互为补充，从而实现对真实世界的"增强"。增强现实技术可以应用于很多方面和领域。在日常生活中，使用增强现实技术可进行方位识别，获得个人当前的地理位置等重要数据。在市政建设规划中，采用增强现实技术将规划效果叠加于真实场景中，可以获得规划的直观效果。在古迹复原和数字化文化遗产保护中，文化古迹的信息以增强现实的方式提供给参观者，用户不仅可以通过 HMD（头盔显示器）看到古迹的文字解说，还能看到遗址上残缺部分的虚拟重构。在工业维修领域，通过头盔显示器可以将多种辅助信息呈现给用户，包括虚拟仪表面板、被维修设备的内部结构、被维修设备的零件图等。在网络视频通信领域，使用增强现实和人脸跟踪技术，通话时在通话者的面部实时叠加一些如帽子、眼镜等虚拟物体，在很大程度上可以提高视频对话的趣味性。在电视转播领域，增强现实技术应用于转播体育比赛时，将辅助信息实时地叠加到画面中，能使观众得到更多信息。在娱乐和游戏领域，增强现实游戏可以让位于全球不同地点的玩家，共同进入一个真实的自然场景，以虚拟化身的形式，进行网络对战。在旅游与展览领域，人们可通过增强现实技术接收到途经展品的相关数据资料。

增强现实（AR）是一种潜在的颠覆性技术，它改变了营销，丰富了消费者的体验。随着 AR 在营销实践中的迅速使用，研究其对消费者体验、反应和行为影响的成果也明显增加。

### 📧 小案例 12-2　从 AR Try-on 到 AR 营销，火山引擎助力品牌消费体验提升

#### 沉浸式 AR Try-on 重现线下试戴体验

2022 年七夕节，抖音电商联合多家头部奢侈品发起"七夕礼遇季活动"。这场活动的最大看点就是 AR Try-on，其中还出现了豪雅等世界知名奢侈品牌的身影。

在体验页面，用户可感受到跟随性好、高沉浸式、高自由度、真实性强的 AR 试戴体验，而在细节逼真度和实时互动方面，更给用户留下细节逼真的深刻印象。

在七夕节的 AR 试戴中，透过墨镜和眼镜的透明镜片，我们可以看到半透明镜片之下的使用者的眼睛，甚至连眨眼的细节都清晰可见；半透明的眼镜框也是质感十足，我们甚至可以透过眼镜框看到几缕被眼镜框压着的头发丝。

泰格豪雅的四款腕表中，有一款卡莱拉系列保时捷限量版腕表，实现了表盘复杂纹理的还原：两个计时盘采用的是沥青效果纹理，而表盘其他部分则源自汽车金属车身质感的纹理，伴随微微闪光的效果，质感高度逼真，完全可以比肩线下体验的真实度。

实现这一效果，得益于火山引擎基于其自研的 3D 引擎，在对原始素材做基础建模后，对材质的诸多细节如高光、半透明、轮廓等做进一步优化，从而使效果更自然和真实。

#### AR 技术成为电商品牌的加分项

媒介即信息，以 AR 技术为底座，充满未来感的营销方式，本身就代表一种前卫的时尚感。因此，将 AR 科技融入营销，自然也就成为品牌的时尚加分项。

AR Try-on 带来的沉浸式体验、全方位无死角的展示、零距离交互、将虚拟商品与真人无缝结合的黑科技，未来将成为最为时髦的购物方式之一，吸引追求潮流的年轻人。越是时尚大品牌，越是对前沿科技更为青睐。前沿的 AR 科技与时尚潮品无疑是最完美的 CP 组合。

七夕节活动中采用 AR 展示的豪雅腕表，让消费者除了获得堪比线下试戴的真实体验和细节，还有宛如科幻电影中未来 AR 所带来的穿戴新鲜感。相信年轻的用户群也会在 AR Try-on 中找到类似虚拟游戏世界的交互体验，而这也加深了他们对于豪雅品牌的热爱。

### AR 营销让传播内容更有吸引力

除了奢侈品与电商行业外，AR 技术也越来越广泛地应用于各种品牌营销场景。营销的本质在于将品牌植入消费者的心智，传统的广告轰炸确实可以让消费者记住品牌，但未必能留下好印象，知名度和美誉度本就不是一回事儿。作为消费主力军的年轻用户尤其痛恨信息轰炸，而借助自带趣味性和话题性的 AR 营销，可以让传播变得有趣，有时反倒更容易出奇制胜。

例如，伊利的微信小程序"喝奶粉快快长大，变身宇航员"活动就内置了 AR 玩法，页面在识别"孩子"张嘴 Pose（姿势）后，生成宇航员遨游在太空的场景，逼真的 AR 体验和晒娃需求让小程序在社交网络迅速传播，活动上线仅 8 天，就吸引数万人参与。

复盘这个 AR 营销方案，它解决了传统营销的多个痛点：一是 AR 的趣味性提高了孩子的参与度，在拍照生成遨游太空照片中，孩子和父母都深度参与到活动中；二是建立了"金领冠奶粉"与"健康成长"的强关联，将品牌理念深刻植入目标市场；三是通过在朋友圈的转发，实现了用户的拉新和转化，收获了流量和销量的双赢。

传播实现拉新、裂变，进而带来销量，趣味强化品牌印象，一举三得。伊利通过 AR 营销方案精准传达了"喝金领冠奶粉健康长大"的品牌理念，同时收获了用户和销量，这个由火山引擎参与的 AR 营销案例，或许将成为科技助力品牌营销的经典案例。

资料来源：https://news.sina.com.cn/sx/2022-08-12/detail-imizmscv5929749.shtml. 有改动。

问题：结合案例，谈谈你对 AR 技术在营销中的应用的看法。

## 12.5 区块链

狭义上，区块链（Blockchain）是一种通过将数据区块以时间顺序相连的方式组合成链式数据结构，并以密码学方式保证的不可篡改、不可伪造的分布式账本。广义上，区块链技术是利用块链式数据结构来验证与存储数据，利用分布式节点共识算法来生成和更新数据，利用密码学的方式来保证数据传输和访问的安全，利用由自动化脚本代码组成的智能合约来编程和操作数据的一种全新的分布式基础架构与计算方式。

区块链系统由数据层、网络层、共识层、激励层、合约层和应用层组成。数据层封装了底层数据区块以及相关的数据加密和时间戳等技术；网络层包括分布式组网机制、数据传播机制和数据验证机制等；共识层主要封装网络节点的各类共识算法；激励层把经济因素集成到区块链技术体系中来，主要包括经济激励的发行机制和分配机制等；合约层主要封装各类脚本、算法和智能合约，是区块链可编程特性的基础；应用层封装了区块链的各种应用场景和案例。基于时间戳的链式区块结构、分布式节点的共识机制、基于共识算力的经济激励和灵活可编程的智能合约是区块链技术最具代表性的创新点。

区块链是分布式数据存储、点对点传输、共识机制、加密算法等计算机技术的新型应用模式。区块链本质上是一个去中心化的数据库，同时作为比特币的底层技术，是一串使用密码学方法相关联产生的数据块，每一个数据块中包含了一批次比特币网络交易的信息，用于验证其信息的有效性（防伪）和生成下一个区块。

基于区块链的 NFT 和智能合约为创意产业营销提供了令人兴奋的机会。传统上，创意产业的创作者往往需要依靠强大的中介机构来营销其创作内容并从中获利。NFT 和智能合约为创作者提供了更接近于内容消费者 / 购买者的营销机会。<sup>⊖</sup>

**专栏**　　　　　**区块链在股票市场中的应用**

区块链会给股票市场带来变革。索罗斯（Soros）曾投资了一家使用区块链技术来发行股票的公司，此举颇有深意。在国外股票市场上有一种违法操作，即通过虚假交易无限卖空（Naked Shorts）来恶意拉低某公司股价，进而造成该公司运营困难。该行为虽然违法，但一直以来都缺少有效的手段来制止。如果采用区块链来追踪股票市场，那么在一秒钟之内就可以知道每一张股票的去向，无限卖空就不可能发生了。IEEE（电气电子工程师学会）专家、北京航空航天大学数字社会和区块链实验室主任蔡维德教授指出："区块链可以变成一个监管利器，如果有人违法无限卖空，就可以用智能合约在一分钟之内把所有卖出股票再自动买回来。"

巨灾债券可能是地震、海啸和其他自然灾害受害者的唯一希望。区块链允许各方之间快速透明地和解，并能确保系统在无人操作下也能继续正常运行，区块链现在已经成功地用于巨灾债券的结算机制中。

## 12.6　元宇宙

### 12.6.1　元宇宙的概念

元宇宙（Metaverse）是一个 3D 的、沉浸式的数字世界，人们可以在多个平台上互动，运用 AR 和 VR 技术，可以使这种体验更加身临其境。元宇宙模拟了真实世界，人们可以使用虚拟人物与他人互动，购买虚拟商品，"生活"在元宇宙中。很多在线电子游戏便是元宇宙应用的很好的实例。在 VR 游戏中，玩家能够实现参加活动、与其他玩家互动、实时购买数字商品等操作。

### 12.6.2　元宇宙的特征

元宇宙的特征包括用户生成内容、功能齐全、自成一体、虚拟的个人或机构、使用人脸识别技术、去中心化的开放共享世界、通过数字货币 NFT 或加密货币实现经济闭环等。

### 12.6.3　元宇宙在营销中的应用

元宇宙可以拓展出新的购买场景和推广方式。在 Web 3.0 环境下，元宇宙带来了更具沉浸式的体验。元宇宙咨询企业的一份报告显示，现在每月约有 4 亿活跃用户访问元宇宙平台。为了触达这些用户，企业需要跟随他们的受众到元宇宙世界。企业关注元宇宙有很多原因，除了让企业受众交互接触外，还有就是迎合 Z 世代和千禧一代的消费行为。元宇宙的创新点是去中心化，与 Facebook 不同的是，在 Facebook 上，组织和个人使用的是另一家企业提供的平台，

⊖ MALIK N, WEI Y M, APPEL G, et al. Blockchain technology for creative industries: current state and research opportunities[J]. International journal of research in marketing, 2023, 40(1): 38-48.

而在元宇宙里，他们有机会创造自己的世界，创造属于自己的环境。

元宇宙技术能创造可实现超级链接的数字世界，有望从根本上改变消费者、品牌和企业在无缝互联的虚拟现实空间中的交易与互动方式。随着很多消费者进入虚拟空间并完成交易，以及企业投入巨资开发相关技术，元宇宙空间的潜力正加速显现。然而，相较于这种快速的演变，人们缺乏对于元宇宙的范围边界的清晰认识，进而存在对营销实践的不确定性影响。⊖ 当然，元宇宙也面临着巨大的商业化挑战。一是商业模式不成熟，这让企业不确定是否要参与其中，而且监管缺失，这带来了巨大的商业不确定性。二是技术应用的成本巨大。为了沉浸于元宇宙世界中，用户需要最新的技术及装备，比如高端计算机和 VR 头戴式设备，这些都是非常昂贵的，而且也会限制企业触达更多用户。同时，想要创造自己的平台和良好体验的企业需要巨大的投资，并拥有创造体验所需的技术和知识。三是企业需要理解元宇宙，不要用错误的语境做应用。四是网络安全也存在问题。如果企业需要一个人验证购买身份，那么就存在数据隐私泄露的法律风险，其元宇宙身份可能被窃取，而且很难解决这一问题。

## 12.6.4　元宇宙服务营销策略

元宇宙为消费者创造一种体验，无论营销的是产品还是服务，企业都应该在进入元宇宙之前设定目标，并进行营销测试，因平台在不断发展，企业应该从小处着手，测试营销刺激反应并做出必要的调整。企业还应该考虑如何利用元宇宙来触达目标市场，如果主要目标是增加销售额，那么就提供类似于实体店的虚拟物品，找到方法将两者联系起来，这样用户就可以同时在虚拟世界和现实世界中拥有它们。企业可以采用的元宇宙服务营销策略如下。

一是提供收藏品。人们喜欢收集物品，这提供了一个在元宇宙中创建另一种收藏品的新机会。用户可以将自己的数字收藏品与其他用户进行交易。例如，耐克创新尝试数字商品，借助 NFT 平台吸引粉丝群体。

二是参与现有的社区。企业不应该一出现在社区就对其受众进行营销。相反，应考虑当前平台的风格，与现有受众互动，引导用户生成内容，如视频、文本、图像和音频，自然地，他们就可以帮助企业完成营销活动。

三是使用原生广告。随着人们不断探索元宇宙，原生广告曝光的机会增加，如虚拟街道上的广告牌或产品植入。元宇宙内也有赞助活动的机会。可口可乐和三星在"足球经理"之类的电子游戏中就有虚拟广告牌。

四是创建一个特定的元宇宙平台。这是在元宇宙中最昂贵的投资方式。企业可以根据自己的产品或服务创造游戏或世界，然而，对于所创造出的游戏或世界，企业可能需要大量时间、研究和投资才能找到最适合的目标受众。

五是允许顾客试用产品。通过使用 AR 和 VR 技术，企业可以让顾客在购买之前看到 3D 版本的产品。保时捷和现代等汽车企业已经创建了虚拟观景室与活动，以实现对汽车的虚拟参观。企业可以对各种产品进行同样的操作，顾客不必离开家就可以试用新产品，比如使用 AR 技术在家里看家具或者试穿衣服。

---

⊖　BARRERA K G, SHAH D. Marketing in the metaverse: conceptual understanding, framework, and research agenda [J]. Journal of business research, 2023, 155: 113420.

## 12.7  虚拟化身

自元宇宙兴起以来，用户作为一个三维的虚拟化身（Avatar）进入虚拟环境之中，可以与其中的人、物以及环境进行实时交互。围绕着虚拟化身也出现了许多新的二级市场，有许多为用户提供个性化服装、外貌形象的虚拟公司，也有一些企业推出专门针对虚拟化身的社交平台，推动用户在虚拟环境中进行真实的社会互动，围绕着共同点或相似点使顾客形成真实的认同感，从而形成独特的社群和文化。从这个角度来说，虚拟世界中的所有互动和文本构成了参与者的表达方式。虚拟化身可被视为参与者的"另类自我"（Alter Ego）。在当前的服务营销策略中，"虚拟化身"越来越受欢迎，但在实践之中，在绩效结果（如购买可能性）方面的有效性差异很大。<sup>⊖</sup>

虚拟化身始于大型游戏公司，侧重于元宇宙技术方面的服务，市场上大多数元宇宙公司是虚拟人机构，或者是做虚拟影视特效的公司。公司拥有虚拟人实时渲染引擎、先进的图形生产体系、类人 AI 语音交互系统和超大体量与超高精度跨设备三维仿真技术，能够从技术底层解决一些虚拟产业痛点。虚拟化身给服务营销带来的影响是显而易见的，首先是虚拟人具备的优势。例如，服务品牌及服务产品通过创建虚拟代言人，不仅能塑造良好的形象，而且可以配合品牌营销相关内容，如与动画、游戏、VR 内容进行融合。虚拟代言人可以利用品牌既有影响力或与真人明星联名、做公益活动、打造 IP 故事等方式来吸引流量和粉丝，可塑性很强。此外，虚拟化身的类游戏式互动也充满了趣味性，可以更好地帮助企业触达年轻用户。用户不仅可以与虚拟数字人 24 小时不间断互动，还可以获得自己专属的虚拟化身，与场景中的任何内容或其他用户进行互动，从而提升用户对服务品牌等营销信息的关注度。这类互动也可以应用在虚拟化身直播带货中，例如，植入虚拟直播间中的互动小游戏，未来直播间的场景可能会越来越趋向于虚拟化和游戏化。用户可以在平台上购买虚拟人的周边产品，也就是数字藏品以及一些福利商品等。虚拟化身可以赋予虚拟人以文化内涵和品牌价值，依靠粉丝经济搭建一个健康的收藏平台，而不是靠单纯的数字藏品交易来维持运转。

有些企业打造了虚拟化身官网平台，可以把企业在公域中分散的信息全部聚合起来，再进行分类展示，更好地向受众传递信息。企业先构建自己的私域平台，当企业客户数量积累到一定程度时，就可以把他们聚合在平台上，让平台变成现实世界的延伸，为用户提供现实世界中的服务。这样一个聚合平台会为企业增加流量入口，甚至还可将私域流量和公域流量打通。

### 📠小案例 12-3　　　微软发布 Mesh Avatars 虚拟化身方案，允许 Teams 用定制 Avatar 通话

微软在年度技术大会 Ignite 2022 上发布 Mesh Avatars for Microsoft Teams 虚拟化身方案（私人预览版），目前该方案主要用于微软 Teams 应用，可允许用户定制 Avatar（虚拟化身），并在会议和聊天场景用 Avatar 进行实时 3D 互动，如图 12-4 所示。

微软指出，Mesh Avatars 是微软为客户实现元宇宙体验的第一步。据微软数据显示，大

⊖ MIAO F, KOZLENKOVA I V, WANG HZ, et al. An emerging theory of avatar marketing [J]. Journal of marketing, 2022, 86(1): 67-90.

约 50% 的 Z 世代和千禧一代预计未来两年内将在元宇宙中展开工作，微软也认可这样的结果。通过 Mesh Avatars，微软希望在传统的视频通话中引入 3D 虚拟化身，应用场景包括社交、专业会议、协作等。细节方面，用户可以通过微软 Teams 访问 Mesh Avatars 开发工具，在该工具中为自己定制专属的虚拟化身，并为虚拟化身更换服装、更换背景等，号称有数百种组合可选。

图 12-4 微软为 Teams 应用推出的虚拟化身

整体来看，Mesh Avatars 只是一个应用于 2D 视频的虚拟化身玩法，未来如果通过 Mesh 平台扩展应用场景，也许可以引入各种 AR/VR 系统。不过，目前市面上已经有不止一款通用的 Avatar 系统，仅 Quest 平台就有官方的 Meta Avatar 头像。而普通的视频通话本来也可以通过 Snapchat 等 AR 滤镜来实现类似于 Avatar 的互动，iPhone 也可以在视频通话中使用 Animoji。由此可见，未来微软 Mesh Avatars 还需要进一步寻找自己的卖点。

资料来源：https://k.sina.com.cn/article_5868123755_15dc4766b001016ri1.html?sudaref=www.so.com&display=0&retcode=0.

## 12.8 ChatGPT

ChatGPT（Chat Generative Pre-trained Transformer），是由美国人工智能研究实验室 OpenAI 公司研发的聊天机器人，于 2022 年 11 月 30 日发布。ChatGPT 是人工智能技术驱动的自然语言处理工具，它能够通过理解和学习人类的语言进行对话，还能根据聊天的上下文进行互动，真正像人类一样来聊天交流，甚至能完成撰写邮件及视频脚本、设计文案、翻译、写代码、查找资料、写论文等任务。ChatGPT 使用了 Transformer 神经网络架构，也是 GPT-3.5 架构，这是一种用于处理序列数据的模型，拥有语言理解和文本生成能力，尤其是它会通过连接大量的语料库来训练模型，这些语料库包含了真实世界中的对话，使得 ChatGPT 能上知天文下知地理，还具备根据聊天的上下文进行互动的能力，进行与真正人类几乎无异的交流。结合 ChatGPT 的底层技术逻辑，有媒体曾列出了中短期内 ChatGPT 的潜在产业化发展方向：归纳性的文字类工作、代码开发相关工作、图像生成领域、智能客服类工作。ChatGPT 的应用场景很多，可以用来开发聊天机器人，也可以编写和调试计算机程序，还可以进行文学、媒体相关领域的创作，包括创作音乐、电视剧、童话故事、诗歌和歌词等。在某些测试情境下，ChatGPT 在教育、考试、回答测试问题方面的表现甚至优于普通人类测试者。2023 年 2 月，这款新一代对话式人工智能在全球范围狂揽 1 亿名用户，并成功从科技界破圈，成为历史上增长最快的消费者应用程序。ChatGPT 成为到目前为止同类产品里最成功的一个应用程序。根据现有技术及需求成熟度预测，2030 年 AIGC<sup>⊖</sup>市场规模将超过万亿元人民币。

ChatGPT 也对未来的服务营销产生了冲击。首先，ChatGPT 具有产出内容的能力，而内容营销是服务营销的关键所在。ChatGPT 基于 GPT-3.5 优化和 RLHF（人类反馈强化学习）技术，具有更高效、准确的生成能力，在反复测试中都交出了不错的答卷，虽然也有瑕疵，但这些问题都会不断被修复、解决。未来，用户会越来越难分辨出内容是由 AI 创作的还是由人类创作的，甚至 AI 创作的质量会比肩专业人士。除了内容质量方面，由于 AIGC 是根据大数据生成内容，所以 AI 的创作速度和效率大概率远超人类。随着技术的不断升级，未来 AIGC 内容将更为重要，内容营销将会呈现出 UGC<sup>⊜</sup>，PGC<sup>⊜</sup>和 AIGC 三足鼎立的发展趋势。在这样的发展趋势下，相信广告主会调整内容营销的预算分配，加大对 AIGC 的投入，营销方案也需做出调整。

其次，ChatGPT 可能会分化搜索引擎营销市场。从营销流程的角度看，搜索将平台、信息和用户三者链接，搜索发生变化，营销也需及时调整。搜索引擎常常是用户的第一信息入口，此时可以利用人们对搜索引擎的依赖和使用习惯，在人们检索信息的时候将信息传递给目标用户。在营销人眼中，搜索引擎链接了平台、企业和用户，是服务营销的一个重要入口。而 ChatGPT 的火爆，必然会对搜索引擎带来一定的冲击。相较于搜索引擎，ChatGPT 并不是把所有消息一次性地呈现在用户面前，而是针对用户的需求，在庞大的数据库中筛选、组合出最适合的答案，然后，在与用户互动的过程中，ChatGPT 可以在聊天中根据用户的要求，灵活地输出用户想要的内容。ChatGPT 这种智能互动的搜索模式打破了过去搜索引擎产品对信息的垄断，未来也可能颠覆传统搜索引擎的现有模式，成为用户信息检索的第一入口。当 ChatGPT 的使用越来越广泛，甚至逐渐成为用户信息检索的第一入口时，品牌就需要思考如何通过 ChatGPT 搜索触达用户，这会导致 AIGC 营销分割搜索引擎营销的市场，使得营销环节、营销生态发生变化。

最后，ChatGPT 能胜任的工作中，许多都和营销行业相关。例如，被人工智能技术取代风险最高的工作类型清单中，市场研究分析师、平面设计师等职业都和服务营销存在一定关联。

当然，ChatGPT 这类人工智能技术在为服务营销带来巨大的机遇的同时，也可能伴随着巨大的风险，因此，多国已在考虑着手加强监管，通过立法规范其使用，确保向用户提供高质量、有价值的信息和数据服务。

---

⊖ AIGC（AI Generated Content），即人工智能生成内容，通过机器学习算法和自然语言处理技术生成文章、图片、音频、视频等形式的内容。

⊜ UGC（User Generated Content），即用户生成内容，指由社交媒体平台上的用户将自己的原创作品通过互联网平台展示或提供给其他用户，内容丰富度高。

⊜ PGC（Professional Generated Content），即专业生产内容，是由专业的内容创作者或机构创作的内容，这些内容生产者通常具有丰富的经验和知识，其创作的内容质量很高。

## 本章小结

随着新科技革命的突飞猛进，消费者服务需求的多样化、个性化，服务经济的异军突起，服务营销在理论和实践中的新理念、新方法、新技术与新模式也层出不穷。本章主要探讨了服务营销当今发展的新趋势、新领域，对直播营销、人工智能、虚拟现实、增强现实、区块链、元宇宙、虚拟化身、ChatGPT 等服务营销领域中的前沿知识进行了介绍。

## 思考题

1. 直播营销发展的动因有哪些？
2. 直播营销的优势有哪些？
3. 试举例说明人工智能在营销中的应用。
4. 元宇宙营销的策略有哪些？
5. 谈谈你对 ChatGPT 在营销中应用的看法。

## 案例分析

### 直播成为新的答案

2022 年，直播行业依然红火。一个知名企业家在镜头前直播了两年之后，顺利地还完了 6 亿元的债务，留下一个"真还传"的传说之后，便再次宣布回归科技赛道创业去了。

但真正让众多企业开始正视直播这一流量入口的，则是"东方甄选"的崛起。2021 年12 月，新东方正式进军直播带货，并宣布将带领百名新东方老师入驻短视频平台。但在随后的半年多时间里，除了刚开播时有一些热度，东方甄选直播间一直人气低迷。直到 2022年 6 月，一名主播凭借"双语带货"突然爆火，直接将东方甄选送入了头部直播间的行列。仅仅一个月的时间，东方甄选直播间中的消费者近 2 000 万，"618"大促期间带货 3亿多元，甚至直接带动了新东方的股价在单日暴涨 26%。随后，东方甄选直播间账号已经有接近 2 900 万的粉丝，更是多次位列抖音平台单月带货榜首，抖音成为东方甄选绝对主力的分销渠道。直播电商对于东方甄选的意义非同寻常。在截至 2022 年 11 月 30 日止的 6个月里，东方甄选中有 85% 的总营收来自自营产品及直播电商业务，便能直接说明问题。毋庸置疑，东方甄选风头无两。

除了东方甄选的崛起，直播流量也开始出现了新的分配方式。相较过去头部主播把控流量的局面，企业纷纷利用自主组建的直播团队销售产品。无论是在短视频平台还是在电商平台，企业都在推动自身的直播团队进行直播。直播渐渐成为各个企业的标配，这也间接带动了很多创始人，过去习惯了在高峰论坛上侃侃而谈的企业家，也开始一头扎进了直播间。

资料来源：1. https://tech.sina.com.cn/csj/2022-12-15/doc-imxwtamx6724325.shtml. 有改动。
2. https://finance.sina.com.cn/tech/csj/2023-04-20/doc-imyqytfs0437084.shtml.

**案例思考**

1. 根据服务营销发展新趋势，东方甄选采用的是何种营销方式？其优势有哪些？

2. 请进一步收集相关资料，分析东方甄选成功的原因。

3. 从长远发展来看，东方甄选应该如何完善其营销方式？

## 实践活动

### 一、实训目的

1. 通过感性实践环节提升学生对直播营销的理性认识。

2. 通过实训，激发学生的营销创新激情，强化学生对直播营销相关知识和技能的掌握、运用能力，培养学生分析问题和解决问题的能力。

### 二、实训内容

请选择一家熟悉的服务机构，收集该机构开展直播营销的相关资料，分析该机构直播营销的现状和问题，并为该机构有效地开展直播营销提出相应的措施。

### 三、实训组织

1. 将同学分为若干小组，并推选其中一位担任项目经理，负责全程组织工作。

2. 由项目经理指定或抽签决定每组成员的角色、任务，并各自做相应准备，写成书面报告，制作课堂演示的 PPT。

3. 由部分小组成员在课堂上进行汇报，其余学生现场打分，并开展师生互动点评，教师要鼓励学生参与，以提高综合运用知识的能力为导向，肯定成绩，发现不足，有针对性地提出建议。

### 四、实训步骤

1. 各组自行收集相关资料。

2. 教师指定部分小组现场进行汇报演示。

3. 学生现场打分（占本次实训成绩的 50%），教师进行点评。

4. 各组撰写实训总结（服务机构概况、直播营销现状、直播营销中的问题、直播营销的改进措施），再由教师评定成绩（占本次实训成绩的 50%）。

# 参考文献

［1］ 泽丝曼尔，比特纳，格兰姆勒. 服务营销：第 7 版［M］. 张金成，白长虹，杜建刚，等译. 北京：机械工业出版社，2018.

［2］ 沃茨，洛夫洛克. 服务营销：第 8 版［M］. 韦福祥，等译. 北京：中国人民大学出版社，2018.

［3］ 波多洛伊，菲茨西蒙斯 J A，菲茨西蒙斯 M J. 服务管理：运作、战略与信息技术 原书第 9 版［M］. 张金成，范秀成，杨坤，译. 北京：机械工业出版社，2020.

［4］ 格罗鲁斯. 服务管理与营销：服务竞争中的顾客管理 第 3 版［M］. 韦福祥，等译. 北京：电子工业出版社，2008.

［5］ 霍夫曼，彼得森. 服务营销精要：概念、策略和案例 第 3 版［M］. 胡介埙，译. 大连：东北财经大学出版社，2009.

［6］ 韦福祥，等. 服务营销学［M］. 2 版. 北京：电子工业出版社，2013.

［7］ 许晖. 服务营销［M］. 2 版. 北京：中国人民大学出版社，2021.

［8］ 郭国庆. 服务营销［M］. 5 版. 北京：中国人民大学出版社，2021.

［9］ 王永贵. 服务营销［M］. 2 版. 北京：清华大学出版社，2023.

［10］ 李晓. 服务营销［M］. 武汉：武汉大学出版社，2004.

［11］ 李雪松. 服务营销学［M］. 北京：清华大学出版社，2009.

［12］ 蔺雷，吴贵生. 服务管理［M］. 北京：清华大学出版社，2009.

［13］ 许德昌，王谊. 服务营销管理［M］. 成都：西南财经大学出版社，2005.

［14］ 陈信康. 服务营销［M］. 北京：科学出版社，2009.

［15］ 叶万春，王红. 服务营销学［M］. 2 版. 北京：高等教育出版社，2007.

［16］ 吴晓云. 服务营销管理［M］. 天津：天津大学出版社，2006.

［17］ 阳林，汤发良，李荣喜. 服务营销［M］. 北京：电子工业出版社，2008.

［18］ 周明. 服务营销［M］. 北京：北京大学出版社，2009.

［19］ 安贺新，邢丽娟. 服务营销实务［M］. 北京：清华大学出版社，2011.

［20］ 王海忠. 高级品牌管理［M］. 北京：清华大学出版社，2014.

［21］ 杜兰英，芦琼莹. 服务营销［M］. 武汉：华中科技大学出版社，2011.